Thomas Pyczak

TALK!

Wie Sie überzeugend vortragen und präsentieren

Liebe Leserin, lieber Leser,

wenn auch Sie schon einmal mit zitternden Händen und klopfendem Herzen vor einem Publikum standen, dann wissen Sie, wie herausfordernd das Halten von Vorträgen sein kann. »Talk!« ist hier nicht nur ein guter Ratgeber, sondern ein inspirierender Begleiter auf Ihrem Weg zur erfolgreichen Präsentation. Thomas Pyczak kombiniert in »Talk!« seine eigenen Erfahrungen mit Erkenntnissen aus verschiedenen Disziplinen wie Psychologie, Hirnforschung, Marketing und antiker Rhetorik. Sein Ziel ist es, Sie zu ermutigen und zu befähigen, Ihre Botschaften überzeugend und authentisch zu vermitteln. Vortragskunst ist erlernbar und kann, wie das Fahrradfahren, durch Übung perfektioniert werden.

Nicht zuletzt ist Thomas Pyczak selbst ein Paradebeispiel dafür, wie man durch Übung und den richtigen Ansatz vom zögerlichen Sprecher zum begeisternden Redner wird. Diesen Weg, von der Unsicherheit zur Souveränität, möchte er nun mit Ihnen teilen und führt Sie in seinem Buch durch einen strukturierten Zirkel von fünf Stationen: Recherchieren, Storyfizieren, Trainieren, Präsentieren, Lernen. Unser Buch ist praxisnah und bietet Ihnen Checklisten, Story Canvases, Anleitungen und Tipps, um sofort loszulegen. Ergänzt wird dies durch viele Beispiele erfolgreicher Redner, die zeigen, wie eine einzige Stimme einen Raum, eine Stadt oder sogar die Welt verändern kann. Nutzen auch Sie Ihre Stimme, um der Welt ein Stückchen von sich zu erzählen.

Noch ein Hinweis in eigener Sache: Dieses Buch wurde mit großer Sorgfalt geschrieben, geprüft und produziert. Sollte dennoch etwas nicht so funktionieren wie erwartet oder sollten Sie bestimmte Themen oder Hinweise vermissen, freuen wir uns über konstruktives Feedback!

Ihr Stephan Matteschek
Lektorat Rheinwerk Computing

stephan.matteschek@rheinwerk-verlag.de
www.rheinwerk-verlag.de
Rheinwerk Verlag · Rheinwerkallee 4 · 53227 Bonn

Wir hoffen, dass Sie Freude an diesem Buch haben und sich Ihre Erwartungen erfüllen. Ihre Anregungen und Kommentare sind uns jederzeit willkommen. Bitte bewerten Sie doch das Buch auf unserer Website unter **www.rheinwerk-verlag.de/feedback**.

An diesem Buch haben viele mitgewirkt, insbesondere:

Lektorat Stephan Mattescheck, Anne Scheibe
Korrektorat Annette Lennartz, Bonn
Herstellung Maxi Beithe
Typografie und Layout Vera Brauner
Einbandgestaltung Mai Loan Nguyen Duy
Satz III-Satz, Kiel, gesetzt aus der PT Serif (9,25 pt/15pt) in FrameMaker
Druck mediaprint solutions, Paderborn

Dieses Buch wurde mit mineralölfreien Farben auf chlorfrei gebleichtem und PEFC®-zertifiziertem Offsetpapier (90 g/m²) gedruckt.

Der Umwelt zuliebe wurde auf die Einschweißfolie verzichtet.

Hergestellt in Deutschland.

Bibliografische Information der Deutschen Nationalbibliothek:
Die Deutsche Nationalbibliothek verzeichnet diese Publikation in der Deutschen Nationalbibliografie; detaillierte bibliografische Daten sind im Internet über *http://dnb.dnb.de* abrufbar.

ISBN 978-3-8362-9768-4

1. Auflage 2024

Informationen zu unserem Verlag und Kontaktmöglichkeiten finden Sie auf unserer Verlagswebsite **www.rheinwerk-verlag.de**. Dort können Sie sich auch umfassend über unser aktuelles Programm informieren und unsere Bücher und E-Books bestellen.

INHALT

Danke

Herzlichen Dank an alle, die mich bei der Entstehung von »Talk!« unterstützt haben! Viele von euch wussten vermutlich gar nichts davon. Ihr habt mich auf dem Weg begleitet, überzeugende Vorträge und Präsentationen zu halten, von einem Buchprojekt war nie die Rede. Diese Idee nahm erst 2023 eine konkrete Form an. Und doch sind eure Ratschläge und Gedanken, eure Erfahrung und euer Wissen, eure Kreativität und eure Klugheit in den Text von »Talk!« eingeflossen.

Meine Lernreise als Talker mit Inspiration und Intervention begleitet haben Ursula Heller, Judith Berkemeyer, Sabrina Stange, Stephanie Schönberger, Magdalena Deutlmooser, Roman Miserre, Matthias Kästner, Jürgen Bruckmeier, Thomas Lünendonk, Matthias Beck, Jürgen Pietzker, Reinhard Gärtner, Thomas Kaspar, Hans-Günther Beer, Fritz Oidtmann, Hendrik Löhnig, Kersten Weichbrodt, Roman Leipold. Danke, euch allen!

Danke, lieber Ian Woodward, für dein Kameratraining, das mir in Bezug auf Körpersprache die Augen geöffnet hat – ein Schock, aber ein lehrreicher.

Danke, lieber Marshall Ganz, für deinen großartigen Public-Narrative-Kurs, der meinen Sinn für Reden geschärft hat, die Menschen auf Augenhöhe mitnehmen. Danke auch für die Einführung in so viele kluge Modelle der Führung mit Storytelling.

Ebenso herzlichen Dank an Mandy Hartz für ihr famoses Feedback zu so sensiblen Themen wie Werten, Empathie und Wahlfreiheit in meinen Ansprachen.

Danke, liebe Stefanie Krüll, für die Zusammenarbeit beim Midjourney-Kapitel.

Papa, dir danke ich dafür, dass du schon in frühester Kindheit am Beispiel von Helmut Schmidt und Winston Churchill meinen Sinn für starke Reden geschärft hast. Es sind die tiefsten und stärksten Wurzeln, die ich für »Talk!« finden konnte.

Ganz besonderer Dank gilt wie bei jedem meiner Buchprojekte dir, Bettina, die immer meine erste und letzte Kritikerin ist, die viele meiner Vorträge in einzigartige Präsentationen übersetzt und auch für »Talk!« viele Grafiken erstellt hat.

Beim Rheinwerk Verlag danke ich Mai Loan Nguyen Duy für die Gestaltung des famosen »Talk!«-Covers, Annette Lennartz für die subtile Arbeit am Text und meinem Lektor Stephan Mattescheck für die gute Zusammenarbeit und für seine Frage, ob wir nicht der Nutzung von künstlicher Intelligenz etwas mehr Raum in »Talk!« geben könnten.

Einleitung

Lange Zeit bin ich Vorträgen aus dem Weg gegangen. In meiner Heimatstadt Hamburg sagt man: anderen den Vortritt lassen oder auch den Ball flachhalten. Das änderte sich erst, als ich beruflich nach München wechselte.

Ein stickiger Konferenzraum, Führungskräfte-Meeting.

»Ach, bevor Sie jetzt alle in den Urlaub entschwinden«, ruft mein Chef enthusiastisch, *»im August machen wir eine Roadshow! Wir präsentieren Agenturen und Kunden die neue CHIP.«*

Es ist Juni, es ist heiß, es dauert einen Moment, bis ich begreife, dass »wir« auch mich meint, vor allem mich.

»Hamburg, Düsseldorf, München … Herr Pyczak stellt sein neues redaktionelles Konzept vor.«

Ich bin erst seit wenigen Monaten Chefredakteur, habe mich kaum daran gewöhnt, ein großes Redaktionsteam zu führen. Der Gedanke, jeden Abend vor 100 Fremden zu sprechen, löst bei mir ein gewisses Unbehagen aus.

»Kein PowerPoint. Freie Rede, Diskussion, alles lässig.«

Wie komme ich aus der Nummer wieder heraus? Drohe mit Kündigung, flüstert eine innere Stimme. Ich schweige.

Mithilfe meiner Frau schreibe ich im Urlaub den ersten langen Vortrag meines Lebens und probe diesen, während ich am Strand auf und ab wandere. Nach einigen Tagen kann ich den Text auswendig – und das hat einen einfachen Grund: Mein Vortrag vermittelt keine bloßen Fakten, er erzählt von mir und meiner Arbeit, von meinen Vorbildern, von dem Team, den wegweisenden Ideen, die das neue Konzept bietet. Es ist ein persönlicher Vortrag. Fehler kommen vor, Irrwege und die Freude über Erreichtes. Mein Vortrag erzählt von einer Reise, die erst begonnen hat, einer Reise, auf die ich auch die versammelten Agenturen und Anzeigenkunden gerne mitnähme.

Wegen der latenten Sorge, schlagartig auf der Bühne alles zu vergessen, bereite ich zur Sicherheit ein paar Karteikarten mit Stichworten vor, die ich am Ende gar nicht benötige. Die Roadshow läuft erstaunlich reibungslos. Natürlich habe ich am Anfang zittrige Hände und meine Stimme klingt zusammengequetscht, ich rede zu schnell und transpiriere stärker, als erwünscht. Kurzum, man merkt mir an, dass Vorträge zu halten nicht mein eigentlicher Job ist. Doch das Publikum ist wohlwollend und das Roadshow-Team unterstützt mich Bühnenanfänger rührend.

Schon bald entdecke ich eine gewisse Begeisterung in mir. Jede neue Stadt, jedes neue Publikum sehe ich als Chance zu lernen. Ich bin dem damaligen Verlagsgeschäftsführer Hans-Günter Beer sehr dankbar für seinen Stupser. Als eher introvertierter Typ würde ich anderen sonst wohl auch heute noch den Vortritt lassen. Stattdessen habe ich Hunderte Vorträge und Präsentationen vor kleinem und großem Publikum gehalten. Mindestens ebenso viele Vorträge habe ich aufmerksam gehört und in kleinen schwarzen Notizbüchern festgehalten, was mir an ihnen bemerkenswert erschien. Längst bin ich überzeugt davon, dass unser Erfolg und unsere Wirkung an die Fähigkeit geknüpft sind, Ideen, Pläne, Strategien oder Produkte überzeugend, authentisch und souverän zu kommunizieren, sei es in Präsenz oder online. Das geht nicht allein in E-Mails, Messages und Gesprächen unter vier Augen.

Mit »Talk!« möchte ich Sie ermutigen, diesen Schritt zu wagen und eine weniger willkommene Aufgabe in ein Vergnügen für Ihr Publikum und Sie selbst zu verwandeln. Das Buch verbindet meine eigenen Erfahrungen als Redner, Präsentator und Lehrer im Storytelling mit Erkenntnissen aus Psychologie, Hirnforschung, Politik, Bürgerbewegungen, Marketing, Leadership, antiker Rhetorik und natürlich aus der schillernden Welt der TED-Vorträge. »Talk!« ist für all diejenigen geschrieben, die überzeugende Präsentationen und Vorträge halten wollen. Es spielt keine Rolle, ob Sie noch ganz am Anfang stehen oder bereits Erfahrungen gesammelt haben, ob Sie einen kleinen Kreis oder ein großes Publikum überzeugen wollen, ob die Bühne real oder virtuell ist, ob Sie glauben, Charisma zu besitzen oder nicht.

Seit der Antike geht man davon aus, dass Vortragskompetenz erlernbar ist. Sie ist keine Gabe, die einige Menschen besitzen, andere dagegen nicht. Wir erlernen sie wie das Fahrradfahren. Hinfallen gehört dazu, genau wie Aufstehen. Seit der Antike wird auch darüber gestritten, ob Vortragskunst nun gut oder böse sei. Der Philosoph Platon sagte, Rhetorik könne jeder beliebigen Sache zum Sieg verhelfen, darin liege die Gefahr des Missbrauchs. So ist es bis heute – genau wie bei technischen Errungenschaften. Vortragskunst ist moralisch neutral. Es gibt immer Menschen, die sie zur Manipulation nutzen und andere, die sie zur Inspiration verwenden. Mir geht es um Letzteres. Die Beispiele in »Talk!« rücken daher Menschen in den Vordergrund, die ein Interesse daran haben, das Leben für die Gemeinschaft zu verbessern – und nicht nur für wenige Einzelne. Es geht um Verbindung statt Trennung, Hoffnung statt Zynismus, Offenheit statt Manipulation.

Die Vortragskunst zu meistern tut nicht nur unserer Sache gut, sondern lässt uns ebenso persönlich wachsen. Vorträge und Präsentation sind – und bleiben – für die meisten von uns Herausforderungen. Umso großartiger fühlt es sich an, die Ängste, die uns davon abhalten, ins Rampenlicht zu treten, Schritt für Schritt zu überwinden.

Der Aufbau von »Talk!« folgt einem Zirkel mit fünf Stationen. Die Logik des Zirkels ist chronologisch:

1. **Recherchieren.** Hier geht es um das Thema selbst, das Publikum sowie den aktuellen Stand Ihrer Fähigkeit, überzeugend zu präsentieren. Erst wer in Bezug auf diese Punkte klarsieht, sollte sich der Ausarbeitung des Vortrags zuwenden.
2. **Storyfizieren.** Welche Story soll erzählt werden? Storyfizieren bezieht sich sowohl auf den Vortrag als Ganzes, dessen Struktur und Dramaturgie als auch auf besondere erzählende Elemente wie Anekdoten oder Wow-Momente, die Sie im Vortrag nutzen.
3. **Trainieren.** Dieser Teil widmet sich körperlichen Aspekten – Stimme, Blickkontakt, Bewegungen, Haltung. Darüber hinaus geht es darum, effizient den Inhalt einzustudieren. Alles zielt darauf ab, ein sicheres und entspanntes Gefühl zu bekommen.
4. **Präsentieren.** Die Themen kennen wir alle: die Aufregung, die Technik, die Bühnensituation, das Publikum, die Zeit. Ich gehe auf beide Arten von Vortrag ein – offline und online. Mein Ideal ist, ein Gespräch mit dem Publikum zu führen, wie Sie es unter Freunden täten.
5. **Lernen.** Was geschieht, nachdem Sie die Bühne verlassen haben? Dieser Teil handelt von der Beschäftigung mit Feedback, um stetig besser zu werden. Ein geniales Training dafür sind Stegreifreden oder die Anmeldung für Podiumsdiskussionen, um in Form zu bleiben.

Guter Zirkel, gefährlicher Zirkel

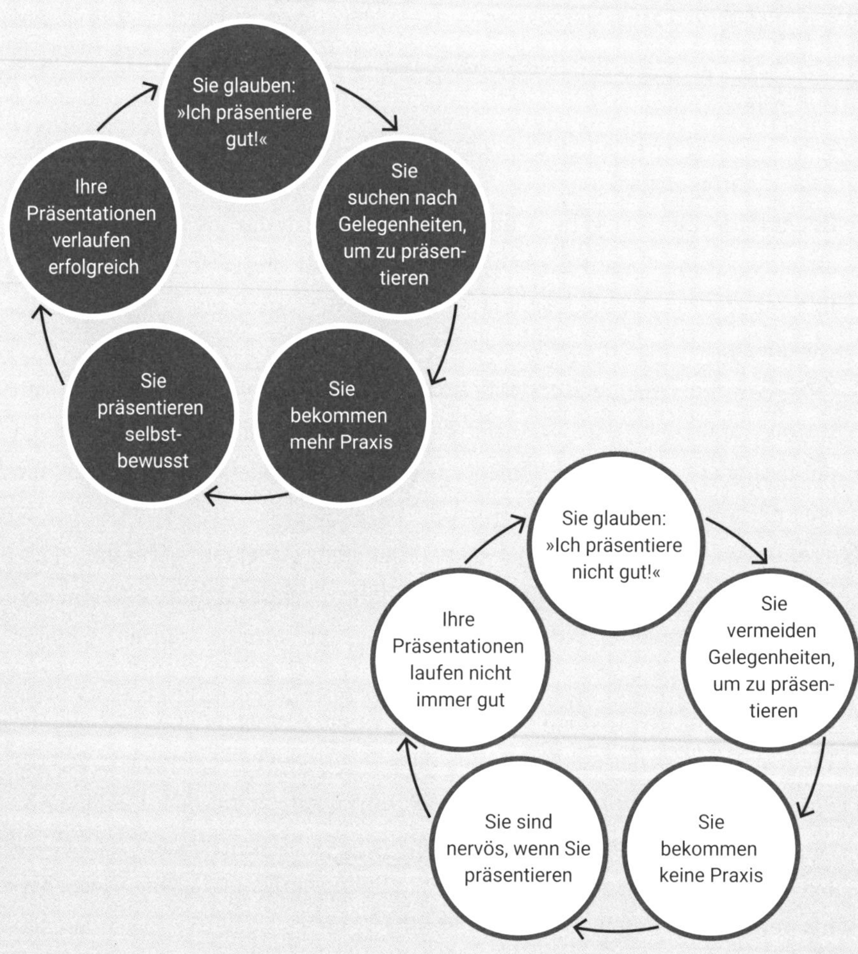

1 *Ängsten keine Chance – nur mit einer positiven Grundhaltung werden Sie mutig Vorträge wagen und wachsen*

»Talk!« ist nah an der Praxis. Es versorgt Sie mit Checklisten, Story Canvases, Analysen, Anleitungen, Tipps und KI-Tools, die es Ihnen ermöglichen, direkt loszulegen. Dazu gibt es viele Beispiele von Vorträgen und Präsentationen aus den verschiedensten Bereichen des Lebens. Meiner Erfahrung nach ist es nützlich, Vorbilder zu haben, deren Reden wir nacheifern können. Dank YouTube gibt es so viele Videos genialer Reden, dass daran kein Mangel besteht. Und dank Handy haben Sie das perfekte Gerät, um Ihren eigenen Lernfortschritt zu dokumentieren, indem Sie sich ganz einfach selbst filmen (lassen), während Sie eine Rede halten oder einüben.

Eins meiner Vorbilder ist Barack Obama, weil er lässig ist und humorvoll, weil er gerne Geschichten erzählt und es ihm wie kaum einem Zweiten gelingt, den Bogen vom einzelnen Menschen zur Gemeinschaft zu spannen, von der Angst zur Hoffnung, von dem, was ist, zu dem, was sein sollte. In einer launigen Rede ein knappes Jahr nach seiner Wahl zum Präsidenten der USA sprach Obama im September 2009 zu Studenten. Er erzählte vom Wahlkampf und der Begegnung mit einer seltsamen Frau, die Menschen immer zum Mitgrölen animiert. *»Fired up, ready to go!«* – angefeuert, bereit loszulegen, ruft sie. Als sich ihre Wege auf einer Wahlkampfveranstaltung kreuzten, war er zunächst irritiert, weil die Frau ihm die Show stahl. Dann grölte er mit. Schließlich brachte er diese fünf Worte als Wahlkampfclaim mit nach Hause. Über das, was er bei ihr gelernt habe, sagt Obama:

> *»Eine Stimme kann einen Raum verändern. Und wenn eine Stimme einen Raum verändern kann, kann sie auch eine Stadt verändern. Und wenn sie eine Stadt verändern kann, kann sie einen Bundesstaat verändern. Wenn sie einen Bundesstaat verändern kann, kann sie eine Nation verändern. Wenn sie eine Nation verändern kann, kann sie die Welt verändern.«*[1]

In diesem Sinne wünsche ich Ihnen viel Vergnügen beim Lesen von »Talk!« und viel Erfolg dabei, Ihre Stimme zu nutzen, um einen Raum, eine Stadt, die Welt oder alles zusammen zu verändern.

Thomas Pyczak, Herrsching

1 Barack Obama: Fired up, ready to go. Maryland: 2009. *https://www.youtube.com/watch?v=B29Nw6mjZzk*

RECHERCHIEREN

Die richtigen Fragen stellen

Präsentationen und Vorträge beginnen mit einer Recherche. Dieser Abschnitt macht Sie mit den wichtigsten Schritten in der Phase des intensiven Sammelns von Daten vertraut.

Am Anfang steht die Recherche. Ich stelle sie mir vor wie eine Fragereise, die zu drei verschiedenen Stationen führt: meinem Thema, meinem Publikum und schließlich zu mir selbst. Sie sammeln Daten, sortieren und priorisieren sie, sodass Sie am Ende der Recherche drei klare Bilder haben.

Das Thema eines Vortrags lässt sich am besten in einer guten Headline formulieren. Steht der Titel, können Sie anfangen. Vorher macht es keinen Sinn, obwohl ich immer wieder erlebe, dass in der Recherchephase munter ins Blaue geschossen wird, in der Hoffnung, dabei ins Schwarze zu treffen. Das kann ich nicht empfehlen: Titel und auch Ziel des Vortrags sollten am Ende der Recherchereise auf den Punkt formuliert sein.

Auch das Publikum erfordert besondere Aufmerksamkeit. Es gibt dieses Bonmot, dass jemand, der eine Präsentation entwickelt, ohne ein Publikum im Kopf zu haben, demjenigen gleicht, der einen Liebesbrief mit *»Sehr geehrte Damen und Herren«* beginnt. Ein einfaches, doch effektives Tool hilft, das zu verhindern.

Unsere Fähigkeiten und Einstellungen prägen, wie wir präsentieren. Und ob wir überhaupt präsentieren. *»Ich bin perfekt für die zweite Reihe«*, ist ein Satz, den ich häufig höre. Dabei ist gerade dieser tiefe Respekt vor der Bühne eine hervorragende Voraussetzung dafür, erfolgreich zu präsentieren. Daher führt der Rechercheteil von »Talk!« zu Fragen nach Ihrem Mindset, nach Introversion und Extraversion und zu einem kleinen Videoselbstcheck Ihrer Vortragskompetenz.

Information oder Transformation?

Wann eine Präsentation Sinn macht – und wann nicht

»Es gibt bei Amazon keine PowerPoint-Präsentationen«, schrieb Gründer und CEO Jeff Bezos 2017 in seinem Brief an die Aktionäre. *»Stattdessen verfassen wir sechsseitige Memos, die erzählend strukturiert sind. Wir lesen eines davon zu Beginn jeder Sitzung in einer Art ›Study Hall‹ leise durch.«*[1] Das Memo, verfasst von einem Team und nicht von einer einzelnen Person, enthält die Hintergrundinformationen, den Grund für das Meeting und das, was zu entscheiden ist. Nachdem alle es gelesen haben, sind sie sprichwörtlich auf derselben Seite. Es folgen Verständnisfragen, Diskussion und schließlich der Prozess der Entscheidungsfindung. Bezos erklärt in seinem Aktionärsbrief ausführlich an einem Beispiel folgende Logik: Unter der Voraussetzung, dass die Memos eine hohe Qualität haben, sei dieser Weg viel effektiver, als das Meeting mit einer Präsentation zu eröffnen.

Ist das die Lösung für High-Performance-Organisationen: Memos statt PowerPoint? Lesen statt Vortragen? Ja und nein. Ich würde es vielmehr so sagen: Wenn wir auf Präsentationen, Reden, Vorträge verzichten können, dann sollten wir es tun. Nicht nur, weil wir Zeit sparen, sondern auch weil so deren Wert erhalten bleibt. Und der liegt eben nicht darin, uns nur Informationen zu vermitteln. Da ist es in der Tat viel effizienter, wenn wir ein Dokument in unserem eigenen Tempo lesen, wenn wir vor- und zurückblättern können sowie Fragen und Anmerkungen an den Rand schreiben. Präsentationen, Reden und Vorträge dagegen haben die Macht, ihr Publikum und damit auch die Welt zu verändern. Sie sind der perfekte Weg, um dem, was Menschen denken, fühlen und tun, eine neue Richtung zu geben. Martin Luther Kings Rede *»I have a dream«*, die iPhone-Einführung von Steve Jobs oder Greta Thunbergs *»Unser-Haus-brennt«*-Reden hätten als Memo à la Amazon schwerlich ihre Wirkung entfalten können.

Ein Zeitsprung in die Antike. *»Die Rhetorik«*, schrieb der griechische Philosoph Aristoteles vor rund 2.400 Jahren, *»sei also als Fähigkeit definiert, das Überzeugende, das jeder Sache innewohnt, zu erkennen.«*[2] Für ihn gab es drei Arten von Reden: die Gerichtsrede, die politische Rede und die Festrede.

---

1 Jeff Bezos: 2017, Letter to Shareholders. *https://www.aboutamazon.com/news/company-news/2017-letter-to-shareholders*

2 Aristoteles: Rhetorik. Ditzingen: 2019. S. 12

Die drei Überzeugungsmittel antiker Rhetorik

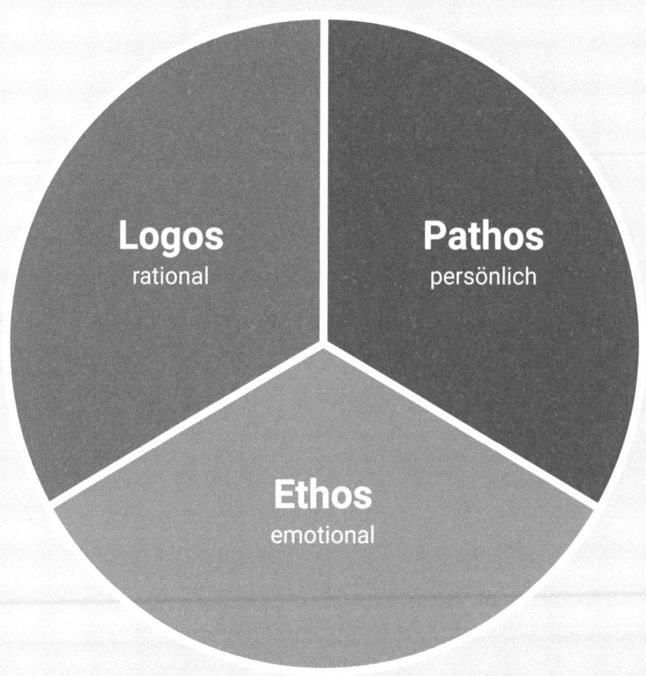

2 *Eine gute Rede verbindet diese Elemente: Charakter und Persönlichkeit, Emotionen und Stimmungen, Argumente und Logik.*

Sie sind verknüpft durch drei Arten von Überzeugungsmitteln, die zusammenwirken. Es sind der Charakter des Redners (Ethos), die Fähigkeit, Zuhörerinnen und Zuhörer in eine bestimmte Gefühlslage zu versetzen (Pathos) und schließlich die Argumentation (Logos). Für Aristoteles waren Reden ein Kernelement der Demokratie. Mit ihrer Hilfe erziele die demokratische Gemeinschaft einen Konsens darüber, was das Beste für sie sei.

Wenn wir den Aktionärsbrief im Lichte der Rhetorik von Aristoteles lesen, wird deutlich, dass die Amazon-Memos auf Logos zielen, auf die Fakten und die Argumente. Es geht weder um den Charakter des Einzelnen oder des Teams noch um das Erzeugen von Gefühlen. Darum geht es in der Tat bei vielen Präsentationen nicht, die im Unternehmenskontext gehalten werden. Sie informieren über Quartalszahlen, eine Marketingaktion, neue Produktfeatures. Kurzum: Es handelt sich um klassischen Lesestoff.

Ein schöner erster Schritt auf der Reise in die Welt überzeugender Vorträge und Präsentationen wäre meiner Meinung nach, sich dafür stark zu machen, nur noch Präsentationen zu halten, die im Sinne der Rhetorik ein spezifisches Publikum mit den Mitteln der öffentlichen Rede überzeugen und inspirieren wollen, auf eine bestimmte Art zu handeln. Diese würden so viel stärker zur Geltung kommen. Sie würden nicht in letzter Minute entstehen, sondern exakt wie die Memos bei Amazon intensiv vorbereitet werden. Motto: Wenn wir präsentieren, dann richtig. So hätten sie auch eine viel stärkere Aufmerksamkeit. Wie eine ambitionierte politische Rede würden sie von der Zukunft handeln.

Die Präsentationen wären das Gegenstück zu den Memos, die nur auf einen überschaubaren Kreis zielen. So ein Vortrag kann das gesamte Unternehmen erreichen, ob online oder offline. Er wäre im Amazon-Kontext so etwas wie ein zugespitzter Aktionärsbrief, den wir uns ja auch als Video an die Mitarbeiterinnen und Mitarbeiter vorstellen können. Der zu Beginn des Kapitels zitierte Brief von Jeff Bezos enthält viele brillante Elemente von Rhetorik. Entlang der Story einer Freundin, die Handstand lernen will, erklärte der CEO darin zum Beispiel die Amazon-Kultur der hohen Standards, um in der Gunst der Kunden das Unternehmen Nummer eins zu bleiben.

Diese Standards, schrieb er, seien erlernbar, genau wie ein ausgezeichneter Handstand. Bezos übertrug dieses Beispiel auch auf die Memos, die bei Amazon geschrieben werden. Sie seien harte Arbeit, es dauere eine Woche oder länger, diese 6 Seiten zu schreiben, Feedback dazu einzuholen, sie wieder und wieder zu überarbeiten. Doch das Resultat mache all die Mühe wett, weil es für bestmögliche Entscheidungen sorge.

Alles, was Bezos schrieb, lässt sich direkt auf Vorträge und Präsentationen übertragen. Sie sind aufwendig vorzubereiten, und anders als bei Memos, die still gelesen werden, kommt hier noch das Einüben hinzu, der Vortrag. Doch wenn sie gelingen, inspirieren gute Vorträge das Publikum dazu, einen Schritt zu machen, den sie auf Basis eines Textes wahrscheinlich nicht gemacht hätten. Weil sie stärker fühlen, wie wichtig und dringlich ein Thema ist. Und weil sie zur Rednerin oder zum Redner ein Vertrauen entwickeln, das sich auf Papier nur schwer vermitteln lässt.

Die Ursprünge der Redekunst: Volksgerichte in Athen

Die Rhetorik entstand im antiken Griechenland. Deren Grundidee entspricht genau der Grundidee von »Talk!«: Menschen, die eben keine professionellen Redner sind, dabei zu unterstützen, andere Menschen zu überzeugen. In Athen war die Situation folgende: In einem Volksgericht sprachen die beiden Prozessparteien vor einer Gruppe von Personen, die alle den gleichen Rang als Richter hatten. Sie waren weder professionelle Juristen noch wussten sie etwas über den Fall. Die Prozessparteien mussten ihre Sache persönlich vortragen. Sie konnten dafür eine für sie verfasste Rede auswendig lernen. Das Gericht entschied sofort unter dem Eindruck der Reden. Der Verlierer zahlte die Geldbuße.

Man wollte also auf jeden Fall gewinnen – und nutzte dafür einen neuen Berufszweig, den der Rhetoriker, die überzeugende Reden verfassten. Heute würde man sagen: Redenschreiber. Daraus wurde im Laufe der Zeit eine eigene Wissenschaft, die sich auf Politik und Festrede ausweitete. Sie ist bis heute umstritten. Die Rhetorik, sagen deren Gegner, wie zum Beispiel der griechische Philosoph Platon, findet das Überzeugende in den Dingen, ohne aber selbst auf einer ethischen Grundlage zu stehen. Sie stellt sich nicht in den Dienst einer bestimmten Sache, sondern hilft jeder gewünschten Sache zum Ziel. Der römische Meisterredner Cicero zielte daher genau darauf ab, die Ausbildung zum Redner mit einem bestimmten Menschenbild zu verknüpfen, das die höchsten humanen Möglichkeiten verkörpert.[3]

---

3 Einen detaillierten Überblick über Entstehung und Entwicklung der Rhetorik geben die Autoren Gert Ueding und Bernd Steinbrink in ihrem Buch: Grundriss der Rhetorik. Geschichte, Technik, Methode. Stuttgart 1986.

Take-away

Macht ein Vortrag oder eine Präsentation überhaupt Sinn oder ist es nicht vielleicht klüger, ein Dokument zu verschicken, das alle lesen können? Diese Frage sollte am Anfang der Recherche stehen. Geht es nur um Information, brauchen wir keine Vorträge. Sie machen Sinn, wenn wir andere überzeugen wollen – und zwar von Mensch zu Mensch. In der antiken Rhetorik hieß es, ein Vortrag benötige Logos, Pathos und Ethos – die Argumentation, die Fähigkeit, das Publikum in eine bestimmte Gefühlslage zu versetzen und unseren Charakter.

Ich habe unvorsichtigerweise zugesagt

Die Furcht vor dem Vortrag überwinden

Ein faszinierendes Phänomen bei Vorträgen und Präsentationen ist dieser plötzliche Umschlag von Zuversicht in Panik. Es erwischt einen während der Vorbereitung wie aus heiterem Himmel. Alles, was eben noch profund erschien, ist auf einmal unzureichend. Die Slides – eine Katastrophe. Die Struktur – wirr. Die Storyline – gibt es die überhaupt? Die Unterstützung der eben noch so hilfsbereiten Kolleginnen und Kollegen – pure Sabotage. Die Blamage scheint unausweichlich. Und wenn uns niemand mehr einfällt, dem wir die Schuld an dem unausweichlichen Debakel geben können, erscheint eine Frage wie mit Neonfarbe an die Wand gesprayt: Wie konnte ich bloß zusagen?

Willkommen in der Welt sozialer Ängste! Für Psychologen ist klar, worum es im Kern geht: Wir betrachten uns mit den kritischen Augen der anderen und haben Angst, negativ bewertet und zurückgewiesen zu werden. Öffentliches Reden ist eine der meistgefürchteten Situationen. In der Epoche von Social Media nimmt es eher zu. Es gibt ein Video von mir, das alle Welt sehen und kommentieren kann, in einer Kultur, die zunehmend lauter, greller, ungehemmter wird. Muss ich mir das antun?

Doch ohne Angst können wir nicht mutig sein, sagte Boxlegende Muhammad Ali. Es geht darum, diese positiv umzumünzen. Wenn ich mir sage: Ich halte den Vortrag erst dann, wenn ich durch Trockenübungen perfekt bin, dann bedeutet das: niemals. Es wird nicht passieren. Außerdem will ein Publikum das gar nicht sehen. Stattdessen geht es darum, wie Muhammad Ali etwas zu wagen. Bei diesem Wagnis will das Publikum dabei sein.

Im Kern geht es darum, die Aufmerksamkeit von uns selbst zu wegzulenken hin zum Publikum und der Idee, die wir ihm schenken werden. Das ist alles andere als trivial, und so wird das Thema Bühnenangst immer wieder in »Talk!« auftauchen, um Ihnen zu helfen, diese zu überwinden und Freude an Vorträgen zu haben. Die Annäherung in kleinen Schritten an den Vortrag ist, meiner Erfahrung nach, der beste Weg, Ihnen ein sicheres Gefühl zu geben. Daher rührt die Struktur von »Talk!«. Doch da ist noch etwas anderes, mit dem ich beginnen möchte: Es ist die Frage nach dem Mindset, mit dem wir auf das Abenteuer Vortrag blicken.

Der englische Begriff Mindset lässt sich am besten mit den deutschen Worten Denkmuster, Einstellung, Haltung übersetzen. Wie ein Filter interpretieren wir auf Basis unseres Mindsets die Welt. Erworben haben wir es im Laufe unseres Lebens aufgrund von Erfahrungen, die unser Fühlen, Denken und Handeln bestimmen. Das Positive ist: Die Wissenschaft zeigt, dass wir dieses Mindset ändern können, es neu trainieren und so von einem statischen zu einem Wachstumsdenkmuster wechseln können. Und genau darum geht es meiner Meinung nach, denn das Mindset, das uns davon abhält, unsere Vortragsangst zu überwinden und das – sollten wir zugesagt haben – irgendwann den Panikknopf drückt, ist das statische. Es sabotiert unsere Entwicklung.

Weniger unsere Fähigkeiten und unser Universitätsabschluss bestimmen, ob wir im Berufsalltag oder in einer Beziehung erfolgreich sind, sondern vor allem unser Mindset, sagt die amerikanische Psychologie-Professorin Carol S. Dweck. Ihr Buch »Mindset« ist seit vielen Jahren ein Bestseller und zählt meiner Meinung nach zu den spannendsten und wichtigsten Büchern, die uns helfen, unser Leben in positiver Weise zu verändern.

Dweck sagt, Menschen mit einem fixen Denkmuster orientieren sich stärker an Fähigkeiten, die sie bereits besitzen. Danach wählen sie auch Tätigkeiten und Jobs aus, anstatt etwas zu riskieren, Herausforderungen anzunehmen, vielleicht sogar zu scheitern, weil sie Fähigkeiten benötigen, die ihnen (noch) fehlen. Sie bewegen sich also auf der sicheren Seite – vermeintlich.

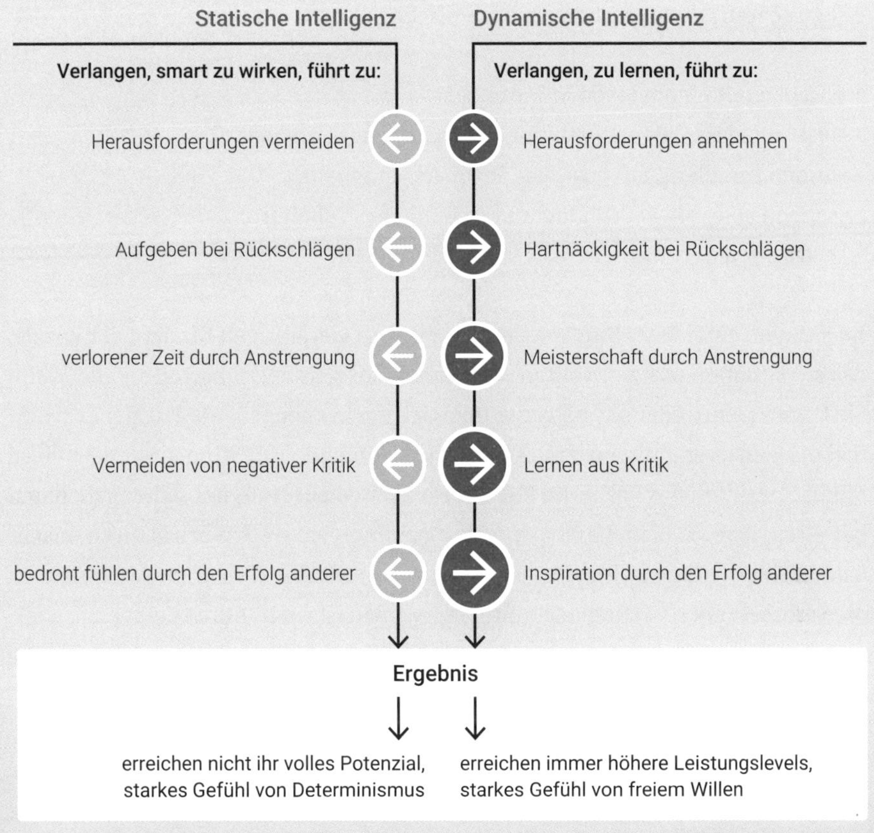

3 *Lernen oder auf der Stelle treten – mit einem Growth Mindset erscheinen Vorträge als spannende Herausforderung, mit einem Fixed Mindset als zu vermeidendes Risiko (Grafik nach Carol Dweck).*

Menschen mit einem Growth Mindset dagegen machen es zu ihrem Programm, Dinge zu lernen, obwohl ihnen klar ist, dass sie die Herausforderungen, die sie annehmen, nicht auf Anhieb bewältigen werden. Hindernisse interpretieren sie positiv, Kritik ebenfalls. Auf diese Art lernen sie schnell. Und überholen Menschen mit Fixed Mindset, so begabt diese auch sein mögen, weil sie eben nicht auf der Stelle treten.

Menschen mit einem Growth Mindset ...

- betrachten Fehler als Chance, sich weiterzuentwickeln.
- sind neugierig auf alles, was sie noch nicht kennen.
- lieben es zu lernen.
- betrachten den Menschen als dynamisches Wesen.

Menschen mit einem Fixed Mindset ...

- glauben, dass Talent bestimmt, ob man etwas kann oder nicht.
- lernen vor allem, um positives Feedback zu erhalten.
- sehen Fehler als Bedrohung und persönliches Scheitern.
- betrachten den Menschen als statisches Wesen.

Im Rahmen einer ihrer Studien gab Carol Dweck vierjährigen Kindern ein Puzzle, das sie zusammensetzen sollten. War ihnen das gelungen, hatten sie die Wahl: Sie konnten entweder das bereits erfolgreich zusammengebaute Puzzle noch einmal machen oder ein schwierigeres Puzzle bekommen. Die Kinder mit dem Fixed Mindset wählten das bekannte Puzzle. Sie wollten auf Nummer sicher gehen und beweisen, dass sie beim Lösen der Aufgabe erfolgreich sind. Wer schlau ist, macht keine Fehler – das war ihre Devise. Es gab auch Kinder, die daran glaubten, dass die Wahrheit eher so klingen könnte: Wer schlau ist, lernt durch Fehler. Sie wollten das neue, schwerere Puzzle. Sie liebten die Herausforderung, hatten keine Angst, Fehler zu machen. Diese Kinder hatten bereits ein Growth Mindset.[4]

Dweck unterteilt die Welt in die, die lernen, und die, die nicht lernen. Und sie zeigt mit diversen Experimenten, dass uns ein Growth Mindset messbar weiterbringt. In der Schule zum Beispiel erkennbar an den Noten. Dieses Mindset kann jeder trainieren.

---

4 Carol Dweck: Mindset. London: 2017. S. 3 f. Das Puzzle-Experiment zeigt auch dieses Video: *https://www.youtube.com/watch?v=GPZZwv_spxs*

Ein neues Mindset entwickelt sich nicht über Nacht. Es ist ein Prozess, in dem wir uns Schritt für Schritt in Richtung einer Kultur des Wachstums, der Innovation, des Weiterkommens entwickeln. All das funktioniert mit Empathie und einem tiefen Verständnis für das Fixed Mindset, das wir alle haben. Es geht also zunächst einmal darum, diesen mächtigen Gegenspieler zu bändigen. Das sind die Schritte:

1. **Umarmen Sie Ihr Fixed Mindset!**
   Diese Tatsache zu akzeptieren ist der erste Schritt. Es bedeutet, dass wir nie vor einem Nein sicher sind, wenn wir gebeten werden, einen Vortrag zu halten.
2. **Erkunden Sie seine Trigger!**
   Unsere Fixed-Mindset-Persona erscheint in Stresssituationen wie öffentlichen Reden. Gut zuhören! Was flüstert sie uns ins Ohr? Welche Gefühle ruft sie hervor?
3. **Geben Sie Ihrer Fixed-Mindset-Persona einen Namen!**
   Schreiben Sie eine Seite über dieses Mindset, beschreiben Sie es wie einen Menschen oder eine Figur in einem Roman, die versucht, Sie davon abzuhalten, einen Vortrag zu halten.
4. **Erziehen Sie Ihr Fixed Mindset!**
   Anstatt zu versuchen, es zu ignorieren, nehmen Sie es mit auf die Reise zum Growth Mindset, das die Vortragskunst üben will. Lernen Sie auf dem Weg.
5. **Setzen Sie sich ein hohes Ziel!**
   Je nachdem, wo Sie stehen, könnte das ein Vortrag vor einer kleinen Gruppe Unbekannter sein oder ein TED Talk, der auch für geübte Redner eine Herausforderung darstellt.
6. **Haben Sie keine Angst vor Fehlern und Rückschlägen!**
   Wer nichts tut, kann auch nichts falsch machen. Doch Erfolg kann sich nur einstellen, wenn wir uns trauen, Fehler zu machen. Ein missglückter Vortrag bietet die Möglichkeit zu lernen.
7. **Seien Sie empfänglich für Feedback!**
   Feedback ist ein zentrales Instrument, sich über sein Mindset mit anderen zu verständigen. Seien Sie nach jeder Präsentation offen dafür, konstruktives Feedback zu erhalten und auch zu geben.
8. **Seien Sie beharrlich!**
   Niemand ändert sein Mindset von heute auf morgen. Geduld bewahren und Schritt für Schritt vorangehen, so wird ihr Growth Mindset Sie zu einem guten und sicheren Redner machen.

Das Hochstapler-Phänomen: Wann werden sie mich auffliegen lassen?

Das Hochstapler-Phänomen (imposter phenomenon) bezeichnet Menschen, die objektiv kompetent sind, doch sich nicht so fühlen, als wären sie es wirklich. Studien zeigen, dass Männer und Frauen davon betroffen sind, doch dass das Hochstapler-Phänomen bei Frauen stärker limitierend wirkt.[5] Man glaubt, intellektuell und professionell eine Maske der Scheinheiligkeit zu tragen. Erfolg, das sei nur Glückssache, zur richtigen Zeit am richtigen Ort, hätte jedem passieren können. Die Angst, demaskiert zu werden, ist groß.

Vorträge und Präsentationen erscheinen aus dieser Perspektive alles andere als einladend. Da ist auf der einen Seite die Angst vor Erfolg. Ja, richtig gehört, denn Erfolg kann zu sozialer Zurückweisung führen (hoffentlich werde ich nicht zu sehr gelobt). Da ist auf der anderen Seite die Angst zu scheitern (hoffentlich werde ich nicht wie ein Idiot dastehen). Sollten wir selbst nicht unter dem Hochstapler-Phänomen leiden, so vielleicht eine Kollegin oder ein Kollege, ein Freund oder eine Freundin. Wichtig ist meiner Erfahrung nach erst einmal zu verstehen, was für psychische Mechanismen hier wirken, bevor wir uns ärgern, weil objektiv fähige Menschen sich scheinbar drücken, zum Beispiel vor einem Vortrag.

Take-away

In der Liste sozialer Ängste rangiert die Bühnenangst weit oben. Allein der Gedanke daran, im Rampenlicht zu stehen, löst Unwohlsein aus. Es geht dabei um die Angst, negativ bewertet und zurückgewiesen zu werden. Diese Angst zu überwinden, dabei hilft eine bestimmte Haltung: das Growth Mindset. Es betrachtet Fehler als notwendige Schritte auf einer Lernreise und relativiert so die Angst, auf der Bühne für alle sichtbar zu scheitern. Dieses Mindset müssen wir trainieren.

5 Eine Übersicht über Studien zum Hochstapler-Phänomen findet sich in: Sheryl Sandberg: Lean in. London: 2015, S. 28 f.

Die Verwandlungen von Michelle und Barack Obama

Vortragskunst lässt sich lernen

Michelle und Barack Obama, der Ex-Präsident der USA und seine Frau, gelten als erstklassige Redner. Sie füllen riesige Hallen und strahlen dabei eine Leichtigkeit aus, die wirkt, als würden sie ihr Thema im kleinen Freundeskreis erläutern. Typische Bühnenpersönlichkeiten, die von klein auf Vorträge gehalten haben? Redetalent in die Wiege gelegt? Weit gefehlt. Wenn man sich die Biografien der beiden ansieht, sind sowohl Michelle als auch Barack erst spät ins Rampenlicht getreten. Es begann mit Baracks Eintritt in den Senat von Illinois 1997, nahm Fahrt auf, als er 2005 Juniorsenator wurde und schließlich im Februar 2007 bekannt gab, für das Amt des Präsidenten kandidieren zu wollen, das er dann zwei Jahre darauf übernahm.

Beide sind unterschiedliche Wege gegangen – den intuitiven auf der einen Seite, den gecoachten Weg auf der anderen. Beide gehen offen mit den Herausforderungen um, die ihnen Vorträge und Präsentationen von Anfang an gestellt haben. Und so sind sie herausragende Beispiele und Inspiration dafür, dass sich Vortragskunst lernen lässt. Wie sind sie vorgegangen?

Ins kalte Wasser geworfen – so würde ich Michelle Obamas Start in wenigen Worten beschreiben. Sie erzählte in ihrer Autobiografie »Becoming«, ihre Aufgabe bestünde

> *»hauptsächlich darin, Zeit mit Demokraten in jedem Winkel des Staates zu verbringen, vor kleinen Gruppen zu sprechen, freiwillige Helfer zu motivieren und wichtige Persönlichkeiten in den Communitys zu überzeugen […] Ich bekam kein Skript, keine Argumentationshilfen, keine Ratschläge […] meine Aufgabe war, für mich selbst zu sprechen.«*[6]

Es begann mit Versammlungen in Wohnzimmern, die sie an das Wohnzimmer ihrer eigenen Familie erinnerten. Sie entschied sich, einfach sie selbst zu sein und ihre Geschichte zu erzählen, um den Menschen näher zu kommen. Michelle Obama, aufgewachsen in der rauen South Side von Chicago als Arbeiterkind. Sie

6 Michelle Obama: Becoming. Meine Geschichte. München: 2018, S. 311

erzählte von ihrer Familie, ihren Werten, ihrem Mann, ihrem Studium als eine von wenigen schwarzen Frauen in Princeton und Harvard. Keine Beschönigung von Politik, die sie nicht mag. Kein Hinter-dem-Berg-halten des Wunsches, dass sie ihren Mann lieber zu Hause hätte – es aber nicht nur um sie ginge.

Diese Vorträge entstanden auf Basis von Intuition und wurden optimiert auf der Basis von Erfahrung. Bald sprach Michelle nicht mehr in Wohnzimmern mit wenigen Menschen, sondern in Turnhallen. Das Wahlkampfteam nannte sie »The Closer«, weil ihr Auftreten oft den letzten Ausschlag gab, sich für Barack Obama zu entscheiden. Sie sprach vor mehr als tausend Menschen. Ihre Rede hatte eine lose Struktur, Michelle sprach frei, ca. 40 Minuten lang, sie sagte dazu:

»Meine Worte waren nicht geschliffen, und ich würde nie so eloquent wie mein Mann werden, doch ich sprach von Herzen.«[7]

Sie erzeugte einen gemeinsamen Spirit, Stolz, Optimismus, Hoffnung.

Dann kursierte ein Clip von ihr im Internet, der nur einen aus dem Zusammenhang gerissenen Satz enthielt:

»Zum ersten Mal, seit ich erwachsen bin, bin ich richtig stolz auf mein Land.«[8]

Eine Kampagne gegen Michelle Obama begann. Sie sei unpatriotisch, feindselig, arrogant, alles nur Show. Daraufhin zog sie Profis für ihre Reden hinzu; sie analysierten außer dem Text vor allem Körpersprache und Mimik. Ihr Fazit: In kleineren Hallen sei alles okay, doch in den großen Hallen gehe Michelles Herzlichkeit verloren. Nun begann das Medientraining, die Redenschreiberinnen kamen ins Spiel und auch die Teleprompter.

Sie konzentrierte sich bei öffentlichen Auftritten nun darauf, trotz der großen Hallen und des Teams, das ihre Arbeit professionalisierte, Nähe herzustellen, weil Hass aus nächster Nähe schwerer falle. Intensive Vorbereitung war jetzt Michelle Obamas Credo, um in der künstlichen Redesituation authentisch zu sein.

»Es geht nicht darum, perfekt zu sein [...] Es liegt eine große Kraft darin, die Voraussetzungen dafür zu schaffen, dass man erkannt und gehört wird, darin, die eigene einzigartige Geschichte für sich zu beanspruchen, mit der eigenen authentischen Stimme zu sprechen.«[9]

---

7 Ebd. S. 338

8 Ebd. S. 339

9 Ebd. S. 542

Der große Durchbruch gelang ihr mit einer spektakulären Rede im August 2008 auf der Democratic National Convention, bei der später ihr Mann Obama über Video zugeschaltet wurde. Diese Rede werden wir uns noch näher ansehen.

Barack Obama ging einen anderen Weg. Während öffentliches Reden für Michelle bis heute eine Tätigkeit ist, die sich weitgehend aus dem Amt ihres Mannes ergab, sind öffentliche Auftritte für den Politiker Barack Obama essenziell. Schon früh begann er, mit Redenschreibern und Telepromptern zu arbeiten. Doch wenn wir ein paar Schritte zurückgehen, finden wir ein Video, das Barack zeigt, bevor all das begonnen hatte. Am 20. September 1995 las der ehemalige Student der Harvard Law School in der öffentlichen Bibliothek von Cambridge aus seinem ersten Buch »Dreams from my father« vor, von dem Obama sagt, es repräsentiere das Ende seiner Kindheit.[10] Zu der Lesung gehörte auch ein einführender Vortrag und eine Frage-Antwort-Session. Der Obama, den wir hier im Video erleben, ist im Rampenlicht noch sehr weit weg vom späteren Präsidenten Obama. Wir sehen, welch weiten Weg er gegangen ist, um diese glänzenden Vorträge zu halten.

Das Auffälligste an der ca. 8 Minuten langen Einleitung ist, wie häufig Obama sich selbst unterbricht, mehr als100-mal, habe ich gezählt. Das macht das Zuhören anstrengend. Dazu kommt ein Blick, der manchmal unsicher wirkt, kaum mal ein Lächeln, manchmal verliert er den Faden, so scheint es. Er ist ein bedachter Sprecher, das ist sein Stil. Doch wenn er Themen erklärt, ist er umständlich und neigt zur ausschweifenden Erklärung. Keine pointierten Aussagen, die später seine Rhetorik auszeichnen und sich in die Herzen der Menschen einschreiben. Er ist weit weg von Sätzen wie:

> *»Es gibt nicht ein liberales und ein konservatives Amerika. Es gibt die Vereinigten Staaten von Amerika. Es gibt kein schwarzes Amerika und kein weißes Amerika und kein lateinamerikanisches Amerika und kein asiatisches Amerika. Es gibt die Vereinigten Staaten von Amerika.«*[11]

Wir hören sie erst neun Jahre später in seiner Rede bei der Democratic National Convention.

---

10 Barack Obama, September 1995 in der Cambridge Public Library. *https://www.youtube.com/watch?v=w5-JlqDnoqlo*

11 Barack Obama: DNC keynote speech in Boston von 2004. *https://www.youtube.com/watch?v=ueMNqdB1-QIE&t=18s*

In seiner Autobiografie gibt es allerdings eine zutiefst persönliche Rede, mit der er Michelle überzeugte, für das Amt des Präsidenten der USA zu kandidieren, was sie mit Blick auf die Familie vorher abgelehnt hatte. Er sagte:

> *»Es gibt keine Garantie, dass wir es schaffen können. Eines weiß ich jedoch mit Sicherheit: An dem Tag, an dem ich meine rechte Hand hebe und den Eid als Präsident der Vereinigten Staaten ablege, wird die Welt Amerika mit anderen Augen sehen. Ich weiß, dass Kinder in diesem Land – schwarze Kinder, lateinamerikanische Kinder, Kinder, die nicht dazugehören – sich selbst auch anders sehen werden, ihr Horizont wird sich erweitern, ihre Möglichkeiten werden sich vergrößern. Und das allein [...] das wäre es wert.«*[12]

Der junge Politiker war trotz aller Redegewandtheit eher scheu und steif – ganz anders als Michelle, der es auf der Bühne von Anfang an leichter zu fallen schien, sie selbst zu sein. In seiner Autobiografie »A promised land« erzählte Obama von dem Support, den ihm sein Team gegeben habe, aber auch von einem Wechsel in seiner Wahrnehmung. Lange sei er viel zu sehr auf sich selbst fokussiert gewesen. Das habe seinen öffentlichen Auftritten eher geschadet.

> *»Mit der Zeit konzentrierte ich mich jedoch mehr auf das Zuhören. Und je mehr ich zuhörte, desto mehr Menschen öffneten sich [...] in dem Wissen, dass die Geschichte, die ich erzählte, wahr war; in der Überzeugung, dass es bei dieser Kampagne nicht mehr um mich ging, sondern dass ich lediglich ein Kanal geworden war, durch den die Menschen den Wert ihrer eigenen Geschichten, ihren eigenen Wert, erkennen und sie miteinander teilen konnten.«*[13]

Durch das Zuhören hat sich Barack Obama verwandelt und ist den Weg vom eher distanzierten zum nahbaren Redner gegangen, vom eher akademischen Redner zu einem, der in klaren Sätzen auf den Punkt kommt. Michelle dagegen begann als nahbare, fast schon unbekümmerte und emotionale Rednerin und hat im Laufe der Jahre gelernt, ihre Offenheit und Direktheit mit politischer Coolness zu verbinden.

Was die Obamas zeigen, ist, dass es verschiedene Wege gibt, eine erfolgreiche Rednerin oder ein erfolgreicher Redner zu werden. Wie und wo auch immer Sie beginnen, es geht darum, zu lernen, Schritt für Schritt, dranzubleiben, sich selbst treu zu bleiben, die eigene Stimme zu finden, Zeit und Geduld mitzubringen. Vor-

---

12 Barack Obama: A promised Land. New York: 2020. S. 77
13 Ebd. S. 48 f.

bilder sind meiner Erfahrung nach äußerst nützlich, seien es nun die Obamas oder, je nach Geschmack, auch die Trumps, seien es Olaf Scholz oder Annalena Baerbock.

4 *Rede zur Gesundheitsreform – ein ständiger Optimierungsprozess zwischen dem Präsidenten und seinen Redenschreibern*

Alles vergessen – doch was für ein charismatischer Sprecher!

Studierende wurden aufgefordert, Kurzvorträge zu halten. Sie sollten ihre Kommilitoninnen und Kommilitonen von einer Idee überzeugen. Nacheinander hielten Sie ihre Vorträge. Etwas später am gleichen Tag wurden ihnen zwei Fragen gestellt: Bewertet die Vortragenden, wie eindrucksvoll und überzeugend haben sie ihre Sache gemacht? Dann schreibt auf, woran ihr euch erinnert.

Das Experiment an der kalifornischen Stanford-Universität, von dem die Heath-Brüder in ihrem Buch »Made to Stick« berichtet haben, macht deutlich, dass die Fähigkeit, Botschaften zu vermitteln, die Menschen erinnern, nichts mit Charisma zu tun hat. Die wegen ihrer Bühnenpräsenz hoch bewerteten Sprecherinnen und Sprecher fielen zwar aufgrund ihrer Erscheinung auf, doch von den Resultaten her weitgehend durch.

Botschaften sticky, das heißt klebrig, zu machen ist aber eine entscheidende Fähigkeit, wenn das Publikum auf Basis von dem, was vorgetragen wurde, handeln soll. Wie soll ich handeln, wenn ich alles vergessen habe? Die Brüder Chip und Dan Heath weisen darauf hin, dass die wirklich guten Speaker eine Story erzählt haben, dass sie fokussiert waren, sich beschränkt haben. Ihr Vortragsstil und Sprachtalent spielten in Bezug auf die Wirkung nur eine untergeordnete Rolle. Ausländische Studierende, die sich weniger geschliffen ausdrücken konnten, performten mit Leichtigkeit besser als Native Speaker, schreiben die Autoren. Charisma an sich sei alles andere als hinderlich, doch *»alles Charisma in der Welt rettet keine gedrängte, unfokussierte Rede«*.[14]

Take-away

Vortragskompetenz lässt sich lernen – das zeigen beispielhaft zwei herausragende Redner: Michelle und Barack Obama. In ihren Biografien erläuterte das Ehepaar, welche Schritte sie gegangen sind. Beide haben unterschiedliche Wege eingeschlagen – Michelle den intuitiven, Barack den gecoachten Weg. Heute sind beide in der Lage, mühelos das Publikum in Klassenzimmern, Hörsälen und großen Hallen zu bewegen, indem sie gelernt haben, auf der Bühne sie selbst zu sein.

Der Norden und der Süden des Temperaments

Introvertierte und Extravertierte im Rampenlicht

Stellen Sie sich einen schönen Abend vor. Wie verbringen Sie ihn? Mit einem guten Buch allein zu Hause auf dem Sofa oder auf einer Party unter vielen Menschen? Diese Frage begegnet uns in Varianten immer wieder in Persönlichkeits-

14 Chip und Dan Heath: Made to stick. Why some ideas survive and others die. New York: 2010. S. 242 ff.

tests, die um die Big Five kreisen, Merkmale, die zugrunde gelegt werden, um die Persönlichkeit eines Menschen zu erfassen: Offenheit für Erfahrung, Gewissenhaftigkeit, soziale Verträglichkeit, Verletzlichkeit und schließlich die Frage, ob wir extravertiert oder introvertiert sind. Extraversion und Introversion lassen sich als Enden einer Skala vorstellen. Je weiter ein Mensch zur Extraversion neigt, desto mehr fokussiert er sich auf Reize von außen, denn aus ihnen schöpft er Energie. Auf einer Party zum Beispiel werden vor allem die Fremden dort als spannende neue Begegnungen wahrgenommen, nicht zuletzt, um das eigene Bedürfnis nach Selbstdarstellung zu befriedigen. Introvertierte dagegen sind nach innen gewandt und schöpfen ihre Energie aus der Stille, zum Beispiel aus dem Lesen eines Buches. Eine Party und Small Talk dagegen laugen sie aus. Ein Raum mit vielen fremden Menschen bereitet ihnen Unwohlsein und sie neigen dazu, sich am Rand aufzuhalten.

Zu welcher Gruppe zählen Sie? Falls Sie sich noch nicht sicher sind, machen Sie doch einfach einen der vielen Tests, die Google findet. Oder tauchen Sie tiefer in das Thema ein. Die Amerikanerin Susan Cain hat mit »Still« nicht nur ein bewegendes Buch über Introvertierte geschrieben, sondern mit »The power of introverts« auch einen TED Talk über deren Welt gehalten. Es ist einer der erfolgreichsten TED Talks aller Zeiten, gehalten von einer Introvertierten, die ein Buch einer Konferenz vorzieht.

Was bedeuten diese beiden Persönlichkeitsformen in Bezug auf Vorträge und Präsentationen? Die Antwort scheint einfach: Extravertierte haben Freude daran, sie suchen geradezu die nächste Bühne, Introvertierte dagegen geraten schon bei der Vorstellung in Panik. Extravertierte haben ein Mitteilungsbedürfnis und können sich Gehör verschaffen, Introvertierte bevorzugen es, im Hintergrund zu bleiben. Extravertierte werden als charismatisch beschrieben, im Extremfall als egozentrisch, Introvertierte dagegen als tief, im Extremfall als abweisend und arrogant. Das gesellschaftliche Ideal ist in westlichen Kulturen deutlich auf der extravertierten Seite der Skala zu finden. Eine prominente Ausnahme macht das Silicon Valley, das ohne introvertierte Nerds nicht denkbar wäre.

Falls Sie sich zu den ca. 50–70 % der Extravertierten in unserer Gesellschaft zählen und direkt zum nächsten Kapitel weiterblättern wollen: Vielleicht warten Sie noch einen Augenblick. Ihr Persönlichkeitstyp macht es ihnen zwar objektiv leichter, im Rampenlicht zu stehen, auch wenn Sie vielleicht unter Lampenfieber leiden, aber ich bin sicher, dass Sie von Stillen, die sich ins Rampenlicht trauen, eine fundamentale Lektion lernen können. Sie lautet: weniger Ego, mehr wir.

Drei prominente Beispiele für Introvertierte im Rampenlicht: Barack Obama, Gandhi und Emma Watson. Barack Obama, einer der besten Redner unserer Zeit, könnte wegen der Lässigkeit, mit der er sich auf Bühnen bewegt, als extravertiert wahrgenommen werden, als ein Mensch, in dessen Welt die Bühnen der Welt ein zweites Zuhause sind. Ist er im Gegensatz zu seiner Frau Michelle aber nicht. Obama braucht die Stille und die Zeit mit sich allein. Als Präsident der USA ging er jeden Abend, den er im Weißen Haus verbracht hat, nach dem Abendessen mit der Familie für 4 bis 5 Stunden in sein privates Arbeitszimmer, den Treaty Room, um dort allein Reden zu schreiben und zu überarbeiten, Briefings zu lesen, zu reflektieren, aufzutanken.[15]

Mahatma Gandhi schrieb in seiner Autobiografie »Mein Leben«:

> *»Ich war immer sehr scheu und vermied allen Umgang. Bücher und Schulaufgaben waren meine einzigen Gefährten. Täglich war ich mit dem Glockenschlag in der Schule; und sobald der Unterricht aus war, rannte ich wieder nach Haus – rannte buchstäblich, denn ich konnte es nicht ertragen, mit irgendwem zu reden, und zitterte bei dem Gedanken, man könnte sich über mich lustig machen.«*[16]

Gandhi wurde Rechtsanwalt, Journalist und politischer Aktivist, der sich für die Unabhängigkeit Indiens einsetzte, eine öffentliche Persönlichkeit, berühmt, ein starker Redner. Bei Gandhi findet sich ein Schlüsselsatz über das typische Vorgehen von introvertierten Menschen wie ihm, wenn sie sich trauen, öffentlich zu reden:

> *»Meine Ansprache in dieser Versammlung war eigentlich die erste öffentliche Rede in meinem Leben. Ich war ziemlich gut vorbereitet auf mein Thema [...] mit dem Ergebnis dieser Versammlung war ich zufrieden.«*[17]

Ziemlich gute Vorbereitung – genau darum geht es. Dieses Thema zieht sich wie ein roter Faden durch Gandhis Leben. Nicht nur durch seins. Es ist ein Leitmotiv für Introvertierte, die sich ins Rampenlicht wagen.

Ein anderes Thema war der Dienst an der indischen Gemeinschaft. In seinem Leben ging es Gandhi nicht um sich selbst, sondern um ein höheres Ziel. Wenn

---

15 Michael D. Shear: The precious hours alone. New York Times: 2.7.2016. *https://www.nytimes.com/2016/07/03/us/politics/obama-after-dark-the-precious-hours-alone.html*

16 Mahatma Gandhi: Mein Leben. Frankfurt am Main: 1983. S. 9

17 Ebd. S. 82

öffentliche Reden dazu gehörten, dieses Ziel zu erreichen, dann gab es keinen Weg um sie herum, auch wenn die Persönlichkeit Gandhis introvertiert war, sogar bis zu einem Grad, dass er sich über eine Gefängnisstrafe freute. Das liest sich dann so:

»Ich wurde infolgedessen in das Gefängnis in Bloemfontein verschickt [...] Ich hatte jahrelang, besonders seit 1893, nie Zeit zur Beschaulichkeit gehabt, und die Aussicht auf ein Jahr ungestörter Besinnung erfüllte mich mit Freude.«[18]

Auch Teile seiner Autobiografie schrieb Gandhi im Gefängnis.

Die britische Schauspielerin Emma Watson, berühmt geworden durch ihre Rolle der Hermine in den »Harry Potter«-Filmen, erklärte in einem Interview:

»Es ist interessant, denn die Leute sagen Dinge zu mir wie: ›Es ist wirklich cool, dass du dich nicht ständig betrinkst und in Clubs gehst‹, und ich sage nur: ›Ich weiß das zu schätzen, aber ich bin von Natur aus ein introvertierter Mensch, es ist nicht unbedingt eine bewusste Entscheidung, die ich treffe. So bin ich nun mal.‹«[19]

Keine Partys also – aber öffentliche Reden, wenn sie etwas zu sagen hat. Mit 24 Jahren stand Emma Watson vor den Vereinten Nationen und sprach über eine Initiative zur Gleichberechtigung von Männern und Frauen; ihre Stimme zitterte die ganze Zeit, sie war angespannt, kaum ein Lächeln. Sie legte das Vortragsmanuskript vor sich, sprach aber frei. Sie fragte schließlich:

»Wenn nicht ich – wer? Wenn nicht jetzt – wann?«[20]

Am Ende erhielt sie stehende Ovationen.

Genau wie Gandhi und Obama als Anwälte Redetalent besaßen bzw. besitzen, kann Emma Watson ihre schauspielerischen Fähigkeiten einsetzen, um öffentliche Reden zu meistern. Doch das allein ist es nicht. Es ist vielmehr ihre Bestimmtheit, Dinge zu sagen und zu tun, die für diese Drei von Bedeutung sind, öffentlich, damit sie gehört werden, obwohl ihre Persönlichkeit sich nach Stille, nach Alleinsein oder kleinen Kreisen von Freunden und Familie sehnt.

Ein anderer, vielleicht weniger herausfordernder Weg, den Introvertierte einschlagen: Sie gehen Bindungen mit Extravertierten ein. In so einer Beziehung macht jeder das, was seiner oder ihrer Persönlichkeit entspricht. Im Silicon Valley

---

18 Ebd. S. 167

19 I want to be worth it: An interview with Emma Watson. Rookie: Mai 2013. *https://www.rookiemag.com/2013/05/emma-watson-interview/5/*

20 Emma Watson: Rede für die HeForShe campaign 2014 bei den Vereinten Nationen in New York. *https://www.youtube.com/watch?v=gkjW9PZBRfk*

finden sich dafür verschiedene Beispiele, Apple etwa. In der Gründerphase teilten sich Steve Jobs und Steve Wozniak einfach die Aufgaben, Marketing und Sales der eine, Produktentwicklung und Technik der andere. Bühne hier, Werkstatt dort – eine geniale Kombination, die keinen von beiden zwang, Dinge zu tun, die ihrer Persönlichkeit nicht entsprachen. Allerdings sehe ich das nicht als ideale Lösung, denn die Kraft, die auch introvertierte, sehr schüchterne Charaktere wie der junge Steve Wozniak, daraus schöpfen, sich ins Rampenlicht zu wagen, ist nicht zu unterschätzen. Das ist die eine Seite. Die andere Seite ist die Magie, die von Sprecherinnen und Präsentatoren ausgehen kann, die es höchste Überwindung kostet, das zu tun, ist enorm.

Dazu ein weiteres Beispiel, eine Frau, die den Weg der Selbstironie wählte. Auf der Bühne macht sie sich über sich selbst und ihre Marotten lustig. Die Amerikanerin Brené Brown ist Wissenschaftlerin und Storytellerin, die zwei Jahrzehnte damit verbracht hat, Mut, Verletzlichkeit, Scham, Empathie und andere Gefühle zu studieren. Nach eigenen Aussagen ist sie hochgradig introvertiert, doch bei ihren beiden TED Talks wirkt sie alles andere als scheu. Die Magie ihrer Reden liegt für mich in drei Dingen: der Tiefe ihrer Recherche, den Storys, die Fakten zum Leben erwecken, sowie der entwaffnenden Selbstironie. Seht mal, so seltsam bin ich und das ist mein Weg! Man könnte ihr stundenlang zuhören, weil sie das Publikum wie eine Runde von Freunden anspricht, eine Runde, in der sie sich vermutlich wohler fühlen würde. Genau darin scheint Brené Browns Trick zu bestehen, sich auf der Bühne wohlzufühlen. Am besten, Sie sehen sich Ihre Vorträge selbst an.[21] Für alle Introvertierten, die Vorträge, Präsentationen oder öffentliche Reden halten wollen, ist Brené Brown genau wie alle anderen in diesem Kapitel genannten Rednerinnen und Redner eine Inspiration! Sie zeigen, dass Introversion eher eine Geheimwaffe ist als eine Schwäche des Temperaments.

Was bringen diese Beispiele Extravertierten? Sie lehren im Idealfall Demut. Nur weil man sich bei einer Präsentation wohlfühlt, garantiert das noch keinen Erfolg. Im Gegenteil, darin liegt vielleicht sogar eine Gefahr, nämlich sich selbst zu wichtig zu nehmen, selbstgefällig zu wirken. Donald Trump ist ein wunderbares Beispiel dafür: 100 % extrovertiert, kugelsicher, selbstverliebt. Ohne seine Politik bewerten zu wollen, geht es hier in eine Richtung, die sich insbesondere

---

21 Brené Brown: The power of vulnerability und Listening to shame. TED: 2010 und 2012. *https://www.ted.com/search?q=brene+brown*

im Business-Kontext nicht empfehlen lässt, wenn man nicht Trump heißt. Wer im Rahmen einer Präsentation oder eines Vortrags in diese Richtung zu rutschen droht, kann mit den gleichen Methoden vorbeugen wie Introvertierte: gute Vorbereitung, ein Manuskript als klare Guideline, die Sache in den Vordergrund stellen, Selbstironie.

Tipps für Introvertierte und Extravertierte im Rampenlicht

Introvertierte sollten ...

- sich nichts vorspielen und akzeptieren, dass die Bühne eher angsteinflößend als verlockend ist.
- auf keinen Fall Extravertierte imitieren und versuchen, jemanden zu spielen, der man nicht ist.
- ein höheres Ziel bzw. eine Mission verfolgen, so wird die Aufmerksamkeit von der eigenen Person genommen und die eigene Scheu überwunden.
- sich gut vorbereiten, um sich auf der Bühne, wenn nicht wohl, so doch sicherer zu fühlen.
- das Gefühl haben, viel zu viel zu sprechen, um die richtige Menge zu sagen.

Extravertierte sollten ...

- die Aufmerksamkeit nicht auf sich selbst lenken und damit den Erfolg einer Rede oder einer Präsentation gefährden.
- durch gute Vorbereitung der eigenen Spontaneität einen sicheren Raum geben.
- sich nicht zu sehr an den eigenen Worten berauschen, rhetorisch auf dem Boden und im Zeitrahmen bleiben.
- sich vor Selbstüberschätzung hüten, das Selbstvertrauen sollte die eigenen Fähigkeiten spiegeln.
- das Gefühl haben, viel zu wenig zu sprechen, um die richtige Menge zu sagen.

Take-away

Extravertiert oder introvertiert? Die Frage, was für eine Ausrichtung unsere Persönlichkeit hat, hilft bei der realistischen Einschätzung unserer Nähe zum Rampenlicht. Niemand braucht sich als Drückeberger zu fühlen, wenn die psychische Disposition uns zur Stille zieht. Doch es gibt Techniken, Introvertierten den Weg auf die Bühne zu ermöglichen, ohne dass sie sich als Extravertierte maskieren müssen. Das zeigen Prominente wie Mahatma Gandhi, Barack Obama und Emma Watson.

Auf einem Bierdeckel ist genug Platz

Inhalt und Message in wenigen Worten vermitteln

Jedes Thema oder jede Idee lässt sich in wenigen Worten vermitteln. Nicht nur bei komplexen Themen ist das eine Übung, die sich nicht in wenigen Minuten erledigen lässt. Es kann Stunden, Tage, manchmal sogar Wochen dauern, bis diese Kurzform steht. Und doch sollten wir der Versuchung widerstehen, schon einmal zu beginnen, die Präsentation oder den Vortrag zu skizzieren, wenn wir nicht in der Lage sind, die Essenz auf einem Bierdeckel festzuhalten. Denn die Bierdeckelversion bringt Klarheit und Fokus und sie ist das Fundament aller inhaltlichen Arbeit.

Was steht auf dem Bierdeckel? Ich möchte eine Technik vorschlagen, die ich als Journalist gelernt habe. Die Idee ist, dass ich ein Thema klar beschreiben kann, wenn ich drei Fragen beantworte:

1. Was ist die Headline?
2. Was ist das zentrale Bild?
3. Warum erzählen wir die Story jetzt?

Ein Beispiel aus dem Universum der TED Talks:

1. Wie große Führungskräfte zum Handeln inspirieren

2. Ein Mann steht vor einem Flipchart mit drei Kreisen, in denen die Wörter Why, How und What notiert sind.
3. Weil der Sprecher ein Tool entdeckt hat, das jedem ermöglicht, Menschen auf einfache und ehrliche Art zum Handeln zu inspirieren.

Natürlich wissen Sie längst, welchen TED Talk ich meine: Es ist der von Simon Sinek, gehalten in Newcastle, Washington, im September 2009, also mitten in der globalen Finanzkrise.[22] Das Video von Sineks Talk wurde mehr als 60 Millionen Mal gesehen, sein Buch zu diesem Thema ist längst ein Bestseller.

Die Bierdeckelversion dieses Talks ist sehr klar, sie erzählt das große Bild, und zwar in einer klugen Kombination aus simpler Headline (sechs Wörter) und simplem Bild (drei Kreise, drei Wörter: Why? How? What?). Das Versprechen bzw. die Message des Vortrags verstehen wir intuitiv: Du kannst das auch! Du kannst andere zum Handeln inspirieren. Ich zeige dir, wie. Warum jetzt? Weil eine Welt, die ökonomisch am Boden liegt, Menschen braucht, die andere inspirieren, etwas dagegen zu tun.

Wer in Headlines und korrespondierenden Bildern oder Grafiken denkt, sieht automatisch ein Publikum vor sich. Und das ist ein ganz entscheidender Punkt, denn wir ändern unsere Perspektive. Was auf dem Bierdeckel steht oder gezeichnet ist, ist darauf ausgerichtet, das, was wir zu erzählen haben, so zu vermitteln, dass es Menschen berührt, dass es neugierig macht. Es geht also nicht nur darum, das große Bild einfach zu zeichnen, sondern auch um Attraktivität. Daher ist diese Übung so wichtig.

Was haben Sie gewonnen, wenn diese drei Fragen beantwortet sind? Um ein Bild zu verwenden: Sie sind raus aus dem Nebel. Konnte Ihre Präsentation oder Ihr Vortrag vorher noch in diese oder jene Richtung gehen, sehen Sie nun klar. Am Sinek-Beispiel: Wir müssen darüber sprechen, wie Führungskräfte zum Handeln inspirieren. Wir können nicht einfach den Golden Circle mit seinen drei Fragen vorstellen, das ist zu wenig. Die Headline gibt den Kontext. Wir erwarten jetzt, etwas von großen Führungskräften zu hören. Das Bild wiederum legt nahe, dass der Vortrag sich durch große Einfachheit auszeichnet.

---

22 Simon Sinek: How great leaders inspire action. TEDxPugetSound: September 2009, Seattle. *https://www.ted.com/talks/simon_sinek_how_great_leaders_inspire_action*

Einfachheit ist ein starkes Prinzip

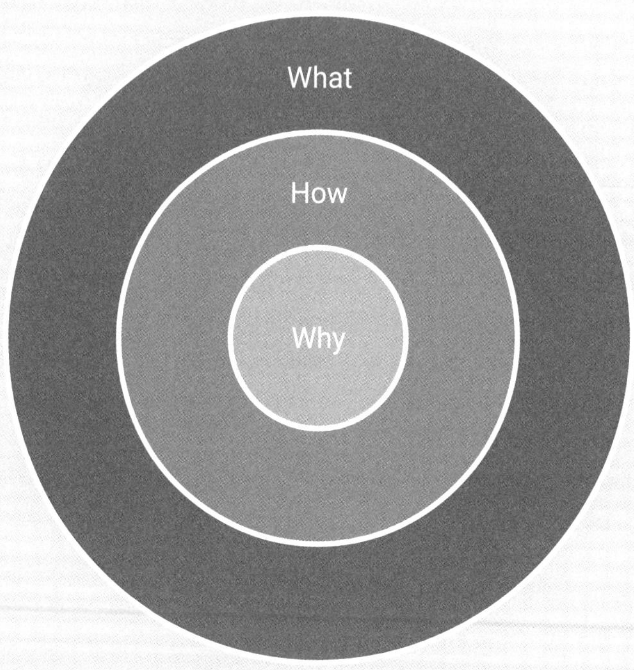

5 *Der Golden Circle nach Simon Sinek ist für jeden zugänglich: drei Kreise, drei Worte, gezeichnet auf einem Flipchart.*

Drei Fragen, drei Kreise – die Zeichnung könnte von einem Kind sein. Komplexe wissenschaftliche Erkenntnisse haben also keinen Raum in dem Talk – nur insofern sie allgemeinverständlich übersetzt sind. Indirekt schürt das Bild auch die Erwartung, dass der Talk bodenständig und praxisnah ist: ein Flipchart und hochgekrempelte Ärmel statt kühler Folien und Maßanzug. Darüber hinaus ist der Grundton klar: Es handelt sich um einen zuversichtlichen, hoffnungsvollen Talk. Es geht um Inspiration in inspirationsarmer Zeit.

All das findet sich in den Antworten auf die drei Fragen. Daher ist es so wichtig, mit ihnen zu beginnen, auch wenn Sie so erst einmal einige Runden am Flipchart drehen. Ich nutze für diesen Prozess meist ein Whiteboard. So gehe ich der Gefahr aus dem Weg, dass sich in der Bierdeckelphase zu viel Text oder zu viele Bilder ansammeln. Wegwischen ist ein starkes Prinzip. Zur Sicherheit mache ich manchmal Fotos. Vor dem Whiteboard lässt sich auch gut diskutieren, bis irgendwann die drei Fragen beantwortet sind und ihren Platz auf einem Bierdeckel finden. Natürlich lassen sich die Antworten immer weiter optimieren, aber darauf würde ich keinen Fokus legen, wenn sie gut genug sind, um mit dem Vortrag zu beginnen.

Von TED lernen: Zehn Beispiele für Headlines, die auf den Punkt treffen

TED ist meisterhaft darin, Titel zu formulieren, die zugleich auf den Punkt treffen und direkt ins Thema ziehen. Wenn Sie so eine Headline haben, können Sie als die Person, die den Vortrag entwickelt, klar erkennen, wohin die Reise geht. Sie beantwortet eine Frage. Sie gibt Antwort auf eine Wie-Frage. Sie warnt. Sie versteht ein Thema in der Tiefe.

Generell gilt: Wir lernen aus der Erfahrung von Menschen, die sich mit künstlicher Intelligenz, Landminen oder Lügnern beschäftigen. Und die Headlines klingen so, als würden wir etwas ganz Konkretes erfahren, etwas, das uns bereichert. Alle folgenden Headlines enthalten die Antwort auf die Frage: Nach meinem Vortrag wird das Publikum einen Lügner erkennen, um die Macht der Introvertierten wissen, wissen, warum eine einzelne Story gefährlich ist etc.

1. Cathie Wood: Warum KI ein exponentielles Wirtschaftswachstum auslösen wird
2. Sir Ken Robinson: Vernichten Schulen Kreativität?

3. Susan Cain: Die Macht der Introvertierten
4. Kelly McGonegal: Wie du Stress zu deinem Freund machst
5. Chimamanda Ngozi Adichie: Die Gefahr einer einzelnen Story
6. John O'Donnell: Kann ein einfacher Ziegelstein die nächste Batterie sein?
7. Pamela Mayer: Wie man einen Lügner erkennt
8. Brené Brown: Der Scham zuhören
9. Paul Kemp-Robertson: Bitcoin. Schweiß. Flut. Triff die Zukunft der Markenwährung.
10. Katie Fahay: Crash-Kurs: politischen Wechsel herbeiführen

Der Golden Circle – eine alternative Bierdeckelversion des Vortrags

Die drei Fragen des Golden Circles – Why? How? What? – erlauben Ihnen ebenfalls, eine Bierdeckelversion Ihrer Präsentation zu erstellen, die meiner Meinung nach eine gute Vorarbeit ist, um die drei journalistischen Fragen zu beantworten, die ins Herz des Vortrags führen. Sehen Sie sich das Video (noch einmal) an! Es inspiriert jedes Mal aufs Neue.

Wenn Sie ihr Thema entlang des Golden Circles beschreiben, bekommen ein tiefes Verständnis für den Inhalt der Präsentation oder des Vortrags. Drei Beispiele:

- **Martin Luther King: »I have a dream« (1963)**
  Was? Eine inspirierende Rede im Kontext der amerikanischen Bürgerrechtsbewegung in Washington
  Wie? Im Zentrum steht sein Traum von einem Amerika, in dem alle Menschen gleich sind.
  Warum? Um die Rassentrennung zu bekämpfen
- **Greta Thunberg: EU-Rede (2019)**
  Was? Eine Brandrede vor dem Europaparlament in Brüssel
  Wie? Appell an die Politikerinnen und Politiker, sich der Klimakrise zu stellen
  Warum? Um die Klimakrise abzuwenden, bevor es zu spät ist

- **Nike: Rede Sonny Vaccaros für Michael Jordan (1984)**
  Was? Eine Rede für den Basketballer Michael Jordan, seine Eltern und seinen Agenten
  Wie? Ausmalen der Heldenreise von Michael Jordan und ihrer Bedeutung für die Menschen als Inspirationsquelle
  Warum? Um Michael Jordan als neues Aushängeschild für Nike zu engagieren

Take-away

Jeder gute Vortrag passt zu Beginn auf einen Bierdeckel. Wenige Worte sind ausreichend, um ihn zu beschreiben. Sie stellen sich dafür drei Fragen: Wie lautet die Headline? Was ist das zentrale Bild? Warum halte ich den Vortrag jetzt? Die Antworten auf diese Fragen erzählen in Kurzform, worum es geht. Wer mit diesen drei Fragen beginnt, kann von dort aus einen beliebig langen Vortrag entwickeln. Wer es nicht macht, läuft Gefahr, sich bei der Umsetzung zu verirren.

Prompter und Flipcharter

Themen mithilfe von ChatGPT umreißen und strukturieren

Mittlerweile gibt es in meinen Storytelling-Workshops zwei Arten von Teilnehmerinnen und Teilnehmern: die Flipcharter und die Prompter. Die eine Gruppe skizziert Storys, Vorträge, Präsentationen als Zeichnung mithilfe von grafischen Elementen auf einem Flipchart, damit sie diese vor sich sieht. Die andere setzt sich ans Notebook und promptet, meist in ChatGPT (*https://chatgpt.com*).

Begonnen hat das Prompten in meinen Workshops Anfang 2024. Und ich muss zugeben, ich war zunächst wenig angetan von der Idee. Irgendwie hatte es für mich – und auch für andere Teilnehmer – den Beigeschmack von Mogeln, wohl auch deswegen, weil das Prompten eher heimlich passierte. Die Prompter wurden eher dabei ertappt, als dass offen gesagt worden wäre: »Ich befrage mal die künstliche Intelligenz dazu.« Entsprechend hämisch fielen die Kommentare der Kolleginnen und Kollegen aus, ganz nach dem Tenor: »Dir fällt wohl selbst nichts ein …«

Die Ergebnisse der Prompter zeigten und zeigen bis heute allerdings keine Vorteile, insbesondere bei Vorträgen, weil diese eine geheime Zutat brauchen, die KI (noch) nicht kennt: Sie selbst.[23] Eine in Sekunden hingezauberte klare elementare Struktur einer Präsentation und verständliche Formulierungen sind wichtig, doch nicht alles! Es geht um die Verbindung von Fakten mit Emotionen, von Allgemeinem mit dem Persönlichen, von künstlicher mit menschlicher Intelligenz – das ist eines der zentralen Themen von »Talk!«.

Die Entwürfe für Reden und Vorträge, die ChatGPT in Sekunden generiert, sind bemerkenswert – als Ausgangsmaterial, nicht als Endresultat. Das ist eine der großen Lektionen, die sich Prompter und Flipcharter gegenseitig verdanken. Jede Arbeitsgruppe sollte beide Typen aufweisen. Es ist meiner Erfahrung nach empfehlenswert, die KI als Partner in der Kreation von Inhalten einzusetzen. Sie inspiriert, sie findet Abkürzungen, ihr fällt immer etwas ein, auch wenn uns gerade eine Kreativblockade plagt. Den Ergebnissen ist dabei immer mehr zu trauen, aber ein doppelter Check der Fakten ist Pflicht. Denn im Zweifelsfall werden Fakten eher geschmeidig in den Kontext »halluziniert«, als dass ChatGPT eine Antwort zurückhält. Das Großartige bei der Entwicklung von Themen mit einer KI liegt in dem Dialog, den wir führen können. Selbst wenn der erste Prompt noch keine zufriedenstellenden Ergebnisse für einen Vortrag oder eine Präsentation liefert, dann optimieren wir unser Briefing eben Schritt für Schritt im Dialog mit dem Chatbot.

---

23 Zumindest gilt das für die meisten von uns. Interessant ist in diesem Zusammenhang ein Experiment von Autor, Unternehmer und LinkedIn-Mitbegründer Reid Hoffman, dessen digitales Pendant sämtliche seiner Bücher, Podcasts, Vorträge etc. kennt. Doch selbst auf dieser Ebene ist – bei aller Faszination für die Realisierung dieses Zwillingsbruders – die KI mitunter etwas hölzern, was Hoffman ja selbst sagt. Doch so ein KI-Zwilling wird die Qualität der Ergebnisse massiv erhöhen. Keine Frage. Hier der Link zu Hofmans Video: *https://www.youtube.com/watch?v=rgD2gmwCS10&t=227s*

Gibt es eine magische Formel für geniale Prompts, Texteingaben, die von Nutzern erstellt werden, um eine spezifische Antwort zu erhalten? Auf jeden Fall finden sich im Internet oder in Fachbüchern jede Menge Anleitungen, diese so präzise wie möglich zu schreiben, denn die Art und Weise, wie ein Prompt formuliert wird, entscheidet über die Qualität der Antwort. Er sollte spezifisch und klar formuliert sein – je klarer und konkreter, desto präziser die Antworten. Ein guter Prompt gibt auch genügend Informationen und Kontext, um der KI zu helfen, die Anfrage korrekt zu interpretieren. Allerdings sehen wir in der Arbeit mit ChatGPT auch, woran es vielleicht noch hakt, wo spezifische Informationen fehlen, eine klare Richtung der Fragestellung oder ein Unterstreichen der Relevanz des Themas. Das lässt sich im Dialog iterativ optimieren.

Schwieriger ist es im Bildbereich, etwa in der Arbeit mit Midjourney, zu der es ebenfalls ein Kapitel in »Talk!« gibt (siehe Kapitel »Hallo Bilder, Teil 2«). Die Kommunikation mit dieser generativen KI für die Kreation von Bildern ist deutlich technischer und fachlich anspruchsvoller als die Arbeit mit ChatGPT an einem Vortrag.

Eine einfache Prompt-Formel für ChatGPT, angewandt auf einen vertrauten Vortrag von Simon Sinek[24], könnte so aussehen:

Schreibe [*Aufgabe:* einen Vortrag mit dem Titel »Der goldene Zirkel«]
über [*Thema:* die Bedeutung der Beantwortung der drei Fragen why, how, what]
mit [*Aspekten:* fünf Beispielen aus der Business-Praxis des 21., 20. und 19. Jahrhunderts, die das Why unterstreichen],
der [*Länge:* 15 Minuten dauert],
als [*Format:* Vortrag mit Flipchart]
im [*Stil von:* typisch lässigen TED-Stil]
für [*Zielgruppe und Kenntnis:* ein typisches TED-Publikum in den USA]
mit [*Aufbau und Struktur:* einer einfachen Struktur, die sich an den Fragen why, how, what orientiert,]
und [*Call-to-Action:* mit dem Claim »Beginne mit dem Why« beginnt und endet].[25]

---

24 *https://www.ted.com/talks/simon_sinek_how_great_leaders_inspire_action*

25 Eine Variation der Prompt-Formel für ChatGPT aus: Content Creation mit KI: Andreas Berens, Carsten Bolk. Bonn: 2023. S. 66

Die Alternative dazu ist ein Prompt-Stil, der mit knappen Vorgaben beginnt und diese schrittweise in weiteren Prompts präzisiert. Der Vorteil liegt darin, dass Sie so von der Kreativität der KI profitieren können, wenn Sie selbst (noch) nicht exakt wissen, wie das Ergebnis aussehen soll.

Ein Beispiel: Ich fragte ChatGPT, ob es mir eine Outline für einen 15-minütigen Vortrag erzeugen könne, dessen Thema lautete: »Antike Rhetorik und generative KI im Kreuzfeuer von Jubel und Kritik«. Nach wenigen Iterationen hatte ich 10 Minuten später folgendes Resultat:

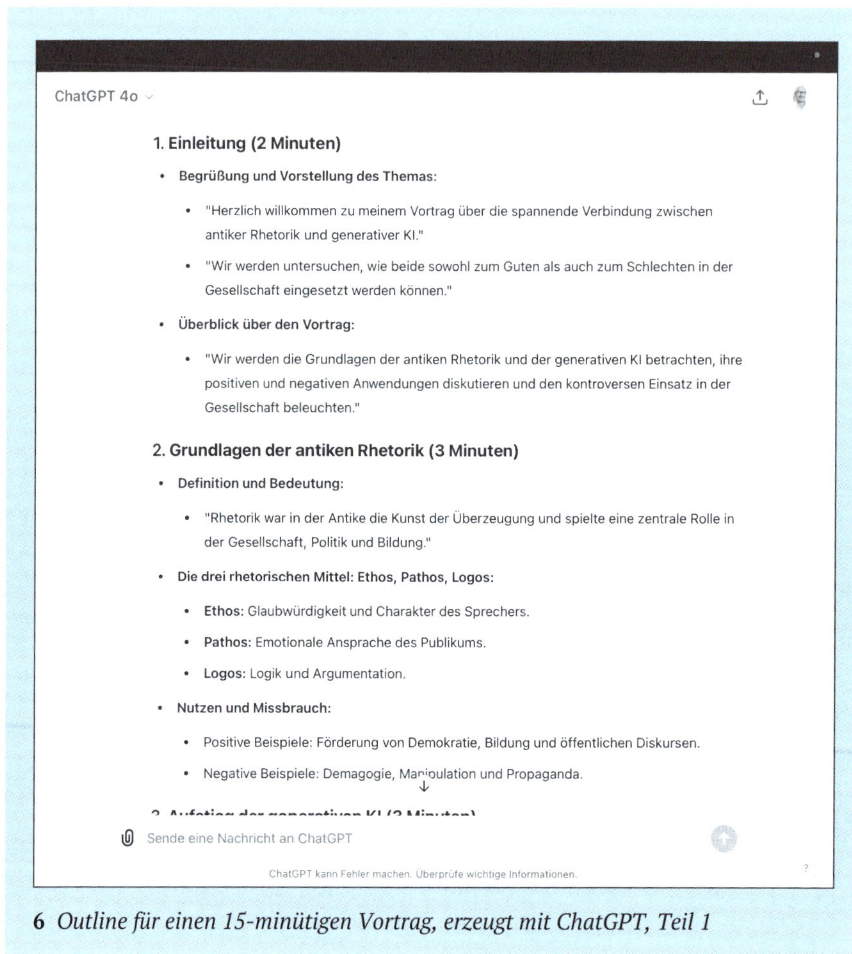

6 *Outline für einen 15-minütigen Vortrag, erzeugt mit ChatGPT, Teil 1*

ChatGPT 4o

3. Aufstieg der generativen KI (3 Minuten)

- **Definition und Funktionsweise:**
  - "Generative KI bezieht sich auf Systeme, die Inhalte wie Text, Bilder oder Musik erzeugen können."
- **Beispiele und Anwendungen:**
  - Kurze Vorstellung bekannter generativer KI-Modelle wie GPT-4, DALL-E und deren Anwendungen.
- **Technologische Fortschritte:**
  - Erwähnung der Fortschritte in maschinellem Lernen und Datenverarbeitung, die diese Entwicklungen ermöglicht haben.

4. Jubel und Kritik: Die Debatte um generative KI und antike Rhetorik (4 Minuten)

- **Positive Aspekte und Jubel:**
  - **Antike Rhetorik:**
    - Förderung von kritischem Denken, Bildung und öffentlicher Rede.
  - **Generative KI:**
    - Enorme Potenziale in vielen Bereichen wie Bildung, Kunst und Medizin.
    - Beispiele für beeindruckende Leistungen und Erfolge der KI.
- **Kritik und Herausforderungen:**
  - **Antike Rhetorik:**
    - Missbrauch zur Manipulation, Propaganda und Demagogie.
  - **Generative KI:**
    - Ethische Bedenken, Arbeitsplatzverlust, Qualität der erzeugten Inhalte.
    - Diskussion über Missbrauchspotential und die Notwendigkeit von Regulierung und ethischen Richtlinien.
- **Gemeinsame Kontroversen:**
  - Beide können zur Manipulation und Täuschung verwendet werden, was zu Misstrauen und ethischen Dilemmata führt.

5. Lehren aus der antiken Rhetorik für den Einsatz von KI zum Gemeinwohl (3 Minuten)

- **Bildung und Aufklärung:**
  - "Die antike Rhetorik legte großen Wert auf Bildung und die Fähigkeit, kritisches Denken zu fördern."
  - "Ähnlich sollten wir bei der KI-Bildung sicherstellen, dass Menschen die Funktionsweisen und Auswirkungen von KI verstehen."

Sende eine Nachricht an ChatGPT

ChatGPT kann Fehler machen. Überprüfe wichtige Informationen.

7 Outline für einen 15-minütigen Vortrag, erzeugt mit ChatGPT, Teil 2

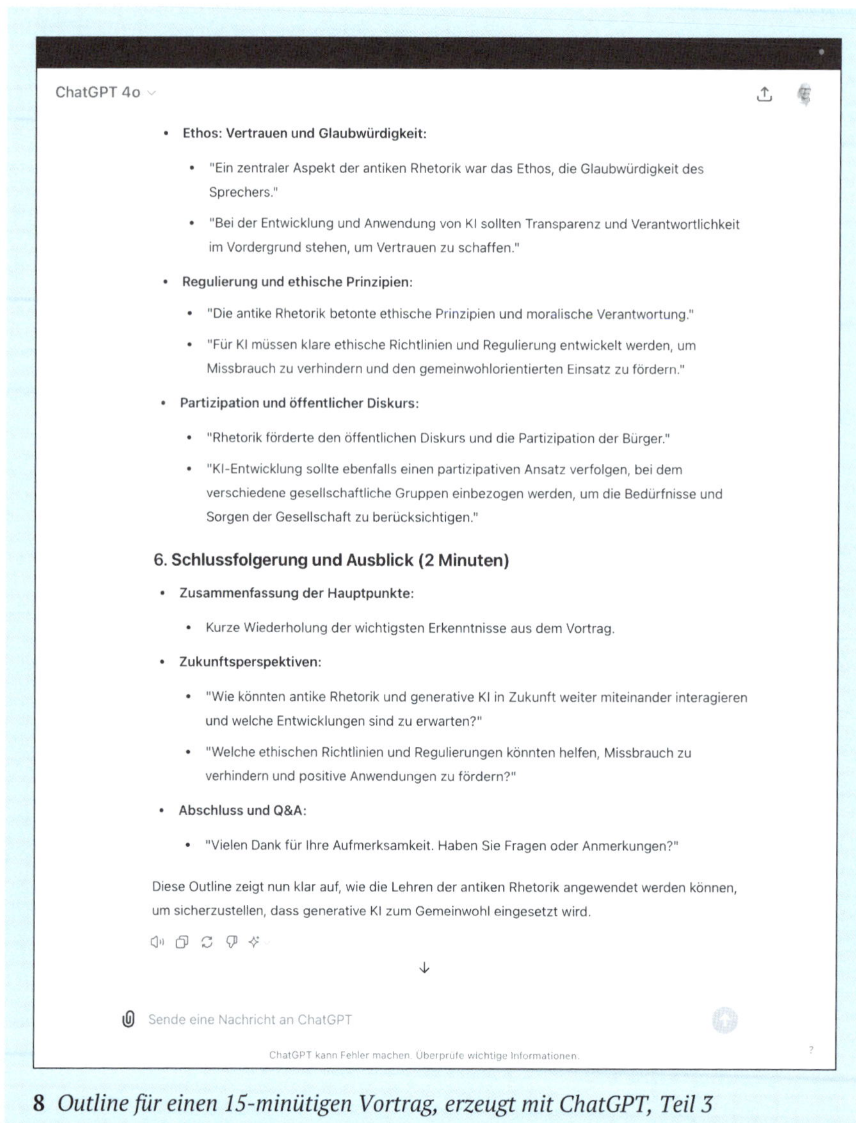
ChatGPT 4o

- **Ethos: Vertrauen und Glaubwürdigkeit:**
  - "Ein zentraler Aspekt der antiken Rhetorik war das Ethos, die Glaubwürdigkeit des Sprechers."
  - "Bei der Entwicklung und Anwendung von KI sollten Transparenz und Verantwortlichkeit im Vordergrund stehen, um Vertrauen zu schaffen."
- **Regulierung und ethische Prinzipien:**
  - "Die antike Rhetorik betonte ethische Prinzipien und moralische Verantwortung."
  - "Für KI müssen klare ethische Richtlinien und Regulierung entwickelt werden, um Missbrauch zu verhindern und den gemeinwohlorientierten Einsatz zu fördern."
- **Partizipation und öffentlicher Diskurs:**
  - "Rhetorik förderte den öffentlichen Diskurs und die Partizipation der Bürger."
  - "KI-Entwicklung sollte ebenfalls einen partizipativen Ansatz verfolgen, bei dem verschiedene gesellschaftliche Gruppen einbezogen werden, um die Bedürfnisse und Sorgen der Gesellschaft zu berücksichtigen."

6. Schlussfolgerung und Ausblick (2 Minuten)

- **Zusammenfassung der Hauptpunkte:**
  - Kurze Wiederholung der wichtigsten Erkenntnisse aus dem Vortrag.
- **Zukunftsperspektiven:**
  - "Wie könnten antike Rhetorik und generative KI in Zukunft weiter miteinander interagieren und welche Entwicklungen sind zu erwarten?"
  - "Welche ethischen Richtlinien und Regulierungen könnten helfen, Missbrauch zu verhindern und positive Anwendungen zu fördern?"
- **Abschluss und Q&A:**
  - "Vielen Dank für Ihre Aufmerksamkeit. Haben Sie Fragen oder Anmerkungen?"

Diese Outline zeigt nun klar auf, wie die Lehren der antiken Rhetorik angewendet werden können, um sicherzustellen, dass generative KI zum Gemeinwohl eingesetzt wird.

Sende eine Nachricht an ChatGPT

ChatGPT kann Fehler machen. Überprüfe wichtige Informationen.

8 *Outline für einen 15-minütigen Vortrag, erzeugt mit ChatGPT, Teil 3*

War damit die Outline des Vortrags schon fertig? Mitnichten! Die Arbeit hatte erst begonnen. Die Outline brauchte Feinschliff. Aber der Chatbot hatte eine solide Struktur aufgezeichnet, an der entlang sich die Inhalte erzählen ließen. Dann ging ich Schritt für Schritt ins Detail, befragte wieder ChatGPT. Schließlich fügte ich den erzählenden Aspekt, das Persönliche, hinzu. Dafür hatte ich 5 zusätzliche Minuten gerechnet, die ich für die Outline der KI von vornherein abgezogen hatte. Es folgte stilistische Feinarbeit und die Suche nach prägnanten Zitaten, die ich für Slides verwenden konnte. In weniger als 2 Stunden war so ein brauchbarer Draft eines Vortrags entstanden, den ich als Übung für die kreative Kooperation zwischen künstlicher Intelligenz und Mensch spannend fand, doch so vermutlich nie halten werde, allenfalls im kleinen Kreis.

Take-away

Welche Rolle hat generative KI bei der Entwicklung von Vorträgen und Präsentationen? Ich sehe sie als Sparringspartner und Impulsgeber. Wer glaubt, die Erstellung eines Vortrags allein ChatGPT überlassen zu können, liegt zumindest im Juni 2024 noch falsch. Ideal ist die Verbindung von Promptern und Flipchartern; beide zusammen ergeben ein perfektes kreatives Team. Hinzukommen sollten außerdem Checker, um Faktentreue, Sach- und Wahrheitsgehalt zu garantieren.

Die Präsentation dauert ja nur 20 Minuten

Ein sicheres Gefühl für Länge und Aufwand bekommen

Gibt es das, die ideale Länge für eine Rede? Maximal 20 Minuten, sagt Barack Obama, hält sich aber nicht durchweg an seine Regel. Einer seiner Vorgänger, Ronald Reagan, soll diese Frage Forschern gestellt haben. 20 Minuten lautete das Ergebnis ihrer Untersuchung, danach wird das amerikanische Publikum unruhig. Die TED-Konferenz lässt ihren Sprecherinnen und Sprechern 18 Minuten Zeit. Ein Blick auf Referenzwerte: Die Folge einer Comedy-Serie dauert im Durchschnitt etwas länger als 20 Minuten. 20 Minuten dauert im Durchschnitt auch der Weg zur Arbeit. So lange dauert Sex laut weltweitem Mittelwert. Kurzum: 20 Minuten sind für uns ein vertrauter Zeitraum.

Wir können es uns jetzt einfach machen und sagen: Alles klar, dann nehme ich mir 20 Minuten für meine Präsentationen und Vorträge, so bin ich auf der sicheren Seite. Für den Aufwand gibt es ebenfalls einen Richtwert: pro Redeminute ca. 1 Stunde für das Recherchieren und Erstellen der Präsentation. Hinzu kommt noch Vorbereitungszeit, um die Rede einzuüben. Rechnen wir noch einmal ca. 1 Stunde pro Redeminute. Ergibt ca. 40 Stunden für eine Präsentation oder einen Vortrag von 20 Minuten.

Unrealistisch im Business-Alltag, mögen Sie jetzt sagen. Woher die Zeit nehmen? Ganz bestimmt geht es auch mit weniger Aufwand, nur darf man sich dann nicht über das Ergebnis wundern. Der Aufwand lässt sich auf der anderen Seite auch deutlich erhöhen, wie Sie noch sehen werden. Und plötzlich haben Sie eine dreistellige Stundenzahl. Bei aufwendigen Präsentationen auf Hauptversammlungen von DAX-Unternehmen ist das normal. Meiner Meinung nach sollte es zur Gewohnheit werden, jede Präsentation, jeden Vortrag, jede Rede mit größtmöglicher Sorgfalt vorzubereiten. Wer so vorgeht, wird einen wunderbaren Effekt erleben: Sie werden mit der Zeit schneller und schneller, ohne an Qualität einzubüßen. Alles, was ich in »Talk!« beschreibe, jede Technik, jede Methode, jeder Richtwert, zielt darauf ab, hohe Qualitätsmaßstäbe zu entwickeln und zu auch zu erfüllen – Tempo und Effizienz werden automatisch folgen.

Noch einmal zurück zu den 20 Minuten. Meiner Erfahrung nach ist es wichtig, mit den Längen von Präsentationen zu spielen. Betrachten Sie Präsentationen als Läufe: Kurzstrecke, Mittelstrecke, Langstrecke – Sie sollten jede Strecke kennen und sich idealerweise sicher fühlen, wenn Sie sie laufen. Und Sie sollten dabei noch etwas bedenken: Es geht nicht darum, was Sie alles in Ihren Lauf hineinpacken können, sondern was Sie während dieser Zeit sinnvoll auspacken können.

Kurzstrecke entspricht für mich Vorträgen, die maximal 5 Minuten dauern, Mittelstrecke entspricht einer Dauer von 5 bis 20 Minuten, jenseits davon beginnt die Langstrecke. Dabei gilt folgende Vorbereitungsregel: Je kürzer die Rede, desto höher der Aufwand pro Vortragsminute für Recherche und Verfassen des Vortragsmanuskripts und der Slides. Umgekehrt verhält es sich bei der Langstrecke, da nimmt der relative Aufwand ab. Doch das Einüben des Vortrags kann sehr aufwendig sein, wenn frei gesprochen wird. Sehen wir uns einige Beispiele für jede Strecke an.

Dauer von Reden, Vorträgen und Präsentationen

Bis 5 Minuten	
• Sales Pitch (kompakt) • Selbstvorstellung • Unternehmensvorstellung (kompakt)	• Porsche: Geburtstags-Clip (1 min.) • Nike: Air Jordan Pitch (2 min.) • Abraham Lincoln: Gettysburg-Rede (3 min.) • Queen Elizabeth: Diana-Rede (3 min.)

5 – 20 Minuten	
• TED-Vorträge (18 min.) • Politische Rede • Start-up Pitch, Sales Pitch (detailliert) • Strategiepräsentation (kompakt) • Unternehmensvorstellung (detailliert)	• Greta Thunberg: Europa-Parlament (8 min.) • Angela Merkel: Corona-Ansprache (12 min.) • Steve Jobs: Stanford-Rede (15 min.) • Martin Luther King: I have a dream (17 min.)

Länger als 20 Minuten	
• Keynotes (modularer Aufbau, mehrere Redner) • Fachvorträge • Universitätsvorlesungen • Strategiepräsentationen (detailliert) • Interaktive Keynotes	• J. K. Rowling: Harvard-Rede (21 min.) • Oprah Winfrey: Harvard-Rede (30 min.) • Michelle Obama: typische Wahlkampf-Rede (40 min.) • Elon Musk: Space-Rede (44 min.) • P. Westermeyer / R. Eisenbrand: State of the German Internet (55 min.) • Fidel Castros Reden (mehrere Stunden)

9 *Wie lange soll ein Vortrag dauern? Daraus ergibt sich alles andere.*

Das herausragendste Beispiel für Kurzstrecke ist für mich eine Rede von Abraham Lincoln. Der amerikanische Präsident hielt sie im November 1863 während des amerikanischen Bürgerkrieges auf dem Schlachtfeld von Gettysburg. Die »Gettysburg-Rede«[26] dauerte keine 3 Minuten. Sie enthielt zehn Sätze und weniger als 300 Wörter. Sie ist ein einmaliges Lehrstück für überzeugende Reden, die auf den Punkt kommen.

Ein zweites Beispiel aus einer anderen Ära ist die Rede, die Sonny Vaccaro 1984 hielt, um die Basketball-LegendeMichael Jordan für Nike zu gewinnen.[27] Auch diese Rede dauerte keine 3 Minuten. Durch den Film »Air. Der große Wurf« hat Matt Damon die Rede zu neuem Leben erweckt. Er macht es so fantastisch, dass sie ein einzigartiges Lehrstück für einen bewegenden und überzeugenden Sales-Vortrag ist. Er sagt:

»Alle an diesem Tisch werden vergessen sein, nur du nicht, Michael [...]«

Selbstvorstellungen gehören ebenfalls in die Kategorie Kurzstrecke; in wenigen Minuten sollte alles gesagt sein.

TED-Vorträge fallen in die Kategorie Mittelstrecke. Interessant scheint mir, dass die 18-Minuten-Vorgabe sich nach unten zu verschieben scheint. Die Psychologin Angela Lee Duckworth spricht nur 6 Minuten über Grit[28], also Biss und Rückgrat, im Kontext von Erfolg. Es ist einer der erfolgreichsten Vorträge der TED-Welt. Er ist zugleich auf den Punkt und mitreißend erzählt. Der schwedische Wissenschaftler Hans Rosling spricht 9 Minuten über die »Magische Waschmaschine«[29]. Niemand, der diese Vorträge gesehen hat, wird sie vergessen, weil sie so brillant erzählt sind. Am oberen Ende der TED-Skala bewegt sich Sir Ken Robinson mit seinem Vortrag über Kreativität; 19 Minuten dauert der bislang erfolgreichste TED Talk, der im Juni 2024 mehr als 77 Millionen Mal online gesehen wurde.[30] Wirkt der Vortrag lang? Keinesfalls. Ermüdung? Im Gegenteil. Er ist viel zu schnell vorüber. Auch Unternehmenspräsentationen fallen in die Kategorie Mittelstrecke, seien es etablierte Firmen oder Start-ups. In 5–15 Minuten lässt sich mit einer Handvoll Folien das Wesentliche vermitteln.

---

26 Abraham Lincoln: Gettysburg Address. *https://www.loc.gov/resource/rbpe.24404500/?st=text#*

27 *https://www.youtube.com/watch?v=JY9N_vr237Y*

28 Angela Lee Duckworth: Grit. The power of passion and perseverance. TED Talks Education: April 2013, New York. *https://www.ted.com/talks/angela_lee_duckworth_grit_the_power_of_passion_and_perseverance*

29 Hans Rosling: The magic washing machine. TED Women: Dezember 2010, Washington, D. C. *https://www.ted.com/talks/hans_rosling_the_magic_washing_machine*

30 Sir Ken Robinson: Do schools kill creativity? TED: Februar 2006, Monterey. *https://www.ted.com/talks/sir_ken_robinson_do_schools_kill_creativity*

Auf der Langstrecke würde ich zwei Dinge zusammenfassen – zum einen längere Vorträge aller Art, zum anderen Interviews und Diskussionsrunden, die eine ebenso intensive Vorbereitung benötigen. Zwei Beispiele für lange Vorträge, die aus sehr unterschiedlichen Welten stammen, sind Oprah Winfreys Rede an der Stanford University[31] von 2008 (30 Minuten) und Elon Musks Präsentation »Eine multiplanetare Spezies werden«[32] auf dem Internationalen Kongress der Astronauten 2016 in Mexiko (44 Minuten). Beide Beispiele zeigen, dass sich alles ein wenig in die Länge gezogen anfühlt. Sie wirken auf mich, als könnte man sie kürzen und beschleunigen, ohne Wesentliches zu verlieren. Das gilt auch häufig für Diskussionsrunden: Die Gefahr, in einen ausufernden Erklär- oder Erzählmodus zu geraten, ist groß, ebenso die Gefahr, nichtssagende Statements abzugeben. Wir brauchen nur am Abend den Fernseher einzuschalten, Beispiele dafür gibt es genug.

Zur Langstrecke zählen auch Universitätsvorlesungen (90 Minuten). Sie müssen nicht unbedingt spannend und bewegend im Sinne eines gelungenen TED Talks sein. Insofern sind sie keine ideale Vorlage für Präsentationen im Business. Aufwendige Keynotes wie bei Apple zählen dazu, die mit mehreren Sprechern modular aufgebaut sind und so interessant bleiben. Strategiepräsentation von Unternehmensberatungen gehören hierhin. Meiner Erfahrung nach sind diese selten spannend. Dabei gibt es gute Vorbilder auf der Langstrecke, zum Beispiel Philipp Westermeyer und Roland Eisenbrand von den Online Marketing Rockstars. Sie reden 55 Minuten über »The State of the German Internet«,[33] und es wird nicht langweilig. Die beiden wechseln sich ab und haben sensationelle Slides, die wie Plakatwände den Hintergrund ausfüllen – Zahlen, Daten, Fakten lässig präsentiert. Ein Update ist generell ein spannendes Format! Wie eine Fortsetzungsserie.

Es ist spannend, sich die genannten Beispiele der Reihe nach anzusehen bzw. sie zu lesen, denn so spüren Sie den Unterschied und ahnen, wie viel Arbeit damit verbunden ist, die Dinge zu verdichten und sie auf den Punkt zu bringen. Daraus ergibt sich für mich die Leitfrage, die zur perfekten Länge von Vorträgen führt: Wie kann ich in kürzester Zeit bei meinem Publikum mein Ziel erreichen?

31 Oprah Winfrey: Stanford Commencement. *https://www.youtube.com/watch?v=Bpd3raj8xww*

32 Elon Musk: Making humans a multiplanetary species. *https://www.youtube.com/watch?v=H7Uyfqi_TE8*

33 Philipp Westermeyer und Roland Eisenbrand: The state of the German internet 2023. *https://www.youtube.com/watch?v=1pNDTri61IY*

Interaktive Keynotes: 90 spannende Minuten

Die interaktive Keynote habe ich für einen Kunden aus der Not heraus erfunden. Das Energieunternehmen fragte, ob ich dem oberen Management in 90 Minuten die Grundlagen des Storytellings vermitteln könne. Für einen Vortrag war das eindeutig zu lang, für einen Workshop war es zu wenig Zeit. Ich schlug vor, beide Formate miteinander zu verknüpfen und den Fokus auf ein einziges Framework zu legen: die Public Narrative, die ich im zweiten Teil von »Talk!« vorstelle. Und so machten wir es denn auch.

Die interaktive Keynote ist gar nicht so anders als ein Vortrag, doch sie ist von Anfang an auf Dialog ausgelegt, zwischen dem Publikum und der vortragenden Person und zwischen den einzelnen Personen untereinander. Sitznachbarn schließen sich spontan zu kleinen Gruppen zusammen und beantworten Fragen, zum Beispiel wie sie die Werte des Unternehmens bislang vermitteln. Einige Gruppen teilen die Ergebnisse. Dann folgt wieder ein Vortragsteil, nicht länger als 15 Minuten, danach ein Video. Noch eine Gruppenarbeit zur Story of Self/Us/Now schließt sich an, Teilen der Ergebnisse, Feedback. Was wie ein lockerer Vortrag beginnt, entwickelt sich zu einer Art rundem Tisch in XXL, Lachen, Fragen, tieferes Verstehen inklusive.

Ich habe mit diesem Format viel experimentiert. Meine kürzeste interaktive Keynote dauerte 30 Minuten: 10 Minuten Vortrag, 10 Minuten spontane Gruppenarbeit, 10 Minuten Teilen der Ergebnisse und Feedback, all das in einem Onlinesetting mit 120 Teilnehmerinnen und Teilnehmern. Auch das geht. Meine längste interaktive Keynote dauerte 2 Stunden. Für mich fühlte sich das zu lang an. 60–90 Minuten scheinen mir ideal. Doch das mag für jeden anders sein.

Das Faszinierende an interaktiven Keynotes ist deren Lebendigkeit, das Spielerische, auch ihre Unvorhersehbarkeit. Mich faszinieren darüber hinaus die schnellen Rollenwechsel: Sprecher, Moderator, Kommentator. Und das Einhalten der Zeitvorgabe – das nicht ganz trivial ist und so dem Auftritt einen zusätzlichen Reiz verleiht.

Souverän in der Zeit bleiben: Die 90-Prozent-Regel

Die Gefahr, bei einem Vortrag an irgendeiner Stelle ins Schwafeln zu geraten, ist groß, insbesondere bei Vorträgen, die Sie nicht vorher aufgeschrieben und (weitgehend) auswendig gelernt haben. Die Zeit, die Sie in einen der Situation angepassten Einstieg investieren oder in eine Reaktion auf einen Zwischenruf, holen Sie nur wieder rein, wenn Sie hetzen – was einem Vortrag niemals guttut – oder in Echtzeit kürzen. Auch das muss nicht gelingen. Daher empfehle ich Ihnen, die 90-Prozent-Regel anzuwenden und bei jeder Rede, jedem Vortrag, jeder Präsentation einfach die Zeitvorgabe um 10 % zu kürzen: bei 30 Minuten auf 27, bei 10 Minuten auf 9. So sind Sie auf der sicheren Seite – und selbst wenn alles nach Plan läuft und Sie eher fertig sind, wird sich niemand beschweren.

Take-away

Vorträge und Präsentationen dauern von wenigen Minuten bis zu 1 Stunde oder länger. Und wie lange soll Ihr Vortrag dauern? Das ist eine zentrale Frage, die beeinflusst, wie Sie recherchieren und storyfizieren. Sie sollte in einem frühen Stadium geklärt werden und nicht davon abhängig sein, wie viel Zeit Ihnen ein Veranstalter gibt, sondern davon, was Sie zu sagen haben. Ein guter Richtwert für den Anfang lautet: maximal 20 Minuten.

Flixen mit System

Eine Route für die Reise des Publikums planen

In ihrem Bestseller »Atlas of the heart« schildert die amerikanische Wissenschaftlerin und Autorin Brené Brown eine Reise durch die Welt der Emotionen. In *»Orte, zu denen wir mit anderen gehen«*, erscheint Empathie, umgeben von Sympathie, Mitgefühl und Mitleid. Empathie definiert Brown als ein *»emotionales Set von Fähigkeiten, das uns ermöglicht zu verstehen, welche Erfahrung jemand macht, und* *dieses Verständnis zurückzuspiegeln«.*[34] Empathie ist eine zentrale Fähigkeit, um Präsentationen und Vorträge zu halten, die Menschen wirklich berühren und bewegen. Wenn Sie sich nicht in das Publikum hineinversetzen können, zu dem Sie sprechen, werden Sie es mit hoher Wahrscheinlichkeit nicht erreichen. Es wird sich stattdessen fragen: Was hat das, was sie, was er erzählt, mit mir zu tun?

Empathie unterteilen viele Wissenschaftler in zwei Kategorien: kognitive und affektive Empathie. Kognitive Empathie bedeutet, die Perspektive von anderen Menschen einzunehmen, affektive Empathie ist die Fähigkeit, die Emotionen anderer Menschen zu bemerken und zu verstehen.

Beide Formen sind wichtig, um das Publikum mit System zu flixen, damit meine ich, es wie einen dieser grünen Busse von einem Ort an einen neuen Ort zu bringen. Fahrgäste, das sind für mich bei Präsentationen im kleinen Kreis möglichst alle Personen, im größeren Kreis diejenigen, die am wichtigsten sind, um das, was eine Präsentation bewirken soll, umzusetzen. Sie können dabei verschiedene Routen wählen: die rationale Route, die emotionale Route, die effiziente Route oder eine Mischung aus allen.

Klassische Fragen, um herauszufinden, wo das Publikum steht, sind folgende:

- Worin bestehen die aktuellen Herausforderungen des Publikums?
- Was sind seine professionellen und persönlichen Ziele?
- Was erwartet es von Ihnen und Ihrer Präsentation?

Die Fragen lassen sich beliebig erweitern und in eine Tabelle eintragen. Nun die andere Seite: Wie verändern sich die Antworten auf diese Fragen nach Ihrer Präsentation? Und was tun Sie in Ihrer Präsentation, um das zu bewirken?

Diese Reise des Publikums halten Sie in einer Tabelle mit vier Spalten fest. Ganz links finden sich die zentralen Kategorien, die das Publikum beschreiben, zum Beispiel: Was sie (gesichert) wissen, was sie glauben zu wissen, was sie fühlen, was sie hoffen, was sie tun. Zwei Spalten stellen das Vorher und Nachher gegenüber, dazwischen notieren Sie Stichworte, wie diese Transformation gelingt. Idealerweise beginnen Sie beim Ausfüllen der Tabelle unten rechts: Was soll das Publikum nach Ihrer Präsentation tun bzw. anders machen als vorher? Von da aus bewegen Sie sich auf der rechten Seite nach oben. Danach füllen Sie die linke Spalte aus und schließlich die mittlere Spalte.

---

34 Brené Brown: Atlas of the heart. New York: 2021, S. 120

Die Reise des Publikums

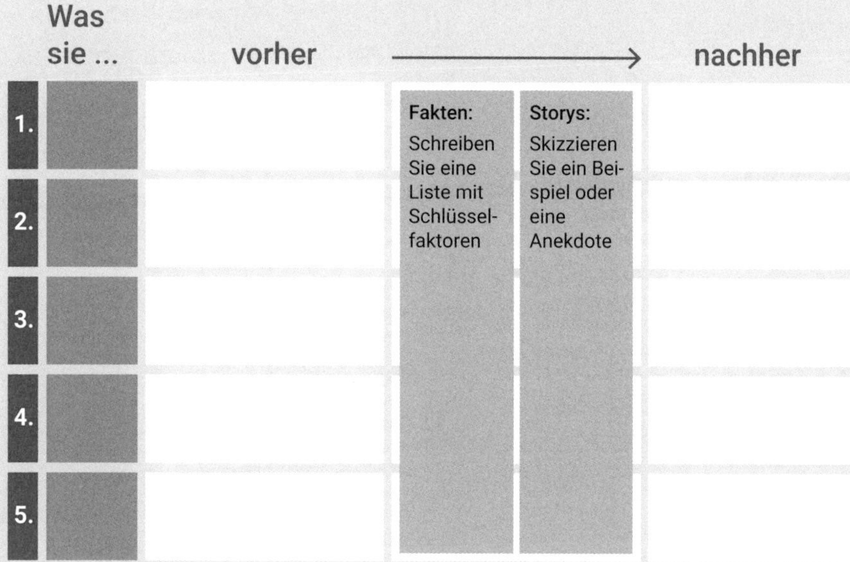

10 *Transformation statt Information – das Publikum dort abholen, wo es steht, und dorthin bringen, wo Sie es hinführen wollen*

Steve Jobs präsentiert das MacBook Air

	Was sie ...	vorher	→	nachher
1.	wissen	Apple baut gute Notebooks.	Behauptung	Apple baut die besten Notebooks der Welt.
2.	wissen	Sony baut dünne Notebooks.	kommentierte Datenvergleiche Beispiel: Briefumschlag	Apple baut das dünnste Notebook der Welt.
3.	wissen	Dünne und leichte Notebooks sind (schlechte) Kompromisse.	kommentierte Datenvergleiche	Das MacBook Air ist kein Kompromiss.
4.	hoffen	ein dünnes Notebook von Apple	Produktpräsentation	Hoffnung erfüllt: MacBook Air
5.	tun	kaufen dünne Notebooks von Sony u. a.	zeigen und vorführen des Produktes	kaufen das MacBook Air

11 *Beim Wissen des Publikums beginnen: Steve Jobs überzeugt mit Fakten und einem starken Bild: dem MacBook Air in einem Hauspostumschlag.*

Nehmen wir als Beispiel Steve Jobs' Präsentation des ersten MacBook Air im Jahr 2008. Wir sehen uns nur die ersten Minuten an.[35] Wie jede Produktpräsentation von Apple ist ihr Fundament Empathie. Woher rührt diese? Jobs spricht nicht über Marktforschung, Befragungen, Analysen von Kunden. Er selbst sieht sich als Kunden bzw. als obersten Repräsentanten des Kunden. Auch die Mitarbeiterinnen und Mitarbeiter im Team sehen sich als Kunden, die Erfahrungen mit Konkurrenzprodukten machen. Sie teilen ihre Erlebnisse und das, was sie wahrnehmen, wenn sie einander im Umgang mit Geräten beobachten. Sie nehmen die Perspektiven der Kolleginnen und Kollegen ein und fühlen sich in deren Erlebnisse ein. Das ist ein wichtiger Grund, warum Apples Produkte und deren Präsentation so mühelos erscheinen: Sie sind nicht nur mit Ingenieursgeist gebaut, sondern ebenso mit Empathie. Ihr Design zielt darauf ab, es den Menschen leicht zu machen und Frustration zu vermeiden. Am deutlichsten wird das Genie von Steve Jobs in der Grafik, die zeigt, wie dünn das neue MacBook Air ist im Vergleich zum Sony-Konkurrenzprodukt. Jeder versteht, was Apple geleistet hat. Ein Bild reicht. Das zweite Bild ist das MacBook Air im Hauspostumschlag.

»Ihr bekommt ein Gefühl dafür, wie dünn es ist – fantastisches Produkt, oder?« Das Bild ging um die Welt.

Was ist beim Flixen des Publikums wichtig? Ich habe den Rahmen erweitert und in der Tabelle noch zwei Kategorien hinzugefügt, die bei dieser Präsentation meiner Meinung nach wichtig sind: was das Publikum überrascht und worüber es lacht.

In Bezug auf die Inhalte des Vortrags, die die Transformation bewirken, ist dieses Kapitel bereits ein Vorgriff auf den nächsten Teil von »Talk!«, in dem es um das Storyfizieren der Inhalte geht. Es geht darum, zu fragen, ob Daten und Fakten und/oder erzählende Elemente wie Anekdoten, Metaphern oder Beispielgeschichten genutzt werden. Was wirkt stärker?

Was bei Apples Präsentation ins Auge sticht, ist die Klarheit im Aufbau und in der Ausführung. Alles bewegt sich entlang von Daten und dem Kommentar dieser Daten von Apple. Jeder Schritt, jedes Element ist genau überlegt und kalkuliert, um am Ende diesen einen Zweck zu erfüllen: dass es die Zuschauer nicht erwarten können, das MacBook Air zu kaufen.

---

35 Steve Jobs: Einführung des MacBook Air. *https://www.youtube.com/watch?v=kvfrVrh76Mk*

Angela Merkels Ansprache zu Corona

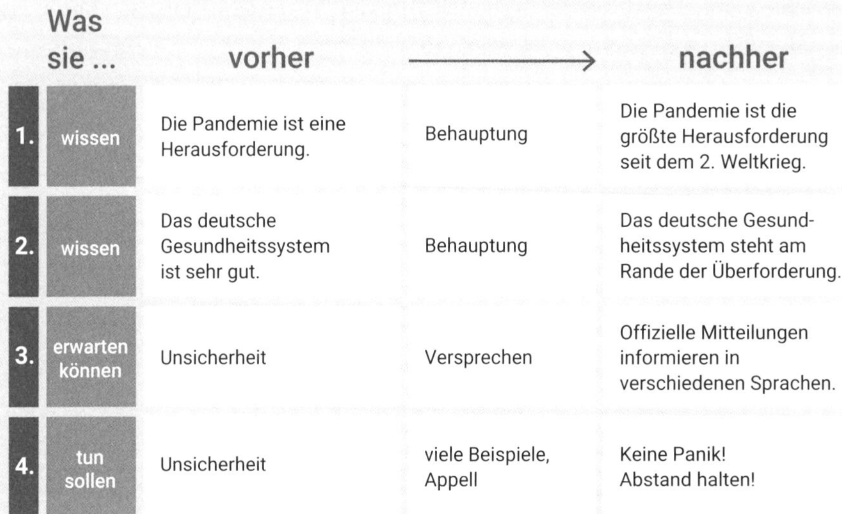

	Was sie ...	vorher	⟶	nachher
1.	wissen	Die Pandemie ist eine Herausforderung.	Behauptung	Die Pandemie ist die größte Herausforderung seit dem 2. Weltkrieg.
2.	wissen	Das deutsche Gesundheitssystem ist sehr gut.	Behauptung	Das deutsche Gesundheitssystem steht am Rande der Überforderung.
3.	erwarten können	Unsicherheit	Versprechen	Offizielle Mitteilungen informieren in verschiedenen Sprachen.
4.	tun sollen	Unsicherheit	viele Beispiele, Appell	Keine Panik! Abstand halten!

12 *Was ist in der Pandemie zu tun? Kanzlerin Merkel setzte in ihrer Ansprache auf die Kraft des Appells von oben.*

Ein zweites Beispiel aus einer anderen Welt: die Ansprache an die Deutschen, gehalten von Kanzlerin Angela Merkel kurz nach dem Ausbruch der Pandemie im März 2020.[36] Was war das Ziel dieser Rede? Was sollten die Menschen danach tun? Meiner Meinung nach sollten sie sich mit den drastischen Maßnahmen anfreunden, die wenige Tage nach ihrer Ansprache verordnet wurden. Sie sollten das tun, was sowohl sie selbst als auch die Gemeinschaft am besten schützt. Die Unsicherheit und die Furcht der Menschen war die Ausgangssituation, Angela Merkel machte es sich relativ leicht: Sie behauptete und appellierte, nutzte keine spezifischen Fakten, erzählte keine Storys. Flixen als Ansage von oben, nicht anders als es in Frankreich gemacht wurde oder in Großbritannien. Immerhin nannte die Kanzlerin einige Beispiele für positives Verhalten und wendete sich einfühlsam an verschiedene Berufs- und Altersgruppen. Da sie in ihrer Amtszeit selten Fernsehansprachen hielt und weil alle zu diesem Zeitpunkt nach Orientierung in dieser unbekannten und bedrohlichen Situation einer Pandemie suchten, schenkten Deutschland – und auch die Welt – der Ansprache der Kanzlerin maximale Aufmerksamkeit.

Eine Frage, die mir häufig gestellt wird, lautet: Müssen wir für jede Präsentation so aufwendig das Publikum analysieren? Ich würde es empfehlen. Ganz einfach deshalb, weil Ihnen so nichts entgeht, Sie immer zielgerichtet arbeiten und gezwungen werden, Ihre Empathie zu nutzen. Das bedeutet, dem Publikum vorher Fragen zu stellen und sich, während Sie deren Geschichten lauschen, die Erfahrung zu vergegenwärtigen, die es macht – im Denken und im Fühlen. Auf dieser Basis lassen sich Kernelemente der Präsentation systematisch erarbeiten. Die Tabelle lässt sich auch gut im Team ausfüllen. Sie können ihre Inhalte mit Kolleginnen und Kollegen diskutieren und optimieren. Der praktische Nutzen für den Erfolg einer Präsentation scheint mir sehr hoch, weil die Logik dieser Reise, die die Transformation des Publikums beschreibt, so einfach ist.

Was tun, wenn ich nicht vorab mit dem Publikum sprechen kann?

Es gibt Situation, da bietet sich keine Chance, das Publikum vor einem Vortrag direkt kennenzulernen und es zu befragen, etwa auf einer großen Konferenz. In diesem Fall nutzen Sie Informationen aus zweiter Hand:

36 Angela Merkel: Es ist ernst. *https://www.youtube.com/watch?v=4YS20YQbVE4&t=83s*

- Suchen Sie Menschen, die dem Publikum ähnlich sind, und sprechen Sie mit ihnen.
- Befragen Sie Menschen, die das Publikum gut kennen.
- Sammeln Sie Daten über die Branchen und Firmen, deren Repräsentanten im Publikum sitzen.
- Sehen Sie sich Videos vom Vorjahr an, um ein Gefühl für die Veranstaltung zu bekommen.

Eine andere Möglichkeit ist, auf künstliche Intelligenz zurückzugreifen, um schnell einen ersten Überblick zu gewinnen. Ist die Veranstaltung bekannt und etabliert, beantwortet ChatGPT (*https://chatgpt.com*) die Frage nach den wichtigsten Teilzielgruppen am Beispiel der OMR (Online Marketing Rockstars) ziemlich umfassend: Marketingmanager, Content Creators, Designerinnen, Data Scientists und KI-Entwickler, Agenturen, Technologie-Enthusiasten, E-Commerce-Profis, Bildredakteure und Fotografinnen. Zu jeder Teilzielgruppe nennt ChatGPT die zentralen Interessen und Bedürfnisse. Für Designer liest sich das zum Beispiel so:

- **Interessen**: technische Details und Möglichkeiten der KI in der Bildgestaltung, kreative und ästhetische Aspekte
- **Bedürfnisse**: tiefgehendes Wissen über die Funktionsweise von KI-Tools und wie sie diese in ihre Designprozesse integrieren können

Drei Rollen einnehmen: Recherche, inspiriert von Cicero

Der römische Schriftsteller, Politiker, Philosoph und Anwalt Cicero gilt als größter Redner seiner Zeit. Sein Vorgehen bei der Recherche für einen Klienten, den er verteidigen sollte, schilderte er so:

»Ich für mein Teil bemühe mich zumeist darum, dass jeder mich selbst über sein Anliegen unterrichtet und dass kein anderer dabei ist, damit er umso freier reden kann. Dabei vertrete ich gewöhnlich den Standpunkt des Gegners, damit er seinen eigenen verteidigt und alles vorbringt, was er sich zu seinem Fall gedacht hat. So übernehme ich, wenn er gegangen ist, vollkommen unparteiisch drei Rollen in einer einzigen Person, die meine, die des Gegners und die des

Richters [...] Sobald ich einen Fall und Sachverhalt erst gründlich kenne, zeigt sich mir sogleich der springende Punkt in der Auseinandersetzung.«[37]
Diese Art Verhör müssten wir eigentlich mit uns selbst durchführen. Klüger scheint mir, sich jemanden zu suchen, der die Rolle Ciceros übernehmen kann, sodass man selbst deutlich erkennt, wo die Schwachstellen in den Daten, der Argumentation, der Erzählung unseres Vortrags liegen.

Take-away

Vorträge und Präsentationen sind immer an ein konkretes Publikum gerichtet. Wichtig ist es, dieses Publikum zu kennen, zu wissen, wo es in Bezug auf Ihr Anliegen steht. Zentrale Fragen sind: Was weiß das Publikum? Was glaubt es? Was hofft es? Was tut es? Von dort aus zeichnet ein Vortrag den Weg zu dem, was es wissen und – wichtiger noch – was es tun sollte. Dabei hilft eine Methode, die ich Flixen nenne. Wie die grünen Busse bringen Sie das Publikum von A nach B.

Brücke der Empathie

Dem Publikum ermöglichen, aus einer Position der Stärke heraus zu entscheiden

Empathie lässt sich noch auf eine andere Weise einsetzen, um einen Vortrag so zu gestalten, dass er die Menschen wirklich erreicht. Das Modell heißt *Empathetic Bridge* – Brücke der Empathie. Diese Brücke ist ein zentraler Baustein, um Reden im Kontext von Führung zu entwickeln. Im Kurs von Professor Marshall Ganz, der in Harvard Leadership Storytelling unterrichtet, habe ich erlebt, wie stark diese Brücke wirkt – in Reden, aber ebenso in Diskussionen.

37 Cicero: Über den Redner. Ditzingen: 1976. S. 271 ff.

In der Theorie wirkt das Modell angenehm einfach: Sie stellen sich vor, Sie würden sich in vier Schritten über eine Brücke bewegen, die von Ihnen zum Publikum führt. Ihr Ziel besteht darin, dem Publikum zu zeigen, wie es in einer neuen, schwierigen oder herausfordernden Situation selbstbestimmt handeln kann. Dafür ist es wichtig, dass es nicht von negativen Gefühlen wie Angst gelähmt oder getrieben ist. Es geht nicht darum, mit Furcht zu operieren und Menschen eine Entscheidung aufzuzwingen, ganz im Gegenteil. Die Brücke des Mitgefühls soll dem Publikum ermöglichen, aus einer Position der Stärke heraus zu entscheiden.

Das sind die Schritte:

1. die Herausforderung anerkennen
2. Empathie anbieten, ohne sie bloß zu behaupten
3. Hoffnung erzählen
4. eine Wahlmöglichkeit aufzeigen

In der Recherchephase eines Vortrags oder einer Präsentation macht es zutiefst Sinn, diese Brücke des Mitgefühls abzugehen, weil sie den Blick auf ein zentrales Thema lenkt: die Emotionen. Es geht darum, die Reise des Publikums auf der Gefühlsebene durchzuspielen und mit Ihrer eigenen Reise zu verbinden.

Ein herausragendes Beispiel für diese Brücke ist die kurze Rede, die der Bruder des amerikanischen Präsidenten John F. Kennedy, Robert Kennedy, im April 1968 am Tag der Ermordung des schwarzen Bürgerrechtlers Martin Luther King in Indianapolis hielt.[38] Viele Menschen wussten an diesem Abend noch gar nichts von dessen Ermordung. Kennedy überbrachte die schockierende Nachricht in einer Nacht, die in ganz Amerika von Tumulten und Straßenkämpfen geprägt sein würde. Nur in Indianapolis, wo er sprach, blieb es ruhig. Robert Kennedy sprach frei, er hielt einen Zettel in der Hand, auf den er kaum blickte. Die Worte kamen von Herzen. Kein Redenschreiber hatte sie ihm in den Mund gelegt. Seine Ansprache dauerte 5 Minuten, es war eine Mischung aus einer Grabrede und dem Aufruf zum Frieden. An diesem Abend nur eine Fußnote im Trubel der Ereignisse, zählt sie heute zu einer der eindrucksvollsten politischen Reden in der Geschichte der USA.

---

38 Robert Kennedy: *https://www.youtube.com/watch?v=A2kWIa8wSC0*. Den Originaltext der Rede finden Sie hier: *https://www.jfklibrary.org/learn/about-jfk/the-kennedy-family/robert-f-kennedy/robert-f-kennedy-speeches/statement-on-assassination-of-martin-luther-king-jr-indianapolis-indiana-april-4-1968*

Eine Brücke der Empathie bauen

Am Beispiel von Robert Kennedys Rede zum Tod von Martin Luther King

Die Herausforderungen anerkennen	Empathie anbieten, ohne sie bloß zu behaupten	Von Hoffnung erzählen	Eine Wahlmöglichkeit aufzeigen
»Sie können von Bitterkeit, Hass und Rachegelüsten erfüllt sein.«	»Ich fühle in meinem eigenen Herzen das gleiche Gefühl.«	»Es ist nicht das Ende der Gewalt ... Aber die große Mehrheit der Weißen und die große Mehrheit der Schwarzen in diesem Land wollen zusammenleben.«	»Wir müssen uns bemühen, zu verstehen und diese schwierigen Zeiten zu überwinden ... und für unser Land und unser Volk beten.«
Die Herausforderung benennen und respektieren. Die Gefühle im Raum weder verleugnen noch verkleinern noch sagen: es tut mir leid für euch – sondern Respekt ausdrücken.	Empathie muss echt sein, sie darf nicht einfach behauptet werden. Es geht um eigene Erfahrung.	Es geht nicht darum zu versprechen, dass alles gut wird. Die Hoffnung erwächst aus unserer eigenen Lebenserfahrung, die andere teilen.	Es geht darum, mögliche Entscheidungen aufzuzeigen, die das Publikum in diesem Moment fällen kann – aus einer Position der Zuversicht.

13 *Nehmen Sie die Menschen mit, anstatt ihnen zu sagen, was zu tun ist. Robert Kennedys Rede zum Tod von Martin Luther King ist dafür ein Beispiel.*

Gehen wir die Brücke des Mitgefühls ab. Robert Kennedy erkannte die emotionale Herausforderung an, er respektierte die Verletzungen, die der Tod von Martin Luther King insbesondere den schwarzen US-Bürgern zufügte.

»An diesem schwierigen Tag, in dieser für die Vereinigten Staaten schwierigen Zeit, ist es vielleicht gut zu fragen, was für eine Nation wir sind und in welche Richtung wir uns bewegen wollen. Diejenigen unter Ihnen, die schwarz sind – in Anbetracht der Beweise, die es offensichtlich gibt, dass es Weiße waren, die dafür verantwortlich waren – können mit Bitterkeit, mit Hass und dem Wunsch nach Rache erfüllt sein.«

Die Empathie, die Kennedy anbot, war vor allem deshalb so überzeugend, weil auch sein eigener Bruder von einem weißen Attentäter erschossen worden war.

»Denjenigen unter Ihnen, die schwarz sind und versucht sind, angesichts der Ungerechtigkeit einer solchen Tat von Hass und Misstrauen gegen alle Weißen erfüllt zu sein, kann ich nur sagen, dass ich in meinem eigenen Herzen die gleiche Art von Gefühl empfinde. Ein Mitglied meiner Familie wurde ermordet, und zwar von einem Weißen.«

Kennedy vermittelte im nächsten Schritt keine trügerische Hoffnung, im Gegenteil. Er blieb hart an der Realität, als er sagte:

»Wir können es in diesem Land gut machen. Wir werden schwierige Zeiten erleben; wir haben in der Vergangenheit schwierige Zeiten erlebt; wir werden auch in Zukunft schwierige Zeiten erleben. Es ist nicht das Ende der Gewalt, es ist nicht das Ende der Gesetzlosigkeit, es ist nicht das Ende der Unordnung. Aber die überwiegende Mehrheit der Weißen und die überwiegende Mehrheit der Schwarzen in diesem Land wollen zusammenleben, wollen die Qualität unseres Lebens verbessern und wollen Gerechtigkeit für alle Menschen, die in unserem Land leben.«

Dabei erinnerte Kennedy sein Publikum daran, dass die USA schon andere schwierige Zeiten überwunden hätten. Die Hoffnung liege darin, dass es auch dieses Mal gelingen werde, diese Zeiten zu überwinden. Schließlich ließ er seinen Zuhörerinnen und Zuhörern immer die Wahl zwischen der Wut und dem Hass und der Liebe und dem Frieden. Er betonte mehrfach diese beiden Möglichkeiten, wie ich bereits zitiert habe. Doch er zeigte deutlich auf, welche er trotz aller Schwierigkeiten wählen würde:

»Aber wir müssen uns in den Vereinigten Staaten anstrengen, wir müssen uns anstrengen, um zu verstehen, um über diese ziemlich schwierigen Zeiten hinaus-

zugehen [...] Lassen Sie uns dem folgen, was die Griechen vor so vielen Jahren geschrieben haben: die Wildheit des Menschen zu zähmen und das Leben in dieser Welt sanft zu gestalten. Widmen wir uns diesem Ziel und sprechen wir ein Gebet für unser Land und für unser Volk.«

Take-away

Die emotionale Brücke leitet Zuhörerinnen und Zuhörer durch ein emotional schwieriges Gebiet an einen Punkt, an dem es sich entscheiden kann, welcher Weg der richtige ist. Großartige Redner wie Robert Kennedy zeigen vorbildlich, wie diese Brücke konstruiert ist. Wie alle guten Tools ist die emotionale Brücke zugleich einfach und wirkungsvoll. Sie lässt sich auch in Gesprächen einsetzen oder in Podiumsdiskussionen, um Menschen einfühlsam mitzunehmen.

Überzeugen ist keine Einbahnstraße

Andere Standpunkte und Interessen im Blick haben

Zwei Kollegen finden sich am Ende eines langen Strategie-Meetings in der Hotelbar wieder. Beide führen große Bereiche in einem internationalen Unternehmen.

»Wie macht du das?«, fragt Robert Nathalie. *»Wenn du etwas präsentierst, deine Ideen vorstellst, deine Visionen, deine Pläne, deine Strategie, dann werden sie ohne große Diskussionen abgesegnet. Ich dagegen muss kämpfen; manchmal gewinne ich. Heute nicht.«*

Nathalie trinkt einen Schluck Chardonnay, dann antwortet sie: *»Vielleicht blicke ich einfach anders auf Präsentationen als du.«*

Nathalie erzählt, dass ihre ersten Präsentationen und Vorträge als Führungskraft nicht anders liefen als die von Robert. Die Chance, dass die Entscheider sich so verhielten, wie sie es sich wünschte, war gering. Ein Mentor, dem sie ihr Leid klagte, sagte, sie müsse die anderen Standpunkte besser verstehen, die Widersprüche und Fragen, die Interessen und Themen der Kolleginnen und Kollegen, darüber hinaus die Gesamtstrategie des Unternehmens. *»Präsentationen sind Gespräche«*, erklärte er, *»die lange vor der Präsentation beginnen.«* Nathalie erweiterte ihre Recherche und sprach mit allen relevanten Entscheidungsträgern vorher. Einer von ihnen stellte ihr die entscheidende Frage: Ob er den Entwurf ihrer Präsentation sehen könne?

»Was nun passierte«, erzählt sie Robert, *»hat alles geändert.«* Sie bekam Feedback, sehr konträr, sie war wütend, dachte erst, sie hätte einen Fehler gemacht. Doch dann kam ihr die Idee, diese neue Perspektive in ihr Slide Deck aufzunehmen. Sie schickte es zurück mit der Frage: *»Was sagen Sie jetzt?«* Die Folien gingen noch ein paar Mal hin und her. *»Und dann war seine Position nicht nur in meine Präsentation integriert, sondern unser Konflikt war aufgelöst. Er war nicht länger mein Kritiker, sondern unterstützte mein Anliegen.«*

Die beiden essen ein paar von den Wasabi-Erdnüssen, die auf dem Tresen stehen.

Robert schmunzelt. *»Erscheint mir zugleich klug und manipulativ.«*

So sei es ihr damals auch gegangen. Ihre Präsentation sei übrigens am Ende doch nicht so gut gelaufen, weil eine Kollegin blockte. Bei der Vorbereitung der nächsten Präsentation, in der es um eine wegweisende Entscheidung ging, sprach sie also mit allen vorher.

Robert blickt sie ungläubig an, denn seine Präsentationen entstehen kurz vor den Meetings, und niemand außer denen, die daran mitgearbeitet haben, bekommt die Folien vorher zu sehen. *»Mit allen?«*

Die Technik, die Nathalie anwendet, ist aufwendig und sie macht meiner Meinung nach insbesondere dann Sinn, wenn der Personenkreis überschaubar ist und es um große, richtungsweisende Entscheidungen geht, die viele Stakeholder betreffen. Im Kern geht es darum, einen Schritt weiterzugehen, als das Publikum zu flixen. Es geht nicht nur darum, eine gemeinsame Lösung *nach*, sondern bereits *vor* der Präsentation zu finden: Offenheit statt Dogmatismus, Fragezeichen statt Ausrufezeichen, Interesse statt Vorgaben, Respekt statt Ignoranz, kurz wir statt ich.

Das Faszinierende an diesem Vorgehen ist, dass es in sich schon eine hohe Überzeugungskraft birgt. Kolleginnen und Kollegen reagieren positiv, wenn sie erleben, wie jemand, der sie von einer Sache überzeugen möchte, den Dialog sucht, ihnen aufmerksam zuhört und sogar bereit ist, die eigene Sichtweise gegebenenfalls zu modifizieren. Sie fürchten nicht mehr, über den Tisch gezogen oder manipuliert zu werden – Gefühle, mit denen sie tendenziell eher einer Präsentation lauschen, wenn es diese Gespräche vorher nicht gegeben hat. Am Ende geht es nicht darum, es allen recht zu machen, sondern vielmehr darum, Entscheidungsfindung als respektvollen Dialog zu betrachten, einen Dialog, der lange vor dem Vortrag oder der Präsentation beginnt, auf deren Basis entschieden werden soll.

Lässt sich dieses Vorgehen skalieren? Nur bedingt. Sobald eine zweistellige Zahl Menschen im Publikum sitzt, wird es schwierig, mit allen vorher zu sprechen. Doch der Spirit dieser Art der Vorbereitung lässt sich auf alle Vorträge übertragen: die Diskussionen und Auseinandersetzungen gerade mit Menschen, die Nein sagen, die Fragezeichen an die eigenen Positionen setzen. Allzu oft neigen wir dazu, denen mehr Aufmerksamkeit zu schenken, die uns zustimmen und unsere Präsentationen loben. Das reicht nicht und bringt uns in der Sache selten weiter.

Bevor sie die Bar verlassen, will Robert wissen, ob Nathalie sich dabei nicht verbiegt und das, was sie am Ende vorschlägt, nur ein müder Kompromiss sei.

»Die Gefahr ist groß«, entgegnet sie. Aber es sei bei ihm und allen anderen Kolleginnen und Kollegen ja auch nicht anders, nur würde die Debatte nach der Präsentation stattfinden und könne außerdem schnell aus dem Ruder laufen. *»Natürlich kann all das bei mir auch immer noch passieren, aber die Gefahr ist deutlich geringer.«* Außerdem seien ihre Präsentationen immer knapp und auf den Punkt. Sollte ein Aspekt auftauchen, den niemand vorher bedacht hat, sei ausreichend Raum, diesen kritisch zu diskutieren und zu bewerten.

Ein Netz des Vertrauens spinnen: Ist der Redner zuverlässig, die Rednerin vertrauenserweckend?

In meiner Rolle als Manager musste ich leider viel zu oft erleben, wie gute unternehmensinterne Präsentationen wirkungslos blieben. Wie Ideen und Pläne verpufften, weil zu viel Misstrauen im Raum war. Zweifel war die Grundeinstellung, was häufig damit zusammenhing, dass die Kolleginnen und Kollegen sich selbst nicht vertrauenswürdig verhielten und daher anderen unterstellten, ebenso zu sein.

Eine fundamentale Kondition für überzeugende Präsentationen und Vorträge liegt darin, ein Netz des Vertrauens zu spinnen. Bei der Vertrauensforscherin Rachel Botsman[39] fand ich vier Fragen, um zu überprüfen, ob wir einer Person vertrauen:

- Ist der Redner zuverlässig?
- Ist die Rednerin kompetent?
- Ist der Redner integer?
- Ist die Rednerin mir wohlgesonnen?

In der Vorbereitungsphase einer Rede oder einer Präsentation sollten Sie diese vier Fragen aus verschiedenen Perspektiven beantworten. Sollte Nein die vorherrschende Antwort sein, geht es in der Vorbereitung einer wichtigen internen Präsentation nicht nur um Daten, Fakten, Argumente, die Story, sondern auch darum, Nähe zum Publikum herzustellen, das offene Gespräch zu suchen, um ein Netz des Vertrauens zu spinnen.

Widerstände vorwegnehmen, selbst Opfer bringen

Als Redner oder Präsentatorin fordern Sie Ihr Publikum auf, seine Einstellung und meist auch sein Verhalten zu ändern. Das gehört nicht zu den Dingen, die Menschen freiwillig und ohne Widerstand tun werden. Während sie zuhören, werden sie immerzu bewerten, was Sie ihnen erzählen. Auf welcher Ebene sind die Widerstände zu erwarten?

1. **Logische Widerstände**

   Um diese aufzuspüren, sollten Sie sich mit alternativen Argumentationslinien vertraut machen. So bereiten Sie sich auch auf skeptische Einwände vor. Insgesamt vertiefen Sie so Ihr Verständnis einer Sache. Beispiel Elektroautos: Geht es darum, deren Nutzen für die Umwelt zu bewerten, gibt es verschiedene Betrachtungen, die Sie berücksichtigen sollten – im Betrieb, in der Herstellung, in der Entsorgung.
2. **Emotionale Widerstände**

   Klammern sich die Menschen, die Ihrer Idee widerstehen, an Dogmen, eine Moral oder ein Bias? Wenn Sie einen Nerv treffen, der Widerstand auslöst, sollten Sie zeigen, was Sie tun, um eventuelle Risiken zu vermei-

39 Rachel Botsman: Wem kannst du trauen? Kulmbach: 2020.

den. Beispiel autonomes Fahren: Es besteht die Sorge, dass das Auto die falsche Entscheidung trifft und Menschen zu Schaden kommen. Was wird technisch getan, um die Sicherheit zu erhöhen, ähnlich wie bei Flugzeugen, die ja ebenfalls einen Autopiloten besitzen?

3. **Praktische Widerstände**
   Was sind die Opfer, die Menschen bringen müssen, um die von Ihnen präsentierten Ziele zu erreichen? Zeigen Sie, welche Opfer Sie selbst bringen. Erklären Sie, dass Sie selbst 24/7 zur Verfügung zu stehen, um dabei zu helfen, die Ziele zu erreichen. Beispiel Elektroautos: Geht es zum Beispiel darum, die Produktion drastisch zu erhöhen aufgrund der gestiegenen Nachfrage, sollte ebenso deutlich werden, wie alle Arbeitskräfte für diese Mehrarbeit entlohnt werden.

Take-away

Andere Standpunkte im Blick zu haben, wenn Sie Ihre Präsentation oder Ihren Vortrag entwickeln, ist elementar. Was wäre, wenn Sie diese Standpunkte direkt integrierten und die Menschen, die eigentlich nicht für Ihr Thema sind, so an sich bänden? Bei internen Präsentationen ist zu überlegen, ob es nicht Sinn macht, lange vor dem Termin alle ins Boot zu holen, die andere Ideen und Interessen haben. Die Entscheidung ist so längst gefallen, der offizielle Termin wir zur Formsache.

Dem Publikum ein Geschenk machen …
… anstatt ihm etwas verkaufen zu wollen

Viele Jahre bin ich begeistert auf Konferenzen gegangen, um Menschen zu treffen und um spannende Vorträge zu hören. Mit der Zeit wurde ich immer kritischer und fand fast bei jedem Vortrag etwas, das sich verbessern ließ. Meist waren es keine großen Sachen, eine undeutliche Betonung oder überladene Slides, doch hin und wieder erlebte ich Vorträge, die unerträglich waren. Sie dienten nur einem Zweck: zu demonstrieren, wie großartig die Sprecherin oder der Sprecher selbst waren – und selbstverständlich auch das von ihnen repräsentierte Unternehmen.

Auf Sales Conventions kam das häufiger vor, doch auch auf großen, internationalen Konferenzen wie dem DLD. Ich erinnere mich an einen Designer, der selbstverliebt an der Grenze zur Arroganz sich und seine Kreationen als Angestellter eines großen deutschen Automobilkonzerns pries. Es war einfach peinlich, ihm zuzuhören, doch ich blieb, weil ich dachte, er hätte vielleicht Startschwierigkeiten. Leider behielt er seinen aufgeblasenen Stil bei. Als er dann auch noch überzog, wurde das Publikum deutlich und begann, ihn mit Pfiffen zu motivieren, zum Ende zu kommen. Der Sprecher schien richtiggehend überrascht – aus seiner Sicht war der Vortrag wohl gelungen. Was mag sein Ziel gewesen sein? Mir erschien es so, als wollte er mir etwas verkaufen: sich selbst.

Was hat das bei mir bewirkt? Eine Abneigung gegen die Marke, die er repräsentierte. Seine Arroganz übertrug ich als Zuhörer auf das Unternehmen, in dessen Namen er auf der Bühne stand. Ich fragte mich: Soll ich von dieser Marke wirklich ein Auto kaufen?

Dabei hatte der Sprecher alles in der Hand. Ich liebe Autos. Ich liebe Design. Die Zeichnungen, Studien und Entwürfe, die er zeigte, fand ich spannend. Hätte er sie mir nur in einem anderen Geist vermittelt, vielleicht als Suche eines Teams nach der besten Gestaltung unter gegebenen technischen Voraussetzungen, als eine Reise durch eine Welt des Herantastens und Fragens, des Modellierens und Ummodellierens, bis schließlich ein finaler Entwurf steht, als eine Reise, bei der er selbst zwar Erzähler ist, aber nicht die eine Figur, die heldenhaft den Weg gefunden hat.

Viele im Publikum hätten das vermutlich spannender gefunden, denn auf diese Art sind viele Präsentationen von Designern oder Architekten gestrickt. Es sind somit nicht nur abenteuerliche Reisen, sondern auch Geschenke, und zwar in dem Sinne, dass der Designer uns eine Freude gemacht hätte. Er hätte uns in seine Welt geführt und von einem Abenteuer erzählt, das er dort erlebt hat. Vielleich hätten wir hinterher anders über Designprozesse in der Autoindustrie gedacht, wir waren ja alle keine Spezialisten in diesem Thema. Vielleicht hätten wir Design überhaupt anders gesehen. Bestimmt hätten wir seine Geschichte weitererzählt und die Automarke wäre ganz automatisch erwähnt worden – einfach, weil es um sie ging.

Ein zweites Beispiel: Wieder ist es ein Autodesigner einer großen deutschen Automarke. Sein Vortrag ist ganz anders aufgebaut. Er hat ein neues, wegweisendes Design geschaffen und er präsentiert es ohne ein einziges Slide. Stattdessen steht der BMW-Roadster auf der Bühne. Er schleicht um das Auto herum, fährt mit den Händen über dessen Kurven und beschreibt seine Kreation. Ein großartiger Vortrag, viel nahbarer und ohne Eitelkeit. Der Designer bleibt nach dem Vortrag bei dem Auto, wir können zu ihm gehen und ihm Fragen stellen. Er beantwortet sie gern.

Was ist der Unterschied zwischen den beiden? Der erste Vortrag hinterließ das Gefühl, dass der Designer sich selbst liebte. Der zweite dagegen liebte seine Arbeit und deren Resultat und hatte große Freude daran, uns mit seiner Begeisterung anzustecken. Man konnte nach seinem Vortrag kaum anders als den Roadster, den er kreiert hatte, nicht scharf zu finden – weil wir ihn nach dem Vortrag mit seinen Augen sahen, den Augen eines Vaters.

Ein drittes Beispiel, wieder das Thema Auto: Als Tesla den Cybertruck im November 2019 vorstellte, waren die Leute entweder elektrisiert oder entsetzt. Das Design ist schlicht radikal und erlaubt keinen mittleren Standpunkt, es polarisiert. Firmenchef Elon Musk präsentierte das Modell, das vier Jahre später in Serie ging. Einer seiner Gäste auf der Bühne war Teslas Chefdesigner Franz von Holzausen. Er sprach kein Wort über Design, stattdessen versuchte er, das von ihm geschaffene Auto zu demolieren – ein ganz anderer Ansatz. Von Holzhausen zog seine Lederjacke aus und schlug mit einem Vorschlaghammer auf die Tür ein, um zu demonstrieren, wie stabil das stählerne Exoskelett, das er entworfen hatte, ist. Dann warf er eine Stahlkugel in die Scheibe. Die Scheibe ging wider Erwarten kaputt. *»Da ist Raum für Verbesserungen«*, murmelte Elon Musk verwundert.

Drei Wege, Design zu präsentieren. Drei Wege für die Designer, auf der Bühne in Erscheinung zu treten. Drei Wege, ihre Kreationen zu verkaufen, ohne sie direkt zu verkaufen. Der Weg über das Ego scheitert gnadenlos. Nicht nur in diesem Beispiel, sondern immer. Wir setzen uns nicht in einen Vortrag, um zu lauschen, wie jemand erzählt, wie toll er ist. Da mögen die Folien, die als Belege dienen, noch so gelungen sein. Der Weg über das Produkt ist erheblich besser. Was liegt näher, als das Auto auf die Bühne zu holen oder das Publikum in den Showroom, die Werkstatt oder auf die Straße? Ein Designer, der sein Produkt am Produkt selbst erklärt, ist ein viel besserer Weg. Und der dritte Weg, wie sieht der aus? Der Designer ist Teil der Inszenierung, in der er demonstriert, dass Design viel mehr ist als das reine Aussehen. Er hat Spaß daran, zu zeigen, was das Design an Stabilität und Sicherheit bringt. Zeigen statt sagen, dieses Prinzip ist bei Tesla auf die Spitze getrieben. Es liefert starke Bilder, starke Emotionen, Spaß und eine Spur Verrücktheit.

Dem Publikum ein Geschenk zu machen, das kann viele Gesichter haben: Inspiration, Orientierung, Unterhaltung zum Beispiel. Immer geht es um etwas Neues, dazu Ihre Begeisterung und Freude an dem, was Sie zum Nutzen vieler geschaffen oder erkannt haben, Ihr Mut und Ihre Leidenschaft, die Dinge zu tun, die Sie tun.

Jeder von uns kann bei Vorträgen und Präsentationen ein Glücksgefühl auslösen – bei sich selbst und beim Publikum – entscheidend ist die Motivation. Wenn es darum geht, sich selbst gut darzustellen, sein eigenes Prestige zu steigern oder Verkäufe anzukurbeln, gelingt es eher nicht, eine Bindung zum Publikum herzustellen. Im Gegenteil, man wird es vielmehr dazu bringen, sich fremdzuschämen oder sich unter Druck gesetzt zu fühlen. Wenn Sie dagegen dem Publikum etwas vermitteln wollen, das sein Leben bereichert, und sei es auch nur im Moment des Vortrags, dann wird die Bindung stärker sein. Sie selbst werden sich sicherer fühlen in Ihrer Rolle und entspannter sein.

Take-away

Viele glauben, bei Vorträgen ginge es darum, anderen etwas zu verkaufen. Doch das scheint mir nicht die richtige Metapher. Vielmehr geht es darum, etwas zu verschenken: eine Idee, eine Inspiration, einen Plan, eine Lösung, was auch immer. Wer hingegen bloß verkaufen will – sich selbst oder ein Produkt –, wird mit hoher Wahrscheinlichkeit auf Widerstand stoßen. Jede Produktpräsentation von Steve Jobs enthielt ein Geschenk, eine lebensverändernde Innovation.

3 Minuten Video reichen

Die eigene Vortragskompetenz checken

Als ich das erste Mal meine Stimme auf Band hörte, war ich geschockt. *»Bin ich nicht!«* Meine Freunde lachten nur, doch für mich klang es tatsächlich so, als würde ein Fremder sprechen. Dann kam Video und wieder diese Erfahrung, dass die Person, die ich auf dem Monitor sah, ich selbst bin und doch ganz anders. Bis heute habe ich mich trotz Medientrainings und Bühnenerfahrung noch nicht mit dem Audio- und Video-Thomas angefreundet. Vermutlich, weil die Aufnahmen Dinge an mir offenbaren, die mir normalerweise verborgen bleiben.

Vielleicht haben Sie das nie erlebt. Dann werden Sie das, was ich Ihnen jetzt vorschlage, als simple Übung ansehen. Falls doch, möchte ich gern den positiven Effekt dieser Erfahrung unterstreichen, den diejenigen machen, die ihre digitale Repräsentation befremdlich finden. Die Übung macht Sie hochsensibel für eigene Lernfelder. Die Frage, mit der ich den ersten Teil von »Talk!« abschließen möchte, lautet: Wo stehen Sie in Bezug auf Ihre Vortragsfähigkeiten?

Um ein Bild davon zu bekommen, drehen Sie zwei kleine Videos von sich, jeweils 3 Minuten reichen. Im ersten Video sprechen Sie über ein Thema Ihrer Wahl, ein Thema, das Sie lieben und in dem Sie sich hervorragend auskennen. Stellen Sie sich vor, Sie sprächen mit einem Freund. Der Vortrag ist frei, wie in einem Dialog. Im zweiten Video orientieren Sie sich an einem Skript und wählen ein Business-Thema, das Sie fordert. Präsentieren Sie es den obersten Chefs. Machen Sie jeweils drei Versuche, die besten Videos wählen Sie aus.

Beim Ansehen geht es noch gar nicht um den Inhalt, sondern vielmehr darum, *wie* Sie diesen transportieren. Sind Ihre Gesichtszüge entspannt? Lächeln Sie von Zeit zu Zeit? Blicken Sie in die Kamera? Ist Ihre Stimme entspannt? Reden Sie klar und deutlich? Nutzen Sie Fülllaute wie Äh? Wie ist Ihre Haltung? Stehen Sie still oder zappeln Sie? Wirken Sie alles in allem souverän oder stark herausgefordert? Und gibt es schließlich einen Unterschied zwischen dem Thema, über das Sie aus dem Stegreif reden können und dem formalen Vortrag?

Auf der Checkliste können Sie sich zwischen 1 und 10 bewerten, wobei 10 das Optimum darstellt. Merken Sie dazu an, was Ihnen auffällt. Zum Beispiel: Stimme klingt gepresst und nicht souverän. Zapple viel zu viel, wirke nervös. Lächle zu Beginn und am Ende freundlich in die Kamera, super.

Die Checkliste für Ihr Video

Lieblingsthema / Business-Thema / Vorbild

1.	Gesichtszüge entspannt?	1 2 3 4 5 6 7 8 9 10
2.	Freundlicher Ausdruck, Lächeln?	1 2 3 4 5 6 7 8 9 10
3.	Blick in die Kamera (Publikum)?	1 2 3 4 5 6 7 8 9 10
4.	Ist die Stimme entspannt?	1 2 3 4 5 6 7 8 9 10
5.	Nutzen Sie Fülllaute wie »Äh«?	1 2 3 4 5 6 7 8 9 10
6.	Gerade Haltung?	1 2 3 4 5 6 7 8 9 10
7.	Stehen Sie still?	1 2 3 4 5 6 7 8 9 10
8.	Gesamtwirkung souverän?	1 2 3 4 5 6 7 8 9 10

Name: ______________________

Datum: ______________________

14 *Entspannte Stimme, gerade Haltung – wie bewerten Sie sich auf einer Skala von 1 bis 10?*

Jetzt empfehle ich Ihnen noch folgende Übung: Wählen Sie ein Referenzvideo einer Sprecherin oder eines Sprechers, die oder den Sie bewundern, und bewerten Sie auch diese Person in allen Kategorien von 1–10. Auf diese Art entsteht ein Bild Ihrer eigenen Leistung, das kritisch subjektiv ist. Sie können auch Freundinnen oder Kollegen bitten, das Canvas für Ihr Video auszufüllen und deren Ergebnisse mit Ihren vergleichen. So kommen Dinge zutage, die Sie nicht sehen, selbst wenn Sie hochsensibel gegenüber Ihrem digitalen Ich sind.

Unterm Strich geht es nicht darum, eine exakt richtige Bewertung zu finden, sondern vielmehr darum, eine Momentaufnahme Ihrer Fähigkeiten zu machen. Das ist ein wichtiger Teil der Recherche. Wenn Sie die Checkliste zu Beginn des Prozesses ausfüllen und nicht erst, wenn es darum geht, den Auftritt vorzubereiten, können Sie sich bereits im Hintergrund damit auseinandersetzen. So können Sie Ihre Vortragskompetenz steigern, während Sie sich dem nächsten Schritt, dem Storyfizieren, widmen. Das Thema ist damit von Anfang an präsent und erscheint nicht erst relativ kurz vor dem Auftritt.

Take-away

Ein Schritt der Vorabrecherche für Ihre Präsentation sollte darin bestehen, Ihre Vortragskompetenz zu überprüfen. Zwei kleine Videos bringen es an den Tag. Sie nehmen sich mit dem Handy auf: Zunächst sprechen Sie über ein Lieblingsthema, danach über Business. Dann sehen Sie sich die Videos an und bewerten sie entlang einer Checkliste. Die Fragen lauten: Wo stehen Sie in Bezug auf Ihre Vortragsfähigkeiten? Woran müssen Sie arbeiten?

STORYFIZIEREN

Den roten Faden entwickeln

Präsentationen und Vorträge brauchen eine innere Logik. Dieser Abschnitt macht Sie vertraut mit den Techniken, Fakten und Emotionen zu strukturieren, zu dramatisieren und zu visualisieren.

Willkommen in der Welt des Storytellings! Die Grundfrage ist simpel: Wie baue ich das, was ich recherchiert habe, zu einem überzeugenden Vortrag zusammen? Rein logisch, Schritt für Schritt? Das ist zwar naheliegend und sicherlich hilfreich für das Verständnis der Inhalte, doch nur unter der Voraussetzung, dass das Publikum auch zuhört. Um das sicherzustellen, sollten Sie sich auch der Logik der Emotionen zuwenden. Entscheidend ist, beide mit einem roten Faden zu verbinden: die Welt der Fakten mit der Welt der Emotionen, die Welt des Wie mit der Welt des Warum. Dafür nutzen gute Rednerinnen und Präsentatoren Storys.

Geschichten sind ein Schlüsselelement unseres sozialen Miteinanders. Sie transportieren seit Tausenden von Jahren Informationen und Erfahrungen. Sie verbinden uns, stiften Nähe. Sie inspirieren. Sie sorgen dafür, dass Dinge in Erinnerung bleiben – und auch umgesetzt werden. Dieser Abschnitt von »Talk!« führt Sie durch eine Galerie so unterschiedlicher Persönlichkeiten wie Meghan, Herzogin von Sussex, Mira Murati von OpenAI, den ukrainischen Ministerpräsidenten Wolodymyr Selenskyj, den Apple-Gründer Steve Jobs oder den Chefkoch Jamie Oliver. Sie zeigen uns spannende Einstiege in eine Rede, Wow-Szenen, die niemand vergisst, und dramaturgische Strukturen, die eine Rede so spannend machen wie einen Thriller.

Weil ich selbst für Vorträge und Workshops fast immer Slides nutze, habe ich mich entschieden, diesem Thema sechs Kapitel zu widmen. Es geht nicht darum, dass Sie alle Folien selbst erstellen. Wichtiger ist, wie ein Designer zu denken und die Grundprinzipien zu verstehen, um Slides so zu gestalten, dass auch sie eine Story erzählen und damit die Wirkung des Vortrags verstärken.

Ohne Angst keine Hoffnung
Jeder gute Vortrag braucht eine Dimension des Schattens

Bevor wir uns mit der Entwicklung von Storylines für Vorträge beschäftigen, möchte ich eine elementare Tatsache von Storytelling erklären: die notwendige Verbindung der Gegensätze. Wer diese Logik verstanden hat, kann im Handumdrehen einen spannenden Vortrag oder eine überzeugende Präsentation konzipieren, ganz gleich, ob diese 5 Minuten dauern oder 45. Sie brauchen dazu auch keine anspruchsvollen Storytelling-Modelle wie die Heldenreise, auch keine archetypischen Plots, sondern nur ein einfaches Wellenmodell, wie Sie im nächsten Kapitel sehen werden.

Die Gegensätze sind bereits in den Strukturen der Sprache verankert. Wenn ich Nein sage, ist ein Ja anwesend. Ein Nein macht nur Sinn in Bezug auf ein Ja. Ein Ja macht nur Sinn in Bezug auf ein Nein. Mit anderen Worten: Ich öffne einen Raum, indem ich eins dieser Wörter sage. Storytelling funktioniert so, dass es das Nein im Ja oder das Ja im Nein erzählt und damit eine Welt eröffnet, die uns wirklich berührt.

Ein Beispiel: Wenn Zauberer Gandalf im »Herrn der Ringe« Frodo erklärt, er müsse seinen kostbaren Ring zerstören, sagt Frodo Ja. So könnten wir die Story schnell erzählen, vielleicht würden wir diese Entscheidung gar nicht betonen. Gandalf gibt den Auftrag, Frodo zieht los. Doch so ist es nicht. Frodo sagt zuerst Nein. Wir Leser oder Zuschauer wissen, dass in diesem Nein bereits das Ja verborgen ist. Er selbst weiß es bestimmt auch. Doch er weigert sich. Da ist Angst. In dieser Angst verbirgt sich eine Bewertung seiner selbst und der Lage, in der er sich befindet: Ich bin dieser Aufgabe niemals gewachsen. Erst aus dieser Angst kommt die Zuversicht und die Hoffnung, sodass er sich schließlich auf die Reise nach Mordor macht.

Jeder gute Vortrag lebt von der dunklen Seite. Wenn ein Ja erscheint, dann wollen wir das Nein kennenlernen. Wenn Mut da ist, dann wollen wir die Angst spüren, die zu diesem Mut gehört. Ansonsten werden wir nicht berührt. Cicero schrieb:

> *»Eine Rede braucht eine ›Dimension des Schattens und der Tiefe‹ […] damit das, was im Licht steht, um so mehr hervorzutreten und hervorzuragen scheint.«*[1]

---

1 Cicero: Über den Redner. Ditzingen: 1976. S. 511

Ein Vortrag, der nicht die hellen und die dunklen Seiten ausleuchtet, ist emotional betrachtet eine billige Lüge. Jeder von uns weiß, dass diese andere Seite da ist. Wir wollen sie spüren. Denn das macht die These, die Vision, die Lösung, das neue Produkt, die Strategie echt und wahrhaftig.

Das Grundprinzip von fesselnden Vorträgen ist also ein Auf und Ab, ein Hin und Her. Denn in dieser Bewegung liegt die eigentliche Geschichte, die die Menschen hören wollen. Weil jeder von uns so tickt. Natürlich hätten wir alle an Frodos Stelle Nein geschrien. In dieses dunkle und gefährliche Land, um die Welt zu retten? Wer bin ich denn? Und was durch dieses Durchwandern der dunklen Seite deutlich wird, ist vereinfacht gesagt Menschlichkeit. Wir zeigen, dass wir am Ende nur für uns selbst da sein können, indem wir für andere da sind.

Ein Beispiel aus dem Business, umgesetzt von Hollywood: Es ist der bereits zitierte Weltklasse-Pitch von Sonny Navarro von Nike gegenüber dem jungen Michael Jordan, dessen Eltern und dessen Manager. In einem zweiminütigen Vortrag führt Navarro den Ausnahme-Basketballer durch eine Vision seines Leben – und die ist deshalb so wirksam, weil sie erst den Erfolg ausmalt und dann den jähen Absturz, die Misserfolge, die Missgunst, die Einsamkeit. Und von da aus geht es wieder nach oben zu einem Erfolg, der alle inspiriert und die Menschen an dem, was Michael Jordan ist, teilhaben lassen will. Durch seinen Namen verleiht er dem Schuh Nike Air Magie.

> *»Ein Schuh ist nur ein Schuh«, sagt Sonny, »bis jemand ihn anzieht. Dann bekommt er Bedeutung. Alle anderen wollen nur eine Chance bekommen, diese Großartigkeit zu berühren. Wir brauchen dich in diesen Schuhen, nicht damit du Bedeutung in deinem Leben hast, sondern wir Bedeutung in unserem. Alle an diesem Tisch werden vergessen sein, sobald unsere Zeit abgelaufen ist. Bis auf dich. An dich wird man sich immer erinnern. Du bist Michael Jordan und deine Story bewegt uns so, dass wir fliegen wollen.«*[2]

Ein Beispiel aus der Politik: Als Donald Trump 2015 ankündigte, dass er Präsident der USA werden wolle, begann er mit dem Schatten. Er sagte:

> *»Unser Land ist in ernsten Schwierigkeiten. Wir haben keine Siege mehr. Früher hatten wir Siege, aber jetzt haben wir keine mehr. Wann hat man das letzte Mal erlebt, dass wir, sagen wir, China in einem Handelsabkommen besiegt haben? Die machen uns fertig. Ich schlage China die ganze Zeit. Andauernd.*

---

2 Aus dem Film »Air, der große Wurf«. *https://www.youtube.com/watch?v=3XERXAeq-EE&t=99s*

Wann haben wir Japan bei irgendetwas geschlagen? Die schicken ihre Autos millionenfach rüber, und was machen wir? Wann haben Sie das letzte Mal einen Chevrolet in Tokio gesehen? Den gibt es nicht, Leute. Sie schlagen uns ständig. Wann schlagen wir Mexiko an der Grenze? Sie lachen über uns, über unsere Dummheit. Und jetzt schlagen sie uns auch noch wirtschaftlich. Sie sind nicht unsere Freunde, glaubt mir. Aber sie machen uns wirtschaftlich fertig.
Die USA sind zu einem Abladeplatz für die Probleme aller anderen geworden.«[3]

Das Beschwören eines nahezu toten amerikanischen Traums war der Hintergrund für sein Wahlversprechen: »*Make America great again*« – macht Amerika wieder groß. Das Wort »wieder« verweist schon auf das Gegenteil und auch auf das Gegenteil des Gegenteils – so, wie es einmal war – das Großartige, in Trumps Sprache.

Die Logik ist immer die gleiche. Wenn Sie überzeugend und bewegend davon erzählen wollen, wie die Menschen fliegen, dann müssen Sie sie auch am Boden zeigen. Wenn Sie von neuer Größe sprechen, dann geht das nicht, ohne die aktuelle Bedeutungslosigkeit auszumalen. Wenn Sie von Innovationen sprechen, dann geht das nicht, ohne die Tradition zu zeigen. Wenn Sie vom Wir sprechen, dann müssen Sie auch vom Ich sprechen, diese elementare Verbindung für bewegende Vorträge wird im übernächsten Kapitel die *Public Narrative* zeigen.

Gute Vorträge und Präsentationen decken nicht den Mantel des Schweigens über diese Verbindungen, sie gehen nicht achtlos über sie hinweg. Im Gegenteil, die Gegensätze sind ihr Lebenselixier und der rote Faden ergibt sich exakt aus ihnen. Weil er so viel tiefer mit dem verbunden ist, was uns als Menschen ausmacht, nicht nur mit Fakten und Daten, sondern auch mit Emotionen und Werten. Bevor Martin Luther King in seiner berühmten Rede von seinem Traum erzählte, warnte er vor seinem Albtraum: einem Amerika, das seinen schwarzen Bürgern das in der Verfassung verankerte Recht auf Gleichheit vorenthalte wie einen ungedeckten Check. Der Traum macht nur Sinn in Bezug auf den Albtraum, beide gehören zusammen, wenn es darum geht, den Menschen Hoffnung zu machen.

---

3 Donald Trump: Ankündigung, sich zur Wahl des Präsidenten der USA aufzustellen. New York: 2016. *https://time.com/3923128/donald-trump-announcement-speech/*

Take-away

Jeder gute Vortrag lebt von seiner dunklen Seite. Wenn wir die Welt einseitig malen, wie so oft in schlechten Produktpräsentationen, wird es schwer, Menschen zu berühren. Da ist ein Problem in der Welt und wir haben zufällig die Lösung! So einfach geht es meist nicht. Besser ist es, die Zuhörerinnen und Zuhörer wie ein guter Hollywood-Film durch ein Auf und Ab zu führen. So entsteht Resonanz. Wer von neuer Größe spricht, sollte auch die aktuelle Bedeutungslosigkeit ausmalen.

Die Welle surfen

Emotionale Storylines entwickeln

In einem kleinen Video zeigte der inzwischen verstorbene amerikanische Autor Kurt Vonnegut, was Storys für ihn waren: Wellen oder Kurven mit unterschiedlicher Form.[4] Nun gibt es einige Autoren und Forscher, die Modelle für Storys entwickelt haben. Die Heldenreise gehört dazu (ein Kreis), die Filmdramaturgie von Syd Field (Linie) oder Gustav Freitags Dramenschema (Pyramide). Alles starke Modelle, keine Frage, doch keins davon eignet sich meiner Meinung nach so gut dafür, Vorträge und Präsentationen zu strukturieren und zugleich zu dramatisieren wie Vonneguts Wellen. Sie nämlich erfassen in einfachster Form das, was einen Vortrag wertvoll und spannend macht: die Verknüpfung der Gegensätze.

Ich erkläre zunächst Vonneguts Modell. Von da aus gehen wir zu einem allgemeinen Modell für Vorträge und ich stelle Ihnen zwei Anwendungen am Beispiel von TED Talks vor.

4 Kurt Vonnegut: Shape of stories. *https://www.youtube.com/watch?v=GOGru_4z1Vc&t=839s*

Emotionale Storylines entwickeln

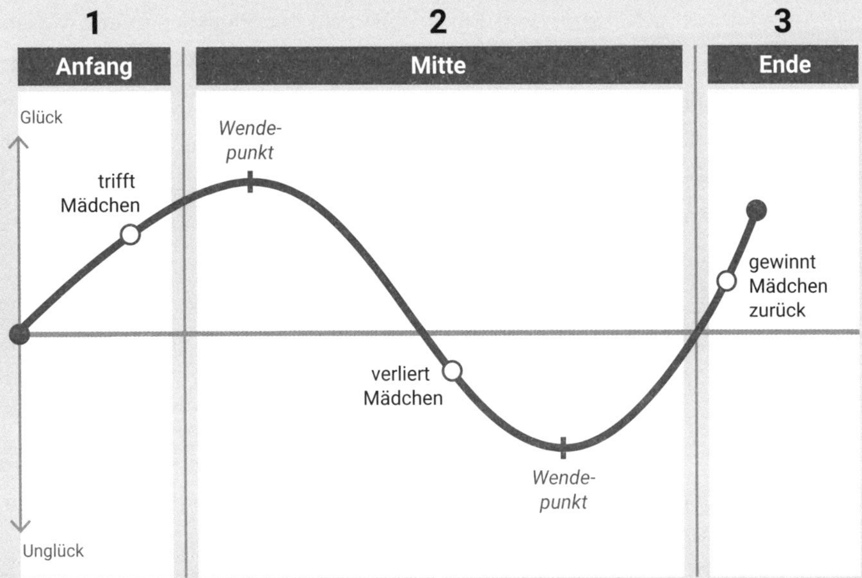

15 *Junge trifft Mädchen – am Beispiel einer einfachen Story nach einem Schema von Kurt Vonnegut zeigt sich die Dramaturgie.*

Die simple Story »Junge trifft Mädchen« erfassen wir von der Storyline in zwei Dimensionen: ihrem zeitlichen Verlauf (waagerechte Achse) und ihrer Emotion (senkrechte Achse). Die Emotionen bewerten wir entlang des Gegensatzpaares Glück – Unglück. Den positiven Wert halten wir oben fest, den negativen unten. Die Welle, die wir zeichnen, kann eine beliebige Form haben. Um es einfach zu machen, erzähle ich eine kleine Geschichte, die dem Verlauf der Beispielwelle in der Grafik folgt.

Businessman Edvard ist auf einer Party in Los Angeles. Die Leute nerven ihn, er flieht im Lotus seines Anwalts, weil seine Limousine eingeparkt ist. Er verirrt sich und fragt schließlich Vivian, eine Prostituierte, nach dem Weg. Sie begleitet ihn und führt ihn zu seinem Hotel. Edvard fragt Vivian, ob sie ihn eine Woche begleiten will – professionell. Sie stimmt zu. Er ist für seine Verhältnisse (Workaholic) glücklich, hat aber auch seine Auseinandersetzungen mit Vivian. Schließlich verlässt sie ihn, obwohl Edvard ihr angeboten hat, ihr Leben zu finanzieren, wenn sie seine Geliebte wird. Sie will, dass er der Prinz ist, der sie rettet, schlägt das Angebot aus, geht. Jetzt wird Edvard bewusst, wie glücklich er mit Vivian gewesen ist. Er findet sie in ihrem Apartment und rettet sie. Happy End.

Nur ein Beispiel. Auf diese Kurve passen Tausende Storys. Die Kurve kann die Geschichte als Ganzes repräsentieren, aber auch jede einzelne Szene. Sie lässt sich beliebig detailliert zeichnen oder ganz grob wie hier. Wichtig ist, dass Ereignisse auf einer Zeitachse verknüpft werden mit Werten, Emotionen, Empfindungen, einer Dimension, die automatisch dafür sorgt, dass die Gegensätze berücksichtigt werden. Für Business-Vorträge können Sie die x-Achse zum Beispiel so beschriften: heute – morgen, die Welt, wie sie ist – die Welt, wie sie sein soll, Opfer – Belohnung, schnell – langsam, Quantität – Qualität, Growth Mindset – Fixed Mindset.

Ein Vortrag ist von der Storyline nichts anderes als die Junge-trifft-Mädchen-Story. Wir folgen einer Linie, die die Zuhörer durch eine Welt führen, die zu jedem Ja das Nein erzählt, zu jedem Glück das Unglück, zu jedem Erfolg den Misserfolg. Denn das will das Publikum hören – seit Millionen von Jahren. Unser Gehirn ist so gebaut, sagen Neurowissenschaftler. PowerPoint und Keynote funktionieren nur, wenn die Slides in eine Storyline eingebettet sind. Stanford-Professorin Jennifer Aaker erklärte in einem Vortrag:

»Neurowissenschaftliche Forschung zeigt, dass unsere Gehirne nicht dafür ausgelegt sind, um Logik zu verstehen und Fakten für lange Zeit zu behalten. Unsere

Gehirne sind vielmehr so veranlagt, dass sie Geschichten verstehen und behalten.«[5]

Wichtig ist noch die Dreiteilung im Ablauf eines Vortrags in Akte. Mit Aristoteles könnte man sie einfach Anfang, Mitte, Ende nennen oder etwas spezifischer Exposition, Komplikation, Auflösung. 70 bis 80 % der Zeit gehört dem Mittelteil, je nach Gesamtlänge des Vortrags. Je kürzer der Vortrag, desto stärker fallen Anfang und Ende ins Gewicht.

Anhand von zwei TED Talks zeige ich Ihnen verschiedene emotionale Storylines: Den Vortrag der Londoner Entrepreneurin für nachhaltige Mode, Josephine Philips, sehen wir uns im Wechsel von Fakten und Emotionen an, zwischen denen sie dramaturgisch sehr klug pendelt. Den Vortrag der Amerikanerin Sheryl Sandberg, zu der Zeit COO von Facebook, betrachten wir unter der Perspektive »heute – gestern – morgen«. Beides sind typische Muster für Storylines, beide Vorträge sind hervorragend gemacht – so unterschiedlich sie auch sind.

Eines vorab: Der erste Akt sollte unter allen Umständen so beginnen, dass er Nähe zum Publikum herstellt. Der letzte Akt sollte so enden, dass das Publikum weiß, was erwartet wird – so konkret wie möglich. Zu beiden Akten gibt es einzelne Kapitel, in denen ich genauer auf die jeweiligen Herausforderungen eingehe.

Fakten – Emotionen – Fakten: Die Storyline bei Josephine Philips

Wie die Grafik zeigt, beginnt Josephine Philips ihren Vortrag »Die einfache Lösung für Fast Fashion« emotional mit einer Story. Sie erzählt vom Kleid ihrer Großmutter, das wir auf einem Slide auch zu sehen bekommen.

»Ich möchte Sie alle in die späten 1950er Jahre in Sierra Leone zurückversetzen. Meine 93-jährige Großmutter ist ungefähr so alt wie ich. Sie lebt in Freetown. Es ist heiß und sie ist wunderschön. Eines Tages geht sie auf einen Markt und kauft ein gelbes Kleid. Es ist gestreift und hat eine orangefarbene Krawatte, die am Kragen befestigt ist. Es ist auch wunderschön.«[6]

---

5 Jennifer Aaker: Harnessing the power of stories. Stanford Graduate School of Business: März 2013. *https://www.youtube.com/watch?v=9X0weDMh9C4*

6 Josephine Philips: The simple solution to fast fashion. TED Countdown Summit: Juli 2023, Detroit. *https://www.ted.com/talks/josephine_philips_the_simple_solution_to_fast_fashion/transcript?hasSummary=true*

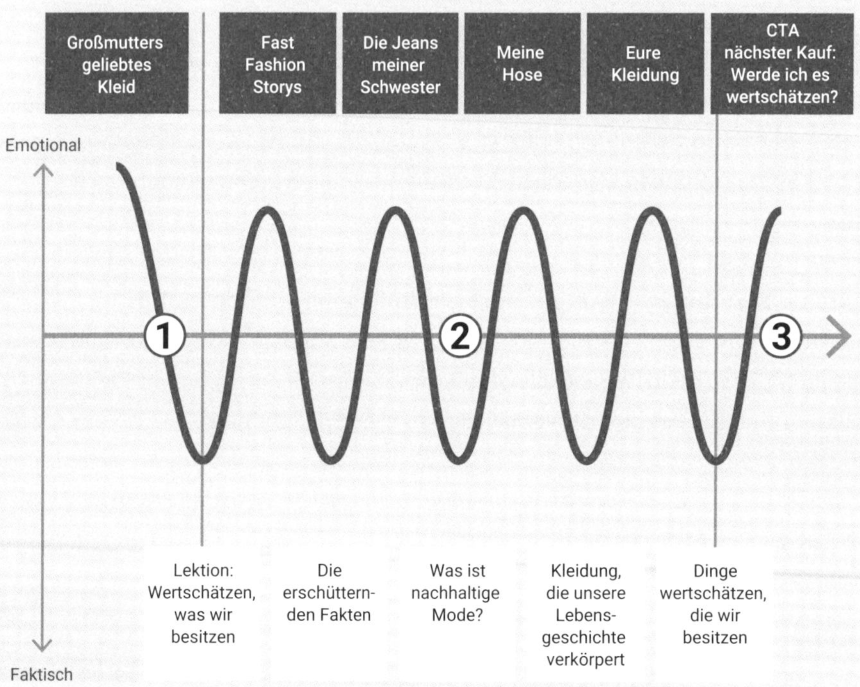

16 *Abkehr von Fast Fashion: Der Vortrag pendelt zwischen Fakten und Emotionen, persönlichen Storys und objektiven Daten.*

Dann wird sie sachlich und erzählt die Lektion, die sie von ihrer Großmutter durch das Kleid gelernt hat, das diese an sie weitergegeben hat. Nun wird Philips wieder emotional, erzählt Fast Fashion Storys, erwähnt danach die traurigen Fakten. Von da aus geht sie auf der emotionalen Seite erst zu ihrer Schwester, der Malerin, und deren Jeans, dann zu ihrer eigenen Hose, die sie bei TED trägt, dann zum Publikum und dessen Kleidung. Zwischen den kleinen emotionalen Geschichten präsentiert sie immer wieder Fakten: Was ist nachhaltige Mode? Welche Geschichte erzählt unsere Garderobe über uns? Schließlich fordert sie ihr Publikum am Übergang zum dritten Teil auf, seine Garderobe wirklich zu schätzen, und gibt danach einen kleinen emotionalen Ausblick darauf, wie es wäre, wenn wir das täten.

Der Vortrag zeichnet sich noch durch zwei Elemente aus, die die Storyline unterstützen. Es sind die Folien, die zeigen, worüber Philips spricht. Nur Fotos. Es ist außerdem der Aufbau der Geschichten, die immer näher an das Publikum heranrücken: die Großmutter, die Schwester, sie selbst, das Publikum. Auf diese Art fühlt sich das Publikum nicht überrumpelt – im Gegenteil. Schon zu Beginn steht die Frage im Raum: Wie gehe ich eigentlich mit meiner Garderobe um? Wie nachhaltig ist das? Welche Geschichten erzählen meine Jeans oder mein Kleid? In nicht einmal 10 Minuten berichtet Josefine Philips entlang dieser klaren und einfachen Storyline berührend und bewegend davon, mit wie viel Wertschätzung wir unsere Garderobe in Zukunft auswählen und behandeln sollten, um nachhaltiger zu leben.

Gestern – heute – morgen: Die Storyline bei Sheryl Sandberg

Sheryl Sandberg beginnt ihren Vortrag über den Mangel an weiblichen Führungskräften im Hier und Jetzt. Sie spricht das Publikum direkt an. Sie sagt:

> *»Für alle hier in diesem Raum heute können wir feststellen: Wir haben Glück. Wir leben nicht in der Welt, in der unsere Mütter, unsere Großmütter gelebt haben, in der Karriereoptionen für Frauen so limitiert waren. Und wenn Sie heute in diesem Raum sind, sind die meisten von uns in einer Welt aufgewachsen, in der wir fundamentale Menschenrechte haben. Und überraschenderweise leben wir noch immer in einer Welt, in der einige Frauen diese Rechte nicht haben. Davon abgesehen, haben wir immer noch ein Problem und das ist ein echtes Problem. Das Problem lautet: Frauen schaffen es nicht an die Spitze ihrer Berufe, wo auch immer in der Welt.«*[7]

---

7 Sheryl Sandberg: Why we have too few women leaders. TEDWomen: Dezember 2010, Washington, D.C. *https://www.ted.com/talks/sheryl_sandberg_why_we_have_too_few_women_leaders/transcript?hasSummary=true&language=de*

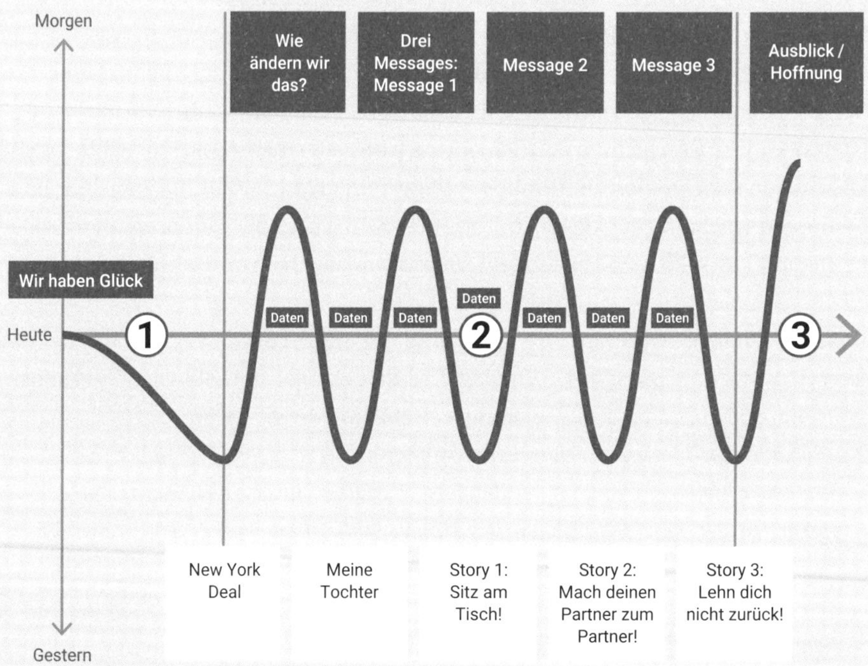

17 *Zu wenige weibliche Führungskräfte: Der Vortrag pendelt wie ein Musikstück zwischen gestern, heute und morgen.*

Dann folgt ein Sprung zurück in der Zeit zu einer Anekdote von einer Verhandlung in einem New Yorker Office, in dem niemand wusste, wo die Damentoiletten waren. Die Fakten. Dann ein Sprung in die Zukunft: Wie können wir das ändern? Jetzt geht es gleichmäßig hin und her zwischen der Vergangenheit (Storys) und der Zukunft (ihren drei Forderungen). Auf dem Weg von der Vergangenheit in die Zukunft kommt Sandberg immer an diversen Fakten vorbei, die das Gesagte belegen. Der Vortrag hat eine klare und einfache Struktur bis zum Ende, bei dem sie in die Zukunft springt, die für sie ungewiss ist:

> *»Meine Generation wird leider nicht viel an den Zahlen an der Spitze ändern können. Sie bewegen sich nicht […] Aber ich habe die Hoffnung für zukünftige Generationen. Ich stelle mir eine Welt vor, in der die Hälfte unserer Länder und Firmen von Frauen geführt wird. Es wäre eine bessere Welt.«*[8]

Die Storyline von Sheryl Sandbergs Vortrag ist auch typisch für Change-Vorträge, die häufig zwischen den Zeitebenen hin und her wechseln, um das Neue mit dem Bestehenden und das Tradierte mit dem Neuen zu verbinden. Was an diesem Vortrag noch bemerkenswert ist, ist die Klarheit der drei Punkte, die ihr wichtig sind. Sandberg gibt zunächst den Überblick und geht dann von einem Punkt zum nächsten. Das Publikum weiß so immer genau, wo es sich befindet. Der Call-to-Action erfolgt bei diesem Vortrag nicht am Ende, sondern besteht in den drei Forderungen, die dem Vortrag seine innere Logik geben – auch ein starkes Strukturmerkmal, obschon ungewöhnlich.

Die Neurobiologie der Vorträge – Gehirne auf gleicher Wellenlänge

Die Fähigkeit, Gehirne auf eine Wellenlänge zu bringen, entscheidet über den Erfolg von Vorträgen, sagt Professor Uri Hasson, der an der amerikanischen Princeton-Universität Psychologie und Neurowissenschaft unterrichtet. Vor einem Vortrag würden alle Gehirne des Publikums in einem individuellen Groove swingen. Doch kaum beginnen die Menschen dem Vortrag zu folgen, synchronisieren sich die Gehirnaktivitäten. Ein drahtloses Netzwerk entsteht – wie ein einziges großes Gehirn. Der Sprecher oder die Rednerin ist Teil davon. Hasson nennt diesen Effekt *»neural entrainment«* – neurales Einschwingen.

8 Ebd.

In seinem TED Talk und auch in seinen Onlinevorlesungen geht er noch einige Schritte weiter.[9] Zum Beispiel hat der Professor herausgefunden, dass die Gehirne des Publikums den Sprecher gleichsam überholen, um zu erraten, was als Nächstes passieren wird. Eine Voraussetzung für all das sei ein guter Vortrag, der einer narrativen Struktur folge, die einfach zu erfassen sei, eine weitere, dass die Rednerin das Publikum gut kenne, dessen Werte und Grundüberzeugungen, dessen Kenntnisse und auch dessen Haltung zum vorgetragenen Thema. Unter dieser Voraussetzung kommen alle auf eine Welle.

Hasson selbst ist ein gutes Beispiel für die Möglichkeit, auf die gleiche Welle mit ihm zu kommen. Im TED Talk gelingt das relativ einfach – ein Handicap ist sein starker hebräischer Akzent. In seiner Onlinevorlesung ist zumindest für mich die Welle unerreichbar.

Take-away

Die Grundstruktur eines überzeugenden Vortrags ist die Welle. Einen Vortrag zu strukturieren heißt, eine Welle zu zeichnen, ein emotionales Auf und Ab, das das Publikum berührt und in Bewegung setzt. Die emotionale Storyline ist ein Modell für das Dramatisieren von Vorträgen und Präsentationen, das heißt für die Verknüpfung von Fakten mit Emotionen und Werten. Wie im Theater nutzen Sie dafür eine Dreiakt-Struktur, ganz gleich, ob Sie 3 Minuten sprechen oder 30.

9 Uri Hasson: This is your brain on communication. TED: Februar 2016, Vancouver. *https://www.ted.com/talks/uri_hasson_this_is_your_brain_on_communication?hasSummary=true*. Wesentlich tiefer ins Detail geht Hasson in diesen beiden Vorträgen, die er an der Princeton-Universität gehalten hat: How we communicate information across brains: *https://www.youtube.com/watch?v=pEfBuZT5MBU*. Storytelling and memories: How the act of storytelling shapes our minds: *https://www.youtube.com/watch?v=CTsStZqxPwY*

Vom Ich zum Wir

Von Aktivisten lernen, auf Augenhöhe zu kommunizieren

»Niemals!« Als ich sechs Jahre alt war, fand ich mich vor einem Glas Milch 1.000 Kilometer von meiner Heimatstadt Hamburg entfernt. Es war eine dieser Kinderverschickungen, um Gewicht zuzulegen in meinem Fall. Ich murmelte: *»Nein, nein, nein«*, während ich durch die Scheibe die anderen Kinder beim Spielen beobachtete. So ging es jeden Nachmittag. Ich saß vor dem Glas Milch und weigerte mich, es zu trinken. Ich mochte keine Milch, und was ich noch weniger mochte, war, wenn man mir vorschreiben wollte, was ich zu tun hatte. Dann kam ein zweiter Junge, er saß vor einem Apfel, den er nicht anrührte. Während die Aufseherin uns taxierte, kam mir eine Idee.

So könnte meine *Story of Self* beginnen, eine Geschichte, die meine zentralen Werte vermittelt, eine Geschichte, die weit zurückgeht in meiner Biografie und die Zuhörerinnen und Zuhörer erleben lässt, wie ich ticke. Die Milch-Episode könnte meine Beharrlichkeit, meine Kreativität, meinen Pragmatismus vermitteln oder, wie es das Heimpersonal damals ausdrückte, meine Aufmüpfigkeit.

Die Story of Self ist ein Element der *Public Narrative*, der öffentlichen Erzählung, gelehrt von Professor Marshall Ganz an der Harvard Kennedy School. Es gibt noch zwei weitere Geschichten: die *Story of Us* und die *Story of Now*. Diese drei Geschichten zu erzählen ist laut Ganz elementar im Kontext von Führung auf Augenhöhe. Etwa in Bürgerbewegungen oder in der Politik. Ich würde hinzufügen: Diese Methode ist eine ganz zentrale Art des Vortrags, wenn wir Menschen überzeugen, mitnehmen, bewegen wollen, ganz gleich, in welchem Kontext.

Die Grundidee der Public Narrative besteht darin, dass Sie in einem Vortrag, in dem Sie Menschen für sich und Ihre Ideen gewinnen wollen, nicht nur Daten und Fakten, sondern vor allem Werte und Überzeugungen teilen. Das geht nicht, indem Sie behaupten: Ich bin für Gerechtigkeit, für Chancengleichheit, für Vielfalt. Das sind nur Worte, die wertlos sind. Werte lassen sich entweder durch Handlungen zeigen oder indem Sie von Handlungen, insbesondere von Entscheidungen erzählen. Dafür nutzen wir Storytelling. Mit Ihrer eigenen Story vermitteln Sie also über gelebte Erfahrung Ihre Werte.

Menschen auf Augenhöhe mitnehmen

18 *Public Narrative nach Marshall Ganz: Führung bedeutet, in einer Rede drei Geschichten zu erzählen, eine Ich-Story, eine Wir-Story und eine Jetzt-Story.*

Mit der Story of Us, der Geschichte der Gemeinschaft, zu der wir sprechen, zeigen Sie, dass die bereits genannten Werte auch dort existieren. So entsteht eine Verbindung. Die Story of Now wendet sich der Gegenwart zu und zeigt der Gemeinschaft, dass sie sich aufgrund der benannten Werte in einer bestimmten Situation entscheiden muss. Und da gibt es zwei Möglichkeiten, von denen Sie in Ihrem Vortrag eine ganz klar bevorzugen. Mit ihr ist folgendes, ganz konkretes Ziel verbunden, für das sich der Einsatz lohnt.

Alle drei Storys sind eng miteinander verbunden. Es macht Sinn, sich in der Reihenfolge Self – Us – Now zu bewegen. Das wäre ein klassischer Weg, der für den Anfang unbedingt empfehlenswert ist. Doch der lässt sich auch beliebig variieren. Sie könnten auch mit dem Now beginnen: eine Szene aus dem Jetzt, dann zum Self. Oder Sie beginnen mit dem Us und gelangen von hier aus zum Self. Sie können auch zwischen den Storys öfter hin- und herpendeln, wenn das zweckmäßig ist. Doch das ist etwas für fortgeschrittene Storyteller. Im Kern geht es um Leadership. Und darunter versteht Marshall Ganz, Menschen zu ermächtigen sich unter unsicheren Bedingungen dafür zu entscheiden, Ihnen zu folgen.

Es gibt viele großartige Beispiele von Public Narratives unter den Reden von Barack Obama, insbesondere seine erste große Rede beim DNC von 2004. Ich habe mich dafür entschieden, eine Rede von seiner Frau Michelle anzusehen, die diese Methode ebenfalls elegant beherrscht und dabei noch emotionaler, noch erzählender ist als ihr Mann. Ein zweites Beispiel ist Mira Murati, die Chefentwicklerin von OpenAI, dem Unternehmen, das mit künstlicher Intelligenz unsere Zukunft gestalten wird. Es gibt kein Video einer Rede von Mira Murati, doch viele Interviews. In einem dieser Interviews erzählte sie ausführlich ihre Story und verband sie mit der Story der Gemeinschaft. Der Unterschied zu Michelle Obama ist enorm. Die kochende Halle mit Tausenden Menschen auf der einen Seite, auf der anderen Seite ein Gespräch, das online geführt wird. Doch beide Frauen nehmen uns gefangen mit dem, was sie erzählen, weil beide – die Gattin des damals noch zukünftigen Präsidenten der USA und die Technikchefin des bahnbrechenden KI-Unternehmens – im Kern die Public Narrative berücksichtigen und uns über Werte und Überzeugungen erreichen.

Michelle Obama: Rede auf der DNC 2008

Als Michelle Obama im August 2008 beim Parteitag der Demokraten (Democratic National Convention, DNC) die Bühne betrat, war die Stimmung aufgeheizt. Ihr

Bruder Greg moderierte die First Lady in spe an und begrüßte sie mit einer herzlichen Umarmung. Tausende Menschen schwenkten Schilder mit ihrem Namen: Michelle! Michelle! Michelle! Sie sprach ca. 17 Minuten. Ihr Ziel: Dass ihr Mann Barack die Wahl im November gewinnt. Hinter Michelle Obama lagen Monate, in denen Sie von politischen Gegnern hart angefasst worden war. Ihr Ruf war angeschlagen. Nach der Rede war er wiederhergestellt. Insofern markieren die Storys of Self, Us, Now, die sie erzählte, einen Wendepunkt.

Story of Self: Michelle Obama begann mit der Story of Self und sie kehrte immer wieder dorthin zurück. Die meiste Zeit verwendete sie auf diese Story. Doch sie erzählte nicht nur von sich selbst, im Gegenteil, sie sprach vielmehr über ihre Familie. Sie sprach davon, wie sie aufgewachsen ist, von ihren Eltern, ihrem Bruder, ihrem Ehemann. Sie sprach von ihren Kindern. Sie begann ihre Sätze wie Strophen eines Songs oder eines Gedichts:

> *»Ich bin heute Abend hier als Schwester [...] Ich bin heute Abend hier als Ehefrau [...] Ich bin heute Abend hier als Mutter [...] Ich bin heute Abend hier als Tochter.«*[10]

Sie erzählte von ihrer Kindheit in der South Side von Chicago, den einfachen Lebensumständen, der Liebe, der Disziplin. Und sie beschrieb immer wieder den Bogen zum amerikanischen Traum und der Person, um die es eigentlich geht bei dieser Wahl, ihren Mann. Sie sagte:

> *»Er und meine Mutter haben alles, was sie hatten, in mich und Craig gesteckt. Es war das größte Geschenk, das ein Kind bekommen kann: nie auch nur 1 Minute daran zu zweifeln, dass man geliebt und geschätzt wird und einen Platz in dieser Welt hat. Und dank ihres Glaubens und ihrer harten Arbeit konnten wir beide auf das College gehen. Ich weiß also aus erster Hand aus ihrem – und meinem – Leben, dass der amerikanische Traum fortbesteht.*
>
> *Als ich Barack zum ersten Mal traf, fiel mir auf, dass seine Familie trotz des komischen Namens und der Tatsache, dass er am anderen Ende des Kontinents auf Hawaii aufgewachsen ist, meiner Familie sehr ähnlich ist. Er wuchs bei Großeltern auf, die genau wie meine Eltern aus der Arbeiterklasse stammten, und bei einer alleinerziehenden Mutter, die genau wie wir darum kämpfte, die*

---

10 Michelle Obama: Rede DNC im August 2008, Denver. *https://www.youtube.com/watch?v=sTFsB09KhqI.* Das Transkript der Rede findet sich hier: *https://www.npr.org/templates/story/story.php?storyId=93963863*

Rechnungen zu bezahlen. Wie meine Familie haben sie geknausert und gespart, damit er Chancen hat, die sie selbst nie hatten. Und Barack und ich wurden mit vielen gleichen Werten erzogen: dass man hart für das arbeitet, was man im Leben erreichen will; dass man sein Wort hält und tut, was man verspricht; dass man Menschen mit Würde und Respekt behandelt, auch wenn man sie nicht kennt und auch wenn man mit ihnen nicht einer Meinung ist.

Und Barack und ich haben uns vorgenommen, ein Leben auf der Grundlage dieser Werte aufzubauen und sie an die nächste Generation weiterzugeben. Denn wir wollen, dass unsere Kinder – und alle Kinder in diesem Land – wissen, dass die einzige Grenze für die Erfolge, die sie erreichen können, die Reichweite ihrer Träume und ihre Bereitschaft ist, dafür zu arbeiten.«[11]

Ihr Leben nannte Michelle Obama eine *»improbable journey«* – eine unwahrscheinliche Reise, die sie aus einer schwarzen Arbeiterfamilie über Princeton nach Harvard geführt habe und schließlich an der Seite ihres Mannes in den Wahlkampf um das Amt des Präsidenten der USA.

Story of Us: Die Story of Us, die Michelle Obama erzählte, schöpft ihre Kraft aus der Authentizität. Das zentrale Motiv ihrer Rede entfaltet sich im Übergang der Storys. Michelle erzählte von einem Abend, den sie Barack bei seiner Community-Arbeit begleitet habe. Sie erzählte von den Menschen und der Formel, die ihr Mann fände, um über die Realität hinauszuschauen, die Hoffnung, die das zentrale Thema ihrer Kampagne sei. Sie sagte:

»Die Menschen, die an diesem Tag zusammenkamen, waren ganz normale Leute, die ihr Bestes gaben, um sich ein gutes Leben aufzubauen. Es waren Eltern, die von einem Gehaltsscheck zum nächsten leben mussten; Großeltern, die versuchten, mit einem festen Einkommen auszukommen; Männer, die frustriert waren, weil sie ihre Familien nicht mehr ernähren konnten, nachdem ihre Jobs weggefallen waren. Diese Leute baten nicht um Almosen oder eine Abkürzung. Sie waren bereit zu arbeiten – sie wollten einen Beitrag leisten. Sie glaubten – wie Sie und ich –, dass Amerika ein Ort sein sollte, an dem man es schaffen kann, wenn man sich anstrengt.

Barack stand an diesem Tag auf und sprach Worte, die mich seither nicht mehr losgelassen haben. Er sprach über ›Die Welt, wie sie ist‹ und ›Die Welt, wie sie sein sollte‹. Und er sagte, dass wir allzu oft den Abstand zwischen den beiden

11 Ebd.

akzeptieren und uns mit der Welt, wie sie ist, zufriedengeben – selbst wenn sie nicht unseren Werten und Bestrebungen entspricht. Aber er erinnerte uns daran, dass wir wissen, wie unsere Welt aussehen sollte. Wir wissen, wie Fairness, Gerechtigkeit und Chancen aussehen. Und er forderte uns auf, an uns selbst zu glauben – die Kraft in uns selbst zu finden, um nach der Welt zu streben, wie sie sein sollte. Und ist das nicht die große amerikanische Geschichte?«[12]

Jetzt sind wir mittendrin in der Story of Us: Es ist die American Story, die die Welt, wie sie sein soll, im Blick hat. Michelle Obama sponn die Fäden wieder enger: auf der einen Seite zu ihrer Familie, auf der anderen Seite zu Martin Luther King und der Einführung des Frauenwahlrechts 88 Jahre zuvor. Sie zählte beispielhaft Repräsentanten des Us auf: Menschen, die Nachtschichten arbeiten, Militärfamilien mit dem leeren Stuhl am Tisch, die jungen Leute, die Kinder unterrichten.

»Wir alle werden von der einfachen Überzeugung angetrieben, dass die Welt, wie sie ist, einfach nicht ausreicht – dass wir die Pflicht haben, für eine Welt zu kämpfen, wie sie sein sollte.«[13]

Dann sprach sie noch einmal ausführlich über Barack Obama und das, was er dem Wir, der Gemeinschaft, geben würde. Und sie belegte seine Fürsorge mit einem weiteren Element ihrer Story of Now: Wie Barack ihre Tochter und sie zehn Jahre zuvor vom Krankenhaus im Auto nach Hause gefahren habe, Schneckentempo, übervorsichtig, der Blick immerzu in den Rückspiegel gerichtet. Zeitsprung in die Zukunft und die Story of Now.

Story of Now: Die dritte Story im Sinne der Public Narrative erzählte Michelle Obama interessanterweise aus der Zukunft. Sie stellte sich vor, wie es sein würde, wenn ihre Kinder erwachsen wären und selbst Familien hätten und auf das Wahlergebnis zurückblicken würden, das natürlich positiv für Obama und Amerika ausgegangen sei. Danach schloss sie mit einem simplen Call-to-Action: Wählt Barack Obama, entscheidet euch für die Welt, wie sie sein soll – und die Rede war beendet.

»Sie werden ihren eigenen Kindern erzählen, was wir bei dieser Wahl gemeinsam getan haben. Sie werden ihnen erzählen, dass wir dieses Mal auf unsere Hoffnungen gehört haben, statt auf unsere Ängste. Wie wir dieses Mal beschlos-

---

12 Ebd.

13 Ebd.

sen haben, nicht mehr zu zweifeln, sondern zu träumen. Wie wir uns dieses Mal in diesem großartigen Land – in dem ein Mädchen aus der South Side von Chicago studieren und Jura studieren kann und der Sohn einer alleinerziehenden Mutter aus Hawaii es bis ins Weiße Haus schafft – dazu verpflichtet haben, die Welt so zu gestalten, wie sie sein sollte.
Deshalb wollen wir heute Abend zu Ehren des Andenkens meines Vaters und der Zukunft meiner Töchter – aus Dankbarkeit gegenüber denjenigen, deren Triumphe wir in dieser Woche feiern, und denjenigen, deren alltägliche Opfer uns bis zu diesem Moment gebracht haben – uns der Vollendung ihrer Arbeit widmen; wollen wir zusammenarbeiten, um ihre Hoffnungen zu erfüllen; und wollen wir zusammenstehen, um Barack Obama zum Präsidenten der Vereinigten Staaten von Amerika zu wählen.«[14]

Mira Murati: Interview mit Kevin Scott in 2023

Mira Murati (CTO) und Sam Altman (CEO) repräsentieren OpenAI in der Öffentlichkeit. Von Mira Murati, die seit 2018 bei dem bedeutendsten Unternehmen für künstliche Intelligenz unserer Zeit arbeitet, gibt es keine Videos mit Vorträgen, dafür jedoch eine Reihe von Interviews und Podiumsdiskussionen. Im Interview mit Kevin Scott von Microsoft steht die Person Murati im Zentrum und wird aufgefordert, ihren Werdegang, ihre Story zu erzählen. Es ist die Geschichte einer jungen Albanerin, die im Alter von 30 Jahren im Jahr 2018 bei einer kleinen Technikfirma im Silicon Valley anfing und die heute eine der zentralen Figuren im Bereich der künstlichen Intelligenz ist. Das Modell der Public Narrative zeigt, wie sie ihre Geschichte erzählt – und dass das Fragmentarische daran vielleicht gerade deren Charme ausmacht.

Story of Self:

»Als ich ein Kind war«, erzählt Mira Murati in dem Interview, »wurde ich von Mathematik angezogen […] und von der Wahrheit der Wissenschaft, etwas Bleibendem, zu dessen Grund man kommen konnte.«[15]

---

14 Michelle Obama: Rede DNC im August 2008, Denver. *https://www.youtube.com/watch?v=sTFsB09KhqI*. Das Transkript der Rede findet sich hier: *https://www.npr.org/templates/story/story.php?storyId=93963863*

15 Mira Murati in »Behind the tech« mit Kevin Scott: Juli 2023. *https://www.youtube.com/watch?v=5PGBn1t5CLQ*

Geboren wurde sie 1988 in Vlora, Albanien, einem Land unter der Herrschaft totalitärer Kommunisten. Zwei Jahre nach ihrer Geburt begann der Übergang in einen liberalen Kapitalismus. Ihre Eltern unterrichteten Literatur. Sie las die Bücher ihrer älteren Schwester, die Lehrer gaben ihr anspruchsvolle Aufgaben, ihr Unterricht folgte einem eigenen Stundenplan. Sie war auf der einen Seite sehr begierig auf Wissen, auf der anderen Seite war sie *»unglaublich isoliert«* und *»gelangweilt«*. Sie lernte, sich zu fokussieren und *»ewig mit einem Problem zu beschäftigen«*, eine zentrale Voraussetzung für ihre spätere Arbeit. Sie ging mit 16 für ein Jahr nach Kanada, verbrachte das letzte Schuljahr an einer internationalen Schule in Vancouver. Dann studierte sie Maschinenbau, weil sie die praktische Umsetzung suchte, einen fassbaren Weg, die Realität zu verändern. Sie ging schließlich zu Tesla, beschäftigte sich mit dem Autopiloten und mit künstlicher Intelligenz. Sie erkannte das Potenzial dieser Technologie und war mittendrin in dem Prozess, eine traditionelle Branche wie die Autoindustrie radikal zu verändern. Dann ging sie zu OpenAI:

»Es schien mir das Wichtigste zu sein, zu dem ich einen Tribut leisten konnte.«

Von hier aus erzählt sie ihre Story of Us.

Story of Us: Das Wir fasst Mira Murati grenzenlos auf, es geht um jeden, der am Gelingen dieses Projekts mitwirken will – in der Firma oder außerhalb. Sie sagt:

»Es schien die letzte Sache, an der wir jemals arbeiten würden.«

Sie meint das absolut ernst. Nach AGI (allgemeiner künstlicher Intelligenz) kommt ihrer Ansicht nach nichts mehr. Ihre Arbeit wäre erledigt, die Arbeit ihrer Kolleginnen und Kollegen, die ihrer Konkurrentinnen und Konkurrenten, der Nutzer. Ohne dieses große Wir sind diese Riesensprünge in der Entwicklung von KI nicht möglich.

»Du kannst dir nicht vorstellen, was die Menschen mit der Technologie machen werden.«

Story of Now: Mira Murati ist keine Verkäuferin, zumindest kein Mensch, der direkt etwas verkaufen will. Alles, was sie sich wünscht, wird indirekt erwähnt. Die Überschrift lautet:

»Wir arbeiten an etwas, das alles ändern wird [...] die Art, wie wir arbeiten [...] miteinander umgehen [...] denken [...] Ich hoffe, dass künstliche Intelligenz nützlich für alle Menschen sein wird und unser Leben auf eine positive Art und Weise verändern wird.«

Emotionale Barrieren im Publikum überwinden

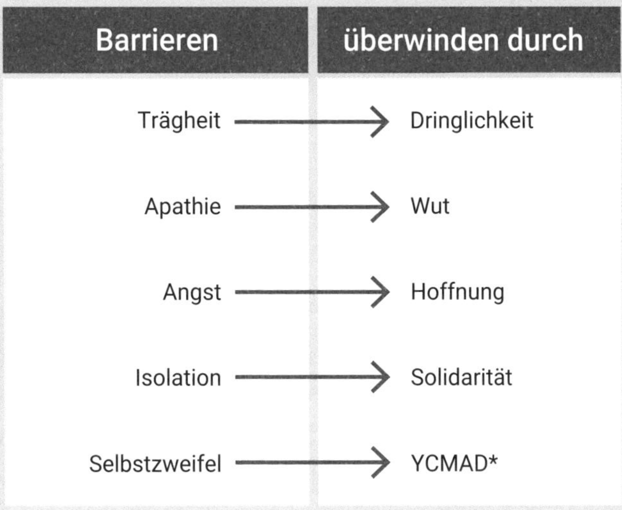

Barrieren	überwinden durch
Trägheit →	Dringlichkeit
Apathie →	Wut
Angst →	Hoffnung
Isolation →	Solidarität
Selbstzweifel →	YCMAD*

* you can make a difference

19 *Typische Gefühle, die uns vom Handeln abhalten – Angst braucht Hoffnung, Isolation Solidarität.*

ChatGPT ist das technische Produkt, das sich schneller verbreitet als alle Produkte zuvor. Es braucht nicht verkauft zu werden. Im Gegenteil, Mira Murati sagt, dass die Gesellschaft Wege finden muss, diese Technologie in die richtigen Bahnen zu lenken. Doch sie warnt auch nicht. Sie sagt: Wir stehen an einem Punkt, an dem wir alle gestalten können, was passieren wird, nutzt eure Chance! Das ist ihr Call-to-Action: Nutzt eure Chance und helft uns, KI so zu entwickeln, dass sie allen nützt und die Welt zum Positiven verändert.

Die Public Narratives von Michelle Obama und Mira Murati könnten unterschiedlicher nicht sein. Wer das Modell in Reinkultur lernen will, der lernt es in virtuoser Form von der politischen Rede. Wer die nerdige Version in Reinkultur lernen will, lernt es von der KI-Expertin. Das eine Narrativ rund, das andere fragmentarisch. Das eine stark emotional, voller Elemente von Geschichten, das andere getragen von einer Leidenschaft, die zurückhaltende Worte findet und nie ein einziges Mal eine Szene beschreibt, die uns hineinzieht in ihre Welt. Wir fliegen mit ihr über ein Gebiet, das wir uns niemals aus nächster Nähe ansehen – wohl, weil wir es sowieso nicht verstehen würden.

Vielleicht sind beide Interpretationen der Public Narrative auf ihre Art genial: die eine spricht dramatisch das amerikanische Volk an, die andere spricht zu den Tekkies und Tüftlern. Und zugleich zeigen beide Frauen, dass das, was sie tun oder anstreben, bei ihnen in guten Händen ist, einfach dadurch, dass sie sind, wie sie sind.

Anders als Michelle Obama scheint Mira Murati davon überzeugt, dass sie die Menschen nicht mit ihren Worten beeinflussen kann, sondern nur durch ihr Produkt. Zugleich hat sie die Hoffnung, dass KI zum Nutzen der vielen und nicht der wenigen verwendet werden wird. Als wüsste sie etwas, das wir nicht wissen. Am Ende scheinen sich die beiden Frauen die Hand zu reichen: *»Hope«* – Hoffnung nannte es die First Lady to be, es war die Zeit der Politik der Hoffnung, *»Faith«* – Glaube die Ingenieurin.

Wir schlägt ich – Pandemie-Kommunikation im Vergleich

Eine Studie der Universität von Sussex in Neuseeland verglich den Kommunikationsstil von zwei Staatschef während der Coronakrise. Sie fragte: Welche Worte verwendeten Neuseelands Premierministerin Jacinda Ardern und

Großbritanniens Premierminister Boris Johnson in ihren Ansprachen? Der auffälligste Unterschied lag in der Verwendung der Pronomen wir und ich. Während Johnson ich bevorzugte und eine Vaterrolle einnahm, bevorzugte Ardern die Kommunikation auf Augenhöhe mit dem Pronomen wir. Der zweite signifikante Unterschied lag in den Lieblingsverben: wollen versus brauchen. Die Studie zeigte darüber hinaus, dass Jacinda Ardern sich trotz ihrer empathischen Art nicht scheute, die Dinge beim Namen zu nennen und Entschlossenheit zu zeigen. Ihre Metapher für die Überwindung der Pandemie war die Reise oder auch der Marathon. Für Boris Johnson ging es hier um Krieg. Unterm Strich war Arderns Kommunikationsstil deutlich effizienter, zeigt die Studie.

Das unterstreicht die Bedeutung einer Story of Us. Wenn ich mich als Zuhörerin oder Zuhörer nicht als autonomes Wesen in der Rede wiederfinde, warum soll ich handeln? Andere Forschungen zeigen, dass das nicht nur im Kontext von Leadership zutrifft. Wenn ein verheirateter Mann sagt: *»Ich gehe gerne ins Kino«*, dann drückt sich darin eine andere Beziehung zu seiner Partnerin aus als in dem Satz *»Wir gehen gerne ins Kino«*. Exakt so ist es, wenn wir zu Menschen sprechen oder ihnen unsere Ideen präsentieren. Welche Art von Beziehung bevorzugen wir: Wir brauchen oder ich will? Was wir als Menschen brauchen, ist ein Gefühl der Sicherheit, ein Gefühl, respektiert zu werden, und ein Gefühl, dazuzugehören – ein Wirgefühl.

Take-away

Die Public Narrative – öffentliche Rede – ist ein zentrales Modell, um Menschen auf Augenhöhe mitzunehmen. Sie richtet die Aufmerksamkeit auf drei Storys: die Story of Self, die Story of Us und die Story of Now. Wer bin ich? Wer sind wir? Was ist jetzt zu tun? Brillante Public Narratives finden sich bei Michelle Obama und der OpenAI-Chefentwicklerin Mira Murati. Sie verknüpfen die Vergangenheit mit der Gegenwart und der Zukunft.

Ausgerechnet Uschi

Mit einer persönlichen Springboard Story das Publikum in den Vortrag ziehen

Greta Thunberg hat einmal gesagt, wenn sie zu Beginn einer Rede nichts Persönliches erzähle, dann würden ihr die Leute gar nicht zuhören. Für Aktivistinnen und Aktivisten mag das gelten. Wie ist es im Business? Ich sehe keinen Unterschied. Die beste Idee für einen Anfang, der das Publikum in den Vortrag hineinzieht, ist die persönliche Story. Sie mag aus der Gegenwart sein, Dinge, die man gerade erlebt hat, sie mag aber auch weiter zurückliegen und das Business-Terrain verlassen, zurückgehen in die Studienzeit, in die Schulzeit oder noch weiter. Wenn es Ihnen gelingt, so einen Bogen zu spannen, haben Sie die Aufmerksamkeit des Publikums sicher. Zur Veranschaulichung folgen eine Reihe von Beispielen aus unterschiedlichen Bereichen.

Eine Teilnehmerin eines meiner Storytelling-Workshops im Februar 2024 war bis zum Nachmittag recht ruhig. Als es darum ging, einen kleinen Vortrag zu einem wichtigen Thema aus ihrem Bereich zu halten, meldete sie sich freiwillig und sprach über die Bedeutung der Mitarbeit an übergreifenden Gruppenprojekten, auch wenn diese bedeuten, Kompromisse zu schließen. Sie begann so:

> *»Vor 35 Jahren standen meine Eltern vor der schwierigen Aufgabe, meinen Namen auszusuchen. Und der ist zustande gekommen, weil die beiden eben keinen Kompromiss gefunden haben. Mein Vater fand Laura schön, meine Mutter Jennifer. Die Diskussionen gingen mehrere Wochen und irgendwann sagte meine Mutter: ›Wenn wir uns nicht einigen können, nennen wir sie so wie die Patentante, Uschi.‹ Wie das Leben so spielt, gab es am Ende der Schwangerschaft Komplikationen, eine Frühgeburt, meine Mutter war kurze Zeit nicht ansprechbar und als ich dann da war, wurde mein Vater gefragt: ›Wie soll die Kleine denn heißen?‹ Er nahm meine Mutter beim Wort und sagte: ›Sie soll Uschi heißen.‹«*

Alle lauschten gebannt von Anfang an, lachten laut, wollten wissen, wie Uschi Skambraks Vortrag weitergeht, wie sie den persönlichen Faden mit dem von Computacenter verbindet. Sie machte es großartig, hielt ein Plädoyer für Engagement und vergaß auch nicht am Ende darauf hinzuweisen, dass sie sich für Laura entschieden hätte. Für den kurzen Vortrag hatte sie übrigens nur 20 Minuten Vorbereitungszeit.

»Als ich gerade elf Jahre alt war, wurde ich unwissentlich und irgendwie zufällig zu einer Frauenbeauftragten.«[16]

Meghan, die Herzogin von Sussex, erzählte auf der Bühne eine inspirierende Story aus ihrer Kindheit. Sie sprach darüber, wie sie mit elf Jahren geschockt war, dass Procter & Gamble ein neues Spülmittel für Geschirr mit dem Satz *»Frauen in ganz Amerika bekämpfen fettige Töpfe und Pfannen mit Ivory Clear«* bewarb. Empört schrieb sie eine Reihe von Briefen an die First Lady Hillary Clinton, an eine TV-Moderatorin und an Procter & Gamble. Alle antworteten. Sie erzählte ihre Story im Kinderfernsehen, die Werbung wurde geändert: Anstelle von *»Frauen in ganz Amerika«* hieß es fortan *»Menschen in ganz Amerika.«*

Ein spannender und unterhaltsamer Einstieg. Die einzige Gefahr ist, dass die Story zwar exakt zum Thema führt, doch zu viel Zeit in Anspruch nimmt. Meghan verwendete häufig das Wort Ich, was negativ auffallen mag, so großartig ihre Rede auch ist. Die Kunst besteht vor allem darin, vom Ich zum Wir abzuspringen!

Die nigerianische Schriftstellerin Chimamanda Ngozi Adichie erzählte von ihren Schreibanfängen, in denen die ganze Misere des Kolonialismus deutlich wird. Ihre Figuren waren wie kleine Engländerinnen, weiß, blauäugig; sie aßen Äpfel, tranken Gingerale und sprachen viel über das Wetter. Und nach ihrer selbstironischen Einführung war sie beim Thema:

»Da alles, was ich gelesen hatte, Bücher waren, in denen die Personen Ausländer waren, war ich überzeugt, dass Bücher, von Natur aus, Ausländer enthalten mussten. Und sie mussten von Dingen handeln, mit denen ich mich nicht identifizieren konnte. Nun, dies änderte sich, als ich afrikanische Bücher entdeckte.«[17]

Auch Microsoft-Gründer und Mäzen Bill Gates setzte auf dieses Prinzip: In einem TED-Vortrag fuhr er sogar mit einer Sackkarre ein Fass auf die Bühne und erzählte, wie dieses Fass in seiner Jugend die Gates-Familie retten sollte:

»In meiner Kindheit war ein Atomkrieg die größte denkbare Katastrophe. Daher hatten wir ein Fass wie dieses in unserem Keller. Darin waren Konservendosen

16 Meghan, Herzogin von Sussex: UN women. März 2015. *https://www.youtube.com/watch?app=desktop&v=Zkb-zg4JCLk*

17 Chimamanda Ngozie Adichie: The danger of a single story. TED Global: Juli 2009, Oxford. *https://www.youtube.com/watch?v=D9Ihs241zeg&t=53s*

und Wasser. Im Falle eines Atomangriffs würden wir uns im Keller verschanzen und aus dem Fass essen. Heute sieht die schlimmste Gefahr einer globalen Katastrophe nicht mehr so aus, sondern so: Wenn etwas in den nächsten Jahrzehnten über 10 Millionen Menschen tötet, dann wird es höchstwahrscheinlich ein hochansteckendes Virus sein und kein Krieg.«[18]

In 1 Minute war Gates direkt bei seinem Thema, der Gefahr einer globalen Pandemie. Er begann nicht direkt mit den Viren, sondern mit der *»schlimmsten Gefahr«*, die sein Publikum im Jahr 2014 wahrscheinlich noch vermutete. Und um diese anschaulich zu machen, wählte er eine sehr knapp erzählte *Springboard Story*. Sie ist die Auflösung zu dem Fass, das wir ihn auf die Bühne fahren sehen, uns fragend, was er denn da wohl bringen mag.

Diese Art von Story lässt sich mit einem Sprungbrett vergleichen – man springt in das Thema hinein. Dafür braucht es eine überraschende Szene, die von einer persönlichen Erfahrung erzählt und auf eine zentrale Botschaft oder These abzielt, hinter der sich verschiedene Perspektiven oder Deutungen einer Sache verbergen.

Die persönliche Springboard Story eignet sich besonders gut für ein Publikum, das uns nicht kennt. Aber wir können diese Storys auch vor eine Gruppe von Bekannten erzählen – etwa bei einem Jahres-Meeting. Ein Manager, mit dem ich über dieses Thema gesprochen habe, sagte, er würde gerade in vertrauten Kreisen von Personen, die sich regelmäßig sehen, diese Technik nutzen. Allerdings orientiere er sich an Netflix. Er erzähle immer Anekdoten aus seiner Familie. Obwohl er sich zunehmend schwerer damit tue, passende Storys zu finden, bestehe sein Publikum auf einer Fortsetzung. Es wolle wissen, wie es um die Familie des Managers stünde, bevor man zur Tagesordnung übergeht.

Wenn ich all die Springboard Storys, die Teilnehmerinnen und Teilnehmer meiner Workshops erzählt haben, nach der Reaktion des Publikums beurteilen soll, dann sind es diejenigen Geschichten, die uns in die Kindheit oder Jugend zurückbringen, die am stärksten wirken. Es sind die Erzählungen von Wettkämpfen, von Freundschaften, die in einer Schülerband auf die Probe gestellt werden, von Mobbing auf dem Schulhof, von beängstigenden Frisörbesuchen, von Auswanderung, Ausgrenzung.

---

18 Bill Gates: The next outbreak? We're not ready. TED: März 2015, Vancouver. *https://www.youtube.com/watch?v=6Af6b_wyiwI&t=357s*

Mit einer Springboard Story in den Vortrag einsteigen

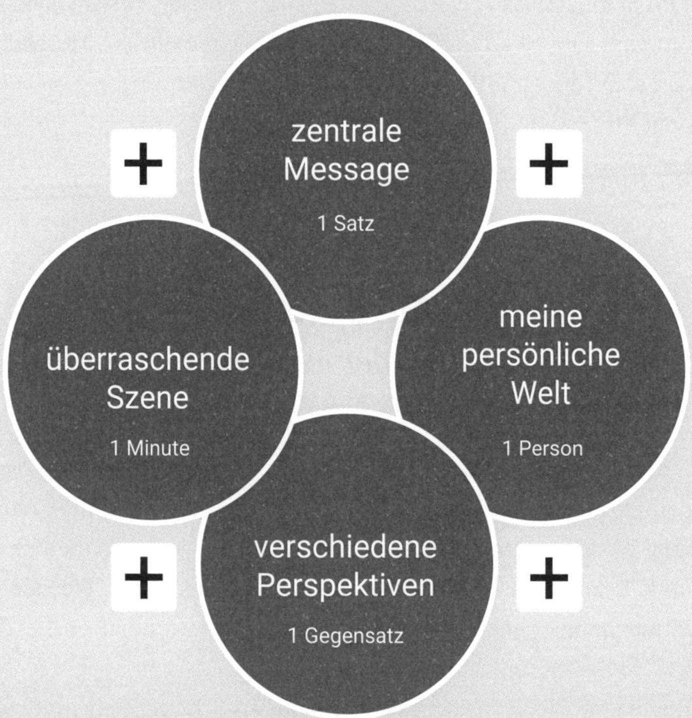

20 *Eine gute Springboard Story kombiniert eine überraschende Szene aus unserem Leben mit einem Perspektivwechsel.*

Die Themenpalette ist so bunt wie die Biografien der Erzählerinnen und Erzähler. Wenn es Ihnen gelingt, am Beispiel eines Frisörbesuchs, der als wundervolles Geschenk geplant war und dann zumindest für die Betroffene albtraumhafte Züge annahm, die Vorteile der Kommunikation einer Agentur zu erläutern, bleiben diese ganz sicher besser in Erinnerung als eine Liste mit drei Stichworten.

Take-away

Persönliche Springboard Storys zählen zu den besten Einstiegen in Vorträge und Präsentationen. Sie erzählen eine Anekdote von sich und führen von dieser zum Thema, wie Microsoft-Gründer Bill Gates, der ein Fass mit auf die Bühne brachte. Er erklärte, wie in seiner Kindheit seine Familie im Falle eines Atomkrieges dazu angehalten war, sich im Keller von den Lebensmitteln aus dem Fass zu ernähren. Nun sei aber nicht mehr der Atomkrieg die größte Gefahr, sondern Viren, sein Thema.

Call-to-Action

So enden, dass jeder weiß, was zu tun ist

Wie beende ich meinen Vortrag? Lange Zeit war das eine meiner großen Schwächen – bei Vorträgen und Präsentationen, aber auch in schriftlicher Kommunikation. Meine Workshops zum Beispiel endeten irgendwie, wenn die Zeit um war, häufig ohne Bezug zum Anfang oder zum Verlauf des Tages. Für den Einstieg hatte ich mir immer genau überlegt, was ich sagen würde, doch für das Ende nicht.

Es dauerte eine Weile, bis ich das überhaupt als Schwäche erkannte und mich auf die Suche nach Möglichkeiten machte, wie das Ende gelingen würde. Inspiriert dazu hat mich der Psychologe Daniel Kahnemann mit seinem Buch »Schnelles Denken, langsames Denken«. Er schreibt, dass unsere Erinnerung Ereignisse, wie zum Beispiel eine Präsentation, mit einer Bewertung versieht. Und diese Bewertung orientiert sich genau an zwei Dingen: den Höhepunkten (siehe das folgende Kapitel »Chemische Post-its«) und dem Ende. Ein Film, dessen Ende wir nicht mögen, doch der uns bis dahin gut gefallen hat, wird schlechter oder gar insgesamt schlecht bewertet. Ein traumhafter Skiurlaub, an dessen Ende ich mir das Bein breche, wird abgewertet. Ein wunderbarer Konzertbesuch mit einer missglückten Arie am Ende erfährt eine Abwertung. Ein ansonsten spannender Vortrag mit einem drögen Ende? Abwertung. Das Ende färbt die Erinnerung an den Vortrag ein: gutes Ende = guter Vortrag, schlechtes Ende = schlechter Vortrag.

Aber was ist ein gutes Ende eines Vortrags oder einer Präsentation? Es sollte meiner Erfahrung nach drei Bedingungen erfüllen:

- klare Aussage
- Aufforderung, etwas zu tun
- Freiheit der Wahl

Aus Sales-Perspektive reicht in der Regel die Aufforderung, was zu tun ist: Der Call-to-Action (CTA) ist ein Imperativ, der das Publikum in eine Richtung lenkt. Doch das ist nicht genug. Zwei Beispiele, um die Bedeutung von Klarheit, Aufforderung und Auswahl zu zeigen:

Die Psychologin Amy Cuddy endete ihren berühmten Vortrag über Körpersprache so:

> *»Ich möchte mit dem Folgenden abschließen: Kleine Modifikationen können zu großen Veränderungen führen. Das sind 2 Minuten. 2 Minuten, 2 Minuten, 2 Minuten. Wenn Sie das nächste Mal einer stressigen Bewertung ausgesetzt sind, versuchen Sie das für 2 Minuten, im Fahrstuhl, im Toilettenraum, hinter Ihrem Schreibtisch im abgeschlossenen Büro. Sie sollten das tun. Stimmen Sie Ihr Gehirn darauf ein, bestmöglich mit dieser Situation umzugehen. Kurbeln Sie Ihren Testosteronlevel an. Drosseln Sie Ihr Cortisol-Level. Gehen Sie nicht mit einem Gefühl, dass Sie nicht zeigen konnten, wer Sie wirklich sind. Gehen Sie mit dem Gefühl, dass Sie wirklich sagen und zeigen konnten, wer Sie sind.«*[19]

Das Ende von Amy Cuddys Vortrag ist absolut klar, es erfüllt also die erste Bedingung für den gelungenen Abschluss eines Vortrags. Es enthält auch einen sympathischen, leidenschaftlichen Call-to-Action. Die Leute waren begeistert. Und der

---

19 Amy Cuddy: Your body language may shape who you are. TED Global: Juni 2012, Edinburgh. *https://www.youtube.com/watch?v=Ks-_Mh1QhMc&t=11s*

dritte Punkt, die Freiheit der Wahl, ist ebenfalls vorhanden, wenn auch etwas suggestiv, indem sie sagte, wir könnten, doch wir sollten nicht mit dem Gefühl gehen, dass wir uns nicht so zeigen konnten, wie wir sind. Das ist die Alternative.

Warum sollte ich die Alternative zeigen? Sind wir nicht in einer Art Sales Funnel? Wir wollen etwas verkaufen! Wir laufen direkt auf den Abschluss zu. Eben nicht. Wir zeigen etwas, von dem wir begeistert sind, wir nutzen emotionales Vokabular, aber wir zeigen auch dessen Gegenteil – und das zieht sich durch unsere Präsentation. Wir beginnen damit und wir enden auch damit. Hier das Ende einer Produkteinführung – Steve Jobs stellte Apples iPhone vor:

> *»Ich habe letzte Nacht kein Auge zugetan. Ich habe mich so auf den heutigen Tag gefreut, weil wir bei Apple so viel Glück gehabt haben. Wir hatten einige wirklich revolutionäre Produkte. Der Mac im Jahr 1984 ist eine Erfahrung, die diejenigen von uns, die dabei waren, nie vergessen werden. Und ich glaube, die Welt wird es auch nicht vergessen. Der iPod im Jahr 2001 hat alles rund um die Musik verändert, und mit dem iPhone im Jahr 2007 werden wir es wieder tun. Wir freuen uns schon sehr darauf. Es gibt ein altes Zitat von Wayne Gretzky, das ich liebe. ›Ich laufe dorthin, wo der Puck sein wird, nicht dorthin, wo er schon war.‹ Und das haben wir bei Apple immer versucht, seit den Anfängen. Und das werden wir auch immer tun. Also vielen Dank, dass Sie Teil dieses Projekts sind.«*[20]

In dem Bild vom Puck ist alles in einfachster Form verdichtet: Wo stehst du – als Unternehmen und auch als Kunde? Jobs brauchte diese Differenz, um überhaupt klarzumachen, wofür Apple steht. Und er verzichtete auf einen Imperativ. Er sagte nicht: Geht dorthin, wo der Puck landet! Viel wichtiger war für ihn, diese Alternative zu zeigen und den Leuten die Möglichkeit zu geben, sich zu entscheiden – was die Marke ungleich stärker und selbstbewusster erscheinen lässt.

Take-away

Wie lässt sich ein Vortrag am besten beenden? Mit einer Aufforderung ans Publikum, etwas zu tun. Wichtig ist, diesen Call-to-Action so konkret wie möglich zu gestalten. Die Sprache sollte klar sein. Die Sache selbst machbar. Und schließlich sollte Wahlfreiheit existieren. Es geht nicht darum, etwas

---

20 Steve Jobs: Keynote auf der MacWorld 2007 in San Francisco. *https://www.youtube.com/watch?v=VQK-MoT-6XSg*

zu befehlen, sondern zu empfehlen. Der Schluss, sagt der große Psychologe Daniel Kahneman, bleibt nicht nur in Erinnerung, er färbt auch die ganze Präsentation rückwirkend. Kurzum: Er muss sitzen!

Chemische Post-its

Wow-Szenen einbauen, an die sich alle erinnern werden

In Al Gores Film »Eine unbequeme Wahrheit«, der eigentlich eine einzige gigantische Präsentation ist, gibt es in der Flut der Bilder eine Szene, die ich nie vergessen werde. Der Ex-US-Vizepräsident musste auf eine Hebebühne steigen, um das Ausmaß der Kohlendioxid-Zunahme in der Atmosphäre von der Industrialisierung bis hin zur Mitte dieses Jahrhunderts zu verdeutlichen: eine meterhohe Kurve, ein gelber Punkt – heute. Von da an geht die Kurve senkrecht nach oben zum nächsten gelben Punkt. Als ich Gore da oben auf dieser kleinen Plattform stehen sah, begann ich etwas zu begreifen, das ich ohne diese Dramatisierung nicht verstanden hätte: Das Bild der Natur, mit dem ich großgeworden war, hatte nichts mehr mit der Realität zu tun. Für mich war das die Wow-Szene in Gores spektakulärem Film. Ich habe jedem meiner Freunde von der Kurve erzählt, immer wieder. Explosionsartiger Anstieg! Hubwagen, wie ein Fensterputzer! Es sieht nicht gut für uns aus! Wir müssen etwas tun!

Hirnforscher sagen, mit solchen Szenen verbinden sich in unserem Gedächtnis *»chemische Post-its«*. Eine sehr treffende Beschreibung für *»emotionsgeladene Ereignisse«* – das sind die *»am besten verarbeiteten äußerlichen Reize, die jemals gemessen wurden, sagt der Molekularwissenschaftler John Medina«*.[21] Diese werden länger und genauer erinnert als neutrale Erinnerungen. Andere Wissenschaftler sprechen von Blitzlichterinnerungen wegen der gesteigerten Klarheit.

21 Zitiert nach: Carmine Gallo: Talk like TED. München: 2017. S. 171

Es gibt viele Arten, im Rahmen eines Vortrags oder einer Präsentation Wow-Momente zu erzeugen: Manchmal ist es ein Slide, das besonders präsentiert wird, manchmal ein eindrucksvolles Foto oder Video, Musik, ein einzelnes Wort auf einem Slide, manchmal ist es auch schlicht Schweigen. Ex-Bundeskanzler Helmut Schmidt hat dieses Schweigen hervorragend beherrscht – so kündigte er Wichtiges an. Doch für ein Wow hat es zumindest bei mir niemals gereicht. Was beim Publikum stark wirkt, sind Momente, in denen etwas sehr real wird, was eben noch Worte waren. Steve Jobs ist das in vielen seiner Keynotes gelungen, weil er sich dieser Tatsache bewusst war. Seine Präsentationen zielten genau darauf ab, solche Erinnerungen zu schaffen, etwa wenn er während der Vorstellung des iPhones über die Karten-App einen Starbucks in der Nähe ausfindig machte, dort anrief und für das Auditorium 4.000 Latte to go bestellte. Auch wenn er die Kaffees kurz darauf wieder cancelte – *»just kidding«*, nur ein Scherz –, wird niemand im Auditorium diesen Moment vergessen – aus der App direkt zum nächsten Laden! 2007 war das eine Sensation.

Aber auch Microsoft-Gründer Bill Gates, weit weniger eloquent als Jobs, schaffte immer wieder solche Momente auf der Bühne, zum Beispiel als er über Malaria sprach. Während er das tat, öffnete Gates ein Glas mit Moskitos, und das Publikum wirkte zunehmend verunsichert. Gates scherzte:

> *»Nun, natürlich wird Malaria durch Moskitos übertragen. Ich habe einige hier, damit sie es erfahren können. Wir lassen sie mal etwas im Auditorium umherstreifen. Es gibt keinen Grund, dass nur arme Menschen diese Erfahrung machen [... Pause, Panik] Diese Moskitos sind nicht infiziert.«*[22]

Erleichterung. Lachen. Für mich persönlich – und ich schätze für die meisten Menschen, die dieses berühmte Video gesehen haben – blieb der chemische Post-it aus. Video ist zu weit weg für solche Wow-Momente, die im Publikum dafür umso stärker wirken. Denn das war ja tatsächlich in Gefahr oder glaubte, in Gefahr zu sein. Der Gründer von eBay, Pierre Omidyar, jedenfalls twitterte nach dem Vortrag:

> *»Es reicht, ich setze mich nicht mehr in die erste Reihe.«*

Ein Beispiel noch, das einer ähnlichen Logik folgt wie das von Al Gore und doch ganz anders ist, allein schon deshalb, weil der Redner ein Chefkoch ist und kein

---

22 Bill Gates: Unplugged. TED: Februar 2009, Long Beach. *https://www.ted.com/talks/bill_gates_mosquitos_malaria_and_education/transcript?hasSummary=true*

Spitzenpolitiker. Das Beispiel vermittelt ebenfalls eine Größenordnung. Der Brite Jamie Oliver erwähnte in seinem Vortrag über die Gefahren der Ernährung von Kindern viele Daten, doch erreichten sie das Publikum wirklich? Dann wendete er sich der Milch zu. Er sagte etwa in der Mitte seines Vortrags:

> *»Für mich gibt es keinen Grund, Milch zu aromatisieren, okay? In allem ist Zucker. Ich kenne alle Einzelheiten dieser Zutaten. Er ist in allem. Selbst die Milch konnte dieser Art von modernen Problemen nicht entkommen. Hier ist unsere Milch. Hier ist unser Päckchen. Da drin ist fast so viel zu Zucker wie in einer Dose eurer Lieblingslimonade. Und sie bekommen davon zwei Stück am Tag. Also lasst mich euch kurz etwas zeigen. Hier haben wir ein Kind. Es bekommt, wie ihr wisst, acht Esslöffel Zucker am Tag. So, hier ist eure Woche. Hier ist euer Monat. Und ich war so frei, lediglich die fünf Jahre Grundschul-Zucker hier reinzutun, bloß aus der Schulmilch. Nun, ich weiß nicht, wie ihr das seht, aber unter Berücksichtigung der Umstände würde jedes Gericht der Welt auf die Statistiken und die Beweise schauen und jede Regierung des Kindesmissbrauchs für schuldig erklären. Das ist meine Meinung.«*[23]

Während Oliver das sagt, wirft er Zuckerwürfel auf die Bühne. Erst die Tages-, dann die Wochen-, dann die Monatsration, schließlich die Fünf-Jahres-Ration aus der Schulmilch – es ist eine Schubkarre voll. Auf der Bühne türmt sich nun ein kleiner Zuckerberg. Jamie Oliver kniet sich hin und wühlt mit den Händen in den Zuckerwürfeln. Tosender Applaus und viele chemische Post-its im Publikum, auch bei mir daheim.

In den Beispielen, die ich in »Talk!« vorstelle, gibt es noch viel mehr solcher Szenen. Was Al Gore, Bill Gates und Jamie Oliver tun, macht nur unmissverständlich deutlich, dass jeder Vortrag sich zum Ziel setzen sollte, eine solche Szene einzubauen, die sich ein Großteil des Publikums merkt, weil sie vielleicht Daten auf schockierende Weise übersetzt. Das wird Ihnen realistisch betrachtet nicht immer gelingen, doch wichtig ist, dass Sie mit diesem Anspruch in den Prozess des Storyfizierens gehen: etwas zu schaffen, das die Menschen aufgrund eines chemischen Post-its nicht vergessen werden.

---

23 Jamie Oliver: Teach every child about food. TED: Februar 2010, Long Beach. *https://www.ted.com/talks/jamie_oliver_teach_every_child_about_food/transcript?hasSummary=true&language=de*

Alles überstrahlt – die Grenzen von Wow-Szenen

Im Sommer 1983 ritzte sich ein junger Autor während seiner Lesung beim Ingeborg-Bachmann-Wettbewerb in Klagenfurt die Stirn mit einer Rasierklinge auf.[24] Blut tropfte auf den Text. Reinald Götz las weiter, bekam keinen Preis, aber viel Aufmerksamkeit. Deutschlands erster Literaturkritiker, Marcel Reich-Ranicki, kommentierte, man solle die Aktion vom Text trennen. Wie das? Es ist die Aktion, die das Gelesene überstrahlt und in Erinnerung bleibt, wenn der Text längst vergessen ist.

Im Oktober 2022 erhielt der nichtbinäre Schweizer Autor Kim de l'Horizon den Deutschen Buchpreis. Bei der Dankesrede hielt er inne, holte einen elektrischen Rasierer aus seiner Handtasche und rasierte sich schweigend auf der Bühne die Haare ab. Auch an diesen Moment wird man sich erinnern. Was war doch gleich die Botschaft dahinter?[25]

Zwei Beispiele für Wow-Szenen aus dem Literaturbetrieb; im Bereich der Kunst lassen sich einige davon finden. Sie zeigen: Solche Momente zu erzeugen ist am Ende eben keine Kunst. Diese besteht vielmehr darin, sie mit dem, worüber Sie sprechen, zu verknüpfen, sodass sie dessen Inhalt verstärken, anstatt ihn zu überschreiben. Und das sollte die Grundfrage für jede Wow-Szene sein, die Sie sich überlegen: Nützt sie dem Inhalt, den Sie teilen?

Take-away

Jeder gute Vortrag sollte ein Element enthalten, das ihn unvergesslich macht, eine Szene, eine Handlung, eine Zahl, eine Aussage – was auch immer. Szenen haben eine besonders starke Wirkung, sie erzeugen das, was Hirnforscher chemische Post-its nennen. Ein Beispiel dafür ist Chefkoch Jamie Oliver, der, um den Zuckergehalt von Schulmilch sichtbar zu machen, eine Schubkarre mit Zuckerwürfeln auf die Bühne fuhr und ausschüttete. Alle werden sich an diese Szene erinnern.

---

24 Reinald Götz: Ingeborg-Bachmann-Wettbewerb 1983. *https://www.youtube.com/watch?v=Wn64AVFydDw*

25 Kim de l'Horizon: Deutscher Buchpreis 2022. *https://www.youtube.com/watch?v=YzFe_npPu8I*

Die nervige, dominante Schwester

Guter Humor, nicht so guter Humor

Während der Präsentation des ersten iPhones versagte bei Steve Jobs der Klicker, die Slides hingen. Er holte in Ruhe einen neuen Klicker – der funktionierte ebenfalls nicht. Er überlegte einige Sekunden. Dann begann Jobs: *»Als ich in der High School war […]«*[26] und erzählte eine kurze Episode, in der er gemeinsam mit dem zweiten Apple-Gründer Steve Wozniak im Studentenwohnheim den TV-Empfang gestört und die Leute in die Verzweiflung getrieben hatte. Alle lachten, danach ging die Präsentation weiter, als wäre nichts gewesen.

Das ist die stärkste Wirkung von Humor in Vorträgen und Präsentationen: Er sorgt für Nähe und Sympathie, für Leichtigkeit und Optimismus, für Vertrauen und Verbindung. Im Fall von Steve Jobs durch Augenzwinkern: Als wir jung waren, waren wir ziemliche Kobolde. Vielleicht sitzt so ein Kobold auch gerade hinter der Bühne. Karma. Steve Jobs war kein Stand-up-Comedian, doch diese Episode, die keine Minute dauerte, war vielleicht sogar ein Glücksfall, weil sie die Menschlichkeit hinter der perfekt laufenden Apple-Präsentation zeigte (das Nachspiel für die verantwortlichen Techniker wollen wir uns lieber nicht ausmalen).

Humor ist eine der magischen Zutaten von Vorträgen. Vor allem zu Beginn wirkt er stark, weil Humor das Publikum entspannt und eine gute Zeit verspricht. Es gibt viele Techniken, humorvoll zu sein. Meiner Erfahrung nach funktioniert der verbindende Stil besser als der aggressive. In der Sprache der beiden Humor-Expertinnen Jennifer Aaker und Naomi Bagdonas bewegen wir uns auf den Feldern Sweetheart und Magnet. Wenn Sie genau wissen wollen, wo Sie selbst stehen und welchen Humor Sie bevorzugen, machen Sie einfach den 5-Minuten-Test.[27]

Humor ist dann stark, wenn er uns menschlich macht. Die zentrale Rolle dabei spielt Selbstironie. Wir haben Schwächen, ja. Wir kennen sie. Und wir können über sie lachen. Vier Beispiele, die Extreme darstellen, der deutsche Komiker Harald Schmidt, die pakistanische Kinderrechtsaktivistin Malala, der Blogger und Buchautor Tim Urban und die amerikanische Wissenschaftlerin Brené Brown:

---

26 Steve Jobs: High-School-Episode. Macworld Keynote: 2007. *https://www.youtube.com/watch?v=3W3Gs-bogqTE*

27 *https://quiz.humorseriously.com/?utm_campaign=humor_quiz_ss&utm_medium=ss&utm_source=humorseriously*

Harald Schmidt begann seine Laudatio für Ex-Bundeskanzler Helmut Schmidt, indem er erzählte, wie nah er diesem bereits in der Schulzeit war:

»Ich sah mich eigentlich schon zu Beginn der Gymnasialzeit rhetorisch mit Ihnen in einer Liga.«[28]

Alle lachten, einschließlich der beiden Schmidts. Nun gut, mögen Sie jetzt einwenden, Harald Schmidt ist ein brillanter Entertainer. Wenn er es nicht kann, wer dann? Doch darum geht es hier nicht. Es geht vielmehr darum, zu erkennen, dass solche Selbstironie uns als Menschen einführt, der seine eigenen Schwächen (sowie die Stärken, die dahinter liegen) kennt und zu ihnen steht, in Schmidts Fall Unbescheidenheit.

Malala Yousafzai erhielt 2014 den Friedensnobelpreis. Sie ist mit damals 17 Jahren die jüngste Preisträgerin in der Geschichte des Preises. Gleich nachdem sie diese Tatsache erwähnte, sagte Malala:

»Außerdem bin ich sicher, dass ich auch die erste Person bin, die den Friedensnobelpreis bekommt, die immer noch mit ihren jüngeren Brüdern kämpft. Ich will, dass überall Frieden ist, doch meine Brüder und ich arbeiten noch daran.«[29]

Später erwähnte Malala, dass sie für ihre Brüder nur die *»nervige, dominante Schwester«* sei, wohingegen sie selbst eine junge Frau sehe, die sich unnachgiebig für Frieden, Menschenrechte und das Recht aller Kinder auf Bildung einsetze. Durch diesen Perspektivwechsel erlaubte Malala dem Publikum, wenn nicht zu lachen, so doch zu schmunzeln. Eine erfolgreiche Aktivistin – und doch noch ein Teenager. Keine Arroganz angesichts dieser Ehrung, die Brüder holen sie schon wieder auf den Boden der Realität zurück.

Blogger und Buchautor Tim Urban setzte komplett auf Selbstironie, die schließlich die Welt erklärt. Er entfaltete in seinem TED Talk[30] über Aufschieberitis ein Drama, das sich zwischen drei Figuren entfaltet: dem rationalen Entscheider, dem Affen, der nach Belohnung süchtig ist, und dem Panikmonster, das die meiste Zeit schläft, doch wenn es erwacht, die Ordnung wiederherstellt. Mehr

---

28 Harald Schmidt: Laudatio zu Helmut Schmidts 90. Geburtstag. *https://www.zeit.de/video/2013-06/2511288555001/helmut-schmidt-harald-schmidts-laudatio-zu-helmut-schmidts-90-geburtstag*

29 Malala Yousafzai: Rede bei der Verleihung des Friedensnobelpreises 2014 in Oslo. *https://www.rev.com/blog/transcripts/malala-yousafzai-nobel-peace-prize-speech-transcript*

30 Tim Urban: Inside the mind of a master procrastinator. TED: Februar 2016, Vancouver. *https://www.ted.com/talks/tim_urban_inside_the_mind_of_a_master_procrastinator?language=de*

will ich gar nicht erzählen. Tim Urban vermittelte seine eigene Geschichte so großartig, dass wir uns alle darin wiederfinden – lachend.

Die Wissenschaftlerin Brené Brown erzählte zu Beginn ihres Vortrags über Verletzlichkeit von einem Gespräch mit einer ratlosen Eventmanagerin, die sie für ein Event ankündigen wollte.

»Ich habe einen Ihrer Vorträge gehört und denke, ich sollte Sie als Forscherin bezeichnen, aber ich fürchte, wenn ich Sie so nenne, wird niemand kommen. Sie werden denken, dass Sie langweilig und belanglos seien.«

Sie entgegnete:

»Geben Sie mir einen Moment, um darüber nachzudenken.«

Und fuhr fort:

»Wissen Sie was? Schreiben Sie einfach forschende Geschichtenerzählerin.«

»Haha«, lachte die Eventmanagerin, *»sowas gibt's doch gar nicht.«*[31]

Meine Gedanken beim ersten Ansehen des Videos waren folgende: Sie hat sich vorgestellt und das Dilemma ihrer Jobbeschreibung anhand einer Anekdote erzählt. Sie hat mich zum Lachen gebracht. Was auch immer sie exakt ist, ich mag sie und bin neugierig auf das, was kommt. Sie ist souverän.

Interessanterweise zieht sich bei vielen Sprechern, die selbstironisch beginnen, der Humor durch den Vortrag. Ganz einfach deshalb, weil damit eine Haltung verbunden ist, die offen ist für Überraschungen – bei sich selbst, bei anderen, in der Welt der Fakten, der Auswertungen, der Interpretationen. Diese Art von Neugierde lieben wir. Demnach finden wir Dinge lustig, die uns überraschen und die unseren Erwartungen widersprechen. Dies ist nur möglich, wenn wir – gelenkt durch unsere Erfahrungen – eine Erwartung haben, die durch die Pointe ausgehebelt wird. Neuere Humortheorien vereinen diese unterschiedlichen Aspekte: unerwartete Wendungen, soziales Miteinander und Entspannung.

Ach, bleibt noch die dunkle Seite von Humor, Humor, der Vorträge und Präsentationen ruiniert. Es ist kurz gesagt die Form von Humor, die andere bloßstellt: Schadenfreude, Sarkasmus, Zynismus, Hohn, Spott. Und es ist der Humor, bei dem ich mich frage, wie cool er mich aussehen lässt, anstatt mir Gedanken über die Gefühle zu machen, die ich bei anderen auslöse.

---

31 Brené Brown: The power of vulnerability. TEDx: Juni 2010, Houston. *https://www.ted.com/talks/brene_brown_the_power_of_vulnerability?hasSummary=true*

Take-away

Humor in Vorträgen ist ein ambivalentes Thema. Treffen wir nicht den Humor des Publikums, kann es peinlich werden. Doch gelingt es uns, das Publikum zum Lachen zu bringen, hebt das den Vortrag in eine andere Dimension. Ein großartiges Vorbild ist Blogger und Buchautor Tim Urban, der über Aufschieberitis sprach. Seine Selbstironie ermöglichte es dem Publikum, auch über die eigene Aufschieberitis zu lachen – und vielleicht etwas dagegen zu unternehmen.

Tennisball, Flipchart, Waschmaschine

Starke Metaphern, Symbole und Requisiten nutzen

Ein Mann steht auf der Bühne, unauffällig gekleidet: Jackett, Stoffhose, Hemd, Pullover in gedeckten Farben. In den Händen hält er einen Korb mit weißer Wäsche. Rechts neben ihm steht eine weiße Waschmaschine. Er sagt:

> *»Ich war erst vier Jahre alt, als ich meine Mutter das erste Mal in ihrem Leben eine Waschmaschine beladen sah. Das war ein besonderer Tag für meine Mutter. Meine Mutter und mein Vater hatten seit Jahren Geld gespart, um sich die Maschine leisten zu können. Und an dem Tag, als sie das erste Mal laufen sollte, wurde sogar Oma eingeladen, um die Maschine zu sehen. Und Oma war sogar noch aufgeregter. Ihr ganzes Leben lang, hatte sie mit Feuerholz Wasser erhitzt und sie hatte die Wäsche für sieben Kinder mit der Hand gewaschen. Und jetzt würde sie zusehen, wie Elektrizität diese Arbeit verrichtet.«*

Er beginnt, die Maschine zu beladen, und erzählt weiter:

> *»Meine Mutter öffnete vorsichtig die Tür und schob die Wäsche ungefähr so in die Maschine. Und dann, als sie die Tür schloss, sagte Oma: ›Nein, nein, nein, nein. Lass mich, lass mich den Knopf drücken.‹ Oma drückte auf den Knopf und sagte: ›Oh, fantastisch. Ich möchte das sehen. Gib mir einen Stuhl. Gib mir einen Stuhl. Ich möchte das sehen.‹ Sie setzte sich vor die Maschine und sah sich das*

ganze Waschprogramm an. Sie war wie hypnotisiert. Für meine Großmutter war die Waschmaschine wie ein Wunder.«[32]

Die Waschmaschine wurde zum zentralen Element im Vortrag des schwedischen Professors Hans Rosling, sie wurde zum Symbol für den globalen Norden. Rosling fragte: Wer hat eigentlich Zugang zu Elektrizität und den damit verbundenen Maschinen? Er zeigte Slides mit den Daten. Auf einmal tauchte auch die Waschmaschine in seiner Präsentation auf – Rosling kreierte eine Waschlinie und fragte: Wie wäscht denn der größte Anteil der Frauen an der Weltbevölkerung?

Und wir sehen sehr deutlich: Sie wäscht exakt, wie seine Großmutter, bevor die Waschmaschine kam. Jetzt wird deutlich, wie genial sein Einstieg gewählt ist.

Starke Symbole, Metaphern und Requisiten veranschaulichen die Inhalte eines Vortrags. Sie ergänzen sich auch mit den Slides, wie Hans Rosling zeigt. Diese bereiten die Daten auf, doch die Waschmaschine erzählt die Geschichte. Und sie bleibt allein schon deswegen in Erinnerung, weil sie noch bevor der Sprecher auf die Bühne kommt, für Verwunderung sorgt. Wir sehen die Maschine und versuchen uns selbst zu erklären, was sie zu bedeuten hat. Vielleicht reden wir auch mit unserer Nachbarin darüber. Jedenfalls sind wir, schon bevor der Vortrag begonnen hat, mittendrin.

Ein überraschender Effekt kann in einem Ambiente, in dem geschliffene Folien üblich sind, auch ein Flipchart sein. Simon Sinek verwendete eines, um die drei Kreise seines Golden Circles zu zeichnen und zu erklären. Er machte damit ein Grundprinzip seines Modells deutlich: Einfachheit. Sinek sagte:

»Es ist wahrscheinlich die einfachste Idee der Welt. Ich nenne sie den Golden Circle. Warum? Wie? Was? Diese winzige Idee erklärt, warum einige Organisationen und einige Führungspersönlichkeiten in der Lage sind zu inspirieren und andere nicht.«[33]

Und während er diese Sätze sprach, malte er drei Kreise auf das Flipchart und schrieb die drei Worte hinein. Man ist nicht nur sofort gefangen von der Story, sondern das Flipchart wird uns wahrscheinlich auch animieren, selbst eines zu nutzen, wenn wir nach dem Vortrag begierig darauf sind, unseren persönlichen Golden Circle zu entwickeln, den unseres Teams oder unserer Firma.

---

32 Hans Rosling: The magic washing machine. TEDWomen: Dezember 2010, Washington, DC. *https://www.ted.com/talks/hans_rosling_the_magic_washing_machine/transcript?hasSummary=true*

33 Simon Sinek: How great leaders inspire action. TEDxPugetSound: September 2009, Seattle. *https://www.ted.com/talks/simon_sinek_how_great_leaders_inspire_action*

Tim Höttges, CEO der Telekom, macht jedes Jahr ein Weihnachtsvideo, in dem er einen Rück- und Ausblick gibt. 2020 wählte Höttges als Requisit einen Tannenbaum, an dem er die Errungenschaften der Telekom aufhängte.[34] 5G hing da, eine Antenne, ein Testsiegel, 100 für 100 Megabit, Lametta, das für den Glasfaserausbau steht, und vieles mehr. Anders als die Waschmaschine war der Tannenbaum an sich keine Überraschung, doch die Idee, ihn mit den Erfolgen und Plänen der Telekom zu schmücken, schon. Das macht das Video sympathisch, humorvoll, leicht zugänglich – und außerdem kann ich mir die genannten Fakten gut merken, weil sie in Tannenbaumschmuck verwandelt wurden.

Starke Metaphern und Symbole funktionieren auch, ohne dass die Dinge selbst anwesend sind. Allerdings schwächt sich die Wirkung ab. Hans Rosling hätte den Vortrag genauso auf einer leeren Bühne halten können und wir hätten ihn als stark empfunden, weil bildhafte Sprache dafür sorgt, dass wir die Waschmaschine vor unserem inneren Auge sehen. Doch so wie Rosling es schließlich gemacht hat, bekam sein Vortrag einen Touch von Theater. Der Unterhaltungswert stieg, der Aufwand ebenso.

Ganz ohne Requisiten arbeitete Drew Houston, der Gründer von Dropbox, in seiner Commencement Address am MIT.[35] Zur Gliederung verwendete Houston drei Symbole: den Tennisball, den Kreis und die Zahl 30.000. Als er diese nannte, erschienen sie dem Publikum wie ein Rätsel. Worauf wollte er hinaus? Der Vortrag bestand darin, dieses Rätsel nach und nach aufzulösen. Hätte Houston Folien zur Verfügung gehabt, dann hätte er diese drei Dinge einfach groß zeigen können. Das hätte ihre Wirkung verstärkt. Auch die Auflösung hätte sich wunderbar mit Bildern illustrieren lassen: die Leidenschaft des Hundes, der hinter dem Tennisball hinterherjagt, der Kreis der Freunde, die 30.000 Tage, die wir durchschnittlich leben. Der Effekt solcher einfachen Metaphern und Symbole ist stark: Wir merken sie uns leicht und mit ihnen merken wir uns auch die Fakten und Daten, die sie repräsentieren.

---

34 Tim Höttges: Weihnachten 2020 bei der Telekom. *https://www.youtube.com/watch?v=EHbDevCQ2vg*

35 Drew Houston: Commencement Address MIT. Juni 2013, Cambridge, Massachusetts. Der Text: *https://news.mit.edu/2013/drew-houstons-commencement-address*

Wow, ein Brexit-Kuchen – 7 starke Metaphern in Reden

- *»Get Brexit done!«* Erledigt den Brexit! Der britische Premierminister Boris Johnson behandelte Brexit in seinen Äußerungen und Ansprachen wie einen leckeren Kuchen, der zu backen ist, um ihn anschließend zu verspeisen – wir alle kennen das Ergebnis.
- *»Die Geschichte mit dem Pinguin.«* Der Arzt, Moderator und Comedian Eckart von Hirschhausen nutzte eine starke Tiermetapher, um zu zeigen, was es bedeutet, in seinem Element zu sein. An Land tapsig, im Wasser pfeilschnell und effizient: ein Pinguin.
- *»Wow!«* Zappos-Gründer Tony Hsieh fasste in diesen drei Buchstaben die einzigartige Kultur des Unternehmens zusammen. Die Metapher macht deutlich, worum es geht: Wow-Erlebnisse, Begeisterung. Man sieht die Luftsprünge glücklicher Kunden direkt vor sich.
- *»Our house is on fire!«* Unser Haus brennt! Klima-Aktivistin Greta Thunberg verwandelt in ihren Reden die Welt in eine Familie mit gemeinsamen Interessen und einer gemeinsamen Verantwortung zu handeln. Sie sagte, sie wolle nicht, dass wir Hoffnung haben, sondern dass wir in Panik geraten und dass wir handeln.
- *»Your phone is a loaded M16.«* Dein Telefon ist ein geladenes M16-Gewehr. Der Börsenmakler Jordan Belfort verwandelte in seiner Motivationsrede aus dem Film »The Wolf of Wall Street« Trading in Krieg und seine Trader in *»Scheiß-Krieger«*. Sowohl Joe Biden als auch Donald Trump verwenden wie viele Politiker in ihren Reden Kriegsmetaphern.
- *»The race to zero.«* Der Wettlauf zur Null. Die UN-Initiative ist stärker und direkter als die CO_2-Bilanz (Buchhaltung) oder der CO_2-Fußabdruck (Wandern). Sportmetaphern sind allgemein beliebt, weil sie Ambition, Dringlichkeit und das Kompetitive betonen.
- *»Apple ist ein Orchester und ich bin der Dirigent.«* In einem berühmten Dialog der beiden Apple-Gründer verwendete Steve Jobs diese Metapher, um gegenüber dem genialen Nerd Steve Wozniak zu verdeutlichen, dass Technik bei Apple der künstlerischen Ambition untergeordnet ist.

Festung, Fußball, Fangen – Metaphern-Brainstorming mit ChatGPT

Für Brainstormings im Bereich Metaphern ist ChatGPT (*https://chatgpt.com*) ein inspirierender Partner. Ich bat die generative KI, mir in einem Brainstorming Vorschläge für Metaphern zum Thema Cyber Security zu liefern. Die ersten Ergebnisse entsprachen exakt den vertrauten Metaphernwelten: Festung, Schild, Wächter, Tresor.

Mir waren diese Metaphern zu statisch und zu abgegriffen, also bat ich um dynamische Metaphern, und einige Iterationen später waren wir bei Spielen, zunächst bei Fußball. ChatGPT malte die Verbindungen der beiden Welten Punkt für Punkt aus. Der Torwart entsprach der Firewall, die Abwehrspieler der Antivirensoftware, Fans und Stadionpersonal den Nutzern und dem IT-Support. Für einen Vortrag zu diesem Thema hätte ich also mit der Fußballmetapher schon gut arbeiten können. ChatGPT würde mich bei den Detailfragen unterstützen. Doch ich entschied mich, ein viel einfacheres Spiel zu suchen, das vielleicht noch überraschender wäre: ein Kinderspiel.

ChatGPT schlug Fangen vor. Und es ging genauso gut und vor allem dynamisch los: Der Fänger repräsentiert die Hacker, die versuchen, die Spieler zu fangen. Die Spieler entsprechen in diesem Bild den Daten und Systemen, die versuchen, dem Fänger zu entkommen. Die Strategie und die Bewegungen der Spieler, erklärte die KI, seien vergleichbar mit proaktiven Sicherheitsmaßnahmen wie regelmäßigen Updates und Patches.

Der Charme dieser Metapher liegt für mich darin, dass sie Cyber Security nicht komplex darstellt, sondern so, dass auch Kinder sie in Grundzügen verstehen. Außerdem kann ich mithilfe der Metapher auch eine Reihe überraschender Bilder für die Präsentation nutzen: eben Kinder, die Fangen spielen. Von dieser Bildwelt ausgehend, lässt sich die Komplexität, je nach Publikum, steigern.

Als anspruchsvollere Alternative zum Fangenspiel schlug ChatGPT Schach vor. Eine herausragende Metapher, perfekt, um tiefer in die Komplexität von Cyber Security einzutauchen. Schach ist ein globales Spiel, die Metapher dürfte sofort einleuchten, auch wenn sie alles andere als gängig ist. Selbst Nicht-Schachspieler werden in Grundzügen folgen können. Allerdings ist Schach keine Metapher, die sich für Kinder empfiehlt.

Unterm Strich lassen sich Metaphern mit KI schnell generieren. Doch viele davon sind abgenutzt und für kreative Lösungen nicht zu gebrauchen. Der zu promptende Input, um frische Metaphern statt abgenutzter Sprachbilder mithilfe von ChatGPT zu generieren, ist daher nicht ganz trivial. Die Software verlangt beim Prompten auch von mir einen hohen Grad an Kreativität. Der menschliche Input ist wichtig! Für produktive Dialoge mit ChatGPT macht es daher meiner Erfahrung nach Sinn, den Chatbot als einen Partner in einem kreativen Brainstorming zu betrachten – einen unter vielen.

Take-away

Metaphern sind der Königsweg im Storytelling. Wenn es gelingt, eine frische Metapher zu finden, die Ihr Thema veranschaulicht, dann lässt sich der Vortrag um diese Metapher herumbauen. So wie Telekom-Vorstand Tim Höttges, der in seiner Weihnachtsansprache 2020 den Tannenbaum nutzte, um seinen Vortrag zu strukturieren. Nach und nach hängte er die Errungenschaften der Telekom daran auf. Nicht unkomisch: Lametta stand da zum Beispiel für den Glasfaserausbau.

Reden als Baukasten

Von Wolodymyr Selenskyj lernen

Es gibt wohl kaum einen Politiker, bei dem sich anschaulicher lernen lässt, wie Reden erfolgreich einem Publikum angepasst werden, als Wolodymyr Selenskyj. Ob der Präsident der Ukraine vor dem Deutschen Bundestag spricht oder dem britischen Unterhaus, vor dem amerikanischen Kongress oder dem französischen Parlament, immer trifft er den Nerv des Publikums. Wie macht er das?

Zunächst einmal: Selenskyjs Reden sind im Kern ähnlich. Sein Ziel besteht in der Regel darin, mehr Support für sein Land zu bekommen, damit es den Aggressor Russland besiegen kann. Meist heißt das konkret: mehr Waffen. Selenskyjs Reden haben klare Strukturen und Botschaften. Die Virtuosität seiner Reden basiert aber auf der Kunst, nicht nur den Verstand, sondern vor allem auch die Gefühle seines Publikums zu erreichen. Dafür nutzt Selenskyj Storytelling. Er erzählt Geschichten. Manchmal deutet er diese Geschichten nur an, dann wieder geht er ins Detail, je nachdem, wie viele Worte nötig sind, um einen Film in den Köpfen der Zuhörerinnen und Zuhörer ablaufen zu lassen.

In jeder seiner Reden geht es um zentrale Werte der westlichen Welt, Werte wie Unabhängigkeit, Freiheit und Gerechtigkeit. Diese einfach zu benennen ist eine Sache, doch die Worte allein lösen keine Emotionen aus, sie sind zu kühl. Stattdessen stellt Selenskyj wie viele herausragende Redner Bezüge zu bedeutenden historischen Ereignissen seines Publikums her. Alternativ zitiert er Dichter, Politiker und Aktivisten des jeweiligen Landes. In den Zitaten und den historischen Zäsuren kann das Publikum die Werte fühlen. Nun leitet der ukrainische Präsident zur aktuellen Situation der Ukraine über, die als David den russischen Goliath bezwingen will. So bekommt er in der Regel nicht nur stehende Ovationen, sondern auch militärische Unterstützung.

Selenskyjs Vorgehen lässt sich am besten an Beispielen zeigen.

Am 17. März 2022 sprach er im Deutschen Bundestag. Ein zentrales Motiv seiner Rede war die Mauer. Er nutzte es wie einen roten Faden:

»Aber Sie scheinen sich wieder hinter einer Mauer zu befinden. Ja, es ist nicht die Berliner Mauer, aber eine Mauer mitten in Europa, zwischen Freiheit und Unfreiheit. Und diese Mauer wird immer stärker mit jeder Bombe, die auf unseren Boden, auf die Ukraine, fällt. Mit jeder Entscheidung, die nicht getroffen wird für den Frieden. Die nicht getroffen wird, obwohl sie helfen könnte […]
Derzeit sind die Handelsbeziehungen zwischen Ihnen und dem Staat, welcher erneut einen brutalen Krieg nach Europa brachte, der Stacheldraht über der Mauer. Über der neuen Mauer, die Europa spaltet. Und Sie sehen nicht, was sich hinter dieser Mauer befindet. Doch sie steht zwischen uns, zwischen den Menschen in Europa. Und dadurch verspüren nicht alle in vollem Maße, was gerade wir heute durchleben […]
Ich wende mich an Sie und erinnere daran, was nötig ist und ohne was Europa nicht überleben und seine Werte nicht bewahren kann. Der ehemalige Schauspieler und Präsident der Vereinigten Staaten von Amerika, Ronald Reagan, sagte einmal in Berlin: ›Tear down this wall!‹ [Reißen Sie diese Mauer nieder!]

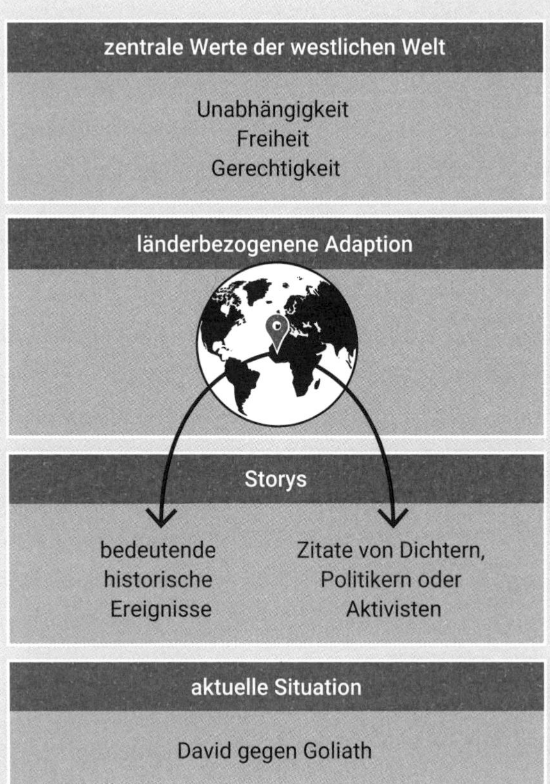

21 *Die Kunst, eine Rede dem Publikum anzupassen – der ukrainische Präsident nutzt Storytelling.*

Nun möchte ich Ihnen sagen:
Herr Bundeskanzler Scholz! Reißen Sie diese Mauer nieder!
Geben Sie Deutschland die Führung, die es verdient, und auf die Ihre Nachfahren nur stolz sein können.
Unterstützen Sie uns.
Unterstützen Sie den Frieden.«[36]

Diese Rede ist meiner Meinung nach eine der besten im umfangreichen Repertoire des ukrainischen Präsidenten, um die Technik der Adaption an ein bestimmtes Publikum zu studieren. Hier wird die Mauer nicht nur zitiert als ein bedeutsames Kapitel jüngerer deutscher Geschichte, sondern sie wird zu einem Motiv, das Selenskyj immer wieder aufgreift. Die Mauer bewirkt dabei drei Dinge: Sie löst erstens starke Emotionen aus, die vor allem mit dem Wert der Freiheit verbunden sind. Sie erinnert uns, zweitens, an eine Zeit, in der die ehemalige Sowjetunion auch starken negativen Einfluss auf Deutschland hatte. Drittens übt das Bild der Mauer starken Druck auf die Regierung aus. Wie können deutsche Politiker heute einem Mauerbau tatenlos zusehen und die Ukraine nicht unterstützen?

Ein weiteres Beispiel: Selenskyjs Rede vor dem britischen Ober- und Unterhaus am 8. Februar 2023. Hier erzählte der Präsident, wie er bei einem Staatsbesuch im Oktober 2020 in Churchills Sessel sitzen durfte. Er sagt:

»*Und es gibt einen Sessel im War Room – den berühmten Churchill-Sessel. Und ein Guide – und ein Guide lächelte und bot mir an, mich auf diesen Sessel zu setzen, von dem aus die Kriegsbefehle gegeben wurden. Und er fragte mich, wie ich mich fühle? Und ich sagte, dass ich sicherlich etwas empfinde. Aber ich weiß erst jetzt, was das für ein Gefühl war. Und alle Ukrainer kennen es auch sehr gut. Es ist das Gefühl, wie die Tapferkeit einen durch die unvorstellbarsten Entbehrungen führt, um schließlich mit dem Sieg belohnt zu werden.*«[37]

Hier erwähnt der Präsident nur diese kleine, aber entscheidende Anekdote, die mit Winston Churchill und dessen Sessel an den Premierminister erinnert, dessen

---

36 Wolodymyr Selenskyj: Ansprache vor dem Deutschen Bundestag. Online, März 2022. *https://www.youtube.com/watch?v=S23qkn53tJ4*. Der Text der Ansprache findet sich hier: *https://www.bundestag.de/dokumente/textarchiv/2022/kw11-de-selenskyj-rede-deutsch-884872*

37 Wolodymyr Selenskyj: Ansprache vor den beiden Häusern des britischen Parlaments am 8. Februar 2023. *https://www.americanrhetoric.com/speeches/volodymyrzelenskyfullUKparliament.htm*

Führung wesentlich zum Sieg gegen Nazi-Deutschland beigetragen hat. In der Rede, die Selenskyj ein Jahr zuvor im britischen Unterhaus gehalten hatte, wurde Churchill noch direkt zitiert mit kleinen Anpassungen an die Ukraine:

> *»Wir werden bis zum Ende kämpfen, zu See, in der Luft. Wir werden für unser Land kämpfen, was immer der Preis sein wird. Wir werden in den Wäldern, in den Feldern, an den Ufern, in den Straßen kämpfen.«*[38]

In der hier zitierten Rede, die jeder Brite kennt, rief Churchill am 4. Juni 1940 zu entschiedenem Widerstand gegen die deutschen Angreifer auf. Das weckt nicht nur starke Gefühle, ähnlich wie in der Rede vor dem Bundestag, baut Selenskyj so auch Druck auf: Wie könnt ihr nicht wollen, in Churchills Spuren zu gehen, indem ihr die Ukraine unterstützt?

Ein letztes Beispiel zeigt allerdings, dass diese Methode Fingerspitzengefühl erfordert. Am 20. März 2022 sprach Selenskyj vor der Knesset, und wieder passte er seine Rede an. Dieses Mal zog er Parallelen zwischen der Situation der Ukraine und dem Schicksal der deutschen Juden in Nazi-Deutschland. Seine Äußerungen sorgten für Irritationen. Die Geschichte des Holocaust könne nicht neu geschrieben werden, diese Art der Trivialisierung sei unverantwortlich.

Wolodymyr Selenskyj ist als ausgebildeter Jurist, ehemaliger Schauspieler und Comedian ein herausragender Redner unserer Zeit, der ein breites Spektrum rhetorischer Techniken beherrscht. Die Technik der Anpassung von Vorträgen an das jeweilige Publikum lässt sich bei ihm perfekt studieren, nicht zuletzt wegen der Fülle des Materials. Er zeigt aber auch, dass beim Beschwören emotionaler Bilder aus der Vergangenheit Vorsicht geboten ist.

Was würdet ihr dem Präsidenten raten? Ein kleines Experiment

In den frühen 1980er Jahren führte der amerikanische Psychologe Thomas Gilovich ein Experiment mit Studenten der Stanford-Universität durch.[39] Die Teilnehmerinnen und Teilnehmer sollten sich vorstellen, sie seien

38 Wolodymyr Selenskyj: Ansprache vor dem Unterhaus des britischen Parlaments am 8. März 2022. *https://www.americanrhetoric.com/speeches/volodymyrzelenskybritishparliament.htm*

39 Thomas Gilovich: Seeing the past in the present. *https://www.researchgate.net/profile/Thomas-Gilovich/publication/232445964_Seeing_the_past_in_the_present_The_effect_of_associations_to_familiar_events_on_judgments_and_decisions/links/543680580cf2bf1f1f2bd44b/Seeing-the-past-in-the-present-The-effect-of-associations-to-familiar-events-on-judgments-and-decisions.pdf*

hochrangige Beamte, die den Außenminister bei einer wichtigen Entscheidung beraten. Ein kleines demokratisches Land würde von einem totalitären Nachbarland bedroht. Was sollte man tun?

Gilovich teilte die 42 Studenten in zwei Gruppen ein. Jede wurde etwas unterschiedlich gebrieft. Die erste Gruppe wurde durch das Vokabular in die Situation vor dem Zweiten Weltkrieg versetzt, die andere in die Zeit vor dem Vietnamkrieg. Das Ergebnis: Die erste Gruppe empfahl eine stärkere Intervention als die zweite. Die Beeinflussung durch die Wortwahl der Briefings war keiner Gruppe bewusst.

Wolodymyr Selenskyj zeigt in seinen Reden, wie sehr Vergangenheit die Gegenwart überlagert und wie sehr historische Bezüge Entscheidungen im Hier und Jetzt beeinflussen können.

Am Abend des 11. September 2001 notierte Präsident George Bush im täglichen Logbuch des Weißen Hauses, dass der Terroranschlag das *»Pearl Harbour des 20. Jahrhunderts«* sei.[40] Pearl Harbour war auch der Referenzpunkt, den der ukrainische Regierungschef bei seiner Ansprache in den USA wählte.

Wie maßgeschneiderte Anzüge – die Zusammenarbeit mit Redenschreibern

Wolodymyr Selenskyj arbeitet wie alle hohen Politiker mit Redenschreibern. Was das in der Praxis bedeutet, fragte ich Jacqueline Schäfer, Medientrainerin, Unternehmensberaterin in Kommunikationsfragen und Redenschreiberin für Politik und Industrie. Von 2012 bis 2022 Präsidiumsmitglied des Verbandes der Redenschreiber deutscher Sprache (VRdS), dessen Präsidentin sie von 2016 bis 2022 war.

Eine Rede modular zu gestalten sowie sie an den jeweiligen Ort, Kontext und das Publikum anzupassen, sei elementar für ihre Tätigkeit. Schäfer verglich diese mit einer Maßschneiderei. Zunächst wird Maß genommen bei den Kunden, das ist das vorbereitende Erstgespräch – vorzugsweise in Präsenz. Welchen Stoff soll der Anzug haben, wie soll er am Ende aussehen?

---

40 *https://www.cbsnews.com/news/bush-on-9-11-moment-to-moment/*

Was ist das Thema? Worin besteht die Kernaussage? Wie könnte der rote Faden aussehen? Dann beginnt sie zu recherchieren und diktiert ihre Rede. Dadurch entsteht von Anfang an gesprochene Sprache. Am Ende wird der Text am Bildschirm optimiert und an den Kunden geschickt, der Feedback gibt. Das ist der zweite Schritt, der Anzug ist gesteckt, der Kunde zieht ihn an. Es gibt Korrekturen, dann wird genäht. Schließlich probiert der Kunde den fertigen Anzug. Die Rede ist fertig. Auch bei diesem Schritt ergeben sich hier und da Änderungen, bis die finale Version steht. Dann ist die Arbeit von Jacqueline Schäfer entweder beendet oder sie begleitet den Kunden bis zum Auftritt – je nachdem, welches Paket gebucht wurde.

Die Kosten? Auf der Webseite des Verbandes der Redenschreiber deutscher Sprache finden sich Honorarempfehlungen.[41] Dort werden auch die Leistungen noch einmal detailliert beschrieben. Ein Anhaltspunkt: ca. 1.500 € für eine 10-minütige Business-Rede.

ChatGPT schreibt Einstiege für Berlin, Paris, New York

Wie gut kann eine generative künstliche Intelligenz wie ChatGPT (*https://chatgpt.com*) Reden à la Selenskyj Orten und damit auch einem entsprechenden Publikum anpassen? Das war der Ausgangspunkt eines längeren Dialogs mit dem Chatbot. Mein erster Prompt war betont unspezifisch, bezogen auf meine Rolle und das Event selbst. Ich wollte sehen, wie die KI an das Thema herangeht. Er lautete so:

»Für einen Vortrag über die Chancen und Risiken von künstlicher Intelligenz brauche ich drei Einstiege, die jeweils dem Ort angepasst sind, an dem ich den Vortrag halte. Die drei Orte sind Berlin, Paris und New York. Bitte schreibe diese Einstiege. Nicht mehr als 300 Wörter.«

Nach einigen Verfeinerungen und Irrwegen bekam ich von ChatGPT drei Einstiege, die zumindest schon einmal passabel waren und sich zum Beispiel durch ein persönliches Erzählelement noch deutlich überzeugender gestalten ließen. Jeder Vortrag war ursprünglich in Landessprache verfasst, hier die 150-Wörter-Fassungen auf Deutsch:

41 Honorarempfehlungen des VRdS: *https://vrds.de/service/honorarempfehlungen/*

Berlin. Guten Tag, meine Damen und Herren. Es ist mir eine große Freude, heute hier in Berlin zu sein, einer Stadt, die nicht nur für ihre Geschichte und Kultur, sondern auch für ihre dynamische Technologielandschaft bekannt ist. Stellen Sie sich vor, wie vor wenigen Jahrzehnten die Berliner Mauer diese Stadt teilte, und nun erleben wir hier eine technologische Revolution. Berlin ist ein pulsierendes Zentrum für Innovation und Start-ups. Zahlreiche Tech-Hubs und Forschungsinstitute wie das Fraunhofer-Institut und das Deutsche Forschungszentrum für Künstliche Intelligenz (DFKI) haben hier ihren Sitz und treiben die Entwicklung von KI-Technologien voran. Diese Institutionen arbeiten daran, KI in Bereichen wie Gesundheitswesen, Mobilität und Umwelt nachhaltig einzusetzen. KI bietet enorme Chancen, von der Verbesserung unserer täglichen Lebensqualität bis hin zur Revolutionierung ganzer Industrien. Lassen Sie uns heute die Chancen und Risiken von KI diskutieren und wie wir diese Technologie verantwortungsvoll nutzen können.

Paris. Guten Tag, meine Damen und Herren. Es ist mir eine große Freude, hier in Paris zu sein, einer Stadt, die für Innovation und Kultur steht. Denken Sie an Paris und seine berühmten Cafés, wo einst Philosophen und Künstler über die Zukunft diskutierten. Heute findet diese Diskussion in den Büros von Start-ups und Forschungsinstituten statt, die sich mit künstlicher Intelligenz (KI) beschäftigen. Paris stand schon immer an der Spitze des technologischen und wissenschaftlichen Fortschritts, und die künstliche Intelligenz (KI) bildet hier keine Ausnahme. Paris beherbergt weltbekannte Forschungsinstitute wie das INRIA und Initiativen wie den Hub France IA. Allerdings kommen mit diesen Chancen auch Herausforderungen. Ethische Fragen, Datenschutz und soziale Auswirkungen sind Aspekte, die wir mit Vorsicht angehen müssen. Heute lade ich Sie dazu ein, gemeinsam die Chancen und Risiken von KI zu erkunden.

New York. Guten Morgen, meine Damen und Herren. Es ist mir eine Ehre, hier in New York City zu sein, einem globalen Zentrum für Finanzen, Medien und Technologie. Stellen Sie sich die belebten Straßen von Manhattan vor, wo die Energie der Stadt durch die Luft pulsiert. New York ist eine Stadt, die niemals schläft, und ihr unermüdliches Streben nach Fortschritt macht sie zu einer perfekten Kulisse für Diskussionen über künstliche Intelligenz (KI). Stellen Sie sich die Wolkenkratzer als Symbole des Ehrgeizes vor, die heute Unternehmen beherbergen, die an der Spitze der KI-Innovation stehen. Renommierte Einrichtungen wie die NYU und die Columbia University sind führend in der KI-Forschung, und eine florierende Tech-Industrie, zu der auch Giganten wie Google und IBM gehören, hält New York an der Spitze. KI kann die Industrie revolutionieren, aber mit großer Macht kommt auch Verantwortung. Lassen Sie uns über die Chancen und Risiken der KI diskutieren und darüber, wie wir diese Technologie verantwortungsvoll nutzen können.

Eine Anmerkung zu den KI-Texten: Alle Inhalte sind genauestens zu überprüfen. IBMs Hauptsitz zum Beispiel befindet sich in Armonk im Staat New York und nicht in New York City, Googles Hauptsitz ist das Silicon Valley, der Hauptsitz des Fraunhofer Instituts ist München. Man sollte sich vor missverständlichen Formulierungen hüten und möglichst genau sein. Etwa darauf hinweisen, dass sechs der Institute von Fraunhofer, der größten Organisation für angewandte Forschungs- und Entwicklungsdienstleistungen Europas, ihren Sitz oder eine Außenstelle in Berlin haben, was meiner Meinung nach auch viel eindrucksvoller ist als die von ChatGPT gewählte, vereinfachte Formulierung.

Take-away

Wie lassen sich Reden effizient in Serie produzieren? Man verwendet eine Strategie der gleichen Teile, die geschickt dem jeweiligen Kontext angepasst wird. Niemand macht das eleganter vor als der ukrainische Ministerpräsident Wolodymyr Selenskyj. Er hält überall auf der Welt den gleichen Basisvortrag, doch in Deutschland bewegt er die Politiker, indem er von der Mauer erzählt, in Großbritannien wird Churchill zitiert, in den USA Pearl Harbour.

Alle Elemente des Vortrags auf einen Blick

Ein Story Canvas erstellen

Um sich schnell und in einfacher Form einen Überblick über eine Präsentation oder einen Vortrag zu verschaffen, empfehle ich ein Canvas. Alle wichtigen Fragen, über die ich bis hierhin in »Talk!« geschrieben habe, finden sich dort. Am Beispiel von Josephine Philips' herausragendem Vortrag über Slow Fashion[42] fülle ich das Canvas in diesem Kapitel aus. Im Anhang des Buches finden Sie das Canvas mit Ausfüllhilfe sowie am Beispiel eines weiteren Vortrags in ausgefüllter Form.

Das Story Canvas von Josephine Philips' TED Talk über nachhaltige Mode

1. **Inhalt**
   Wie wir mit unserer Garderobe umgehen, trägt zur Lösung der Klimakrise bei. Es geht darum, unsere Garderobe wertzuschätzen, sie zu reparieren und immer wieder zu tragen, anstatt sie, kaum getragen, achtlos wegzuwerfen. Es geht, von einer höheren Ebene aus betrachtet, um bewussten Konsum.
2. **Konflikt**
   Es ist der Grundkonflikt der Mode: Immer kommt etwas Neues, Schickeres, das das, was wir haben, alt aussehen lassen mag. Zumindest, wenn wir uns dem Diktat schneller Mode unterwerfen.
3. **Call-to-Action**
   Die Garderobe, die wir besitzen, wertzuschätzen und uns beim nächsten Mal, wenn wir etwas kaufen wollen, zu fragen: Werde ich dieses Kleidungsstück wirklich wertschätzen?
4. **Erfolgsmetrik**
   Mit diesem TED Talk trug Josephine Philips ihr Anliegen in die Welt – genau wie auf vielen anderen Podien, auf denen sie spricht. Es geht also um einen Wechsel des Mindsets, der sich nicht direkt messen lässt. Die Views des Videos lassen sich aber direkt messen, genau wie die Kundenentwicklung in ihrem Start-up Sojo, das Kleidungsstücke repariert.

---

42 Josephine Philips: The simple solution to fast fashion. TED Countdown Summit: Juli 2023, Detroit. *https://www.ted.com/talks/josephine_philips_the_simple_solution_to_fast_fashion/transcript?hasSummary=true*

Das Story Canvas

Inhalt			
Konflikt	Call-to-Action	Erfolgsmetrik	
		Dauer	
Humor	Metapher	Requisit	Wow
Publikum		Storyline	
Akt 1	Akt 2	Akt 3	

Titel: ______________________ Datum: ______________________

Autor: ______________________ Variante Nr: ______________________

5. **Dauer**

Der Vortrag von Josephine Philips dauert 8,5 Minuten. Damit ist er für einen TED Talk kurz. Obwohl sie 10 Minuten kürzer sprach, als bei TED üblich, ist ihr Vortrag eindringlich und auf den Punkt. Das ist hohe Schule.

6. **Humor**

Josephine Philips nutzte Humor indirekt. Es ging ihr weder darum, das Publikum anzuklagen noch es zum Lachen zu bringen. Anstelle von Humor wählte sie eine Warmherzigkeit, die sich durch den gesamten Vortrag zieht. Diese zeigt sich in der Nähe zu den Menschen, von denen sie erzählte – ihrer Schwester und ihrer Großmutter.

7. **Metapher**

Der Vortrag stützte sich nicht auf eine zentrale Metapher, sondern auf Storys und auf Fakten. Anschauliche Vergleiche verdeutlichen Zahlen, zum Beispiel bei der Menge der Kleidungsstücke, die jedes Jahr entsorgt werden. Allerdings ließen sich zum Beispiel die Jeans ihrer Schwester und das Kleid ihrer Großmutter zugleich auch als Metaphern verstehen für die Auffassung von Mode, wie sie Josephine Philips vertritt.

8. **Requisit**

Josephine Philips arbeitete nicht mit Requisiten. Sie nutzte stattdessen wenige Charts, die Fotos zeigen.

9. **Wow**

Der Vortrag enthält keinen expliziten Wow-Moment, eine Szene, an die sich garantiert jeder erinnern kann. Der Stil ist anderer Art. Die junge Entrepreneurin berührt eher mit leisen, doch direkten Tönen.

10. **Publikum**

Es ist zum einen das Publikum von TED in Detroit, zum anderen sind es alle, die sich für das Thema interessieren und sich das Video ansehen wollen. Da die Beispiele, die Josephine Philips wählte, von Frauen erzählen, wirkt der Vortrag so, als würde er sich stärker an Frauen richten.

11. **Storyline**

Die Storyline zu diesem Vortrag findet sich in dem Kapitel »Die Welle surfen«. Sie bewegt sich mustergültig zwischen Fakten und Emotionen. Ein- und

Ausstieg sind emotional, um das Publikum abzuholen und ein starkes Gefühl zu hinterlassen, was jeder und jede Einzelne tun kann.

12. **Akt 1**

    Der erste Akt beginnt mit der Geschichte des Kleides der Großmutter, die direkt zum Thema führt. Dafür brauchte Josephine Philips etwas länger als 1 Minute. Der erste Akt endet mit dem Satz: *»[...] und sie lehrt mich eine Lektion darüber, wirklich wertzuschätzen, was wir besitzen.«*

13. **Akt 2**

    Der zweite Akt dauert ca. 80 % der Redezeit. Hier geht es, wie die emotionale Storyline zeigt, auf und ab zwischen Fakten und Emotionen. Außerdem ist dieser Akt so aufgebaut, dass die Inhalte immer näher an uns selbst heranrücken. Am Ende geht es gar nicht mehr um die Schwester und die Großmutter, sondern um dich und mich, um unser Verhalten. Der zweite Akt endet mit dem Satz: *»[...] wertzuschätzen, was wir besitzen, ist eine Klimalösung.«*

14. **Akt 3**

    Der dritte Akt dauert weniger als 1 Minute. Er enthält einen klaren Call-to-Action, den wir alle umsetzen können – ohne lange zu warten oder zu planen. *»Also, wenn Sie das nächste Mal etwas kaufen – vielleicht eine Jeans für eine Reise nach Kopenhagen, vielleicht sind Sie auf einem Markt in Sierra Leone und finden ein gelbes Kleid, sollten Sie sich überlegen: ›Brauche ich das? Was war nötig, damit der Artikel nun vor mir liegt? Welche Geschichte kann ich über dieses Teil schreiben? Und werde ich es wirklich ernsthaft wertschätzen?‹«*

Take-away

Wie behalten Sie bei all den Möglichkeiten des Storyfizierens Ihres Vortrags oder Ihrer Präsentation den Überblick? Indem Sie ein Canvas nutzen, das alle wesentlichen Elemente zusammenfasst. Der große Vorteil eines Canvas besteht darin, dass sich auf einen Blick die Architektur Ihres Vortrags erkennen lässt. Außerdem hilft es dabei, nichts zu vergessen, indem Sie sich strukturiert dem Vortrag, der Rede, der Präsentation nähern.

10, 20 oder lieber 100?
Die richtige Zahl an Slides bestimmen

Bei einem Vorgespräch für einen Vortrag erwähnte ich einmal, dass ich durchaus viele Folien verwende, je nach Thema deutlich mehr als 50 für eine Dreiviertelstunde. Ich war überrascht zu sehen, wie sehr das mein Gegenüber erstaunt, fast sogar erschreckt hat. Jedenfalls enthielt das abschließende Briefing ein Limit von einem Slide pro Minute Vortrag als Maximalwert.

Ist das ein guter Wert, um sich daran zu orientieren? Bitte nicht. Ob ein Vortrag viele Folien in schneller Folge enthält oder nur wenige, die lange zu sehen sind, kommt ganz und gar auf dessen Inhalt und Stil an. Es geht wie so oft bei unserem Thema um Angemessenheit. Betrachten wir die Extreme!

Ein Vortrag ganz ohne Folien funktioniert wunderbar, so ging es die längste Zeit der menschlichen Geschichte. Die volle Aufmerksamkeit ist auf die Sprecherin oder den Sprecher gerichtet. Man stelle sich Politiker im Parlament mit Folien im Hintergrund vor – das wäre auf jeden Fall eine Innovation. Meiner Meinung nach keine schlechte, ganz einfach, weil nicht jeder Politiker allein mit Worten überzeugt. Bilder, Grafiken, Texthighlights könnten die Wirkung unterstreichen.

Enthält der Vortrag Elemente, die sich in Grafiken oder Fotos ausdrücken lassen, sollten Sie diese, wenn das Setting es erlaubt, auch verwenden. Sehr zurückhaltend machte es zum Beispiel Brené Brown, während sie über Verletzlichkeit sprach. Der Vortrag würde ohne die Slides bestens funktionieren, weil sie so eine gute Erzählerin ist, doch Brené Brown hat sich dafür entschieden, einige wenige Fotos und Textelemente zu zeigen, um Akzente zu setzen. Insgesamt sind es 19 Folien, fast exakt eine Folie pro Minute im Durchschnitt. Tatsächlich klickte sie die Hälfte davon in nur 1 Minute durch.

Ein krasses Gegenbeispiel ist der New Yorker Professor für Marketing, Scott Galloway. Sein Auftritt auf der DLD-Konferenz 2015 in München machte deutlich, was zu erwarten ist. Bereits während Galloway auf die Bühne ging, sagte er:

»Ich habe 900 Sekunden und 90 Slides. Bitte schnallen Sie sich an.«[43]

---

43 Scott Galloway: The four horsemen, Amazon, Apple, Facebook & Google. Who wins, who loses. DLD Conference: Januar 2015, München. *https://www.youtube.com/watch?v=XCvwCcEP74Q&t=207s*

Dann legt er los. 6 Folien pro Minute, noch dazu Folien, die deutlich komplexer wirken als die von Brené Brown. Und doch war ihr Inhalt relativ schnell zu erfassen. Bei Galloway ist das, was im Hintergrund passiert, elementarer Bestandteil des Vortrags, der mit Worten allein nicht funktionieren würde. Die Menge der Slides zeigt die Tiefe der Analyse der Daten, mit denen Galloway arbeitet. Außerdem ist es sein Stil. Jeder seiner Vorträge enthält die schnellen Folgen von Folien, sie sind sein Markenzeichen. Galloway gibt seinem Publikum die Chance, viele Fakten aufzunehmen, aber er verlangt im Gegenzug auch ungeteilte Aufmerksamkeit.

Generell gibt es für die Anzahl der Slides zwei Leitfragen: Ist der Vortrag eher schnell oder eher relaxt? Und: Sind die Slides eher Zierde oder ein notwendiger Bestandteil? Daraus ergibt sich ein Gefühl für die relative Menge.

Geringe Anzahl von Slides. Ich selbst komme in der Regel auf 1–2 Folien pro Minute. Meine Vorträge sind eher straff komponiert und die Slides betrachte ich als sinnvolle Ergänzung. Sie unterstreichen Schlüsselkonzepte oder Emotionen, sie ergänzen Fakten. Mit weniger Slides pro Minute hätte ich das Gefühl, meine Präsentation wäre eingefroren, mehr Slides pro Minute wären mir zu hektisch.

Es gibt allerdings noch einen anderen Wert, den ich bei der Frage nach der idealen Anzahl der Folien in Betracht ziehen möchte: 30 Sekunden. In Julia Shaws faszinierendem Buch über das Gedächtnis schreibt die deutsch-kanadische Rechtspsychologin:

> *»Forscher nennen das oft ›unbegrenzte Betrachtungszeit‹, weil die meisten Menschen dann weder weiterhin Details encodieren noch das Bild nach 30 Sekunden weiter anschauen wollen.«*[44]

30 Sekunden entsprechen auch dem durchschnittlichen Wert, den Museen für die Verweildauer ihrer Besucher vor Gemälden erforscht haben. Probieren Sie es doch einmal aus! 30 Sekunden fühlen sich lang an, wenn wir ein Gemälde betrachten – oder ein Slide.

Ich habe mir daraufhin eine Reihe Präsentationen angesehen und die Slides gezählt. Tatsächlich sind 30 bis 60 Sekunden pro Slide ein guter Wert zur Orientierung, an dem sich Business-Präsentationen orientieren. Was nicht bedeutet, dass immer im gleichen Takt gedrückt wird. Im Gegenteil: Manche Slides stehen

---

44 Julia Shaw: Das trügerische Gedächtnis. Wie unser Gehirn Erinnerungen fälscht. München: 2016. S. 113

deutlich länger, andere sind nur kurz zu sehen – je nach Bedeutung für die Präsentation.

Hohe Anzahl von Slides. Etwa 3–5 Slides pro Minute sind ein straffes Tempo. Diese rapide Abfolge von Folien sorgt für Bewegung. Sie stellt Ansprüche an das Publikum wie an den Sprecher oder die Sprecherin. Nancy Duarte, die amerikanische Autorin, Rednerin und Inhaberin einer Designagentur, schreibt, dass so eine Präsentation viel Übung benötigt:

> *»In einem 40-minütigen Vortrag verwende ich in der Regel 145 Folien (wenn man die Übergänge innerhalb jeder Folie mitzählt – wo ich die Aufzählungspunkte nacheinander einblende usw. – klicke ich bis zu 300-mal). Aber wenn ich meine Zuhörer frage, wie viele Folien sie glauben, gesehen zu haben, sagen sie meist zwischen 30 und 50.«*[45]

Duartes Folien sind meisterhaft, sie erwecken das Erzählte zum Leben und sind ohne Mühe zu dechiffrieren. Wer gerne in diese Richtung von Präsentation gehen will, findet in ihren Büchern und Talks eine Fundgrube von Anregungen. Ihr Klicktempo allerdings sollte so trainiert werden wie ein Marathon: mit Ambition, aber Augenmaß für die Steigerungen, damit Sie sich nicht verzetteln.

Im Zweifelsfall ohne Slides – die mündlichen Versionen

Die Präsentation ist perfekt vorbereitet, jedes Slide passt auf den Punkt, doch dann passiert etwas, das Sie nicht auf dem Radar hatten. Die Technik streikt. Doch häufiger passiert etwas anderes, insbesondere wenn im Umfeld von C-Level präsentiert wird: Es gibt eine Anpassung der Zeit. Aus 30 Minuten sind 10 geworden. Durch die Präsentation zu hetzen, macht keinen Sinn. Nur ausgewählte Folien zu präsentieren ist manchmal eine Lösung. Oder Sie lassen die Slides einfach Slides sein und fassen das Thema in 10 Minuten zusammen. Das ist souverän, braucht aber Vorbereitung.

Das bedeutet: Sie lernen nicht nur den Vortrag in voller Länge, sondern noch mindestens zwei weitere Längen: eine mittlere und eine kurze, beide ohne Charts. Kommt die Einladung, statt des Meetings zu zweit zum Essen zu gehen und die Sache dort zu besprechen, sind Sie perfekt vorbereitet. Ein Spaziergang? Kein Problem. Auf dem Rücksitz eines Taxis zum Flughafen?

---

45 Nancy Duarte: Persuasive presentations. Boston: 2012. S. 150

Aber klar. So ging es mir oft, weil der oberste Chef grundsätzlich den Flow einer Präsentation unterbrach, um zu wissen, wie sich seine Führungskräfte schlagen, wenn sie sich plötzlich in einer Art Verhör wiederfinden. Auch das macht deutlich mehr Spaß, wenn Sie sich darauf vorbereitet haben.

Take-away

Ein umstrittenes Thema: Wie viele Slides soll eine gute Präsentation haben? Das ist eine Frage des Stils, des Themas und des Publikums. Es kann sehr erfrischend sein, in einem eher gemächlich präsentierenden Umfeld einen Vortrag à la Scott Galloway zu halten, der massenhaft Folien zeigt und so ein hohes Tempo erzeugt. Weil dieser Stakkato-Stil (6 Folien pro Minute) sehr gut zu ihm passt, gewinnt er damit auch Aufmerksamkeit. 1–2 Folien pro Minute wären die Regel.

Wir können nicht gleichzeitig zuhören und lesen

Slides wie Plakate gestalten, die jeder schnell erfassen kann

In meiner Zeit als Chefredakteur war die Gestaltung von Magazinen und später auch von Webseiten eine der spannendsten Aufgaben. Text mit Grafiken und Fotos zu kombinieren, dabei einem Stil zu folgen, der zwar bindend ist und doch Freiheit ermöglicht oder besser gesagt verlangt, der die Menschen anspricht und einen einfachen Zugang zu den Inhalten ermöglicht. Exakt darum geht es für mich auch bei Slides. Ob Vortrag, Workshop, Training – ich nutze fast immer eine Präsentation, allein schon deshalb, weil sie dem Ganzen eine ästhetische Note gibt. Allerdings erstelle ich diese nie selbst, sondern wende mich wie beim Blattmachen an einen Profi – meine Frau.

Vielleicht ist das die erste zentrale Einsicht: Wenn Sie kein Designer und keine Grafikerin sind und ein hochwertiges Slide Deck wollen, dann brauchen Sie eine Person, die es erstellt. Sie mögen jetzt einwenden, es gäbe doch diese wunderbaren Vorlagen, mit denen man in Ihrem Unternehmen arbeitet, da könne doch nicht mehr viel schiefgehen. Es kann.

Aber wenn Sie auch nicht selbst designen sollten, so können Sie doch denken wie Designer. Das bedeutet im Kern, dass die Form der Funktion folgt. Es geht darum, Slides zu kreieren und zu arrangieren, die ein Publikum ansprechen, es mitnehmen, die überzeugen, ein Problem lösen oder das Publikum dazu bringen, auf die empfohlene Art und Weise zu handeln. Die Informationen sollten also klar, einfach und auf den Punkt arrangiert sein. Sind sie es nicht, untergraben sie eher den Erfolg.

Das durchschnittliche Lesetempo beträgt ca. 250 Wörter pro Minute. Mit einer Reihe textlastiger Folien, komplexer Grafiken oder auch unübersichtlicher Tabellen bewirken Sie nur eines, dass die Leute lesen, anstatt Ihrem Vortrag zu folgen. Beides gleichzeitig geht nicht. Die Vorgabe für Folien lautet daher: Sie sollten in nur 3 Sekunden erfasst werden können. Das sagt die Präsentationsexpertin des Silicon Valley, Nancy Duarte. Sie nutzt einen treffenden Vergleich:

> *»Betrachten Sie Ihre Folien als Plakate. Wenn Menschen Auto fahren, wenden sie ihren Blick nur kurz von ihrem eigentlichen Ziel – der Straße – ab, um die Informationen auf den Werbetafeln zu verarbeiten. In ähnlicher Weise sollten sich Ihre Zuhörer intensiv auf das konzentrieren, was Sie sagen, und nur kurz auf Ihre Folien schauen, wenn Sie sie zeigen.«*[46]

Ein perfektes Bild schaffen Sie so: Was Sie entwickeln, sind Plakate. Und wie kommen Sie dahin? In einem Prozess radikaler Reduktion. Alles wird auf ein Minimum begrenzt: die Anzahl der Wörter, der Farben, der Typografie, der Grafiken. Sie beginnen idealerweise mit einem weißen oder schwarzen Hintergrund, wählen eine Farbpalette, die ca. sechs Farben umfasst, inklusive Grau oder Schwarz bzw. Weiß. Eine andere Hintergrundfarbe verändert die Grundstimmung der Präsentation, sie erhöht aber auch die Komplexität, vor allem in Bezug auf die Les-

46 Ebd. S. 114

barkeit. Der Schrifttyp sollte zum Thema und zu Ihnen passen – vor allem aber sollte er gut lesbar sein. Zickige Schriften mögen vom ersten Eindruck her stark wirken, doch wenn es schwierig ist, sie zu lesen, dann scheiden sie aus.

Jetzt ein Layout, ein grundsätzliches Gestaltungsraster. Gibt es Firmenvorlagen, empfehle ich der Einfachheit halber, diese zu nutzen, dabei aber an der Untergrenze der Auswahlmöglichkeiten zu bleiben. Wichtig ist, dass am Ende alles zusammenpasst und einem durchgängigen Stil folgt – genau wie der Vortrag auf der Tonspur.

Für das Layout erstellen Sie am besten eine Reihe von Master Slides. Das wären:

1. **Titel-Slide:** Dieses Slide vermittelt ein erstes Gefühl für den Vortrag. Es ist wahrscheinlich die Folie, die die Leute am längsten sehen, weil sie in der Regel schon auf dem Bildschirm ist, während sie ankommen. Es enthält als Hingucker den Titel und ein Bildelement, das eine Emotion transportiert, dazu Ihren Namen, gegebenenfalls den Firmennamen. Zentrale Frage: Welches Gefühl stellt sich beim Blick auf diese Folie ein?
2. **Navigations-Slide:** Es gibt dem Publikum Orientierung. Wir können es bei jedem neuen Punkt wiederholen und den Akzent auf diesen setzen. Diese Folie nimmt einer Präsentation Leichtigkeit, sie kann den Flow bremsen, doch im Zweifelsfall würde ich die Orientierung vor den Flow stellen. Hier würde ich empfehlen, von der klassischen Agenda-Liste abzuweichen und einen eigenen Weg zu gehen. Diese Mühe lohnt sich unbedingt, weil das Navigations-Slide häufiger zu sehen ist und zeigt, wie viel Mühe Sie auf das Detail verwendet haben.
3. **Keyword-Slide:** Dieses Slide hebt Worte, Zahlen oder Sätze hervor – auch Zitate, für die ich kein eigenes Design entwickeln würde. Es reicht, wenn Anführungszeichen und die Quelle hinzugefügt werden. Sie lenken mit diesem Slide die Aufmerksamkeit. Denken Sie an die Billboard-Metapher. Die Worte müssen das Publikum anspringen. Verwenden Sie auf keinen Fall zu viele Wörter, das zerstört den plakativen Eindruck. Fragen gehören auch auf dieses Chart, die Sie dann im Vortrag beantworten.

4. **Aufzählungs-Slide:** Es hilft, einen Überblick zu geben. Ich nutze dieses Chart zum Beispiel, um die sieben Master Plots im Storytelling zu zeigen. Sieben Aufzählungspunkte sind die absolute Obergrenze. Doch es ist wichtig, alle Master Plots auf einen Blick zu sehen. So prägen sie sich besser ein. Außerdem erzeugen Aufzählungsfolien einen Effekt der Spannung, weil sie bereits Elemente von dem vorwegnehmen, was wir sagen werden. Bullet Points würde ich nicht grundsätzlich verbannen, aber versuchen, sie, wenn möglich, durch Grafiken oder Symbole zu ersetzen.
5. **Daten-Slide:** Dieses Slide zeigt Grafiken, die so reduziert wie nur möglich dargestellt werden, damit sie einfach zu erfassen sind. Mit der Visualisierung von Daten beschäftigt sich das nächste Kapitel.
6. **Infografik-Slide:** Hier geht es um Frameworks, Tools und Konzepte, die grundsätzlich visualisiert werden sollten. Klassiker für diese Art Konzept sind zum Beispiel die Maslow'sche Pyramide oder der Golden Circle. Zu Infografiken lesen Sie mehr im Kapitel »Stellt euch einen Kreis vor, der …«.
7. **Foto-Slide:** Davon gibt es in meinen Präsentationen immer mindestens zwei Grundformen – beide kombinieren Foto mit Text, weil ich der Meinung bin, dass Fotos die Emotion oder auch den Beleg zu dem Geschriebenen hinzufügen. Wichtig ist, dass die Fotos einen einheitlichen Stil haben und nicht lieblos zusammengesucht wirken. Die Fotos füllen entweder das Slide aus und der Text steht im Bild oder sie teilen sich den Raum mit dem Text. Da großformatige Fotos, genauso wie Slides, die nur ein Wort enthalten, sehr stark wirken, würde ich sie sparsam einsetzen, sonst nutzt sich ihr Effekt zu stark ab. Auf dieses Thema gehe ich gesondert in den Kapiteln »Hallo Bilder!« ein.
8. **Video-Slide:** Es zeigt ein Bild aus dem Video. Da häufig die Qualität der Screenshots nicht besonders hoch ist, braucht dieser Typus von Slide ein wenig Kreativität, damit er wirkt.
9. **Schluss-Slide:** Für dieses Slide gilt dieselbe Regel wie für das Titel-Slide. Statt eines Titels vielleicht ein kurzer Call-to-Action in Verbindung mit einem Bild? Gibt es nach der Präsentation eine Q&A-Session, würde ich mit einer Schlussfolie enden, die dazu passt und die nicht den Eindruck erweckt, dass bereits alles vorbei ist.

Diese Master Slides brauchen eine Präsentation

1

Das Titel-Slide braucht einen Hingucker, es ist die Folie, die am längsten zu sehen ist.

2

Das Navigations-Slide darf ruhig von der klassischen Agenda-Liste abweichen.

3

Das Keyword-Slide hebt Zitate oder Schlüsselformulierungen hervor.

4

Das Auszählungs-Slide sollte weder oft verwendet noch zu lang sein, sieben Punkte markieren die Obergrenze.

5

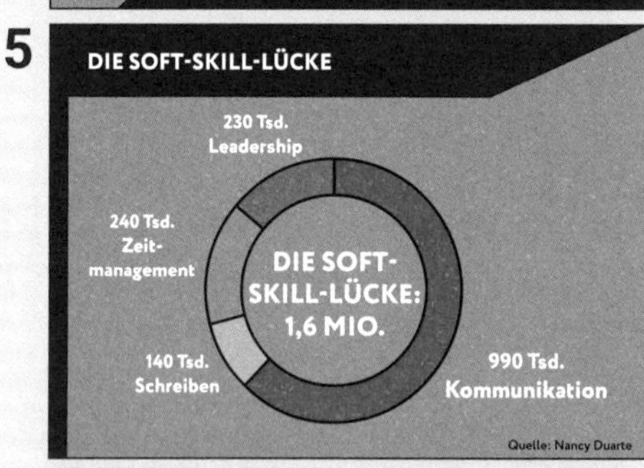

Das Daten-Slide erzählt eine klare Story, in diesem Fall den Mangel am Soft-Skill Kommunikation in den USA.

6

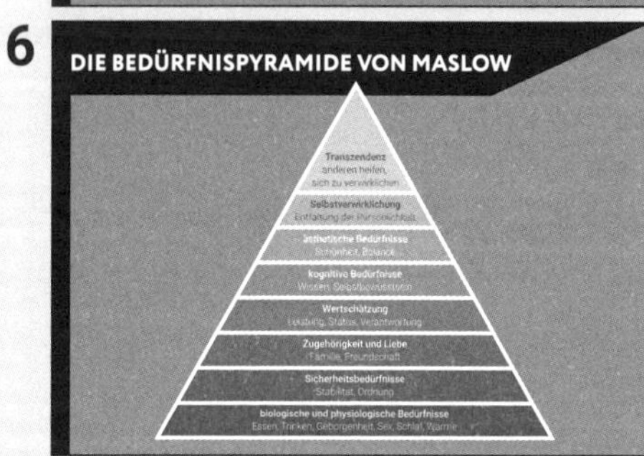

Das Infografik-Slide zeigt Konzepte und Frameworks, die optisch dargestellt werden.

7

Das Foto-Slide zeigt das Foto möglichst großformatig, gegebenenfalls mit Text.

8

Das Video-Slide braucht wegen der schlechten Screenshot-Qualität etwas Kreativität.

9

Das Schluss-Slide sollte eine klare Aufforderung enthalten, einen Call-to-Action.

Kein Mix and Match! 7 Grundsätze für ein einheitliches Design

Design bedeutet nicht, etwas aufzuhübschen, sondern die bestmögliche gestalterische Lösung zu finden. Da ich selbst kein Designer bin, doch seit vielen Jahren eng mit Grafikern zusammenarbeite, will ich ein paar Grundsätze zusammenfassen, die meiner Erfahrung nach zu gut gestalteten Präsentationen führen:

- Jede Präsentation startet *from scratch*, also von Grund auf. Wenn bestehende Charts aus anderen Präsentationen eingebaut werden sollen, dann sind alle entsprechend anzupassen, sodass das Gesamterscheinungsbild keine Brüche erkennen lässt.
- Schriften sollten sich vor allem gut lesen lassen. Das ist für mich das oberste Kriterium. Darüber hinaus sind sie eine starke Stilaussage und sollten mit Bedacht gewählt werden. Auch wenn die Versuchung manchmal groß ist: Eine Typo reicht.
- Farben sollten Sie so weit wie möglich reduzieren. Eine stimmige Farbpalette ist das A und O guten Designs. Wichtig ist, dass es eine Farbe in dieser Palette gibt, die hervorsticht, die Aufmerksamkeit erregt. Sie sollte mit Fingerspitzengefühl eingesetzt werden.
- Fotos brauchen Geduld. Es ist eine zähe Aufgabe, das Fotokonzept einer Präsentation zu entwickeln. Diese Beschäftigung hat eine Storyline mit Tiefpunkten, die kaum zu vermeiden sind. Nicht verzweifeln, weitersuchen! Irgendwann fällt alles an seinen Platz.
- Mit einer Stimme sprechen. Eine Präsentation sollte einen eigenen Tonfall haben, der sich in jedem Slide wiederfindet. Die Frage ist: Wie sprechen Sie das Publikum an? Leidenschaftlich, sachlich, lakonisch? Genauso sollten auch Ihre Texte klingen.
- Alles, was von der Stange kommt, sollten Sie möglichst vermeiden. Dazu zählen Stockfotos, Schriften, die alle Welt verwendet, ebenso Icons, die abgedroschen sind. Auch innerhalb der Firmenvorgaben lässt sich kreativ und originell gestalten.
- Alles Gestaltete braucht eine klare Ordnung. Bei jedem Chart stellen Sie sich immer die gleichen Fragen: Worum geht es hier? Was ist wichtig? Von der Antwort ausgehend, gliedert sich alles von wichtig zu weniger wichtig und ermöglicht so eine einfache Orientierung.

Die gesamte Entwicklung der Slides einer künstlichen Intelligenz überlassen?

Geht das, die Entwicklung einer Präsentation inklusive der Entwicklung der Slides einer künstlichen Intelligenz zu überlassen? Nachdem das KI-Tool Tome (*https://tome.app/ai*) in mehreren Workshops zum Thema Präsentationen mithilfe von generativer KI hoch gelobt wurde, meldete ich mich dort an. Tome verspricht: *»AI built for presentations«* – KI, entwickelt für Präsentationen. Das Ergebnis ist – zumindest noch – ernüchternd.
Wie bei ChatGPT prompte ich meine Präsentation, zum Beispiel so:
»Angebot über ein Beratungsprojekt für einen Immobilienkunden. Verwende folgende Gliederung: 1) Warum wir, 2) Portfolio, 3) Prozess, 4) Ergebnisse, 5) Preisgestaltung und Bedingungen, 6) Zeitrahmen, 7) Kontakt.«
Tome erzeugt daraufhin die Gliederung und gestaltet in einem zweiten Schritt die Folien automatisch. Das Layout lässt sich vorher nach Einstellung diverser Parameter anpassen.
Das Resultat ist in einem Wort: enttäuschend. Die Präsentation wirkt hochgradig generisch. Schlimmer noch, sie verstößt sogar gegen das kleine 1 × 1 der Gestaltung: Es steht zum Beispiel viel zu viel (nicht besonders aussagekräftiger) Text auf den Folien, und die von der KI ausgewählten Bilder lassen sich allenfalls als (wenig inspirierende) Platzhalter betrachten.
Dann vielleicht doch lieber weniger KI und entweder starke Vorlagen wie bei Canva nutzen oder mithilfe von Grafikerinnen und Grafikern eine wirklich genuine Präsentation entwickeln, was zwar bedeutend aufwendiger ist, aber auch bedeutend überzeugender. Allerdings lohnt es meiner Meinung nach, den Fortschritt von Tome im Auge zu behalten. Generative künstliche Intelligenz entwickelt sich so rasant, dass Tome vielleicht schon bald ermöglicht, überzeugende Präsentationen zu prompten.

Take-away

Slides sollten auf den Punkt treffen. Sie dürfen das Publikum nicht verwirren oder dazu verleiten, lange zu lesen. Das Idealbild für ein Slide ist ein Plakat, das am Straßenrand steht. Während wir vorbeifahren, nehmen wir in wenigen Sekunden dessen Inhalt wahr. Genauso soll es auch bei Präsentationen sein, weil wir nicht gleichzeitig zuhören und lesen können. Jedes Slide sollte klar und einfach sein und die Worte unterstützen, anstatt die Aufmerksamkeit von den Worten wegzulenken.

Tschüss Zahlenkolonnen!
Die Story in den Daten finden und visualisieren

Grafiken übersetzen Daten in Storys. Um nichts anderes geht es. Eine Grafik, die einfach so erscheint und die das Publikum ohne den Rahmen einer Story dechiffrieren soll, ist tabu. Doch ähnlich wie in der Welt der Fotos lauert an dieser Stelle ein hoher Aufwand, der leider allzu oft vermieden wird.

Ich betrachte jede Grafik als eine Präsentation im Kleinen – eine Ein-Chart-Präsentation. Wenn ich nur dieses Chart hätte, so meine Frage, welche Geschichte würde ich auf dieser Basis erzählen? Wer sich also gegen ein Standard-Excel-Chart entscheidet, hat eine anspruchsvolle Aufgabe vor sich. Im Kern geht es um zwei Dinge: erstens eine bestehende Grafiklösung von allem Überflüssigen zu befreien, sie so klar und einfach wie möglich zu gestalten; zweitens die Pointe herauszuarbeiten. Jede Grafik sollte nicht zwei, nicht drei, nicht vier, sondern genau eine Aussage haben. So vermeiden Sie Konflikte in der Aufmerksamkeit des Publikums, das sich entscheiden muss, ob es lieber zuhört oder die Grafiken entschlüsselt, weil beides gleichzeitig unmöglich ist. Im ungünstigsten Fall steigt es auch an solchen Stellen wegen Überforderung einfach aus, zieht das Handy aus der Tasche und beginnt zu chatten.

Doch selbst perfekte Charts sollten meiner Erfahrung nach wohldosiert in Präsentationen erscheinen. Sie gehören eher in die Unterlagen zum Vortrag, doch im Vortrag selbst können sie das Publikum schnell ermüden. Der New Yorker Professor Scott Galloway, ein Meister der Charts, macht da eine Ausnahme. In seinem Fall putschen die Kaskaden von Charts in Verbindung mit seinem dynamischen Vortragsstil eher auf.

Eine Tabelle mit Daten als Ausgangsbasis

	Weltweit	Australien	Kanada	China	Frank-reich	Deutsch-land	Indien	Italien	Japan	Singapur	Südkorea	Spanien	Vereinigte Arabische Emirate	Groß-britannien	USA	Latein-amerika
Forschung & Entwicklung	44%	49%	41%	41%	36%	35%	67%	32%	27%	51%	51%	36%	45%	43%	51%	48%
Umschulung und Entwicklung von Arbeitskräften	39%	36%	42%	42%	33%	32%	55%	24%	30%	43%	37%	22%	44%	36%	38%	38%
eigene KI-Lösungen entwickeln	38%	30%	23%	53%	28%	39%	53%	40%	34%	37%	23%	30%	44%	33%	29%	35%
Ergänzung menschlicher Aufgaben durch digitale Technik	33%	34%	26%	40%	16%	40%	40%	26%	24%	33%	33%	31%	39%	39%	33%	30%
Standard-KI-Anwendungen	32%	21%	22%	39%	25%	36%	26%	26%	38%	25%	24%	32%	44%	21%	28%	45%
Einbettung von KI in aktuelle Anwendungen und Prozesse	29%	33%	28%	26%	26%	30%	42%	18%	24%	40%	27%	22%	24%	21%	18%	41%
Standardtools zur Erstellung eigener Anwendungen und Modelle	29%	14%	19%	43%	16%	32%	32%	17%	31%	32%	25%	16%	30%	21%	20%	38%
Ich weiß nicht/bin unsicher	4%	8%	7%	0%	5%	3%	1%	5%	8%	3%	1%	5%	0%	7%	12%	2%
andere	0%	1%	1%	0%	0%	1%	0%	0%	1%	1%	0%	1%	0%	0%	0%	0%

Basis: IT-Fachleute in Unternehmen (Organisationen mit mehr als 1.000 Mitarbeitern), die KI erforschen/einsetzen

23 *Planung für die nächsten zwölf Monate – in welche Bereiche investieren Unternehmen für die Einführung von KI?*

Planung KI-Investitionen ...

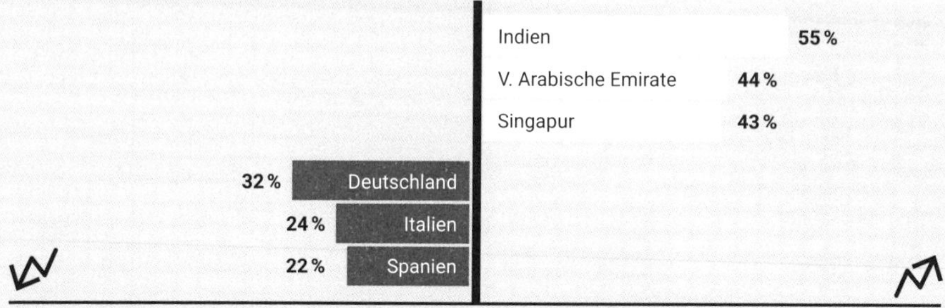

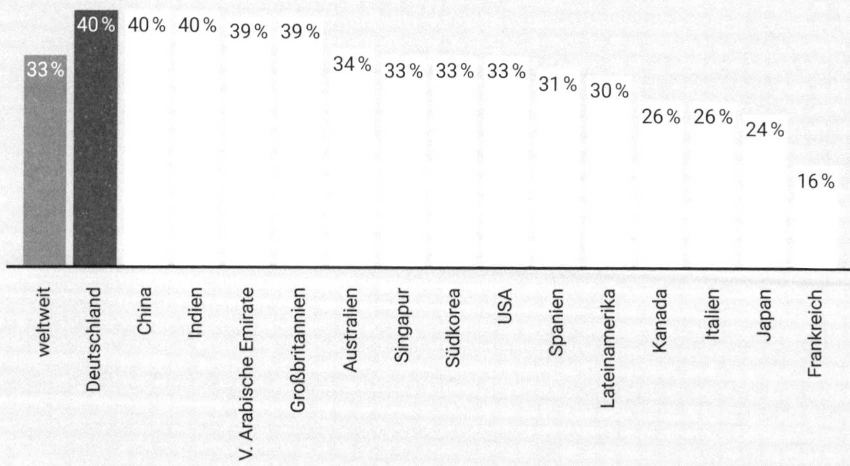

24 *Oben: Gegenüberstellung der Extreme: Deutschland bei den Schlusslichtern; Unten: Das ganze Feld: Deutschland in einer Spitzenposition*

Die Beispielgrafiken basieren auf einer Studie von IBM über die Verwendung von künstlicher Intelligenz in Unternehmen.[47] Ein komplexes Übersichts-Chart daraus hat meine Frau Bettina beispielhaft in drei Charts zerlegt. Jedes von ihnen erzählt eine kleine Geschichte. Die Grundfrage war: Was lernen wir über Deutschland aus dieser Studie? Die Überschriften der Charts sind sachlich, nicht reißerisch. Sie sind in jedem Fall dem Stil der Präsentation, in die sie eingebunden werden, anzupassen.

Das Thema Planung von KI-Investitionen in Umschulungen erschien mir sehr spannend, weil Deutschland hier mit Italien und Spanien zu den Schlusslichtern gehört. Anders als Indien, die Vereinigten Arabischen Emirate und Singapur, die an dieser Stelle stark investieren wollen, scheinen deutsche Unternehmen davon auszugehen, dass es wichtigere Themen gibt. Die Grafik ist eine simple Gegenüberstellung der Extreme. Auf die Mitte wurde bewusst verzichtet, um den Blick darauf zu lenken, welche Story deutsche Unternehmen vom Arbeitsmarkt haben. Anhand dieses einen Charts ließe sich diese entspinnen. Leitfragen: Warum wird nicht in Entwicklung und Umschulung investiert? Was bedeutet das für die Gesellschaft, für die Politik und natürlich für die Unternehmen selbst?

Das entgegengesetzte Bild zeigt die Grafik über die Ergänzung menschlicher Aufgaben durch digitale Technik. Bei diesem Thema markieren deutsche Unternehmen die Spitze. Genau hier soll investiert werden. Ein Balkendiagramm mit allen in der Studie vertretenen Ländern zeigt die Absichten deutscher Unternehmen laut der IBM-Studie. Die Rotfärbung lenkt den Blick. Diese Form der Grafik hätte ebenso für die Planung der KI-Investitionen für Umschulung und Entwicklung von Arbeitskräften verwendet werden können und vice versa. Auch dieser Zusammenhang hätte sich in der reduzierten Gegenüberstellung zeigen lassen. Es sind zwei Möglichkeiten, Daten in Charts aufzubereiten.

Das dritte Chart ist weniger plakativ. Mit gutem Grund. Es zeigt, dass Deutschland über alles nicht wirklich weit vom weltweiten Mittelwert entfernt ist. Allerdings ließe sich auf dieser Basis mit nur einem Klick ein Fokus auf den Norden der Deutschlandkarte legen und damit auf die Themen, bei denen Deutschland über dem Durchschnitt liegt. Und entsprechend fokussiert ein Klick, der den Süden fokussiert, auf die Felder, in denen Deutschland sich in negativer Weise vom Trend abkoppelt, warum auch immer.

---

47 IBM: Global AI Adoption Index. Enterprise Report. November 2023. *https://filecache.mediaroom.com/mr5mr_ibmspgi/179414/download/IBM%20Global%20AI%20Adoption%20Index%20Report%20Dec.%202023.pdf*

Investitionsbereiche zur Einführung von KI in deutschen Unternehmen

im weltweiten Vergleich

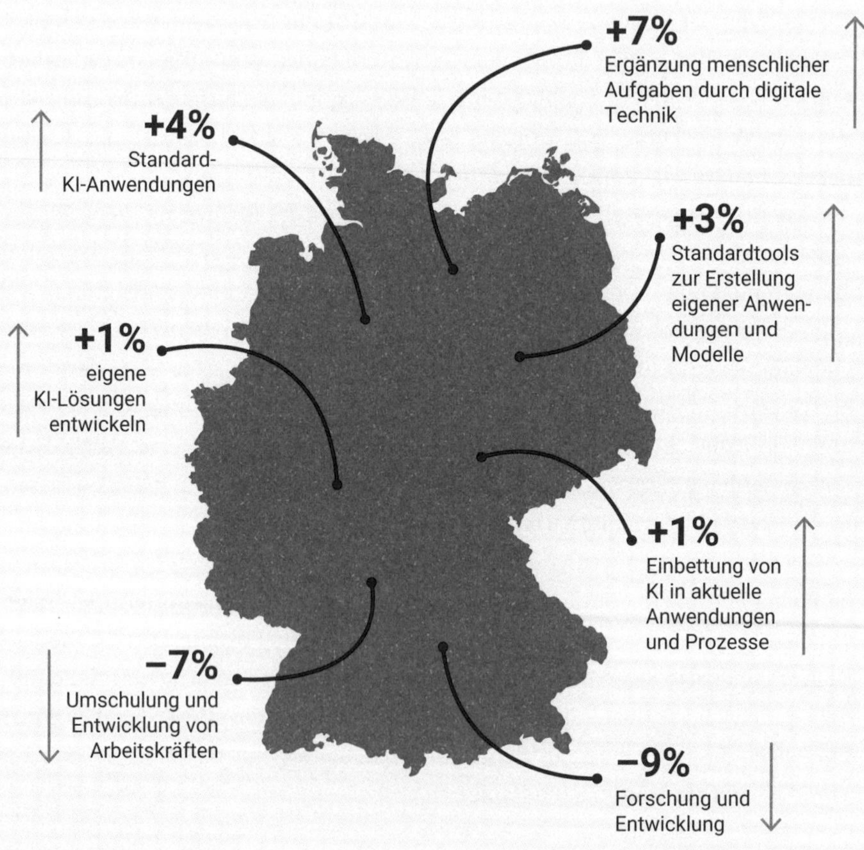

25 *Fokus auf Deutschland: alle Themenfelder der Studie im Verhältnis zum Durschnitt aller Länder*

Über die Warum-Frage gibt keines der Charts Auskunft. Doch genau das leistet die Story, in die sich die Charts einbetten lassen. Hier ging es mir nur darum, drei Möglichkeiten aufzuzeigen, visuell die Erzählung zu verstärken, die Punkte hervorzuheben, die spannend sein könnten, die Anlass dazu geben, nach einem Warum zu fragen.

Es gibt viele Bücher, die sich ausführlich mit dem Thema der Visualisierung von Daten beschäftigen. Meine drei bevorzugten Autorinnen und Autoren sind Nancy Duarte, Cole Nussbaumer-Knaflic und Garr Reynolds. Ihre Bücher zeigen auch, dass wir hier ein Feld betreten, auf dem Grafiker eng mit Präsentatoren zusammenarbeiten müssen, um die Story in den Daten zu finden und in Charts zu übersetzen, die sich in den Gesamtkontext der Präsentation harmonisch einfügen. Das Designen von Daten-Charts lässt sich auch hervorragend bei Scott Galloway studieren oder beim OMR-Gründer Philipp Westermeyer, dessen Präsentationen State of the Art sind.

Take-away

Die Story in den Daten zu finden, ist eine ganz eigene Aufgabe. Ihr Ziel: Charts zu entwickeln, die klar sind und auf den Punkt gestaltet, das heißt in wenigen Sekunden erfassbar und aussagestark. Der Prozess besteht meist in einer radikalen Reduktion und Fokussierung auf die Daten, die zählen. Alles andere überfordert das Publikum und lenkt viel zu sehr vom Vortrag ab. Drei Beispiel-Charts, abgeleitet aus einer großen IBM-Studie zum geplanten Einsatz von KI in Unternehmen, zeigen das Vorgehen.

Hallo Bilder!

Geschichten in emotionale Fotos übersetzen

Wegweiser stehen für Entscheidungen. Projekte, das sind Post-its an der Wand. Erfolg, das sind Menschen, die die Arme nach oben recken – auf einem Gipfel, vor einem Glaspalast, im Büro. Das Bull's Eye der Dartscheibe steht für Ziele. Schlösser stehen für Sicherheit, alternativ auch Kameras. Storytelling? Ein Erzähler mit Publikum oder ein Lagerfeuer.

Klischee-Alarm! Wer auf Unsplash, Pixabay oder anderen Plattformen, die lizenzfreie Bilder anbieten, nach Business Keywords sucht, bekommt ohne Frage gute Fotos. Doch es sind immer die gleichen Motive. Wer sich für sie entscheidet, erzählt damit die gleiche Story wie alle anderen, die sich für diese Motive entscheiden: Bilder sind wichtig – aber am Ende nicht wichtig genug, dass ich viel Aufwand mit ihnen betreibe.

Doch genau darin liegt die Magie von Bildern, dass sie etwas zeigen, das uns wirklich berührt und das blitzartig. Wir nehmen Bilder unglaubliche 60.000-mal schneller auf als Text. Und wir merken sie uns. Greta Thunberg in ihrem blauen Hoodie vor dem schwedischen Parlament in Stockholm im Klimastreik. Die Gesichter mit Masken aus der Zeit der Pandemie. Festgeklebte Hände auf Asphalt. Oder Klassiker wie Albert Einstein, der einem aufdringlichen Fotografen die Zunge herausstreckt. All diese Motive erzählen Storys, das macht sie so besonders.

Also, bitte ignorieren Sie die ersten visuellen Konzepte, die die Bildrecherche hervorbringt. Keine Bilder sind in jedem Fall besser als schlechte Bilder. Passende Bilder für einen Vortrag zu suchen ist harte Arbeit, die Stunden dauern kann, vor allem dann, wenn die Bilder gratis sein sollen. Mitunter scheint es einfacher, selbst zu fotografieren oder einen Profi zu engagieren. Das hat noch einen weiteren Vorteil: Sie können gleich ein kleines Portfolio erstellen. Die Bilder des Vortrags sind damit aus einem Guss. Die zweite Alternative ist, Fotos bei Adobe, Getty oder anderen Premiumanbietern zu kaufen. Das kann kostspielig werden, die Qualität von Präsentationen aber enorm erhöhen. Alternative Nummer drei: Sie überlassen die Erstellung der Bilder einer künstlichen Intelligenz. Dazu mehr im nächsten Kapitel.

Ich entscheide mich meistens für intensives Suchen, weil dabei fast automatisch ein Bildkonzept entsteht, das sich aus all den Eindrücken während der Recherche ergibt. Und so wird am Ende wieder Zeit gespart, wenn Sie ein Bild gesucht haben, dabei aber gleich alle sieben Bilder finden, die für die Präsentation nötig sind.

Bilder mit dem Getty-Code auswählen

26 *Was ist die Story? Welches Bild erfüllt alle vier Kriterien an hochwertige und originelle Fotos?*

Was sind die Kriterien für starke Bilder? Getty Images hat einen Code entwickelt, der sie beschreibt:[48]

1. **Starke Bilder sind authentisch**
   Künstlichkeit ist tabu – die Präsentation sollte vielmehr echte und natürliche Bilder zeigen, die Sympathie erzeugen. Diese Regel schließt all die Stockfotos mit den immergleichen Schachspielen, Post-its und Stuhlreihen aus und macht überraschende Bilder sympathisch, die Sie vielleicht selbst schießen, solange diese nicht gestellt sind.
2. **Starke Bilder sind relevant**
   Eine Präsentation von heute braucht auch Bilder von heute. Es sei denn, Sie stellen zum Beispiel gegenüber, wie etwas war und wie es heute ist oder in Zukunft sein sollte. Dann brauchen Sie auch Bilder, die diesen Kontrast deutlich machen. Die Relevanz der Bilder ergibt sich in der Regel aus der Relevanz des Vortrags.
3. **Starke Bilder sind sinnlich**
   Die Frage bei jedem Bild, das Sie verwenden, ist: Was fühlen die Betrachterinnen und Betrachter? Welche Sinne spricht das Bild an? Die rationale Aussage des Bildes halten Sie im Text fest, der unbedingt dazugehört – kein Foto ohne einen Text, so knapp dieser auch sein mag.
4. **Starke Bilder sind archetypisch**
   Jedes Bild löst eine Resonanz aus zu Urbildern, die wir gespeichert haben: Bilder von Rebellen, Heldinnen, Vätern, Künstlerinnen, Bilder von Ruhe, von Aufbruch, von Ankommen. Die Herausforderung besteht darin, das Authentische archetypisch zu zeigen, um einem Vortrag durch die Bilder tiefere Wurzeln zu geben.

Der Getty-Code gibt die Richtung vor. Dass nicht jedes Bild in einer Präsentation alle vier Kriterien erfüllen kann, ist selbstverständlich. Doch wenn Sie, um zum Anfang zurückzukommen, sich einfach erlauben, dem Code zu folgen und radikal anders zu denken, dann ersetzen Sie vielleicht den Wegweiser, der für Entscheidungen steht, einfach durch das Foto einer Kaffeemaschine, hinter der eine Tafel hängt, auf der das Kaffeeangebot aufgelistet ist – insgesamt über 30 Variationen,

48 Jonathan Klein: Photos that changed the world. TED: Februar 2010, Oxford. *https://www.ted.com/talks/jonathan_klein_photos_that_changed_the_world?language=de*

eine klingt leckerer als die nächste, so lecker, dass wir den Kaffeeduft zu riechen meinen. Das Bild ist authentisch, sinnlich und archetypisch für unsere Zeit: Egal, wohin wir kommen, ist die Auswahl groß und wir müssen uns entscheiden.

Extremes Breitbild – Präsentationen à la Taylor Swift

Der Raum abgedunkelt, hinter der Sprecherin ein extremer Breitbandbildschirm, auf dem verschiedene Lebensmittel in einer Reihe vor weißem Hintergrund abgebildet sind: Kekse, Salami, Kartoffeln, ein gebratenes Lachsfilet, Brokkoli. Sie zeigen verschiedene Sättigungsgrade – von 1 für die Kekse bis 89 für den Brokkoli. Der Sprecher ist Teil dieser Grafik, er wandert in ihr auf und ab, um sie zu erläutern. Es gibt keine Trennung mehr zwischen dem Menschen und der Präsentation, beide verschmelzen miteinander.

Das eben beschriebene Chart ist Teil der Vorstellung einer Ernährungs-App namens Hava, vorgestellt von zwei schwedischen Ärzten.[49] Es ist eine schlichte, ruhige Folie. Andere zeigen schlichten Text, eindrucksvolle Fotos oder Videos. Auch Livevideos von dem Handy-Screen, das der Präsentator gerade bedient. Wenn keine Folie gezeigt wird, ist da ein breiter, strahlend weißer Streifen im Hintergrund, was cool aussieht. Das könnte auch eine Steve-Jobs-Präsentation sein.

Zumindest optisch. Denn was diese Präsentation ebenfalls zeigt und woran meiner Meinung nach viele dieser opulenten Präsentationen leiden, ist die Tatsache, dass sie drohen, den Menschen zu schlucken. Wir haben eben nicht alle die Bühnenpräsenz von Taylor Swift. Nachdem ich ihr Konzert erlebt habe, erinnere ich mich an sie. Von der Hava-Präsentation dagegen erinnere ich die beeindruckenden Charts, mit denen die Sprecher nicht mithalten können.

Würde Steve Jobs es heute wirklich so machen? Die Technik ist verlockend, wenn man die entsprechenden Slides hat, die die Story, die erzählt wird, unterstützen, anstatt sie in den Hintergrund zu drängen. Am Ende geht die Inspiration nicht von dem aus, was im Hintergrund geschieht, sondern von Sprecherinnen und Sprechern und deren Ideen.

49 Andreas Eenfeldt und Ted Naiman: Nutrition reimagined – Hava unveiled. Januar 2024. *https://www.youtube.com/watch?v=YKYmDrsvaOk*

Take-away

Gute Bilder verleihen einer Präsentation Emotionen. Bei der Auswahl der Bilder ist allerdings einiges zu berücksichtigen. Es beginnt mit einem Tabu für Klischeebilder, die alle verwenden. Ihre Wirkung ist kontraproduktiv. Die Bilder sollten, im Gegenteil, sinnlich, relevant und authentisch sein. Wichtig ist, dass sie, ob selbst geschossen oder KI-generiert, einen einheitlichen Stil haben. Das gibt einer Präsentation Stimmigkeit, während ein wilder Bildmix verwirrt.

Hallo Bilder, Teil 2!

Künstliche Intelligenz nutzen, um eine eigene Bildwelt zu generieren

Ein anderer Weg, sich dem Thema Bilder zu nähern, ist der über generative künstliche Intelligenz: Bilder werden nicht mehr gesucht oder fotografiert, sondern gepromptet. Midjourney ist das Programm der Wahl, wenn es um fotorealistische Bilder geht, die sich ganz hervorragend für Präsentationen verwenden lassen, etwa weil sich kein überzeugendes Bildmaterial finden lässt, weil das Bild etwas zeigen soll, das sich nicht fotografieren lässt, oder weil die KI eine Möglichkeit bietet, eine eigene Bilderwelt für die Präsentation zu entwickeln, einen ganz eigenen Stil.

Wer mit Midjourney arbeiten will, muss sich zunächst bei der Community Discord anmelden (*https://discord.com*).[50] Es gibt wie bei den meisten KI-Services verschiedene Formen von Abonnements, je nachdem, wie intensiv Sie Midjourney nutzen wollen. Grundsätzlich sind sämtliche auf der Plattform erzeugten Bilder öffentlich. Alle Nutzerinnen und Nutzer haben Zugriff, können auch die von

50 Quick-Start-Manual: *https://docs.midjourney.com/docs/quick-start*. Tutorial für Einsteiger: *https://www.youtube.com/watch?v=5deYUaqwreo*

Ihnen generierten Bilder kopieren und remixen – außer im sogenannten Stealth-Modus, der ab dem Pro-Plan-Abomodell enthalten ist.

Nun zu den Bildern! Stefanie Krüll, Designerin und Expertin für Bildgenerierung mit KI-Tools, gab mir per Interview eine Einführung in das nicht ganz intuitive Arbeiten mit Midjourney, zu dessen Early Adoptern sie zählt.[51] Ihr Aha-Moment:

> *»Zunächst habe ich die Technik abgelehnt; sie hat mich ästhetisch nicht abgeholt. Im Herbst 2022 habe ich bei einem befreundeten Fotografen auf Facebook das Bild eines Vogels entdeckt. Ich dachte: Der ist jetzt unter die Ornithologen gegangen. Doch der Kommentar zum Bild lautete: ›Krass. Mit Midjourney generiert.‹ Da wusste ich: Jetzt wird es spannend! Dann habe ich mich bei Discord angemeldet, um nicht nur mit Photoshop oder Illustrator, sondern auch durch Text etwas zum Leben zu erwecken. Seitdem bin ich infiziert.«*

Für dieses Kapitel habe ich einen kleinen Querschnitt aus Stefanies Portfolio ausgewählt; er zeigt, wozu Midjourney fähig ist, ganz gleich, ob ein Moodboard benötigt wird, ein Porträt, ein Haus, eine futuristische Schlafkapsel oder ein Foto im Stil eines Gemäldes aus einem anderen Jahrhundert, in das ein MacBook hineingezaubert wurde. Bei jedem Bild findet sich der Prompt, mit dem sie es erzeugt hat. Generell gilt allerdings: Auch wenn Sie exakt den identischen Prompt eingeben, erhalten Sie doch jedes Mal ein anderes Bild.

> *»Es bleibt bis zum Schluss – liebevoll gesagt – ein Überraschungsei. Wir haben keine hundertprozentige Kontrolle über das Endergebnis.«*

Die Grundelemente eines guten Basis-Prompts bei Midjourney sind ein spezifisches Subjekt oder Objekt, die Angabe eines Ortes oder einer Umgebung, Angaben zur Art des Bildes (Foto, Gemälde, Illustration, ...) und schließlich Angaben zu Licht, Farben sowie beim Thema Fotografie zu Kamera, Film, Perspektive etc. – all das in Form einer durch Kommas getrennten Aufzählung. Deutsche Prompts sind zwar möglich, doch ist Englisch die Sprache der Wahl, um bestmögliche Ergebnisse zu bekommen. Ein Beispiel von Stefanie Krüll:

Prompt: *»editorial photography of a young woman, walking through the streets of Paris in 1985, chilled atmosphere, sunny daylight in autumn, warm natural colours, polaroid sx-70 --ar 1:1 --s 50«*

---

51 *https://www.stefanie-kruell.de*. Instagram: *https://www.instagram.com/ai_nouvelle_vague/*. Stefanie Krüll gibt auch Workshops zu Midjourney und hält Vorträge zu KI in der Generierung von Bildern. Unser Interview fand am 06. Juni 2024 über Zoom statt.

27 *Ergebnis des Prompts »junge Frau in Paris«*

Die Zusatzangaben am Ende des Prompts beziehen sich auf die Polaroid-Kamera, das Größenverhältnis des Bildes und den Stylize-Wert, also die – in diesem Fall – hohe Nähe zum Prompt und geringe künstlerische Freiheit der KI.

Ob man mit einem möglichst spezifischen Prompt beginnen muss, will ich von Stefanie wissen. Bei Kundenaufträgen schon, meint sie:

> *»Doch je genauer etwas bei Midjourney von Kundenseite vorgegeben wird, desto aufwendiger ist häufig der iterative Prozess. Auch wenn ich gelernte Bildmotive ziemlich gut nachprompten kann – Midjourney macht nicht immer exakt das, was wir uns ausgedacht haben. Dahin zu gelangen, braucht Ausdauer und Geduld.«*

Dafür lassen sich mit der generativen künstlichen Intelligenz Bilder zaubern, die selbst die beste Fotografin nicht machen kann, wie zum Beispiel das Bild der

Schlafkapsel zeigt, das Stefanie durch eine spielerische Form der Annäherung mithilfe von Midjourney generiert hat.

Anstatt ein Bild präzise zu beschreiben, gibt die Designerin manchmal nur ein Wort ein, etwa *»reflections«* – Reflexionen, und lässt dann den Style Tuner in Midjourney 16, 32, 64 oder gleich 128 Varianten zaubern. Von dort aus beginnen die Iterationen und so entstehen manchmal auch großartige Serien von Bildern. Stefanie sagt dazu:

»Ganz häufig wird man bei dieser spielerischen Herangehensweise belohnt! Auch wenn der Ausgangspunkt ein reines Zufallsprodukt ist.«

Im Folgenden sehen Sie eine Galerie von Bildern, die mit Midjourney generiert wurden, dazu die Prompts.

28 *Extreme Ästhetik mit minimalistischem Look und grafischer Anmutung. Prompt: »futuristic goddess of colour blocking --style 3fr1oFKpILC --v 5.2«*

29 *Illustration einer Frau mit Mac. Prompt: »a fine art illustration, a smiling woman in a jungle, sitting on a tree trunk, laptop, thinking about AI, being enlightened --ar 3:2 --v 5.2«*

30 *Transparentes Tiny House am Strand. Prompt: »architecture photography, a tiny house at the seafront, modern transparent architecture, exclusive style, hasselblad camera shot, --ar 16:9 --style raw --stylize 500«*

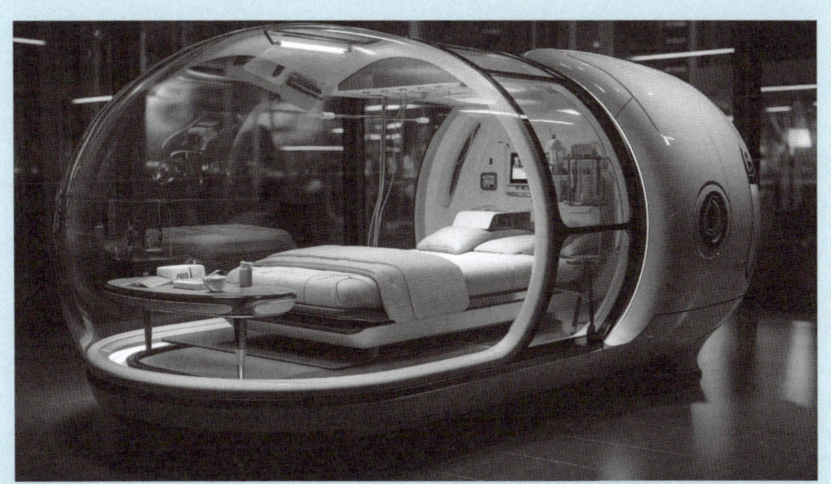

31 *Futuristische Schlafkapsel für Hyper Loops. Prompt: »a room that has a futuristic bed machine sitting inside a room with windows, in the style of light gold and yellow, rounded, transportcore, long distance and deep distance, bulbous, precise and lifelike, tranquil serenity --ar 16:9 --style raw --stylize 750«*

32 *Im Stil von Delfter Porzellan. Prompt: »a porcelain plate, with a linedrawing of the face of woman, blue line, white background, in the style of Delfter porcelain --stylize 250«*

33 *Schreiender Mann. Prompt: »https://s.mj.run/1VEghlRSZV0 portrait photography, a close up of a man age 38, brown hair, light blue eyes, extreme hysteric laughing, laughing to tears, mouth wide open, red turtle neck, minimalistic style, background with light grey gradient --ar 3:4 --style raw --cref https://s.mj.run/1VEghlRSZV0 --cw 0 --iw 0.5«*

34 *Genervter Mann. Prompt: »https://s.mj.run/1VEghlRSZV0 portrait photography, a close up of a man age 38, brown hair, light blue eyes, extreme offended facial expression, high raised brows, red turtle neck, minimalistic style, background with light grey gradient --ar 3:4 --style raw --cref https://s.mj.run/1VEghlRSZV0«*

35 *Wütender Mann. Prompt: »https://s.mj.run/1VEghlRSZV0 portrait photography, a close up of a man age 38, brown hair, light blue eyes, extreme aggressive facial expression, very narrowed eyes, mouth wide open, a mouth open to scream, extreme wrinkled --ar 3:4 --style raw --cref https://s.mj.run/1VEghlRSZV0«*

36 *Frau im weißen Kleid als Ode an Bella Italia und an das besondere Licht im Stil der 1950er Jahre. Prompt: »italy 1950, eye level view, a young woman in the streets of Rome, street photography, Bergger Pancro 400, --style raw --stylize 300«*

37 *Moodboard à la KI. Prompt: »a mood board, cooking, flat design, overhead shot, light background, photo realistic, 8k --stylize 750 --v 5.2«*

Um das Prompten zu erlernen, bietet das Tool einen Reverse-Ansatz an. Sie laden ein Bild hoch, idealerweise eines, an dem Sie die Rechte besitzen, und dann generiert Midjourney vier mögliche Prompts. Damit lassen sich nun wieder Bilder generieren und Sie können sehen: Wie nah ist denn das Ergebnis an Ihrem Ursprungsbild? Oder ist es vielleicht viel spannender in der neuen Version?

Ein Wort noch zu den Bildrechten: Wir bewegen uns hier in einem noch ungeregelten Gebiet, in dem die generative KI die Möglichkeit hat, auf alles zuzugreifen, was sie als Input bekommen hat. Die Bilder, die sie erzeugt, hängen nicht nur von den Menschen ab, die Prompts schreiben, sondern auch von dem Bildrepertoire, auf das die KI zugreifen kann. Bei Bildnachweisen würde ich daher in einer

Präsentation oder einem Vortrag unbedingt angeben, dass das Bild mit Midjourney oder einer anderen KI erzeugt wurde. Stefanie Krüll weist darüber hinaus darauf hin, dass sie Abstand nehmen würde von Prompts, die direkt auf einen Fotografen oder Künstler referieren – die Ergebnisse seien den Originalen stilistisch oft verblüffend ähnlich, zu ähnlich, um sie mit gutem Gewissen zu verwenden.

Und was meint Stefanie zum Thema Deep Fakes?

»Es gab schon vorher Deep Fakes, doch jetzt sind sie viel schneller durch viel mehr Leute umzusetzen.«

Wie gehen wir damit um?

»Wir müssen trotz der Faszination versuchen, objektiv zu bleiben und Lösungen für die gesellschaftlichen Herausforderungen der Technologie finden.«

Als Mitgründerin und stellvertretende Vorstandsvorsitzende des Kölner Vereins GMKI (Gemeinsam mit künstlicher Intelligenz e. V., *gmki.org*) setzt sich Stefanie ehrenamtlich für KI im Bildungswesen und für die Aufklärung der Gesellschaft über KI ein. Aufklärung und Bildung sind zentrale Themen, denn künstliche Intelligenz in all ihren Erscheinungsformen und Anwendungen braucht meiner Erfahrung nach mehr als jedes andere Technikthema unserer Zeit die begleitende Reflexion, die Faszination und Furcht betrachtet, Chancen und Risiken, Wissen und Unwissen, Theorie und Praxis. Talk! legt den Schwerpunkt allerdings auf die optimistische und kreative Nutzung von Midjourney, ChatGPT, Canva, Firefly und öffnet den Raum der Möglichkeiten für Sie.

Bilder mit Adobe Firefly perfekt für Folien anpassen

Firefly (*https://www.adobe.com/products/firefly.html*), die generative KI aus dem Hause Adobe, ist im Gegensatz zu Photoshop und Illustrator gratis; alle können ihre kreativen Funktionen nutzen. Beim Thema Bildgenerierung sind Sie mit Firefly urheberrechtlich auf der sicheren Seite. Die KI wird ausschließlich mit gemeinfreien Werken und Bildern der Adobe-eigenen Stockfoto-Plattform trainiert. Allerdings sind die Ergebnisse bei fotorealistischen Bildern im Juni 2024 in keiner Weise mit denen von Midjourney zu vergleichen.

Die Stärke von Adobe Firefly liegt für mich aktuell vielmehr in der großen Einfachheit, mit der bereits existierende Bilder für Präsentationen passend gemacht werden können. Passend, das bedeutet eine Umformatierung, zum

Beispiel von 4 : 3 auf 16 : 9. Die KI erweitert den Ausschnitt in Höhe und Breite, wie er benötigt wird, indem sie den fehlenden Bildinhalt gemäß der Vorlage generiert – und zwar beeindruckend realistisch. Sie bietet auch verschiedene Varianten von Erweiterungen an. Diese Funktion ist insbesondere bei Präsentationen im 16:9-Format sehr nützlich, weil viele Bilder nicht in diesem Format vorliegen.

Mit Adobe Firefly lassen sich Bildelemente auch leicht löschen, etwa Personen oder Gegenstände, die vom zentralen Motiv ablenken. Die KI fügt den Hintergrund nahtlos zusammen. Sie fügt auch Objekte hinzu, legt einer Person etwa einen Schal um den Hals. All das geht maximal unkompliziert und beschleunigt die Anpassung von Bildern, die in Präsentationen verwendet werden, enorm.

Take-away

Eine Alternative zu Unsplash und Getty Images, zu eigenen Fotos oder aufwendigen Produktionen ist das Prompten von Bildern. Sie geben eine Beschreibung ein, und schon zaubert die künstliche Intelligenz ein Bild. Für fotorealistische Bilder ist Midjourney das Tool der Wahl. Es effizient und mit gezielter Kreativität zu nutzen braucht allerdings Einarbeitung und Übung. Der Lohn dafür sind faszinierende Bilder, die jede Präsentation bereichern und ihr einen eigenen Stil verleihen.

Stellt euch einen Kreis vor, der …
Konzepte und Modelle in Infografiken übersetzen

Die Plakatregel, die uns auffordert, jedes Slide so zu gestalten, dass es in maximal 3 Sekunden erfasst werden kann, hat eine Ausnahme: nicht bei Texten, nicht bei Fotos und Bildern, nicht bei Standardgrafiken, sondern bei Infografiken. Diese erzählen häufig eine längere Story und sie benötigen eine Erklärung. Für TED-Vorträge wäre das ein Tabu, doch meine Erfahrung ist anders. Wenn ich über Storytelling spreche, dann kann es durchaus vorkommen, dass die Veranstalter sich eine Übersicht über die wichtigsten Frameworks und Modelle wünschen. Dazu zählt auch die Heldenreise. Die aber lässt sich nur schwer in 3 Sekunden erfassen.

Was also tun? Das Modell in Worten erklären, ohne es zu zeigen?

> *»Stellt euch einen Kreis vor, der wie ein Ziffernblatt der Uhr 12 Markierungen hat [...]«*

Ein Flipchart nutzen, um das Modell aufzuzeichnen? Beides dauert vermutlich zu lange und ist alles andere als spannend. Ohne Infografik wird es schwierig.

Was ich bei solchen Grafiken mache, die Elemente von Text, Grafik und Bild mixen: Ich nehme mir als Vortragender Zeit für das Modell, zerlege es und erkläre es Schritt für Schritt. Diese Art Infografik ist die Ausnahme zur Regel, und zwar ganz bewusst. Es gibt viele spannende Modelle, etwa zum Mindset, wie im ersten Teil von »Talk!« gezeigt, oder zu erzählerischen Archetypen, die in Vorträgen gezeigt werden sollten, natürlich so klar und reduziert wie möglich. Entsprechend anmoderiert und gut erklärt, geben sie meiner Erfahrung nach Vorträgen eine Tiefe. Dramaturgisch gesehen passen sie gut nach schnelleren Parts, weil Infografiken das Tempo drosseln.

Jedes Konzept und Modell, jedes Framework und Tool lässt sich in eine Infografik übersetzen. Sie sorgt dafür, dass das Publikum viel weniger Zeit damit verbringt, einen Zusammenhang zu erfassen, der sich allein mit Worten schwer erklären ließe. Gut gemachte Infografiken sorgen auch dafür, dass zum Beispiel ein Modell durch eine bildhafte Darstellung leicht erinnert wird.

Das Erzählmodell der Heldenreise zeige ich in Vorträgen oder Workshops in einer Sequenz von Infografiken. Die Ausgangsfrage ist für mich: Wie erkläre ich ein nicht ganz triviales Framework Schritt für Schritt, sodass das Verständnis des Publikums deutlich tiefer reicht, als wenn ich nur ein Chart zeige und ein paar erklärende Sätze dazu sage?

Meine Grundidee war, die Erklärung in vier Schritte aufzuteilen:

1. das Modell der Heldenreise
2. die elementare dramatische Struktur der Heldenreise
3. die elementare Struktur der Heldenreise an einem Beispiel
4. das Modell der Heldenreise an einem Beispiel

Das Modell der Heldenreise – Teil 1

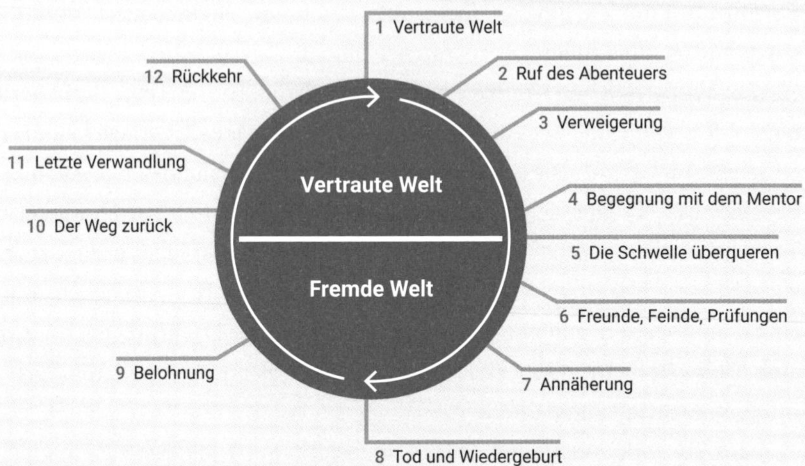

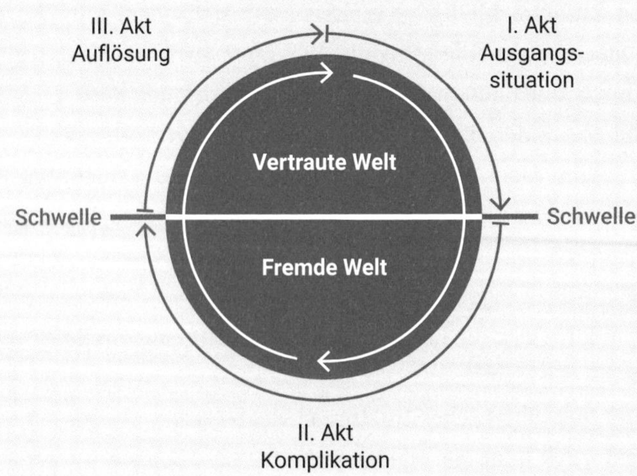

38 *Oben: Das erste Element der Infografik zeigt das Modell an sich.*
Unten: Das zweite Element der Infografik zeigt die dahinterliegende dramatische Struktur.

Das Modell der Heldenreise – Teil 2

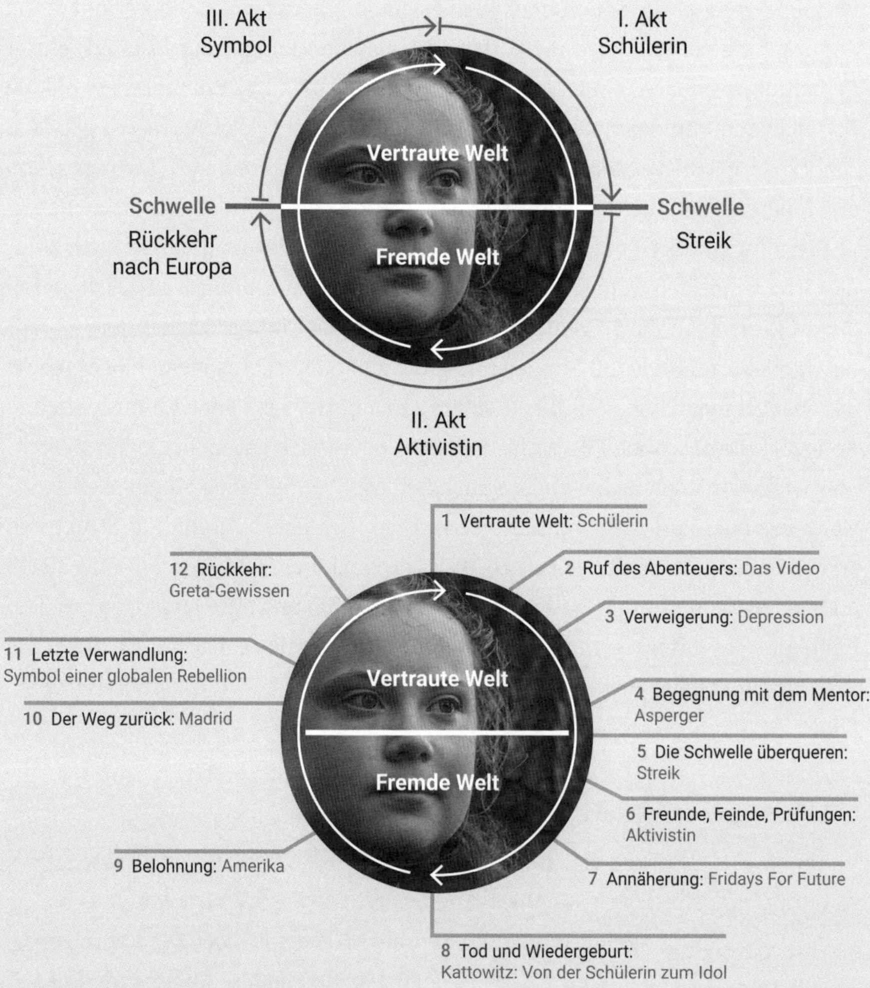

39 *Oben: Das dritte Element der Infografik zeigt die Struktur am Beispiel Greta Thunberg. Unten: Das vierte Element zeigt die Heldenreise von Greta Thunberg.*

Die Slides zeigen die Abfolge. Die Infografiksequenz beginnt mit dem Grundbild der Heldenreise, zu dem ich einige einführende Worte sage. Dann wechsle ich zur Tiefenstruktur, den drei Akten, den Schwellen und den beiden Welten, durch die sich die Hauptfigur auf ihrer Reise bewegt. Das war der theoretische Teil. Nun folgen Beispiele aus verschiedenen Welten, um deutlich zu machen, wie eine Heldenreise im Film, im Roman oder in einer Biografie aussehen kann. Greta Thunbergs Weg habe ich Ende 2019 in einer Heldenreise festgehalten, ohne zu wissen, wie ruhig es danach in Zeiten der Pandemie um sie werden würde. Ich wähle als Beispiele generell Personen oder Werke, die möglichst viele Zuhörerinnen und Zuhörer kennen. Ich zeige im Vortrag die gleichen Folien, nur in umgekehrter Reihenfolge. Danach mindestens ein weiteres Beispiel. Der Effekt: Das Publikum hat nicht nur von der Heldenreise gehört und kurz auf das Chart dazu geblickt, sondern es hat sie verstanden. Wahrscheinlich ist es während des Vortrags schon damit beschäftigt, die Heldenreise in der eigenen Lebensgeschichte zu suchen.

Diese Infografik ist ein Extremfall. In der Regel sind Infografiken weniger komplex und benötigen weniger aufwendige Herleitungen. Dennoch gehe ich diesen Weg in Vorträgen, auch wenn Präsentationsratgeber immer wieder davon abraten, Modelle auf Slides zu bringen und diese zu erklären. Aus meiner Sicht macht das aber sehr viel Sinn. Was bleibt einem sonst übrig? Ich kenne Kolleginnen und Kollegen, die das Modell vereinfachen. Davon halte ich gar nichts, denn so komplex ist es nun auch nicht. Andere umgehen es. Ebenfalls eine Möglichkeit, doch wenn das Publikum sich wünscht, einen Überblick über Storytelling-Strukturen zu bekommen, dann gibt es keinen Weg vorbei an der Heldenreise. In der Regel erkläre ich sie mindestens an einem Hollywood-Film und bitte jemanden aus dem Publikum, das mit mir gemeinsam anhand der Infografik zu machen. So füllen das Publikum und ich gemeinsam das Modell mit Leben. Und wir orientieren uns am Slide.

Diagramme mit Canva: Mit Vorlagen arbeiten

Canva (*https://www.canva.com*) bietet jede Menge Vorlagen – für Präsentationen, Websites, Berichte, Docs, Angebote. In der Rubrik »Diagramme« finden sich hervorragende Vorlagen für alle Arten grafischer Darstellungen von Daten. Dazu zählen diverse Timelines, Roadmaps, Mindmaps, Customer Journeys, Organigramme, SWOT-Analysen, Markenpyramiden, Produktvergleiche, Balken-, Torten- und Liniendiagramme. Allein durch diese Vorlagen zu blättern ist zutiefst inspirierend und ein perfektes Mittel gegen die von Excel und Co. auf Knopfdruck erzeugte Diagrammtristesse. Die Kunst besteht am Ende darin, die richtige Vorlage zu wählen, um die Story zu erzählen, und diese Vorlage in das Gesamtbild der eigenen Präsentation harmonisch einzupassen – bei der riesigen Auswahl auch keine ganz leichte Übung.

Take-away

Infografiken ermöglichen es, komplexere Sachverhalte grafisch darzustellen. Sie sind nicht nur ein typisches Element des modernen Magazinjournalismus, sondern auch in Präsentationen angekommen. Ich selbst nutze gerne Infografiken in Vorträgen und nehme mir Zeit, sie zu erklären. Es gibt allerdings Experten, die davon abraten, weil sie alle Komplexität aus den Slides fernhalten wollen. Das ist eine perfekte Grundregel, die aber auch Ausnahmen vertragen sollte.

TRAINIEREN

Die souveräne eigene Stimme finden

Präsentationen und Vorträge brauchen eine intensive Vorbereitung. Dieser Buchteil macht Sie damit vertraut, authentisch vorzutragen, um das Publikum zu bewegen.

Die Stimme macht den Unterschied! Wenn ich Teilnehmerinnen und Teilnehmer in Workshops frage, was ihnen an Vorträgen auffällt, die wir uns vorher gemeinsam angesehen haben, dann kommt bei den negativen Punkten häufig diese Antwort: Ich mochte die Stimme nicht. Genaueres Nachfragen ergibt, dass die Stimme unnatürlich klang, gestresst. Und der Inhalt? Er spielte dann kaum noch eine Rolle, weil recht bald weggezappt wurde.

In diesem Teil von »Talk!« steht die Stimme im Fokus. Sie sollte souverän klingen, entspannt, authentisch, als würden wir ein Gespräch mit guten Freunden führen. Doch der Stress im Rampenlicht sabotiert genau das: Wir klingen auf einmal wie schlechte Kopien von uns selbst. Und alles, was wir aufwendig recherchiert und in eine überzeugende Story verwandelt haben, verpufft in der Wirkung.

Die Stimme erzählt eine eigene Story über uns, unabhängig von den Inhalten. Man hört ihr an, ob jemand locker ist oder nicht. Liegt Verunsicherung in der Stimme, überträgt sie sich auch auf das Publikum. Reden wir zu schnell – die Aufregung! – oder zu langsam? Entschlüpfen uns viele Uhs oder Ähs, die wir selbst gar nicht bemerken, das Publikum dafür umso deutlicher? Irgendwann ist es genervt und hört nicht mehr hin, so spannend der Inhalt des Vortrags an sich sein mag.

Das Stimmtraining ist etwas, das wirklich Spaß macht. Genau wie das Training von Handgesten. Auch sie erzählen auf ihre Art eine Geschichte, die das Publikum intuitiv versteht. Schließlich war mir wichtig, mit »Ein Bummel durch den Gedächtnispalast« ein Kapitel über das Auswendiglernen von Vorträgen zu schreiben, das Sie hoffentlich motivieren wird, mehr freies Sprechen zu wagen, um zugleich souverän und verletzlich zu sein.

200 Stunden üben, 18 Minuten reden
Wie viel Training brauchen wir wirklich, um gut zu reden?

Als Bildergeschichte ist ihr Talk 2,5 Meter lang. Quentin Tarantinos Film *»Django Unchained«* habe sie zu der Zeichnung inspiriert. Die Entstehungsgeschichte hielt sie in einem Blogpost fest, der mindestens ebenso lang ist. Sein Titel: *»It takes a village to write a TED Talk«* – man braucht ein Dorf, um einen TED Talk zu schreiben. Wie lange hat die Vorbereitung insgesamt gedauert, vom ersten Draft bis zum Auftritt? Man traut sich kaum, all das zusammenzurechnen – es müssen Hunderte Stunden gewesen sein – für knapp 14 Minuten Redezeit.

Amanda Palmer ist Bestsellerautorin, Feministin, Musikerin und vieles mehr. Sie hat wahrscheinlich die ausführlichste Dokumentation darüber verfasst, was es bedeutet, sich auf das Abenteuer TED Talk einzulassen. Von ihr lässt sich lernen, wie man sich im Extremfall auf einen Vortrag vorbereitet – es muss nicht TED sein. Daher ist Palmers Blogpost Pflichtlektüre für alle, die glauben, mit ein paar Stunden Vorbereitung eine überzeugende Präsentation halten zu können. Das mag möglich sein, doch die Chance, dass knapp bemessene Vorbereitung sich nicht positiv auf das Resultat auswirkt, ist leider erheblich.

Nur um eine Vorstellung davon zu bekommen, was denn alles in die Kategorie Vorbereitung fallen könnte, möchte ich Palmers Blogpost in geraffter Form wiedergeben:

Sie ging auf eine Theaterbühne und filmte sich, während sie einen »Ninja Talk« hielt. Mit diesem Video stellte sie sich bei TED vor und wurde genommen. Sie fragte in ihrem Blog: Worüber soll ich sprechen? Wählte das stärkste Thema aus. Sie schrieb den ersten Draft. Gab ihre Rede vor Leuten, die sie kennt, bekam brutales Feedback. Immer neue Versionen, immer neues Feedback von Freunden und Fremden, von Laien und Experten. Bevor sie bei TED sprach, hatte sie viele Male live vor Publikum geprobt. Hat vor ihrem Sitznachbarn im Flugzeug gesprochen, vor zwei Frauen, die sie gerade erst in einem Café kennengelernt hatte. Sie hat Nachbarn mit ihrem Talk überfallen und sich ein Publikum zu einer Dinnerparty eingeladen. Und so wurde der Vortrag ein Teil von ihr, lange bevor die erste Bühnenprobe stattfand. Trotzdem hat Amanda Palmer die Tage davor intensiv geübt, sogar separate Hotelzimmer für sich und ihren Mann gebucht, damit sie so laut und so viel reden konnte, wie sie wollte.

Ihr Talk trägt den Titel »Die Kunst des Fragens«. Amanda Palmer hielt ihn im Februar 2013 in Long Beach, Kalifornien. Später erschien ein Buch unter dem gleichen Titel, es wurde ein Bestseller. Es geht darum, wie man bittet, wie man Hilfe annimmt. Hilfe annehmen – das ist auch ein zentrales Thema, wenn wir uns auf einen Vortrag oder eine Präsentation vorbereiten. Das ist kein Solotrip, selbst wenn es für das Publikum so aussehen mag. Hinter jeder Präsentation und jedem Talk steht ein Team. Wir binden auf allen Ebenen Menschen ein, die uns helfen: mit ihrem Feedback, mit Tipps und Expertise, bei dem Text, den Folien, der Ausführung der Rede – wo immer Hilfe nötig ist.

Der tatsächliche Aufwand ist bei jedem anders. Im Kern geht es darum, einen Zustand zu erreichen, in dem Sie sich sicher fühlen. Das ist die subjektive Seite. Ob Sie einen Vortrag dafür 5- oder 20-mal proben müssen, hängt von Ihren Ansprüchen und Fähigkeiten sowie von der Komplexität des Vortrags ab. Die objektive Seite ist, zu wissen, dass das, was Sie vermitteln wollen, ankommt und wirkt. Das erfahren Sie über ehrliches Feedback.

Bei Steve Jobs dauerte es Wochen, bis eine Produktpräsentation minutiös vorbereitet war. Jedes Detail zählte. Damit setzte er den Standard. Bei Elon Musk dagegen wirken die Produktpräsentationen improvisiert – man spürt, dass er sich auf der Bühne nicht zu Hause fühlt und auch oft suboptimal vorbereitet ist. Doch selbst wenn ein Monitor am unteren Bühnenrand den Text und die Charts anzeigt, sind einige Stunden Vorbereitung minimal nötig, um 20 Minuten einigermaßen reibungslos zu präsentieren, wie Elon Musk bei der Vorstellung des Models 3 von Tesla. Bei wichtigen Präsentationen würde ich 1 Stunde Üben pro Minute Vortragsdauer kalkulieren – Minimum.

Von Ruth Bader Ginsburg lernen – eine Q&A-Session simulieren

Der Film »Die Berufung – ihr Kampf für Gerechtigkeit« erzählt von der jungen Juristin Ruth Bader Ginsburg, die einen Fall von Geschlechterdiskriminierung vor den Obersten Gerichtshof der USA brachte, um den Status quo zu verändern. Es gibt eine Szene, in der Bader Ginsburg den Prozess simuliert, bei dem sie gemeinsam mit ihrem Mann als Anwältin des Klägers auftritt. Sie lädt befreundete Juristen zum Essen ein, macht sie in ihrem Wohnzimmer zu Richtern, stellt sich deren Fragen – und scheitert grandios.

Diese Simulation bringt die Herausforderungen ans Licht, die Bader Ginsburg meistern muss, um die Richter zu überzeugen. Sie zeigt gnadenlos alle Schwachpunkte, Irrwege, Widersprüche auf und ist eine Schlüsselszene des Films, bei der die Handlung kippt.

Sich so einer Simulation zu stellen, macht bei einem Vortrag oder einer Präsentation, von der viel abhängt, ebenfalls Sinn. Erstens hilft sie, den Vortrag selbst zu verbessern. Zweitens bereitet sie realistisch auf eine Q&A-Session vor. Darüber hinaus ist so eine Simulation auch äußerst hilfreich zur Vorbereitung auf Podiumsdiskussionen. Freunde übernehmen dabei die Rollen der Teilnehmerinnen und Teilnehmer auf dem Podium. Und sie sollten keine falsche Zurückhaltung üben.

Take-away

Die Vorbereitungszeit für einen Vortrag wird häufig unterschätzt. Das Beispiel der Künstlerin Amanda Palmer zeigt, dass Sie für 14 Minuten Vortrag mehrere 100 Stunden trainieren können. Ein Extrem, klar, doch die Frage ist: Wann fühlen Sie sich sicher? Wie hoch sind Ihre Ansprüche? Auf welchem Niveau sind Ihre Fähigkeiten? Von Amanda Palmer lernen wir, was sich alles tun ließe, um einen großartigen Vortrag zu halten, und wie viele Menschen wir in unser Programm einbinden können.

Die Magie der menschlichen Stimme ...
... und ihre Tücken, wenn wir auf der Bühne stehen

Helfen Sie mir, meine eigene Stimme zu finden! Nicht im privaten Umfeld, sondern in der Öffentlichkeit. Mit dieser Anfrage trat Diana, Prinzessin von Wales, an einen Sprachtrainer heran, der bereits mit Margaret Thatcher, der ehemaligen Premierministerin Großbritanniens, gearbeitet hatte. Die meistfotografierte Frau der Welt hatte diese dünne, ängstliche Stimme in der Öffentlichkeit. Sie war scheu. Auf der Bühne klang sie nicht so, als hätte sie etwas Bedeutsames zu sagen. Das zu ändern war die Aufgabe von Stewart Pearce. Er schreibt:

»Es war wichtig für sie, mehr Selbstvertrauen, Persönlichkeit, Leidenschaft, Überzeugungskraft und physische Präsenz zu entwickeln, um ihre neue Rolle mit mehr Ernsthaftigkeit, Präsenz und Magie zu vermitteln.«[1]

Die beiden beschäftigten sich mit Dianas Haltung, ihrer Atmung, ihrem Blick. Und sie arbeiteten das heraus, was Pearce *Signature Sound* nennt. Damit meint er so etwas wie den Fingerabdruck der Seele, der sich in jeder Stimme findet, diese einzigartige Kombination aus Klang, Tonhöhe, Resonanz, Energie, Körnung, Rhythmus und Musikalität, die jede Stimme besitzt. Das Resultat ihrer Arbeit beschreibt die italienische Schauspielerin Mara Berni:

»Diana hatte eine einzigartige Stimme. Sie hatte eine dieser Stimmen, an die man sich noch lange erinnert, nachdem sie die Party, das Treffen, den Ort verlassen hat. Diana ließ ihre Seele sprechen, weil ihr Herz so offen war, und so bewegte sie uns ganz natürlich dazu, ihr irgendwie auf dem Weg ihrer Fürsorge zu folgen, in eine Arena der Empathie, in das Reich der Hoffnung.«[2]

Wie finden Sie Ihren Signature Sound? Sprachtrainer Pearce empfiehlt, sich Fragen zu stellen wie: Welche Farbe hat mein spezifischer Sound? Mit welchem Bild ist er assoziiert? Wie fühlt er sich an? Welches Wort enthält die Natur dieses Sounds in Reinkultur? Und schließlich: Was will ich erreichen, indem ich diesen Sound nutze? Er erklärt in seinem Buch eine Reihe von Übungen mit dem Klavier. Überhaupt erscheint die Stimme für den Sprachtrainer weniger ein Werkzeug, das wir einsetzen, um ein Ziel zu erreichen, als vielmehr ein Instrument, das wir im privaten Rahmen meist gut beherrschen, doch nicht notwendigerweise bei Vorträgen oder Präsentationen. Unter Stress verlieren wir unseren Signature Sound, gerade dann, wenn wir ihn benötigen, um ein Publikum emotional zu berühren und zu überzeugen. Wir klingen stattdessen verunsichert, verängstigt, verstimmt – und diese Gefühle übertragen sich auf das Publikum.

Bei einem Vortrag eines Kollegen vor einem großen Publikum konnte ich beobachten, dass ihm von Minute zu Minute die Stimme immer mehr versagte. Sein persönlicher Sound war in kleinen Gruppen durchaus angenehm. Doch hätte ich nach 10 Minuten mit geschlossenen Augen seine Stimme gehört, hätte ich sie niemals ihm zugeschrieben, viel zu hoch, mehr ein Quieken. Das war nicht mehr er. Ich

---

1 Stewart Pearce: The voice of change. Glastonbury: 2020.

2 Ebd. S. 68

litt mit dem Kollegen und war froh, als er nach 30 Minuten das Ende seines Vortrags erreicht hatte, bevor seine Stimme ganz versagte. Was war passiert? Keine Erkältung, nichts dergleichen. Allerdings war der Vortrag wichtig, weil er damit die Weichen für die Zukunft seines Geschäftsbereichs stellen wollte. Der Stress hatte vermutlich seine Stimme tyrannisiert und damit das Ergebnis seiner Arbeit sabotiert. Ergebnisse noch nicht überzeugend, befand der Unternehmensvorstand.

> *»Wenn es um sachliche Informationen geht, wenn es darum geht, mit verbalen Argumenten zu überzeugen, neigen wir Menschen dazu, tieferen Stimmen mehr Vertrauen zu schenken als höheren Stimmen. Hohe Stimmen werden oft mit Kindlichkeit, Unsicherheit, vielleicht auch mit Unwissen, mit einer gewissen Naivität verbunden.«*[3]

Das sagt Prof. Dr. Michael Fuchs, Facharzt für Stimm-, Sprach- und kindliche Hörstörungen an der Universität Leipzig. Daraus zu folgern, dass wir alle jetzt möglichst mit tiefer Stimme reden sollten, halte ich für falsch. Der Signature Sound mag auch in einer höheren Tonlage liegen, er mag knarzen und kratzen, gehaucht sein oder klar artikuliert: Seine Überzeugungskraft und auch seine Schönheit liegen in der Authentizität.

Du klingst wie Kim Kardashian – Vocal Fry in Vorträgen

Vocal Fry ist angesagt. Wenn Stars wie Kim Kardashian und Miley Cyrus so reden, nicht zu vergessen Darth Vader, warum sollte man es nicht mal ausprobieren? Vocal Fry tritt auf, wenn wir in unserem tiefstmöglichen Stimmregister sprechen. Der Sound verändert sich, man klingt wie eine knarrende Tür oder wie Spiegeleier, die in der Pfanne brutzeln. Auf jeden Fall brüchig und nicht gerade dynamisch. Auf der anderen Seite mag diese Art zu reden Autorität verleihen.

Vocal Fry ist bei Frauen und Männern zu beobachten, wenn man erst einmal ein Gefühl für diesen Sound entwickelt hat. Dafür reichen ein paar Kardashian-Videos.[4] Am Ende stellen wir fest, dass wir manchmal selbst so reden – wie eine Freundin, die lachen musste, als ich ihr das Phänomen demonstrierte, weil sie ihre eigene Art zu reden darin wiederfand. Sängerinnen und Sänger ausgenommen, bin ich sicher, dass Vocal Fry meist nicht bewusst

3 Zitiert nach: Martina Weber: Unser akustischer Fingerabdruck. Deutschlandfunk Kultur: März 2022. *https://www.deutschlandfunkkultur.de/stimme-und-identitaet-unser-akustischer-fingerabdruck-100.html*

4 Hier eine Zusammenfassung: *https://www.youtube.com/watch?v=R8mcBdBL-t0*

eingesetzt wird. Und wenn niemand uns darauf hinweist, merken wir es nicht einmal. So wird es am Ende auch bei Vorträgen genutzt, und zwar nicht nur bei bestimmten Formulierungen, sondern durchgängig. Das halte ich für keine gute Idee, weil dieses Stimmregister nur sehr eingeschränkt Authentizität erlaubt.

Wie werden Sie Vocal Fry los? Wenn Sie sich dessen bewusst werden – durch Feedback von Freunden und Kolleginnen oder durch Videoaufnahmen. Zweiter Schritt: Stellen Sie sich vor, zu Personen zu reden, die am Ende eines Raumes sitzen. Dafür müssen Sie wegen der Lautstärke in ein anderes Register wechseln. Ist Vocal Fry zu einer Gewohnheit geworden, die sich nicht so einfach abstellen lässt, helfen Logopäden mit Stimm- und Atemübungen.

Take-away

Ihre Stimme berührt das Publikum emotional: Sie erzeugt Vertrauen oder Verunsicherung – und zwar unmittelbar. Wichtig ist es, Ihren Signature Sound zu kennen. Dabei helfen zum Beispiel Stimmtrainer wie im Fall von Prinzessin Diana. Dieser Sound ist so etwas wie der Fingerabdruck der Seele. Ihn auch unter Stress reproduzieren zu können, ist ein Erfolgsgeheimnis guter Rednerinnen und Redner, die Angst und Unsicherheit aus ihrer Stimme heraushalten können.

Gelb für Stimme anheben und / für Pause

Vom Standardtext zum professionellen Vortragsmanuskript

Als ich das erste Mal mit einer Co-Moderatorin auf einer großen Bühne stand, fiel mein Blick während der Vorbereitung auf ihr Manuskript. Es war kunterbunt und wimmelte von unverständlichen Zeichen. Auf meinen Karten dagegen stand nur der Text, den ich weitgehend auswendig gelernt hatte. Ursula Heller war und ist bis heute Moderatorin beim Bayerischen Rundfunk und sie hatte ihren Text in ein Moderationsmanuskript verwandelt. Sie wusste bei jeder Karte, jeder Zeile, jedem Wort genau, was zu tun war, weil sie sich bei der Probe das Wie notiert hatte. Ich dagegen hatte es mir gemerkt. Dachte ich. Sie war schließlich auf der Bühne perfekt, bei mir gab es noch Potenzial. Im Jahr darauf schenkte ich den Moderationskarten – und damit den Details – auch mehr Aufmerksamkeit.

Vortragsmanuskripte sehen aus wie Buchmanuskripte in einer Bearbeitungsphase oder Real-Book-Seiten von Jazzmusikern – ziemlich lebendig. Wie komme ich von einem Standardmanuskript oder einer Standardmoderationskarte zu einem professionellen Vortragsmanuskript? Durch Nutzung einer Zeichensprache für Emotionen, die höchst individuell sein darf, weil sie ja nur für uns selbst ist. Mit diesen Zeichen erweitern wir das Manuskript. Vermutlich werden sie nach diesem Prozess gar nicht mehr benötigt, weil allein die Tätigkeit des Auszeichnens, begleitet von lautem Sprechen der Passagen, dafür sorgt, dass wir uns die Art des Sprechens einprägen. Hier eine Reihe von Vorschlägen für Markierungen mit Beispielen aus Martin Luther Kings Rede »I have a dream«[5] von 1963:

1. **Wichtige Passagen.** Zentrale Sätze lassen sich durch Farben markieren oder auch durch Unterstreichungen. Es sind Passagen, die Sie auf keinen Fall raffen oder variieren sollten, sondern so sagen, wie Sie sie vorformuliert haben. *»Ich habe einen Traum [...]«*
2. **Keywords.** Sie ergeben zusammen das Gerüst des Vortrags. Sollten Sie das Manuskript oder die Kärtchen zum Vortrag verlieren, sind es die Worte, anhand derer sich der Inhalt rekonstruieren lässt. Auch hier bietet sich eine Farbe an. Alternativ lassen sich Keywords auch umranden. Oder versal schreiben. *»Lass die Freiheit erklingen.«*
3. **Intensität.** Hier geht es weniger um die Intensität einzelner Sätze, als vielmehr um Teile des Vortrags, die mit mehr oder weniger Leidenschaft oder Verve vorgetragen werden. Ein Ausrufezeichen am Rand ist ein treffender Intensitätsmarker. *»[...] alle Menschen sind gleich erschaffen [...]«*
4. **Lautstärke.** Der Kontrast zwischen laut und leise eignet sich zum Beispiel, um Ideen gegenüberzustellen. Sie inszenieren ein Selbstgespräch. Um diese Passagen zu markieren, lässt sich zum Beispiel eine Dreierreihe von Klammern verwenden, die von klein zu groß wechseln oder andersherum, abgeleitet von den typischen Symbolen für Schallwellen. *»[...] dass diese Nation aufsteigen wird [...]«*

5 Martin Luther King: I have a dream (volle Länge). *https://www.youtube.com/watch?v=smEqnnklfYs*

5. **Pitch.** Genau wie das Tempo und die Lautstärke variieren sollte in einem Vortrag auch die Tonhöhe variiert werden. Wenn Sie sich ein Klavier vorstellen, sprechen Sie in verschiedenen Tonlagen. Sind Sie begeistert über etwas, steigt der Pitch, Bedeutsames braucht einen niedrigen Pitch. Für Pitch-Änderungen bieten sich Pfeile nach oben und unten an. Pitch rauf: *»unten […] in Alabama […]«* Pitch runter: *»[…] endlich frei […]«*
6. **Tempo.** Während der wichtigen Passagen empfiehlt es sich, das Tempo zu drosseln. Über weniger wichtige Passagen lässt sich schneller hinweggehen. Dazu einfach »schnell«, »langsam« und »normal« vor den Passagen notieren. Martin Luther King drosselt zum Beispiel das Tempo einzelner Worte wie *»unten […] in Mississippi«.*
7. **Pausen.** Vor oder nach bedeutenden Sätzen lassen sich Pausen zum Beispiel mit einem Slash (/) markieren oder mit einer Leerzeile. Diese Auszeichnung passt auch bei zu erwartendem Applaus oder Gelächter. *»/ Ich habe einen Traum /«.*
8. **Bewegungen.** Diese lassen sich in Klammern an der entsprechenden Stelle notieren, zum Beispiel: *»[…] lass die Freiheit von jeder Bergseite erklingen* (Arm nach oben strecken).«

Bei allem Respekt für professionelle Vortragsmanuskripte sollte dabei eins nicht aus den Augen verloren werden: die Natürlichkeit. Wir sind keine Schauspielerinnen, die perfekt auf einer Bühne agieren. Wir sind auch keine professionellen Moderatoren. Wir sind wir selbst. All die Markierungen und Hinweise sollten Sie als Vorschläge interpretieren, die Sie gegebenenfalls auch variieren oder ignorieren können, wenn sie nicht mehr angemessen erscheinen oder sich in dem Moment falsch anfühlen.

Take-away

Wie notiere ich meinen Vortrag eigentlich? Reicht eine Karteikarte mit dem Text oder mit Stichworten? Von Profis lässt sich lernen, wie dieser Text mit Zeichen versehen wird, die Bühnenanweisungen geben. Sie können die Intensität markieren, mit der Sie bestimmte Passagen sagen, die Lautstärke, Ihr Sprechtempo oder auch Pausen. An Martin Luther Kings Rede »I have a dream« zeige ich beispielhaft, wie so ein Profi-Vortragsmanuskript aussehen könnte.

Der verflixte Pinguin
Vortragstexte mithilfe von künstlicher Intelligenz feintunen

In einem Interview in der Graham-Norton-Show gestand Sherlock-Holmes-Darsteller Benedict Cumberbatch, wie er als Sprecher einer Natursendung immer wieder über ein Wort gestolpert sei: Pinguin. Er konnte es einfach nicht sagen. Statt englisch *»Penguin«* sagte er so etwas wie *»Penwing«*. Selbst im Interview hatte Cumberbatch Mühe, das verflixte kleine Worte richtig auszusprechen. Man kann es kaum glauben. In einer anderen Graham-Norton-Show zu Gast war Stephen Fry, der Schauspieler und Autor, berühmt geworden durch seine Lesungen der Audiobücher von »Harry Potter«. Auch ihm fiel eine Anekdote über eine Wortkombination ein, die er nicht sprechen konnte. Es war der scheinbar einfache Satz *»Harry pocketed it«* – Harry steckte es ein. Fry ging so weit, die Autorin anzurufen und sie zu bitten, den Satz zu ändern in *»Harry put it in his pocket«*, den nämlich konnte er problemlos sprechen. J. K. Rowling aber lehnte nicht nur ab, sondern wiederholte den Satz sogar in einem der darauffolgenden Harry-Potter-Bände.

Zwei herausragende Sprecher, beide sind herausgefordert von Worten, die auf den ersten Blick keine Hürde darstellen sollten. Tun sie aber. Wir alle haben solche Worte oder Wortkombinationen, die wir gerne umgehen, wenn möglich. Manchmal gibt es keine Alternativen, ein Pinguin ist ein Pinguin. Meist aber macht es Sinn, die Dinge anders zu formulieren, anstatt sich mit Worten zu quälen, die sich gegen flüssige Aussprache sperren – warum auch immer. Meiner Erfahrung nach empfiehlt es sich, noch einen Schritt zurückzugehen und den Text einer Rede oder Präsentation als Ganzes auf Sprechbarkeit hin zu prüfen.

Als Autor ist das Umschreiben von Texten für mich eine Routine, doch ich kann mich gut daran erinnern, wie mühselig es war, diese Fähigkeit zu erlernen. Das kann man sich mittlerweile fast ersparen, es gibt ja künstliche Intelligenz. Aus dem Angebot KI-gestützter Schreibassistenten ist DeepL mein Favorit. Wegen seiner fantastischen Übersetzungen zählt DeepL zu den Tools, die ich fast täglich nutze. Der Hauptgrund ist das Sprachgefühl von DeepL; die Qualität der Texte ist über jeden Zweifel erhaben – zumindest in den Sprachen, mit denen ich arbeite. Der Schreibassistent DeepL Write ist kein Textgenerator wie ChatGTP, er produziert keine Texte auf Knopfdruck. Was die Software aber macht: Sie verbessert den Stil eines Textes, korrigiert Grammatik- und Rechtschreibfehler, bietet alternative Formulierungen an. DeepL Write lässt sich auch einsetzen, um die Sprechbarkeit eines Textes zu erhöhen, ohne den Text selbst drastisch zu verändern. Es geht vielmehr um ein Feintuning.

Als Beispiel habe ich eine kurze Rede des Bundesministers für Wirtschaft und Klimaschutz, Robert Habeck, gewählt. *»Ein Jahr nach dem Atomausstieg«* ist das Thema. Sie wurde per Video verbreitet, zum Beispiel auf LinkedIn, wo ich sie entdeckt habe. Das ist der Originaltext:

»Ein Jahr nach dem Atomausstieg.
Gebt mir eine Minute, um vier Fakten klarzustellen.
Erstens: Die Versorgungssicherheit ist immer gewährleistet, 24 Stunden, rund um die Uhr, das ganze Jahr.
Zweitens: Die CO_2-Emissionen sind runtergegangen, und zwar um minus 20 %. In Deutschland wird so wenig Kohle verstromt wie seit Jahrzehnten nicht mehr.
Drittens: Auch die Preise sind runtergegangen, und zwar um minus 40 % im Großhandel. Zeitverzögert kommt das jetzt auch bei den Verbraucherinnen und Verbrauchern bzw. bei der Wirtschaft an.
Und viertens: Ja, wir importieren etwas mehr Strom, als wir exportieren, aber das macht den Strompreis eben günstiger und hat keinen Einfluss auf unsere Versorgungssicherheit. Denn wir wären jederzeit in der Lage, den Strom selber zu produzieren. Dann allerdings wegen der fossilen Energien zu höheren Preisen. Es ist also klug, diese Energie einzukaufen.
Abschließend: Der Atomausstieg war ein Gemeinschaftswerk aller demokratischen Parteien. FDP, Union, SPD, Grüne, sie alle haben dafür gestimmt. Auch in Zukunft sollten wir dafür arbeiten, dass wir Versorgungssicherheit, Günstigkeit und Klimaneutralität im Energiesystem gewährleisten. Ich setze darauf, dass das Land dort zusammenfindet und zusammensteht. Ich hoffe, das war jetzt ungefähr eine Minute.«[6]

Diese Rede ist meiner Meinung nach handwerklich vorbildlich: Sie ist auf den Punkt, klar strukturiert, verständlich formuliert. Und sie legt den Fokus auf die Fakten. Dabei geht es vor allem um die Dinge, die die Verbraucher am meisten interessieren: Versorgungssicherheit, Strompreis und Klimaneutralität. Darüber

6 Bundesminister Robert Habeck: Fakten zum Atomausstieg. 15.04.2024. *https://www.youtube.com/watch?v=nZjOc80stnM*

hinaus würdigt Habeck den deutschen Atomausstieg als ein Gemeinschaftswerk der demokratischen Parteien und gibt seine positive Zukunftsperspektive für Deutschland – all das in kaum mehr als 1 Minute.

Die Rede des Bundesministers lässt sich auch gut sprechen, wie Habeck selbst zeigt. Geht es vielleicht noch besser? Gebe ich den Text bei DeepL Write ein, erhalte ich folgendes Resultat (DeepL-Änderungsvorschläge in Fettdruck):

»Ein Jahr nach dem Atomausstieg.

Ich möchte eine Minute, *um vier Fakten klarzustellen.*

Erstens: Die Versorgungssicherheit ist **jederzeit** *gewährleistet, 24 Stunden* **am Tag**, *das ganze Jahr.*

Zweitens: Die CO_2*-Emissionen sind* **gesunken**, *und zwar um 20 %. In Deutschland wird so wenig Kohle verstromt wie seit Jahrzehnten nicht mehr.*

Drittens: Auch die Preise sind **gesunken, im Großhandel um minus 40 %.** *Zeitverzögert kommt das jetzt auch bei den* **Konsumentinnen und Konsumenten** *und in der Wirtschaft an.*

Und viertens: Ja, wir importieren etwas mehr Strom als wir exportieren, aber das macht den Strompreis günstiger und hat keinen Einfluss auf unsere Versorgungssicherheit, **weil wir jederzeit in der Lage wären**, *den Strom* **selbst** *zu produzieren. Dann allerdings wegen der fossilen* **Energieträger** *zu höheren Preisen.* **Deshalb ist es klug**, *diese Energie einzukaufen.*

Fazit: *Der Atomausstieg war ein Gemeinschaftswerk aller demokratischen Parteien. FDP, Union, SPD, Grüne.* **Alle** *haben dafür gestimmt.* **Wir sollten auch in Zukunft daran arbeiten, dass wir ein versorgungssicheres, bezahlbares und klimaneutrales Energiesystem haben.** *Ich setze darauf, dass das Land* **dabei zusammensteht und zusammenhält**. *Ich hoffe, das war jetzt ungefähr eine Minute.«*

Die Veränderungen, die DeepL Write an der Rede vorgenommen hat, sind nicht gravierend. Und doch tragen einige von ihnen zur Verständlichkeit und auch zur besseren Sprechbarkeit bei. Ob nun Verbraucher oder Konsumenten, da sehe ich keinen Unterschied. Doch die letzten Sätze lassen sich meiner Meinung nach flüssiger sprechen und sind auch etwas klarer (bezahlbar statt Günstigkeit zum Beispiel). Eine kleine Ungereimtheit wird korrigiert: die CO_2-Emissionen sind um 20 % gesunken, wie der Schreibassistent vorschlägt, nicht um minus 20 %, wie der Minister sagt. Die um minus 40 % gefallenen Preise rutschen DeepL Write allerdings durch.

Das war jetzt, wie bereits betont, eine gute Rede. Hier hat die KI nicht viel zu tun. Und doch gelingt es ihr, die letzten Prozent Qualität herauszukitzeln. Und dieser Schritt macht meiner Erfahrung nach viel Sinn, weil er mit wenig Zeitaufwand Reden und Präsentationen stark aufwertet und dafür sorgt, dass sie sich flüssiger sprechen lassen.

Take-away

Jeder Text lässt sich optimieren, doch mit zunehmender Qualität steigt der Aufwand – zumindest, wenn Menschen die Arbeit ausführen. Ein KI-gestützter Schreibassistent optimiert den Text auf Verständlichkeit und Sprechbarkeit und beseitigt nebenbei Grammatik- und Rechtschreibfehler in Sekundenschnelle. Ein KI-Schreibassistent macht mittlerweile nicht nur bei Reden und Präsentationen, sondern generell bei allen Texten zutiefst Sinn.

100 bis 240 Wörter pro Minute

Das Sprechtempo finden, bei dem Sie sich wohlfühlen

Als ich begann, Spanisch zu lernen, fiel mir das Hörverstehen besonders schwer. Für mein Empfinden wurde einfach zu schnell geredet – mein Gehirn kam mit dem Decodieren nicht hinterher. Nun gilt Spanisch hinter Japanisch als eine schnell gesprochene Sprache, Deutsch und Englisch gelten hingegen als eher langsam.[7] Wenn ich aufgeregt bin, zum Beispiel bei einer Rede, dann orientiert sich mein Sprechtempo intuitiv am Spanischen. Steuere ich nicht bewusst gegen, geht es dem Publikum so wie mir in Spanien: Trotz voller Konzentration kämpft es damit, die Inhalte aufzunehmen und zeitnah zu verarbeiten. Der Stress in mir

7 Christophe Coupé, Yoon Mi Oh, Dan Dediu, François Pellegrino: Different languages, similar encoding efficiency: Comparable information rates across the human communicative niche. Science Advances: 2019. *https://www.science.org/doi/10.1126/sciadv.aaw2594*

überträgt sich auf das Publikum – allein aufgrund meiner Sprechgeschwindigkeit. Mir geht es lala, ihnen geht es lala. Erfolgsaussichten der Rede? Ebenfalls lala.

Was ist also unser ideales Sprechtempo? Eines, bei dem wir uns wohlfühlen und unser Publikum ebenfalls.

Der erste Schritt: Zählen Sie die Wörter pro Minute, wenn Sie ganz normal sprechen, vielleicht bei einem Dialog mit einer Freundin oder einem Freund. Wiederholen Sie diese Zeitmessung mehrere Male und bestimmen Sie einen Durchschnittswert. So haben Sie eine persönliche Nulllinie für eine entspannte Situation. Nun lässt sich berechnen, wie viele Wörter Sie bequem in einer vorgegebenen Zeit schaffen. Das schützt schon einmal davor, sich zu viel vorzunehmen und am Ende dann doch wieder mit überhöhter Geschwindigkeit reden zu müssen, weil die Zeit knapp wird.

Das Redetempo wird nicht nur von persönlichen Faktoren geprägt, es variiert auch von Region zu Region. In deutschen Großstädten wird in Dortmund am schnellsten gesprochen, in München am langsamsten: 179 zu 127 Wörtern pro Minute im Durchschnitt. Da ich gebürtiger Hamburger bin (156 Worte pro Minute), der aber seit 25 Jahren in Bayern lebt, liegt meine Sprechgeschwindigkeit zwischen München und Hamburg: Mit 140 Wörtern pro Minute fühle ich mich wohl. Ich kann deutlich schneller reden, doch dann bin ich, wie bereits erwähnt, nicht mehr gut zu verstehen. Die Deutlichkeit nimmt ab – wie bei den meisten von uns.

Angenommen, Ihr persönliches Wohlfühltempo ist für das Publikum tendenziell zu hoch – was tun? Bremsen Sie sich, indem Sie regelmäßig Sprecherinnen und Sprechern lauschen, die langsamer reden als Sie selbst, zum Beispiel im Auto oder beim Joggen. Das mögen Hörbücher sein oder auch Reden. Die aber lassen sich vielleicht noch besser zu Hause üben, mit dem Manuskript auf dem Bildschirm. Ich schätze Barack Obama als Redner sehr, auch J. K. Rowling und Steve Jobs. Ihr Redetempo ist (war) überwiegend moderat. Sie wirken entspannt, doch zugleich energetisch, man kann ihnen gut folgen. Bei Ihnen bekomme ich nicht nur ein Gefühl für das Tempo, sondern auch für die Melodie der Sprache. Dabei geht es im besten Sinne des Wortes um Vorbilder, also darum, von dieser Person eine Technik und einen sprachlichen Flow zu erlernen, und nicht darum, sie zu imitieren. Ich halte das für ein ausgezeichnetes Training, das nebenbei auch noch Spaß bringt.

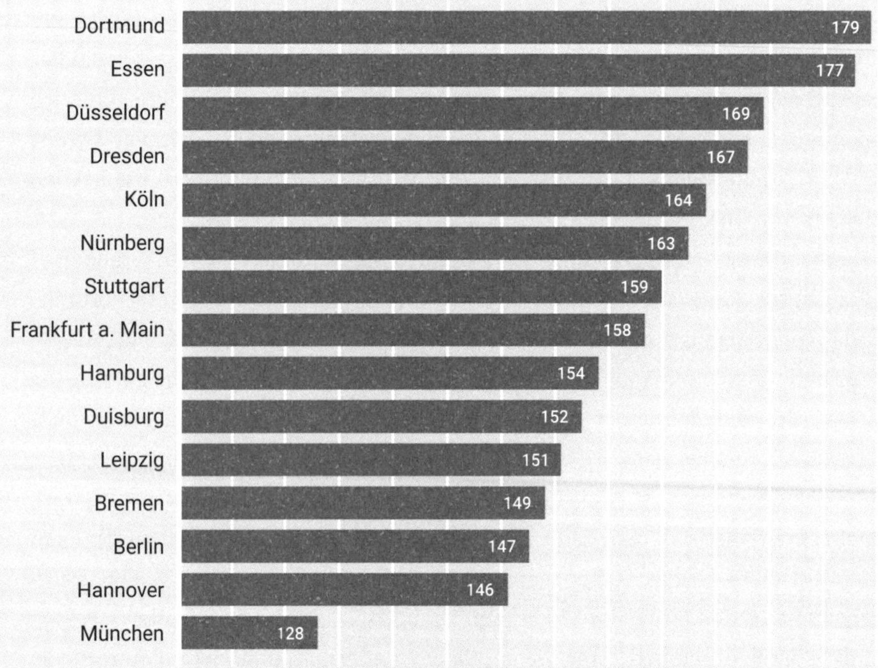

40 *Dortmund vorn, München hinten – das Sprechtempo variiert nicht nur individuell, sondern auch regional.*

Alternativ behalten Sie das hohe Sprechtempo bei, solange dabei zwei Dinge berücksichtigt werden: klare Aussprache und Betonung der Wörter bzw. Silben, die wichtig sind. Letzteres funktioniert in Sprachen wie Deutsch und Englisch, die stress-timed sind. Sie haben betonte und unbetonte Silben, betonte und unbetonte Satzteile. Sprecher können das Gesagte deutlich beschleunigen und trotzdem verständlich bleiben, solange sie einen gleichbleibenden Rhythmus oder Flow haben, dem sich das Publikum anpassen kann. Außerdem gilt es, die Betonung auf die relevanten Wörter zu setzen. Das Wort Autofahrer zum Beispiel wird auf Auto betont. Der hintere, unbetonte Teil, Fahrer, lässt sich beschleunigen. Ebenso lässt sich mit Sätzen verfahren. Der Autofahrer hatte einen seltsamen Tag. Hier betonen wir die Inhaltswörter: Autofahrer, seltsamen und Tag – und von diesen wiederum nur den betonten Teil: AUTOfahrer, SELTsamen. Das ist die Grundidee. Sprachcoaches helfen dabei, diese Technik zu perfektionieren.

Zwei gute Beispiele aus dem TED-Kanon für Sprecher mit erhöhtem bzw. halsbrecherischem Tempo sind der amerikanische Bürgerrechtsanwalt Bryan Stevenson und der Life Coach Tony Robbins. Das Sprechtempo von Stevenson liegt bei 190 Wörtern pro Minute.[8] Trotzdem ist er gut verständlich, weil er einem klaren Rhythmus folgt und das Betonen von Silben und Worten perfekt beherrscht. Tony Robbins spricht mit 240 Wörtern pro Minute und ist gerade noch verständlich. Rhythmus und Betonung stimmen.[9] Dazu kommt eine Leidenschaft, die uns Zuschauer mitzieht. Robbins *ist* dieser rasende Fluss der Worte. Und wenn wir mal einen Satz nicht verstehen. Was soll's? Alles, was wirklich wichtig ist, sagt Robbins mit gedrosseltem Tempo.[10]

Sie wollen gerne so sprechen wie Robbins? Auf geht's! Dann ist Robbins Ihr Vorbild. Von ihm lernen Sie Rhythmus, Betonung, Energie und Magie. Genau wie ich es von Obama lerne. Und wir alle es von Rednerinnen und Rednern lernen können, die uns faszinieren. Welches Tempo auch immer Ihr Wohlfühltempo ist – trainieren Sie es mit Blick auf das Publikum. Auch das muss sich wohlfühlen. Wenn Tony Robbins mit 240 Worten pro Minuten rast, dann ist er nicht gestresst, dann fühlt er sich wohl. Das spüren wir und lassen uns auf das Abenteuer seines Vortrags ein.

---

8 Bryan Stevenson: We need to talk about an injustice. TED: März 2012, Long Beach. *https://www.ted.com/talks/bryan_stevenson_we_need_to_talk_about_an_injustice/transcript?language=en*

9 Tony Robbins: Why we do what we do. TED: Februar 2006, Monterey. *https://www.ted.com/talks/tony_robbins_why_we_do_what_we_do/transcript?language=en*

10 Für die Bestimmung des Sprechtempos der beiden danke ich Carmine Gallo. Für sein Buch Talk like TED hat er sich intensiv mit diesem Tempo beschäftigt. Siehe S. 105 ff.

Das individuelle Sprechtempo variiert stark

Wörter pro Minute

41 *Zu schnell, zu langsam, wann fühlen wir uns wohl? Tony Robbins spricht 2,4-mal so schnell wie Meghan, Herzogin von Sussex.*

Und wo liegt die Untergrenze? Meghan, Herzogin von Sussex, hielt 2015 auf der Frauenkonferenz der Vereinten Nationen einen Vortrag über Feminismus.[11] Es ist die Rede, mit der sie, damals noch Schauspielerin und bekannt durch ihre Rolle in »Suits«, als Sprecherin in die Öffentlichkeit tritt. Sie redet fantastisch – doch auffällig langsam: nur ca. 100 Wörter pro Minute. Sie macht ausgiebige Pausen und erzählt mit ihrem Gesicht und ihrem Lächeln die Geschichte weiter – eine ganz eigene Kunst. Ohne die Mimik und die fast märchenhafte Kindheitsstory, die sie erzählt, wäre diese Sprechgeschwindigkeit möglicherweise einschläfernd. Doch bei Meghan entsteht eher der gegenteilige Effekt – sie macht uns neugierig auf das, was kommt.

Versuchen Sie mal, so langsam zu sprechen! Es erfordert starke Disziplin. Langsamer zu sprechen als die Herzogin von Sussex würde ich allerdings nicht empfehlen. So liegt das Spektrum zwischen 100 und 240 Wörtern. Wer glaubt, da lässt sich ja die 2,4-fache Menge an Inhalt vermitteln, liegt allerdings falsch. Wer schnell spricht, muss davon ausgehen, dass einiges an den Zuhörerinnen und Zuhörern vorbeirauscht und entsprechend oft wiederholen, was wichtig ist.

Aristoteles und Barack Obama – was ohne Rhythmus ist, ist endlos

Die »Rhetorik« des griechischen Philosophen Aristoteles ist eine Fundgrube für alle, die ihre Vortragskunst verbessern wollen. So gibt es in seinem Werk auch einen Abschnitt, der sich dem Rhythmus widmet. Dort heißt es:

»Die Form der Rede darf weder metrisch gebunden noch unrhythmisch sein. Ersteres wirkt ja nicht überzeugend (es erscheint nämlich gekünstelt) und lenkt zugleich ab [...] Was aber ohne Rhythmus ist, ist endlos [...] Daher muss die Rede einen Rhythmus haben [...] Der Rhythmus soll nicht peinlich genau eingehalten werden.«[12]

Diesen Rhythmus finden Sie in vielen Reden Barack Obamas wieder. Etwa in seiner legendären und von mir häufiger zitierten Ansprache im Juli 2004 in Boston[13] nutzt er viele Wiederholungen und Reihungen, um der Rede eine Struktur zu geben, die rhythmischer Natur ist.

---

11 Meghan, Herzogin von Sussex: UN women 2015. *https://www.youtube.com/watch?app=desktop&v=Zkbzg4JCLk*

12 Aristoteles: Rhetorik. Ditzingen: 1999. S. 173

13 Barack Obama: DNC keynote speech in Boston von 2004. *https://www.youtube.com/watch?v=ueMNqdB1QIE&t=18s*

Drei Beispiele:

- *»Es gibt kein liberales Amerika und kein konservatives Amerika – es gibt die Vereinigten Staaten von Amerika. Es gibt kein schwarzes Amerika und kein weißes Amerika und kein lateinamerikanisches Amerika und kein asiatisches Amerika, sondern es gibt die Vereinigten Staaten von Amerika.«*
- *»Wenn Sie heute Abend dieselbe Energie spüren wie ich, dieselbe Dringlichkeit wie ich, dieselbe Leidenschaft wie ich, dieselbe Hoffnung wie ich[...]«*
- *»Es ist die Hoffnung von Sklaven, die um ein Feuer sitzen und Freiheitslieder singen; die Hoffnung von Einwanderern, die sich auf den Weg zu fernen Ufern machen; die Hoffnung eines jungen Marineleutnants, der tapfer im Mekong-Delta patrouilliert; die Hoffnung eines Arbeitersohns, der es wagt, allen Widrigkeiten zu trotzen; die Hoffnung eines mageren Jungen mit einem komischen Namen, der glaubt, dass Amerika auch für ihn einen Platz hat. Die Kühnheit der Hoffnung!«*

Diese Zeilen zeigen, wie nah gute Reden an Musik sind. Sie brauchen einen Takt, der ihnen zugrunde liegt, damit sie stark wirken, unabhängig davon, ob sie mit moderatem oder halsbrecherischem Tempo gesprochen werden.

Take-away

Existiert so etwas wie ein ideales Sprechtempo? Nein, das ist ganz individuell. Zumindest innerhalb gewisser Grenzen. Ich habe mir diverse Vorträge und Präsentationen auf ihr Sprechtempo hin angehört und gute Sprecherinnen und Sprecher gefunden, die mit 100 Wörtern pro Minute sprechen, was sehr langsam ist.

Auch 200 Wörter sind möglich. Sogar 240 Wörter pro Minute sind noch zu verstehen, wenn sie gut akzentuiert sind. Wo liegt Ihr Wohlfühltempo? Das sollten Sie ermitteln.

Mm ... uh ... äh

Nervige Störgeräusche in starke Pausen verwandeln

September 1995, Cambridge. Ein junger Mann betritt die kleine Bühne der öffentlichen Bibliothek von Cambridge. Noch während er das Buch, das er mitgebracht hat, auf dem Rednerpult ablegt, beginnt er zu sprechen: *»Danke sehr, ich ... äh ...«*[14] Und so geht es weiter, ich zähle 16-mal den Laut *»Äh«* in der ersten Minute seiner Rede! Die Einleitung zu der Lesung dauert rund 8 Minuten. In dieser Zeit zähle ich 70-mal Äh und 28-mal ein überflüssiges Und. Das sind im Durchschnitt ca. zwölf Unterbrechungen pro Minute, alle 5 Sekunden eine. Es ist schwer, sie auszublenden. Die Störgeräusche werden zur Belastungsprobe für das Publikum. Hätte er nicht vorher durchdenken können, was er sagen will? Trotz aller Sympathie wirkt der junge Autor, der in Harvard Rechtswissenschaften studiert hat, unsicher und verloren. Sein Name ist Barack Obama. Er stellt sein erstes Buch vor: »Dreams from my father: A story of race and inheritance«.

2004, neun Jahre später, steht Barack Obama zum ersten Mal auf einer großen Bühne und gibt eine Rede, von der Experten sagen, dass sie ihn schlussendlich als Präsidentschaftskandidaten bei der nächsten Wahl qualifiziert. In seiner Rolle als Senator von Illinois eröffnet er mit einer Keynote die Jahrestagung der Demokratischen Partei in Boston, Massachusetts. In diesen neun Jahren hat eine bemerkenswerte Verwandlung stattgefunden. Obamas Wortwahl, Mimik und Gestik, Entschlossenheit und Zuversicht sind elektrifizierend. Es gibt kein einziges Äh mehr, auch kein überflüssiges Und oder andere Störgeräusche. Stattdessen ist zu beobachten, dass Obama immer wieder Pausen macht und entspannt ins Publikum blickt.

Genau darum geht es, wenn Sie dazu neigen, Störgeräusche von sich zu geben: diese in Stille umzuwandeln. Vielleicht betrachten Sie Störgeräusche und Füllwörter wie »und«, »oder«, »weißt du« nicht nur als sprachliche Macken, die uns und mehr noch unsere Zuhörerinnen und Zuhörer plagen, sondern als Geschenk. Genau wie Barack Obama sollten Sie nur lernen, dieses laute Denken in stilles

14 Barack Obama: Lesung aus Dreams from my father: A story of race and inheritance. *https://youtu.be/w5-JlqDnoqlo*

Denken umzuwandeln, in Pausen, die Vorträgen eine Magie verleihen. Ein paar Worte zur Pause, zur Stille, zum Schweigen, bevor ich zu den praktischen Tipps komme.

Der Komponist Claude Debussy sagte, Musik sei die Stille zwischen den Noten. Der Jazzmusiker Miles Davis hat die Pausen zum Stilmittel seiner Musik gemacht. Anstatt wie viele seiner Kollegen so schnell und atemlos wie möglich zu spielen, nahm er die Trompete vom Mund und hörte zu. Man erzählt sich Anekdoten, dass Davis von der Bühne ging, um sich einen Drink zu holen – während seines Solos.

»Der Raum zwischen den Noten ist genauso wichtig wie die Noten selbst.«
So lautet ein Zitat, das ihm zugeschrieben wird, auch wenn sich die Quelle nicht mehr ausmachen lässt.

Gute Redner übernehmen genau dieses Prinzip. Damit die Worte atmen können, brauchen wir Pausen. Bundeskanzler Helmut Schmidt war ein Meister der Pause. Nach wichtigen Passagen konnte man in Gedanken bis drei zählen. Dann ging es weiter. Er brauchte nicht zu sagen: Achtung, das ist jetzt wichtig. Diese Funktion hat die Pause übernommen. Für Redner erfordert das allerdings einiges an Disziplin, denn in der Regel haben wir auf der Bühne Angst vor der Pause, weil wir fürchten, das Publikum glaube, uns sei der Faden gerissen. 3 Sekunden erscheinen wie eine Ewigkeit. Doch genau diese Ruhe wird als souverän wahrgenommen. Wie bei Barack Obama. Schweigen, Lächeln, sich sammeln, dem Publikum eine Chance geben zu applaudieren oder das Gesagte nachhallen zu lassen – und weiter. Pausen erzeugen Spannung, wenn sie vor einer wichtigen Passage gemacht werden oder Nachdruck, wenn sie danach kommen.

Wie sollten Sie vorgehen, um nervige Störgeräusche und Füllwörter in kraftvolle Pausen zu verwandeln? Zunächst einmal müssen Sie diese überhaupt erkennen. Dazu lassen Sie einfach die Kamera laufen, während Sie einen Vortrag proben oder halten. Beim Ansehen des Videos machen Sie sich Notizen. Verwende ich Füllwörter oder Störgeräusche? Welche? Wann? Danach beginnen Sie automatisch, auf diese Sounds in unserer täglichen Kommunikation zu achten, denn auch dort werden sie mit Sicherheit vorkommen.

Jetzt verbinden Sie diese Sounds mit einer Handlung, etwa einem Fingerschnippen. Sie können auch Freunde oder Familienmitglieder bitten, das zu tun. Nun ist Ihre Aufmerksamkeit voll und ganz bei den Störgeräuschen. Nächster Schritt: Sie nehmen sich vor, diese durch Stille zu ersetzen, sich sprichwörtlich auf die Zunge zu beißen. Ihren Fortschritt erfassen Sie mit Videos, auf denen Sie, ohne groß nachzudenken, erzählen, wie Ihr Tag oder Ihre Woche war. Die Videos müssen nicht lang sein, maximal 10 Minuten. Zählen Sie Störgeräusche und Pausen, bis Sie Ihr Ziel erreicht haben.

Jetzt wechseln Sie von der Alltagskommunikation zum Vortrag. Sie proben diesen mit Videos so lange, bis die Störgeräusche nicht mehr stören. Dazu hilft auch die Einschätzung einer Kollegin oder eines Freundes. Sollten Sie zum Beispiel bei einem bestimmten Abschnitt des Vortrags häufig Äh und Oh sagen, mag das bedeuten, dass Sie bei dem Thema nicht sicher sind. Die Kollegin könnte Sie bitten, frei zum Thema ein paar Fragen zu beantworten, um zu checken, ob das stimmt und Sie sich folglich tiefer mit der Materie befassen müssen, weil die Störgeräusche eine tatsächliche Unsicherheit in der Sache ans Licht bringen.

Auf der Bühne schließlich mögen Stress und Nervosität dafür sorgen, dass sich einige Ähs und Uhs wieder einschleichen. Die Videoaufnahme wird es ans Licht bringen. Wichtig ist, die Aufregung zu reduzieren – durch gute Vorbereitung auf allen Ebenen. Nun gehen Sie noch einen Schritt weiter und nutzen das Gefühl für Pausen, das Sie in diesem Prozess erworben haben, spielerisch. Sie verlängern die Pausen, um Spannung aufzubauen oder um Schlüsselpassagen Nachdruck zu verleihen. Gar nicht oft, denn sonst nutzt sich dieser Effekt ab. Aber oft genug, dass sie in Verbindung mit der Gesamtruhe, die sich durch die Abwesenheit der Störgeräusche ergibt, Souveränität erzeugen.

Megan Washington – stotternd einen Vortrag halten

Was ich niemals geglaubt hätte: Sogar Stottern kann in einem Vortrag eine eigene Verführungskraft entwickeln. Das zeigte die australische Sängerin Megan Washington bei ihrem TED Talk. Singen und Stottern sind bei ihr untrennbar miteinander verknüpft. Nur wenn sie singt, entflieht sie der holprigen Rede, die sie seit ihrer Kindheit plagt. Wenn sie singt, fließen die Worte natürlich. Washingtons Charme und Bescheidenheit, ihr Mut und Humor machen ihren Vortrag – trotz häufigen Stotterns – zu einem Ereignis, dessen Menschlichkeit vom ersten Moment an überwältigend ist. Sie beginnt so:

»Als ich zustimmte, wusste ich nicht, ob von mir erwartet wurde, dass ich rede oder singe. Aber als mir gesagt wurde, dass das Thema die Sprache ist, hatte ich das Gefühl, dass ich einen Moment lang etwas sagen muss. Ich habe ein Pro-

blem. Es ist nicht das Schlimmste auf der Welt. Es geht mir gut. Ich stehe nicht in Flammen. Ich weiß, dass andere Menschen auf der Welt mit viel schlimmeren Dingen zu kämpfen haben, aber für mich sind Sprache und Musik durch diese eine Sache untrennbar miteinander verbunden. Und diese Sache ist, dass ich stottere. Das mag seltsam erscheinen, wenn man bedenkt, dass ich einen großen Teil meines Lebens auf der Bühne verbringe. Man könnte annehmen, dass ich mich in der Öffentlichkeit wohl fühle und mich hier wohl fühle, wenn ich zu Ihnen spreche. Aber die Wahrheit ist, dass ich mein ganzes Leben bis zu diesem Moment und einschließlich dieses Moments in Todesangst vor öffentlichem Reden gelebt habe. Öffentliches Singen ist eine ganz andere Sache.«[15]

Was diese Rede ausmacht: Sie relativiert augenblicklich die Ähs, mit denen wir uns vielleicht plagen. Sie macht Mut. Und zugleich weist sie Perfektionismus in seine Schranken: Jeder von uns macht es so gut sie oder er kann, doch wir wissen, am Ende geht es um eine Verbindung auf menschlicher Ebene, der selbst ein Stottern nichts anhaben kann.

KI nutzen, um Störgeräusche und Wortwiederholungen zu vermeiden

Um einen Vortrag auf Englisch vorzubereiten, habe ich Yoodli (*https://yoodli.ai*) genutzt, ein KI-basiertes amerikanisches Angebot, das im Juni 2024 leider noch nicht auf Deutsch verfügbar ist. Mir war aufgefallen, dass ich im Englischen viel häufiger Füllwörter benutzte als im Deutschen, meist, um die Pausen zu überbrücken, in denen ich nach einer passenden Formulierung suchte.

Yoodli bietet eine Reihe von Übungsprogrammen – für Metaphern, für Storytelling und auch für die Vermeidung von Füllwörtern, die vorher aus einer kleinen Bibliothek auszuwählen sind (um, ah, so, like, ...). Darüber hinaus analysiert Yoodli auch die Struktur des Vortrags und gibt Feedback zu dessen Klarheit. All das ist für die ersten fünf Analysen gratis.

Der Ablauf ist wie ein Spiel: Sie stellen die Zeit für die Übung ein (1 bis 3 Minuten), wählen die Füllwörter aus, auf die Yoodli achtgeben soll, drü-

15 Megan Washington: Why I live in a mortal dread of public speaking. TEDxSydney: April 2014. *https://www.ted.com/talks/megan_washington_why_i_live_in_mortal_dread_of_public_speaking/transcript?hasProgress=true&language=de*

cken den Startknopf, und schon gibt Yoodli ein Thema vor, über das Sie aus dem Stegreif reden sollen. Nach Ablauf der Zeit vergibt der Service einen Score und listet die Störgeräusche auf, die er wahrgenommen hat.

Mit Blick auf diese Sounds habe ich so lange Vorträge von 1,5 Minuten Länge trainiert, bis meine *»so«* und *»um«* nahezu verschwunden waren. Mithilfe des KI-Coaches dauerte das nur wenige Tage. Allerdings musste ich auf die Bezahlversion umsteigen, weil ich deutlich mehr als die fünf Anläufe des Gratisangebots benötigte.

Take-away

Störgeräusche wie Uh und Äh können ein Publikum zur Verzweiflung treiben oder dazu, sich auszuklinken. Das Gefährliche: Oft hören wir diese als Rednerinnen oder Redner gar nicht. Wir müssen darauf aufmerksam gemacht werden oder ein Video von uns sehen. Sich die Störgeräusche abzugewöhnen, ist nicht schwierig, es braucht nur Geduld. Am Beispiel von Barack Obama lässt sich nachvollziehen, wie er diese Geräusche in wirkungsvolle Pausen umgewandelt hat.

¡Bienvenido! Hello! Salut !

In einer Fremdsprache präsentieren

Eine meiner Lieblingsveranstaltungen war lange Zeit die DLD Conference. Das Kürzel steht für Digital, Life, Design, die großen Themenbereiche der Veranstaltung. Gestartet ist der DLD, inspiriert von der TED Conference, in München. Als Mitarbeiter von Hubert Burda Media, dem Konzern hinter der Veranstaltung, ließ ich keinen DLD aus. Bei mir hatte ich das obligatorische schwarze Notizbuch, um mir Notizen zu machen – zu den Inhalten, aber auch zu den Sprecherinnen und Sprechern, zu deren Präsentationen, Formulierungen etc. DLD, das war für mich in jeder Hinsicht inspirierend. Da ich selbst dort nie auf der Bühne stand, konnte ich entspannt den Wissenschaftlern, Investorinnen, Architekten, Gründerinnen, Digitalexperten und Künstlerinnen aus aller Welt lauschen. Die Sprache der Konferenz ist Englisch, aber längst nicht alle Referenten, die ich hörte, waren Native Speaker. Das machte die Sache besonders spannend. Wie gingen sie mit dem Handicap um? Empfanden sie es überhaupt als Handicap?

Das Geniale an der DLD Conference ist das Gastgeberteam, das durch seine charmante Art, Englisch zu reden, überaus authentisch wirkt. Steffi Czerny spricht stark deutsch gefärbtes Englisch. Ihr Wortschatz ist erkennbar reduziert. Peinlich? Im Gegenteil! Authentisch. Sie zeigt: Wir sind hier, wie wir sind. Jossy Vardy ist Israeli und spricht ebenfalls mit Akzent, allerdings auf einem anderen Level. Auch bei ihm hat man das Gefühl, dass er einfach so ist, wie er ist, ein erfolgreicher Entrepreneur ohne Allüren. Dominik Wichmann dagegen, der einige Zeit an der Seite der beiden durch die Konferenz führte, spricht außergewöhnlich gutes Englisch. Er könnte spielend als Amerikaner durchgehen. Seine Art zu sprechen ist dabei natürlich und lässig.

Es gibt Videos von allen dreien auf YouTube[16] und sie zeigen für mich, wie wir mit Fremdsprachen auf der Bühne umgehen sollten: so natürlich wie möglich. Sie sollten nicht versuchen, jemand zu sein, der Sie nicht sind – was zum Beispiel sehr deutlich wird, wenn ein Vortrag in einem Sprachregister formuliert ist, in dem wir uns eigentlich nicht bewegen. Dieser Bruch fällt unangenehm auf, selbst wenn das mit den besten Absichten geschieht.

Natürlichkeit und Authentizität sind wichtiger als sprachliche Perfektion, um Menschen für sich und seine Ideen zu gewinnen. Schon in der Anmoderation wird doch deutlich, dass man kein Native Speaker ist. Warum also versuchen, so zu klingen? Gute Sprachlehrer helfen, die Register zu erkennen, die uns in einer Fremdsprache zur Verfügung stehen – und sie können uns auch anleiten, in diesen Registern zu bleiben. Wenn diese Unterstützung denn nötig ist. Die bittere Pille, die wir schlucken müssen, ist die: Wir können uns mit hoher Wahrscheinlichkeit in einer Fremdsprache nicht so eloquent ausdrücken wie in der Muttersprache. Wer das akzeptiert, ist auf dem besten Weg, lässig in Englisch, Französisch, Spanisch, Italienisch oder welcher Fremdsprache auch immer einen Vortrag zu halten.

---

16 Ein Beispiel: Chairman's Talk, DLD summer 2016. *https://www.youtube.com/watch?v=aHyT9Cl-frI*

Meiner Erfahrung nach helfen diese 5 Dinge dabei, gelungene Vorträge in Fremdsprachen zu halten:

1. **Deutlich sprechen**
   Das ist der wichtigste Punkt. Die schönsten Ideen haben keine Chance, das Publikum zu erreichen, wenn Sie nicht klar sprechen. Damit meine ich nicht akzentfrei. Im Gegenteil: Akzent kann durchaus charmant wirken, manche sagen sogar sexy. Ich meine eine Aussprache, die sich um Klarheit bemüht. Sprachlehrer sind eine große Hilfe. Es gibt auch spezielle Akzentcoaches, die vorrangig auf den Sound achten. Sie achten ebenso auf Zwischengeräusche, die wir in Fremdsprachen viel häufiger machen als in der Muttersprache, während wir zum Beispiel nach den richtigen Worten suchen. Diese sabotieren die Deutlichkeit massiv und wir sollten sie uns abgewöhnen, wie im Kapitel »Mm … uh … äh« beschrieben.
2. **Kernvokabular lernen**
   Das zentrale Vokabular rund um Ihr Thema sollten Sie draufhaben, etwa um Fragen vom Podium aus zu beantworten oder nach dem Vortrag, wenn Teilnehmer der Veranstaltung, auf der wir gesprochen haben, auf uns zukommen. Über das Vokabular hinaus macht es auch Sinn, eine Handvoll Textbausteine zu beherrschen, die die eigenen Aussagen pointiert wiedergeben, denn in einer Fremdsprache ist die Gefahr, sich in einem Gewirr von Nebensätzen zu verirren, deutlich höher als in der Muttersprache.
3. **Langsam sprechen**
   Das Sprechtempo zu drosseln wirkt sich ebenfalls positiv auf die Verständlichkeit aus. Tempo erzeugt in einer Fremdsprache nicht unbedingt ein Wohlgefühl – weder beim Publikum noch bei der Sprecherin oder dem Sprecher. Im Gegenteil: Es kann schnell gehetzt wirken. Also sprechen Sie eher gemäßigt rasant. Berücksichtigen Sie dabei allerdings, dass ein Vortrag, der auf Deutsch 20 Minuten dauert, so ein paar Minuten länger dauern mag und zur Sicherheit gekürzt werden sollte.
4. **Skript vorbereiten**
   Ein Vortragsskript ist bei einer Fremdsprache, die wir nicht perfekt beherrschen, ein Muss. Ich würde dazu raten, es selbst zu verfassen, idealerweise mithilfe von deepL oder Muttersprachlern. Dieses Skript sollten Sie viele Male sprechen, um alle sprachlichen Stolpersteine zu beseitigen – sei es eine Häu-

fung von Th-Sounds im Englischen oder von gerollten Rs im Spanischen. Einem Text sieht man solchen Hürden nicht an.

5. **Vom Skript ablesen**
   Je nachdem, wie sicher Sie sich in einer fremden Sprache fühlen, ist das Ablesen des Skripts auch eine Option. Wichtig: Blicken Sie ins Publikum, während Sie Sätze beginnen oder beenden. Fügen Sie immer mal wieder ein paar Sätze ein, die Sie frei sprechen. Wenn Ihnen diese Variante ein gutes Gefühl gibt, dann würde ich sie nicht ausschließen. Karteikarten mit den wichtigsten Formulierungen sollten auf jeden Fall Pflicht sein.

Almost correct – Aussprache üben mit Apps

Die Aussprache lässt sich auch spielerisch mit einer App wie Elsa trainieren. Elsa habe ich einige Wochen lang getestet. Die App checkt unser Niveau und stellt ein Lernprogramm zusammen, das in kleinen täglichen Einheiten zu absolvieren ist. Elsa spricht Wörter und Sätze vor und während Sie diese wiederholen, werden Sie aufgenommen und bekommen Feedback zu Ihrer Aussprache. Elsa ist KI-basiert, das macht das Lernen durchaus spannend und abwechslungsreich.

Was mich gestört hat, war die starke Gamification. Immer ging es um irgendwelche Scores. Das hat mich nur abgelenkt. Außerdem war Elsa zu dem Zeitpunkt nur auf amerikanisches Englisch fixiert und da mein Akzent eher britisch gefärbt ist, musste ich mich entweder verstellen oder diverse Punktabzüge kassieren. Es gibt allerdings längst eine Menge Alternativen zu Elsa im App Store.

Take-away

In einer Fremdsprache zu präsentieren ist eine ganz eigene Herausforderung. Wichtig ist, alles dafür zu tun, gut verstanden zu werden und deutlich zu sprechen. Versuchen Sie, nicht gekünstelt zu klingen, was oft passiert, wenn man zum Beispiel in Englisch präsentiert. Man versucht, so zu klingen, wie man eben gerne klingen würde. Besser ist es, so natürlich wie möglich zu reden. Tatsache ist: Ein Akzent wird häufig als charmant wahrgenommen.

Ein Fenster zu unseren Gedanken

Hände und Arme natürlich einsetzen

Lange Zeit habe ich auf der Bühne meinen Händen nicht viel Aufmerksamkeit geschenkt. Ich fühlte mich wohler, wenn ich etwas in der Hand hatte – ein Mikrofon, einen Klicker für die Slides oder Karteikarten mit einer Skizze des Vortrags. Mit leeren Händen fühlte ich mich, als würde etwas fehlen. Ich wusste nicht so recht, wohin mit den Händen, und mir war gar nicht bewusst, wie stark ich sie einsetzte. Ein Spontanvortrag ohne Hilfsmittel während eines Kameratrainings brachte es ans Licht. Ich erinnere mich noch an einen Kommentar:

»Thomas, deine Finger wirken wie Waffen, die du auf das Publikum richtest.«

Meine Finger Waffen? Ian Woodward, der australische Professor, der uns in internationalem Management unterrichtete, nickte. Er war Experte dafür, wie Menschen Hände und Arme einsetzen, während sie Reden halten. Dann machte er mit mir einige Übungen. Dazu gleich mehr.

Die Idee ist, dass wir unseren Händen und Armen erlauben, ein Fenster zu unseren Gedanken zu öffnen, während wir sprechen. Dafür müssen wir ihnen eine gewisse Freiheit zugestehen. Es ist nicht das, was uns die meisten Politikerinnen und Politiker vormachen. 2 Stunden spontanes Zappen auf YouTube ergaben: Robert Habeck unterstreicht Formulierungen, macht Antithesen mit den Händen deutlich. Olaf Scholz hält sich am Rednerpult fest und schlägt auch mal auf den Tisch. Annalena Baerbocks Gesten sind sparsam, aber angenehm im Flow mit dem, was sie sagt. Markus Söder hebt gerne den Zeigefinger, Christian Lindner ganz ähnlich, doch mit einem breiteren Spektrum an zusätzlichen Gesten.

Dann ist da noch die Merkel-Raute, die jeder kennt, zu finden sogar bei Madame Tussauds in Berlin. Die Arme angewinkelt, die Fingerspitzen berühren sich vor dem Bauch, sie bilden die Form einer Raute. Ein Symbol für Ruhe, Kraft, Brücken, Nachbarschaft, Eisbrecher ..., es gibt viele Interpretationen. Angela Merkel selbst erklärte die Handhaltung in einem Interview.

Stuckrad-Barre:

»Ihr aktuelles Großplakatmotiv zeigt Sie im hellgrünen Jackett, Ihre Hände bilden in Bauchnabelhöhe eine Raute. Was bedeutet das?«

Merkel:

»Nichts. Diese Haltung ist die Position, in der ich automatisch den Oberkörper aufrecht halte. Normalerweise bin ich ja mehr so? [Sie zieht die Schultern nach vorn, macht einen leichten Buckel.] Nichts anderes heißt das.«[17]

Diese Begründung leitet über zum nächsten Thema, der Haltung. Doch bleiben wir noch einen Moment bei Armen und Händen. Professor Woodward bat mich, selbstbewusst zu stehen, die Beine etwa schulterbreit auseinander, und dann meine Unterarme um etwa 90 Grad anzuwinkeln. Nun sollte ich spontan reden und darauf achten, dass die Hände keine vorgegebenen, einstudierten Gesten ausführen, sondern dem Fluss meiner Worte folgen – oder auch auf Bauchhöhe ruhen, wenn diese nichts zu sagen haben. Korrekturen. Mehr inklusive Handgesten sollte ich machen, die die Menschen zu mir ziehen, als Handflächen, die sie wegzustoßen scheinen. Die Finger sollten nicht Richtung Publikum zeigen, sondern darüber hinwegzielen oder auf den Boden. Das Verhältnis von offener, gebender Hand (Handfläche zum Publikum) zu geschlossener Hand (Handrücken zum Publikum) sollte mindestens 70 % betragen. So würde ich Vertrauen und Engagement demonstrieren.

Kurzum: Es geht gar nicht primär darum, ein Repertoire an Gesten zu lernen oder sich von Vorbildern abzuschauen, sondern darauf zu vertrauen, dass die Hände und Arme mit etwas Freiraum und wenigen Grundregeln automatisch und intuitiv unsere Worte in positiver Weise begleiten.

Es hat nur wenige Tage Training gedauert, bis sich dieses Konzept natürlich anfühlte, so, als gäbe es für meine Hände gar keinen anderen Weg, zu agieren. Mir hat geholfen, begleitend dazu ein Vorbild zu finden, eine Person, die eine Körpersprache nutzt, die uns berührt, eine Körpersprache, die das illustriert, was Professor Woodward lehrt.

Zwei Beispiele: Da ist die amerikanische Sozialpsychologin Amy Cuddy, die in ihrem TED Talk[18] so geschmeidig Arme und Hände nutzt, als würden diese ein kleines Theaterstück aufführen. Es sind offene, freundliche und einladende Gesten. Und sie untermalen sehr deutlich das, was sie sagt. Mehr zu ihr im folgenden Kapitel »Fake it till you become it?« über Körperhaltung.

---

17 Benjamin von Stuckrad-Barre: Wie war die Wurst? Wenn Merkel wahlkämpft. Welt: September 2009. *https://www.welt.de/politik/bundestagswahl/article4571194/Wie-war-die-Wurst-Wenn-Merkel-wahlkaempft.html*

18 Amy Cuddy: Your body language may shape who you are. TEDGlobal: Juni 2012, Edinburgh. *https://www.ted.com/talks/amy_cuddy_your_body_language_may_shape_who_you_are?language=de*

Da ist zudem der südafrikanische Kabarettist, Moderator und Schauspieler Trevor Noah. Seine Ansprache beim National Democratic Institute in Washington[19] zeigt: Noah ist ein herausragender Redner, sein ganzer Auftritt wirkte natürlich und lässig. Seine Hände untermalten auf natürliche Art und Weise das, was er sagte. Das Vokabular seiner Gesten ist groß, doch alles ist wohldosiert. Er sprach einfach, und die Hände machten ihr Ding. Oft schwiegen sie schlicht.

Mehr ist es nicht. Beide, Amy Cuddy und Trevor Noah, zeigen in brillanter Weise alles, was wir über Körpersprache auf der Bühne lernen können. Sie zeigen den natürlichen Flow – im Gegensatz zur einstudierten Geste. Sie zeigen, was passiert, wenn wir unseren Händen vertrauen, die richtige Geschichte und die Geschichte richtig zu erzählen.

»Er nannte mich eine f*ing Bitch« – eine ruhige Hand bei schwierigen Themen bewahren**

Als Reaktion auf eine vulgäre Beschimpfung durch einen Abgeordneten hielt die amerikanische Politikern Alexandria Ocasio-Cortez im Juli 2020 im Kongress eine in vielerlei Hinsicht bemerkenswerte Rede gegen Sexismus.[20] AOC, wie der junge Star der demokratischen Partei häufig genannt wird, kritisierte dabei eine Kultur stiller Akzeptanz von gewalttätiger und entmenschlichender Sprache gegen Frauen. Die Ansprache dauerte nur 10 Minuten und sie ist nicht nur inhaltlich und strukturell beeindruckend, sondern auch mit Blick auf Haltung (ruhig), Mimik (reduziert) und Gestik (natürlich). Die Hände ruhen die meiste Zeit still aneinander gelegt oberhalb des Bauches. Die Rede ist emotional, aber nicht dramatisch, sie bewegt sich vom Einzelfall zum größeren Bild, sie nutzt Storytelling. Und immer, wenn AOC Erzählpassagen einbaut, dann können die Hände nicht anders, als sich an der Erzählung zu beteiligen. Ebenfalls auf eine ruhige, aber sehr bestimmte Art – genau wie Wortwahl und Tonfall

Angemessenheit ist ein zentrales Prinzip der Rhetorik, und bei dieser Rede lässt sich dieses Prinzip deutlich erkennen. Dass AOCs Reaktion auf die Bezeichnung als f***ing Bitch durch einen Politiker ein vielfaches Echo

---

19 Trevor Noah: Acceptance speech for leadership in democracy award. Washington: 2019. *https://www.youtube.com/watch?v=H_lgfb7FQ0Y&t=362s*

20 Alexandra Ocasio-Cortez antwortet Ted Yoho. *https://www.youtube.com/watch?v=LI4ueUtkRQ0*

gefunden hat, ist kein Wunder. *»So sieht Leadership aus«*, heißt es in den Kommentaren auf YouTube. Der griechische Philosoph Aristoteles schrieb in seiner Rhetorik:
»Daher muss der Redner unauffällig ans Werk gehen und keinen gekünstelten, sondern einen natürlichen Eindruck erwecken.«[21]
Exakt das machte Alexandria Ocasio-Cortez.

Take-away

Unsere Hände und Arme öffnen ein Fenster zu unseren Gedanken. Sie unterstreichen das Gesagte. Allerdings braucht es meist etwas Training. Es geht nicht darum, ein Handvokabular zu erlernen, sondern den Händen Freiheit zu geben und ihnen die wenigen Gesten abzugewöhnen, die auf das Publikum eine negative Wirkung haben. Mehr ist es nicht. Ein Top-Redner mit natürlichen Handgesten ist zum Beispiel Trevor Noah. Bei ihm lässt sich alles lernen.

Fake it till you become it?
Mit der Körperhaltung das Selbstbewusstsein stärken

Dieses Kapitel braucht einen Disclaimer: Achtung, wir betreten ein schwieriges Gebiet, Studien und Aussagen neigen dazu, sich zu widersprechen. Warum ich trotzdem darüber schreibe? Weil das Thema Körperhaltung, Selbstbewusstsein und Fremdeinschätzung zu spannend ist, um es zu ignorieren. Und weil die Basislektion, die meiner Meinung nach trotz aller Unklarheiten bleibt, durchaus nützlich ist, um im Rampenlicht überzeugend zu wirken.

21 Aristoteles: Rhetorik. Ditzingen: 2019. S. 160

Szenenwechsel. Warum haben Sie diesen Polizisten angegriffen, fragte eine Studie des FBI eine Reihe von Strafgefangenen. Sie wirkten schlampig gekleidet, antworteten die Angreifer. Ihre Körperhaltung sei gebeugt gewesen. Es schien leichter, sie zu überwältigen als ihre Kollegen.[22] Auch auf der Bühne bringt uns eine gebeugte, verdruckste Körperhaltung in Gefahr. In Gefahr, nicht überzeugend zu sein oder nicht gehört zu werden. Der Inhalt unserer Vorträge spielt bedauerlicherweise laut dem Psychologen Albert Mehrabian nur eine untergeordnete Rolle in der Kommunikation. 55-38-7, lautet Mehrabians Regel. Körpersprache mache 55 % der Wirkung einer vortragenden Person aus. Dazu zählen außer Mimik, Gestik und Augenkontakt auch die Haltung. 38 % entfielen auf die Stimmlage und ganz 7 % auf die Inhalte. Achtung: Diese 1967 ermittelten Werte gelten nicht universell, sondern für die Kommunikation von Gefühlen und Einstellungen. Doch Mehrabian machte einen wichtigen Punkt, indem er den Körper in den Mittelpunkt stellte.

Vielleicht zu sehr, doch dass Körper und Stimme ihre eigene Geschichte erzählen, die den Inhalt einer Rede entweder unterstreichen oder sabotieren, weiß jedes Kind, das schon einmal beim Lügen ertappt wurde. Haltung, Mimik und Gestik sprechen Bände zu aufmerksamen Eltern. Genau wie zu FBI-Experten, die jedes Ausweichmanöver des verräterischen Körpers kennen, wenn es darum geht, einen Verdächtigen zu überführen. Dort sitzen die wahren Spezialisten für Körpersprache. Doch auch ein Publikum hat einen scharfen Blick für Dissonanzen zwischen dem Inhalt und seiner Präsentation, zwischen Körperhaltung und Message.[23]

Und wir selbst in der Rolle des Präsentators oder der Rednerin: Spüren auch wir den Unterschied in unserem Selbstbewusstsein? Anstatt uns klein zu falten: Brust raus, Kopf anheben und die Wirbelsäule strecken, dabei möglichst locker bleiben. Genau das, was uns unsere Eltern immer gepredigt haben, später dann die Ballettlehrerinnen und Yoga-Instruktoren. Psychologen sprechen von der zuversichtlichen im Gegensatz zur unsicheren Körperhaltung. Und sie gehen noch einen Schritt weiter und empfehlen uns generell das, was sie Power-Posen nennen.

---

22 Zitiert nach Carmine Gallo: Talk like TED. München: 2017. S. 115

23 Wer seinen Sinn für Körpersprache schärfen möchte, findet intensive Lehrstunden in dem YouTube-Kanal »The behavior panel«. Hier geht es vor allem um Wahrheit und Lüge im Leben öffentlicher Personen wie Politikern oder Schauspielern. *https://www.youtube.com/@TheBehaviorPanel*

machtvolle Posen

machtlose Posen

stehend, offene Haltung

Arme V-förmig über den Kopf gehoben

Hände in den Hüften

Arme hinter dem Kopf verschränkt, sitzend/stehend

sitzend, die Hände im Schoß gefaltet

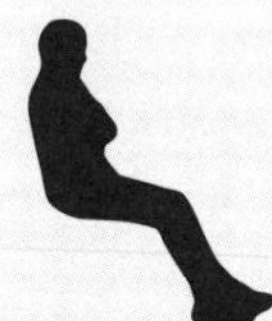

Arme vor der Brust verschränkt

einen Arm quer über den Körper in einer Selbstumarmung

gebeugt

42 *Links: Diese Posen verleihen Sprecherinnen und Sprechern Überzeugungskraft. Rechts: Diese Posen lassen Sprecherinnen und Sprecher macht- und energielos erscheinen.*

Zu Berühmtheit sind diese Posen durch einen TED Talk gelangt. Der Titel von Amy Cuddys Vortrag lautet: *»Ihre Körpersprache beeinflusst, wer Sie sind«*.[24] Das ist nicht nur ein starker Titel, sondern ein sensationeller Vortrag, dessen Überzeugungskraft in den Worten, in dem Charme, in der Verletzlichkeit, der Klarheit, der Einfachheit der Botschaft, vor allem aber in der faszinierenden Körpersprache der Sozialpsychologin liegt. Man kann ihr nicht *nicht* vertrauen. Und doch: So überzeugend die Inhalte wirken, sie bleiben umstritten.

Cuddy behauptete in ihrem TED Talk, dass Power-Posen unser Leben verändern könnten. In sozialen Situationen, die Stress und Unbehagen hervorrufen, wie zum Beispiel, wenn wir eine Rede halten müssen, reichten 2 Minuten an Vorbereitung, damit wir uns mächtiger fühlen und das Stresslevel reduzieren. 2 Minuten, in denen wir uns groß machen, in denen wir die Arme in die Luft strecken, als hätten wir gerade ein Rennen gewonnen. So würde das Dominanz-Hormon Cortisol ausgeschüttet und das Stress-Hormon Cortisol reduziert. Wir würden uns nach diesen 2 Minuten mächtiger fühlen – und uns dann entsprechend verhalten für den Moment: Wir würden uns trauen, wir selbst zu sein – authentischer, präsenter, selbstbewusster. Natürlich hält das nicht lange an. Aber Amy Cuddy riet:

»Fake it till you become it!«

Das war ihr Call-to-Action:

»Wenn Sie das nächste Mal einer stressigen Bewertung ausgesetzt sind, versuchen Sie das für 2 Minuten, im Fahrstuhl, im Toilettenraum, hinter Ihrem Schreibtisch im abgeschlossenen Büro. Sie sollten das tun [Power-Posen einnehmen wie Hände in die Hüften stemmen oder sie im Sitzen hinter dem Nacken verschränken, uns strecken, die Arme wie ein Sieger in die Luft recken]. Stimmen Sie Ihr Gehirn darauf ein, bestmöglich mit dieser Situation umzugehen. Kurbeln Sie Ihr Testosteronlevel an. Drosseln Sie Ihr Cortisol-Level. Gehen Sie nicht mit einem Gefühl, dass Sie nicht zeigen konnten, wer Sie wirklich sind. Gehen Sie mit dem Gefühl, dass Sie wirklich sagen und zeigen konnten, wer Sie sind.«

Zehn Jahre nach Amy Cuddys Auftritt bei TED erschien im Januar 2022 eine Meta-Studie, die die Ergebnisse von 88 Studien zu diesem Themenkreis zusammen-

---

24 Amy Cuddy: Your body language may shape who you are. TEDGlobal: Juni 2012, Edinburgh. *https://www.ted.com/talks/amy_cuddy_your_body_language_may_shape_who_you_are/transcript?language=de*

fasst.[25] Das Resultat: Generell haben unsere Haltung und die Posen, die wir im Sitzen oder Stehen einnehmen, eine Wirkung auf unser Befinden. Sie können zum Beispiel starke Gefühle auslösen oder die Aufgabenausdauer verändern. Was aber nicht bestätigt werden konnte, waren die hormonellen Veränderungen, die im Zentrum von Cuddys Argumentation stehen. Fraglich ist somit, ob die Einnahme von Power-Posen für 2 Minuten tatsächlich die gewünschte Veränderung ergibt.

Da es nur um 2 Minuten geht, ist das Risiko meines Erachtens überschaubar. Ausprobieren! Und wenn es funktioniert, dann machen wir es einfach wieder und wieder, genau wie Amy Cuddy es empfohlen hat, bis es normal erscheint und wir den lähmenden Stress, zum Beispiel vor Vorträgen, hinter uns gelassen haben.

Im Rampenlicht selbst macht es den Studien zufolge Sinn, eine aufrechte anstelle einer eingesunkenen Haltung einzunehmen. Dennoch sollte die Haltung natürlich sein. Amy Cuddy selbst ist ein gutes Beispiel, sie steht gerade, doch eben nicht wie eine Balletttänzerin, sondern sogar mit leicht gerundeten Schultern. Tut das ihrer Präsenz Abbruch? Keinesfalls. Sie ist einfach, wie sie ist. Ihr Körpersprache bleibt offen und wir bekommen ein Geschenk von ihr und dürfen dabei zusehen, wie sie es auspackt.

Take-away

Unsere Körperhaltung beeinflusst, wie man uns wahrnimmt und wie wir uns fühlen. Können wir durch eine aufrechte statt einer gekrümmten Haltung unser Selbstbewusstsein verändern? Die Forschung ist sich da nicht so ganz sicher. Aber Sie können ganz leicht überprüfen, ob es bei Ihnen wirkt, indem Sie vor einem Vortrag oder einer Präsentation eine Power-Pose einnehmen, nur für wenige Minuten. Selbst wenn sie nicht wirkt, ist wenig verloren. Aber wenn doch, ist viel gewonnen.

---

25 Robert Körner, Lukas Röseler, Astrid Schuetz, Brad J. Bushman: Dominance and prestige: meta-analytic review of experimentally induced body position effects on behavioral, self-report, and physiological dependent variables. *https://www.researchgate.net/publication/360577810_Dominance_and_prestige_Meta-analytic_review_of_experimentally_induced_body_position_effects_on_behavioral_self-report_and_physiological_dependent_variables*

74 % Augenkontakt, keine noninklusive Sprache

Künstliche Intelligenz als Coach einsetzen

In einem Workshop zum Thema künstliche Intelligenz für Kreative mit der Designerin Katya Kovalenko begegnete ich zum ersten Mal Yoodli (*https://yoodli.ai*). Der Service versteht sich als *»Grammarly for speech«* – ein Grammarly (ein bekannter KI-basierter Schreibassistent) für gesprochene Sprache. Das Ziel des Angebots besteht darin, Menschen zu helfen, ihre Fähigkeit, öffentlich zu reden, zu verbessern, sei es ein Vortrag, eine Präsentation, ein Jobinterview oder eine Diskussion. Alle, die bei Yoodli arbeiten, so heißt es in der Selbstbeschreibung des Unternehmens, mussten Herausforderungen überwinden, um überzeugend vor Publikum zu sprechen – ein Lispeln, ein Einfrieren während eines Jobinterviews oder die Furcht vor der großen Bühne. Das Angebot von Yoodli ist entsprechend einfühlsam und sympathisch. Gegenüber Microsofts Speaker Coach zeichnet es sich durch Offenheit aus, denn wer es nutzen will, benötigt kein PowerPoint. Man redet einfach frei in die Kamera.

Katya Kovalenko, die mit beiden Programmen intensiv gearbeitet hat, sagt, dass ihr Yoodli kritischer erscheine und demzufolge auch nützlicher. Das kann ich bestätigen. Das Angebot ist durchaus kritisch und erfreulich hartnäckig in Bezug auf Lernfelder. Genau darin liegt seine große Stärke. Die Einschränkung, die beide Programme noch haben: Sie arbeiten zumindest im Juni 2024 nur in englischer Sprache. Doch ist es sicherlich nur eine Frage der Zeit, bis mehr Sprachen hinzukommen. Yoodli ist in der Basisversion gratis, wer es intensiver nutzen will, muss ein Abonnement abschließen.

Ich habe Yoodli für verschiedene Reden von mir getestet, die ich spontan auf Englisch gehalten habe – was bei den ersten Anläufen für einige Füllwörter gesorgt hat. *»So …«* war mein Lieblingshaltepunkt, um etwas Zeit zu gewinnen. Als Beispiel möchte ich die Auswertung einer kleinen Rede betrachten, die ich zum Thema *»What's your story?«* improvisiert habe. Sie dauert knapp 6 Minuten und handelt davon, wie ich nach meinem Studium lernte, dass es in Redaktionen zwei ganz unterschiedliche Arten gibt, diese Frage zu beantworten. In Redaktionsteam A wollten die Verantwortlichen meine Story lesen. Ich musste sie also vorher schreiben. In Redaktionsteam B wollte niemand meine Story lesen. Man stellte mir stattdessen nur drei Fragen: Wie lautet die Headline? Was ist das zentrale Bildmotiv? Warum erzählst du deine Story jetzt? Erst nach Beantwortung dieser Fragen schrieben die Autoren und Redakteure ihre Storys – und zwar viel präziser und auf den Punkt als ohne diese Übung. Nicht nur das, so bestand von Anfang an Einigkeit über die Erzählrichtung der Story, auch wurde viel weniger Zeit mit Umschreiben oder gar Neuschreiben verbracht.

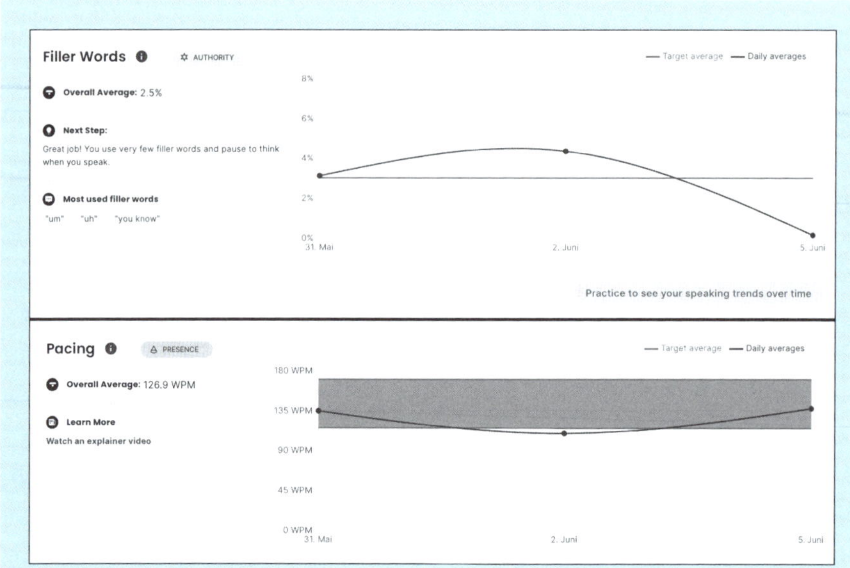

43 *Entwicklung meines Sprechtempos und meiner Störgeräusche: Yoodli zeichnet die Vorträge auf, analysiert sie und zeigt auf Basis der erhobenen Daten die Entwicklung von Vortragenden.*

Davon also erzählte ich aus dem Stegreif Yoodli, indem ich in die Kamera meines Notebooks sprach. Danach stellte mir der Service eine Videoaufzeichnung zur Verfügung, dazu eine Transkription, Analytics und Coaching. Beginnen wir mit den analysierten Daten. Analytics unterteilt sich in zwei Bereiche: Wortwahl und Ausführung. Ich habe zum Beispiel 4 % Füllwörter, was Yoodli als gut ansieht. *»Uh«* und *»um«* sind meine bevorzugten Laute. Meine Füllwortquote liegt unter der von Facebook-Gründer Mark Zuckerberg, bemerkt die Software. Immerhin! Meine Sprache ist zu 100 % inklusiv. Der Anteil »schwacher Worte« liegt bei 4 % – ich soll versuchen, auf 3 % zu kommen. *»So«*, *»really«* und *»just«* sind meine Favoriten unter den schwachen Worten. Der Promi, der mir hier am nächsten sei, sei der Schweizer Tennisspieler Roger Federer. Wie gut rede ich auf den Punkt?

Da ist richtig Potenzial bei meinem ersten Versuch! In der Rubrik Prägnanz bemerkt Yoodli, dass ich 44 % mehr gesagt habe, als nötig gewesen wäre. Empfehlung: Ich solle doch zumindest 30 % weniger sagen. Ein guter Hinweis. In der Tat ist das oft die Schwäche des ersten Durchgangs – zu lang, zu viele Worte, die Pointen sitzen noch nicht. 28 % meiner Sätze beginnen mit *»so«*, auch da ist noch erkennbar Spielraum.

Die Analyse der Ausführung checkt zunächst den Blickkontakt. 74 % der Zeit werden bei mir positiv vermerkt. Ebenfalls positiv: Mein Gesicht war im Zentrum des Bildschirms. Mit durchschnittlich 134 Worten pro Minute stuft Yoodli meine Art zu reden als relaxt ein. In Sachen Pausen werde ich gelobt, ebenso in Sachen Lächeln.

Der eingebaute Coach hat vier Bereiche, die er prüft. Er fragt zunächst nach Stärken und Wachstumsbereichen. Meine Stärke sieht er darin, dass ich die zwei Arten, auf die Frage nach der Story zu antworten, deutlich unterschieden habe und meine Message klar war. Allerdings – Kritik – könnte meine Rede stringenter und besser strukturiert sein. Der dritte Bereich Prägnanz wird an einem Beispiel verdeutlicht, das Yoodli umschreibt, was in der Tat besser klingt. Viertens präsentiert der Coach drei Follow-up-Fragen, die ausgezeichnet sind. Beim nächsten Anlauf werde ich die Antworten darauf integrieren und dafür den Platz nutzen, den ich durch Kürzungen geschaffen habe.

Unterm Strich ist Yoodli ein praktischer Feedbackgeber, wenn es darum geht, handwerklich einen guten Vortrag zu halten. Die Software hält Nutzerinnen und Nutzer sauber in der Spur, indem sie relevante Parameter eines guten Vortrags überprüft. All das funktioniert reibungslos in einem benutzerfreundlichen Umfeld. Natürlich ist das Spektrum der Analysen limitiert und ersetzt kein menschliches Feedback. Ich sehe Yoodli vielmehr als Ergänzung dazu.

Take-away

Warum kein digitaler Coach? Yoodli ist ein Angebot, das auf künstlicher Intelligenz basiert und ausgezeichnetes Feedback auf verschiedenen Ebenen gibt: Prägnanz, Struktur, Wortwahl, Lächeln, Sprechtempo und vieles mehr. So lassen sich Vorträge und Präsentationen mit einem Gegenüber trainieren, das unbefangen und sachlich auf Ihre Leistungen blickt. All das ist in der Basisversion gratis. Ein Wermutstropfen: Leider arbeitet Yoodli bislang nur auf Englisch.

Ein Bummel durch den Gedächtnispalast

Die beste Technik, sich einen Vortrag zu merken

Das sind die Extreme: Ablesen oder wortwörtliches Auswendiglernen eines Vortrags. Beides ist nicht ideal. Das Ablesen ist es nicht aus Sicht des Publikums, das sich fragt, ob es nicht etwas mehr Zuwendung verdient hat. Das Auswendiglernen ist es nicht aus Sicht der Sprecherin oder des Sprechers, denn der Aufwand ist, je nach Länge der Rede, enorm. Und trotzdem ist der Erfolg nicht garantiert. Im Gegenteil: Wirkt der Text allzu auswendig gelernt, dann stellt sich das Publikum die gleiche Frage wie beim Ablesen: Warum sollte es sich öffnen und seine Komfortzone verlassen, wenn die Person auf der Bühne es nicht tut?

Der Charme einer Liveveranstaltung, ganz gleich ob in einem Konferenzraum oder auf einer großen Bühne, liegt darin, dass sie Risiken und Chancen bietet. Es kann ein geniales Event werden, ein mittelmäßiges oder ein weniger gelungenes. Eine Nummer sicher gibt es nicht. Kurzum: Weder wörtliches Ablesen noch wörtliches Auswendiglernen sind als ernsthafte Optionen zu betrachten.

Die beste Lösung für Publikum und Vortragende scheint mir der frei gesprochene Vortrag mit diskreten Hilfsmitteln, die Vortragenden Sicherheit geben zum Beispiel Karteikarten, die nicht das ganze Manuskript enthalten, sondern dessen Struktur und Schlüsselbegriffe. Oder das Manuskript, das auf einem Pult in der Nähe abgelegt wird, auf dem auch ein Glas Wasser steht.

Und wie merken wir uns den Rest? Mit einer Technik, die in der Antike im Kontext der Rhetorik geschaffen wurde und bis heute von Gedächtniskünstlern genutzt wird: dem Gedächtnispalast.

Cicero schrieb in seinem Buch »Über den Redner« (55 v. Chr.), dass der Dichter Simonides von Keos bei einem reichen Mann zu einem Gastmahl eingeladen war, für den er ein Lied gesungen hatte. Danach ging Simonides vor die Tür und hinter ihm stürzte die Halle ein. Alle waren tot und so sehr entstellt, dass niemand sie wiedererkannte. Wie sollte man die Opfer dieses Unglücks bestatten, wenn man doch nicht wusste, wer wer war? Simonides, der einzige Überlebende, schloss seine Augen, durchquerte den Raum in Gedanken, erinnerte sich, wer wo auf seiner Kline gelegen hatte, und führte die Hinterbliebenen dorthin. In diesem Moment begriff er,

»dass es vor allem die Anordnung sei, die zur Erhellung der Erinnerung beitrage. Wer diese Seite seines Geistes zu trainieren suche, müsse deshalb bestimmte Plätze wählen, sich die Dinge, die er im Gedächtnis zu behalten wünsche, in seiner Fantasie vorstellen und sie auf die bewussten Plätze setzen.«[26]

Was auf diese Plätze gesetzt wird, sind nicht abstrakte Begriffe, sondern wir tauschen sie gegen Bilder ein, die wir viel leichter behalten können.

»So kommt es, dass durch eine bildhafte und plastische Vorstellung Dinge, die nicht sichtbar und dem Urteil des Gesichts entzogen sind, auf solche Art bezeichnet werden, dass wir etwas, das wir durch Denken kaum erfassen können, gleichsam durch Anschauung behalten.«[27]

Bereits Cicero ging davon aus, dass ein Gedächtnis nichts Fixes ist, sondern eine Fähigkeit, die sich trainieren lässt – und er zeigte, wie. Spätere Generationen fanden dafür das Wort Gedächtnispalast, durch den wir uns ganz ähnlich wie Simonides bewegen. Der einzige Unterschied: In den Räumen des Palasts legen wir Elemente unseres Vortrags ab, repräsentiert durch starke und möglichst schräge Bilder, die wir uns gut merken können. Wenn wir den Vortrag halten, flanieren wir in Gedanken durch die Räume des Palasts, finden die Bilder, die uns an das Erinnern, was wir erzählen wollen.

Ein Beispiel für einen auf diese Art visuell memorierten Vortrag über Leadership Storytelling, den ich in einigen Varianten halte: Ich stehe vor dem Haus, in dem wir wohnen. Es ist neu gestrichen, sieht nun aus wie eine amerikanische Flagge. Ich trete durch die Tür, und der Flur ist voller Bücher, über die ich steigen muss. In der Küche steht Barack Obama und murmelt in einer Endlosschleife: *»Wer äh bist äh du äh?«* Im Arbeitszimmer sitzt eine schnatternde Gans mit militärischen Schulterabzeichen auf den Flügeln, an der Wand hängen drei Bilder in einer Reihe, alle drei zeigen einen Kreis. Im Badezimmer blicke ich in den Spiegel und sehe mein eigenes Gesicht.

Die Decodierung: Der Vortrag bringt mich in die USA, darauf stimmt mich das Haus ein. Der Flur voller Bücher verweist auf die öffentliche Bibliothek in Cambridge, in der die Szene spielt, die ich als Einstieg erzähle. Der Barack Obama in der Küche stellt dort sein erstes Buch vor und sagt ständig Äh – kein rhetorischer Glanz. Von dieser Szene schwenke ich zum Modell der Public Narrative, die Pro-

26 Cicero: Über den Redner. Ditzingen: 2021. S. 433

27 Ebd. S. 435

fessor Marshall Ganz lehrt (die Militärgans). Die drei Kreise sind das zentrale Element seines Frameworks und zugleich die Gliederung meines Vortrags. Den ersten Inhalt der Kreise finde ich im Bad: die Story of Self – mein Gesicht im Spiegel. Und so geht es weiter.

Diese Art der Repräsentation macht es dem Gedächtnis leicht, einen Vortrag zu behalten. Sie merken sich keine Worte, sondern Bilder, die Sie in einer Umgebung ablegen, die Ihnen vertraut ist und durch die Sie sich bewegen. Es muss kein Palast sein, auch kein Haus. Sie können ebenso gut einen vertrauten Platz nehmen oder einen Park. In der Zeit, in der ich Golf spielte, bin ich einfach den Platz, den ich am besten kannte, Loch für Loch abgegangen und fand dort bizarre Objekte, Tiere oder Menschen als Repräsentationen der Inhalte meines Vortrags. Manchmal brauchte ich nur drei Löcher, um alles unterzubringen, manchmal neun, manchmal auch mehr. Es kommt ganz darauf an, wie detailliert ich mir den Lauf des Vortrags merken möchte. Manchmal sind es große Schritte, manchmal kleine. Auch Schlüsselwörter, die auf jeden Fall genannt werden müssen, lassen sich als Worte einbauen, zum Beispiel das Wort Werte. Um auf dem Golfplatz zu bleiben: Es könnte in den Sand eines Bunkers geschrieben sein oder in den Rasen graviert. Vielleicht tragen die Schwäne auf den Wasserhindernissen auch glitzernde Halsbänder mit Diamanten. Der Fantasie sind keine Grenzen gesetzt. Wichtig ist nur, dass Ihr Gedächtnis damit arbeiten kann.

In ihrem faszinierenden Buch über das trügerische Gedächtnis beschreibt Julia Shaw anschaulich, wie unsere Erinnerung arbeitet. Die Deutsch-Kanadierin unterstrich einen Aspekt, der bei Cicero noch nicht zu finden ist: den Bizarrheitseffekt. Sie empfahl, den Satz, die Kekse waren durch das Backofenfenster zu sehen durch eine Variante zu ersetzen, die nach LSD-Trip klingt:

»Die Kekse kreischten, als der Backofen aus dem Fenster sprang.«[28]

Das Bizarre, Lebhafte und Multisensorische wirkt stark, weil das Gedächtnis mehr Teile unseres Gehirns aktiviert als sonst. Die kreischenden Kekse und Schwäne mit glitzernden Diamanthalsbändern sorgen durch die Assoziationen dafür, dass mehr Pfade zu einer Erinnerung führen und wir diese so schneller abrufen können.

Über den Gedächtnispalast selbst gibt es einen spannenden TED Talk von Joshua Foer, dem jüngeren Bruder des Autors Jonathan Safran Foer. Er beschreibt

---

28 Julia Shaw: Das trügerische Gedächtnis. München: 2016. S. 275

darin, wie er als Wissenschaftsautor einen Selbstversuch mit dem Gedächtnispalast gemacht hatte und nach einem Jahr Training einen Gedächtniswettbewerb gewann – sicherlich ein spannender Talk für alle, die noch zweifeln und denken, dass sie lieber weiterhin Wort für Wort auswendig lernen, weil sie sich so 100 % sicher fühlen. Oder für diejenigen, die es bevorzugen, hinter einem Pult zu stehen und einen Teleprompter zu verwenden oder von Manuskriptseiten abzulesen. Warum probieren Sie nicht mal den Gedächtnispalast aus? Vielleicht zum Start bei einer Einkaufsliste?

Take-away

Ist es sinnvoll, Vorträge Wort für Wort auswendig zu lernen? Nein. In der Antike entwickelten Rhetoriker das Modell des Gedächtnispalasts. Die Idee ist, die Bausteine einer Rede in verschiedenen Räumen eines Gebäudes abzulegen – und zwar in verrückten Bildern wie dem von im Backofen kreischenden Keksen. Diese Bilder stehen für Themenkreise, die wir der Reihe nach abgehen. Ein Vortrag, der mit dieser Technik memoriert wurde, ist lebendig, weil er eben nicht Wort für Wort gelernt wurde.

PRÄSENTIEREN

Ein Gespräch mit dem Publikum führen

Präsentationen und Vorträge brauchen auch einen Schuss Performance. Dieser Abschnitt macht Sie damit vertraut, wie Sie die Bühnensituation meistern und trotz Stress entspannt bleiben.

Vorträge sind ein bisschen wie Jazz. Sie können sich auf sie vorbereiten, dürfen aber nicht überpräpariert sein. Sie haben Ihr Manuskript im Kopf, brauchen aber Freiräume zum Improvisieren. Sie werden hellwach durch die Anspannung, müssen aber vorsichtig sein, dass diese nicht in lähmende Angst umschlägt. Sie fürchten sich ein bisschen vor dem Publikum, weil es über Sie urteilt, zugleich freuen Sie sich darauf, etwas mit ihm zu teilen, das Ihnen etwas bedeutet. Der wichtigste Punkt: Sie betrachten das, was Sie tun, nicht als Monolog, sondern als ein Gespräch mit dem Publikum. Denn das macht einen erfolgreichen Vortrag aus – genau wie ein Jazzkonzert.

In diesem Abschnitt möchte ich Ihre Aufmerksamkeit für dieses spezielle Mindset schärfen und Ihnen eine Reihe von Tipps geben, wie Sie ein sicheres Gefühl bekommen und trotzdem lässig bleiben. Ich stelle mir vor, dass der Tag des Vortrags oder der Präsentation nahe ist. Alles ist gut vorbereitet. Was lässt sich jetzt noch tun?

Da gibt es eine Reihe von Dingen, die stark zum Gelingen eines Vortrags oder einer Präsentation beitragen. Prinzessin Diana zeigt uns, wie wir ein Lächeln so einsetzen, dass unser Vortrag stark wirkt, bevor wir überhaupt ein Wort gesagt haben. Von J. K. Rowling lernen wir, Fremde in Freunde zu verwandeln. Von Steve Jobs, wie wir kritische Fragen in Q&A-Sessions souverän beantworten. Von Yogis, richtig zu atmen, um uns zu beruhigen.

Im letzten Kapitel »Wer sind die eigentlich?« konnte ich nicht widerstehen, ein paar ironische Tipps zu schreiben, die alles auf den Kopf und infrage stellen. Ich habe mich oft dabei ertappt, so zu denken, wie hier beschrieben, wenn ich gestresst war und mich gefragt habe: Wozu dieses ganze Gewese um Vorträge? Vielleicht geht es Ihnen auch manchmal so.

Die größte Gryffindor-Versammlung

Zu Fremden sprechen, als wären es gute Freunde

Es mag paradox klingen, aber ein Vortrag gelingt dann am besten, wenn er kein Monolog ist, sondern sich anfühlt wie ein Gespräch, obwohl tatsächlich nur eine Person spricht und alle anderen zuhören. Das hat mit vielen Elementen zu tun, die ich in »Talk!« erwähne: mit dem Verständnis für die Wünsche, Nöte und Stimmung des Publikums, mit dem Thema, mit dessen Storyfizierung, natürlich auch mit der Kunst des Vortrags, der Qualität der Slides etc. In diesem Kapitel möchte ich einen Punkt hervorheben, der Vorträge auf ein neues Level hebt – weil eben dieses scheinbare Gespräch stattfindet. Eine zentrale Voraussetzung dafür ist eine besondere Form, sich als Sprecherin oder Sprecher zu zeigen. Diese zeichnet sich durch drei Dinge aus, die Nähe ermöglichen:

- Offenheit
- Verletzlichkeit
- eine fragend-forschende Grundhaltung

Wir fühlen uns, als würde ein Freund zu uns sprechen, ein guter Freund, der seine Gedanken mit uns teilt, der über ein Thema spricht, das ihm am Herzen liegt und nichts verbirgt, der weder das sagt, was ich vielleicht gern hören würde, noch das, was alle sagen, sondern genau das, was ihn bewegt. Nun noch ein zweites scheinbares Paradox: Das, was so radikal individuell ist an dem Vortrag, ist das, was jeden einzelnen berührt, weil wir es alle kennen.

Wir können diese Art Gespräch mit dem Publikum in Business-Präsentationen genauso führen wie bei der Vorstellung wissenschaftlicher Erkenntnisse oder einem politischen Vortrag – wenn wir uns im besagten Sinne als menschlich zeigen. Dazu ein Beispiel: Es ist der Vortrag, den die Autorin J. K. Rowling im Juni 2008 in Harvard hielt. Der Titel lautete: »Die Nebeneffekte des Versagens und die Wichtigkeit der Einbildungskraft«. Bei dieser Art Vortrag werden Geleitworte für ein Leben nach dem Studium erwartet. Dass wir von uns selbst erzählen, ist selbstverständlich. Insofern ein leichtes Spiel, jede und jeden direkt anzusprechen? Im Gegenteil. Die Gefahr, alle und niemanden anzusprechen, ist riesig, wenn es nicht gelingt, diese Nähe zu jeder einzelnen Person im Publikum aufzubauen. Darüber hinaus gibt es Schwellen, die es dem Publikum erschweren zu folgen: das Rednerpult zum Beispiel und das Manuskript, von dem die Harry-Potter-Erfinderin ablas.

Wie ging J. K. Rowling vor? Sie berücksichtigte 5 Prinzipien:

1. Sei aufrichtig!
2. Sei bescheiden!
3. Sei humorvoll!
4. Sei magisch!
5. Sei tief!

Die Aufrichtigkeit wurde gleich zu Beginn deutlich, als sie zugleich Bescheidenheit und feine britische Selbstironie offenbarte:

»Als Erstes möchte ich mich bei Ihnen bedanken. Harvard hat mir nicht nur eine außergewöhnliche Ehre zuteilwerden lassen, sondern die wochenlangen Ängste und die Übelkeit, die ich bei dem Gedanken, diese Ansprache zu halten, ausgestanden habe, haben mich dazu gebracht, Gewicht zu verlieren. Eine Win-win-Situation! Jetzt muss ich nur noch tief durchatmen, auf die roten Fahnen schielen und mir einreden, dass ich auf dem größten Gryffindor-Treffen der Welt bin.«[1]

Schallendes Gelächter.

Wie hat die Autorin ihre Angst bekämpft? Mit der Reflexion über die Abschlussrede an ihrem Studienende, gehalten von einer britischen Philosophin. Keine Erinnerung.

»Das Nachdenken über ihre Rede hat mir beim Schreiben dieser Rede sehr geholfen, denn es hat sich herausgestellt, dass ich mich an kein einziges Wort erinnern kann, das sie gesagt hat. Diese befreiende Entdeckung ermöglicht es mir, ohne Angst fortzufahren, dass ich Sie versehentlich beeinflussen könnte, vielversprechende Karrieren in der Wirtschaft, im Recht oder in der Politik zugunsten der schwindelerregenden Freuden, ein homosexueller Zauberer zu werden, aufzugeben.«

Jetzt kommt die Magie ins Spiel, nicht nur wegen der Anspielung auf den homosexuellen Zauberer, sondern weil uns jetzt bewusst wird, dass sich alles, was J. K. Rowling sagt, in einer Schwebe befindet – dass ihre Rede zur Erzählung wird, die nicht nur magische Momente enthält, sondern durchweg auf Magie fußt.

---

1 J. K. Rowling: The fringe benefits of failure and the importance of imagination. Juni 2008: Harvard University, Cambridge, Massachussets. *https://www.youtube.com/watch?v=UibfDUPJAEU*. Das Transkript der Rede findet sich hier: *https://news.harvard.edu/gazette/story/2008/06/text-of-j-k-rowling-speech/*

Die Rede ist einfach strukturiert: Nach einer Einführung sprach J. K. Rowling über zwei Themen: das Versagen und die Einbildungskraft. Die Tiefe ihrer Erzählungen liegt darin, dass sie zu menschlichen Erfahrungen führen, die brutal sind, die sie aber zu dem gemacht haben, was sie ist. Wir betreten in ihrer Rede eine Welt, die wir nicht erwartet hätten. Wir lernen etwas über die Erfahrungen, die Harry Potter möglich gemacht haben. Denken wir. Doch es geht längst nicht mehr nur um Harry Potter, sondern vielmehr um die menschliche Geschichte, die Geschichte eines jeden von uns. Das wird durch Resonanz ermöglicht. Die Geschichten, die J. K. Rowling von ihrer Arbeit bei Amnesty International und von ihrem persönlichen Scheitern in der Zeit vor Harry Potter erzählt, rufen in uns die Erinnerung an das wach, was wir selbst erlebt haben, unsere Eltern, unsere Geschwister, Freunde. All das hallt in ihren beiden Geschichten nach. In den Gedanken jedes Einzelnen läuft der Rowling-Film, montiert mit unserem eigenen.

Die Autorin lässt uns nicht mit einer unterhaltsamen Rede davonkommen, die wir vergessen werden, wie sie einst die Rede der britischen Philosophin vergessen hat. Sie macht etwas, das vermutlich niemand zu Beginn der Rede, die so scheinseicht beginnt, geahnt hätte. Sie lässt uns auf den Grund schauen. Und dort liegt der Wert, den sie am Ende ihres Vortrags beschwört: die Verantwortung, ein Leben zu leben, das zählt, ein Leben, das gut ist im Sinne des Nutzens für die Gemeinschaft.

»Aber wie viel mehr werden Sie, Harvard-Absolventen des Jahres 2008, das Leben anderer Menschen beeinflussen? Ihre Intelligenz, Ihre Fähigkeit zu harter Arbeit, die Ausbildung, die Sie erworben und erhalten haben, verleihen Ihnen einen einzigartigen Status und eine einzigartige Verantwortung. Sogar Ihre Nationalität zeichnet Sie aus. Die große Mehrheit von Ihnen gehört der einzigen verbliebenen Supermacht der Welt an. Die Art und Weise, wie Sie wählen, wie Sie leben, wie Sie protestieren, der Druck, den Sie auf Ihre Regierung ausüben, hat Auswirkungen weit über Ihre Grenzen hinaus. Das ist Ihr Privileg und Ihre Bürde [...] Und morgen hoffe ich, dass Sie sich, auch wenn Sie sich an kein einziges Wort von mir erinnern, an die Worte von Seneca erinnern, einem anderen dieser alten Römer, denen ich begegnet bin, als ich auf der Flucht vor der Karriereleiter den Korridor der Klassiker hinunterlief, auf der Suche nach antiker Weisheit: ›Wie die Geschichte, so das Leben: Nicht wie lang es ist, sondern wie gut es ist, ist das, was zählt.‹ Ich wünsche Ihnen allen ein sehr gutes Leben.«

Ein Meisterdetektiv – von Sokrates die Kunst der Frage lernen

Der Philosoph Sokrates gilt als der größte Redner der griechischen Antike. Anders als sein Schüler Platon und dessen Schüler Aristoteles hat Sokrates nie ein Wort aufgeschrieben. Sein Element war das Gespräch. Und wenn er sprach, dann hielt er keine Vorträge, sondern debattierte. Viele seiner Diskurse können wir in den platonischen Dialogen nachlesen, mit denen der Schüler dem Meister ein Denkmal gesetzt hat, obwohl er selbst einen anderen Weg der Philosophie eingeschlagen hat. So lässt sich vermittelt über Platons Werke von Sokrates lernen, wie Gespräche dazu dienen, die Wahrheit einer Sache zu finden.

Nur wenige greifen heute auf diese Technik zurück, die sich ja auch als eine Art öffentliches Selbstgespräch inszenieren ließe, das einer Sache auf den Grund geht. Von Sokrates lässt sich lernen, wie sich dabei Klugheit, Witz, Liebenswürdigkeit und sprachliche Eleganz verbinden lassen, und zwar ganz unabhängig vom Thema. Die Idee ist, sich in eine Sache hineinzufragen, jede scheinbare Wahrheit und Erkenntnis immer wieder infrage zu stellen, bis man ihren Kern trifft.

Dieses Vorgehen ist aus Sicht der Zuhörerinnen und Zuhörer äußerst spannend. Heute ist es fast ein Geheimtipp. Wie lernen? Direkt von Sokrates, genauer am besten in dem platonischen Dialog »Gorgias«, der sich mit dem Thema Rhetorik beschäftigt und wahre Rhetorik einer manipulativen Rhetorik gegenüberstellt, was zudem bis heute und vermutlich für alle Zeiten ein spannendes Thema ist.

Take-away

Es mag absurd klingen, aber auf der Bühne kommt es darauf an, zu Fremden zu sprechen, als wären es gute Freunde, Menschen, zu denen wir offen sprechen. Dabei spielen drei Dinge eine wichtige Rolle: Offenheit, Verletzlichkeit sowie eine fragende und forschende Grundhaltung. Wir erzählen dem Publikum nicht, was es gerne hören würde, sondern dass, was uns am Herzen liegt, und wir erzählen es nicht rechthaberisch, sondern wie ein Detektiv auf Spurensuche.

Die Prinzessin-Diana-Technik

Das Publikum zu Beginn mit einem Lächeln verzaubern

»Die Hölle, das sind die anderen«, schreibt der Literat und Philosoph Jean-Paul Sartre in seinem Drama »Geschlossene Gesellschaft«. In den Minuten vor einem Vortrag oder einer Präsentation werden da wohl viele zustimmen. Ohne die anderen wäre es garantiert entspannter. Aber dann wäre es auch kein Vortrag mehr, und das, was wir erreichen wollen, dabei werden uns die leeren Stühle kaum helfen. In Sartres Existenzphilosophie geht es um den Blick, diesen urteilenden Blick, der Menschen festlegt auf etwas, das sie vielleicht nicht sind oder sein wollen. Freiheit besteht für Sartre darin, sich dem zu entziehen und, um es etwas bodenständiger als Sartre zu sagen, unser Ding machen.

Exakt darum geht es auch auf der Bühne. Sie wissen, dass es so ist: In wenigen Sekunden machen nicht nur andere sich ein Bild von Ihnen, sondern auch Sie sich ein Bild von anderen. Haltung, Mimik, Gestik, Blick, Kleidung – wir brauchen erschreckend wenige Indizien, um zu einem ersten Urteil zu kommen. Das ist Alltag, und wir haben gelernt, damit zu leben. Doch wenn wir im Rampenlicht stehen, dann sind auf einmal 10, 20, 100 Augenpaare auf uns gerichtet – und das mag sich anfühlen, wie die von Sartre erwähnte Hölle.

Psychologen sagen, wir fürchten uns davor, ausgestoßen zu werden, die Angst ist auch sozialer Art. Dahinter steht der Wunsch, auf eine bestimmte Art und Weise positiv wahrgenommen zu werden, doch zugleich fehlt uns das Vertrauen in unsere Fähigkeit, diesen Eindruck wahrhaftig zu erzeugen.

Sehen Sie das Ganze positiv. In wenigen Sekunden können Sie diese imaginierte Hölle in einen Himmel verwandeln, indem Sie danach streben, so schnell wie möglich eine Beziehung zum Publikum aufzubauen. Für diese Beziehung brauchen Sie kein einziges Wort zu sagen. Sie machen es vielmehr so wie Prinzessin Diana. Die Prinzessin von Wales hat lange Zeit darunter gelitten, dass der Stress, dem sie sich auf einer Bühne ausgesetzt fühlte, ihre natürliche Offenheit hemmte. Sie wirkte ängstlich und verdruckst. Entsprechend war das Resultat ihrer Auftritte: Man maß ihren Worten kaum Bedeutung bei. So begann Diana, ihre Stimme zu trainieren, doch nicht nur die. Sie begann auch an ihrer Haltung und ihrer Atemtechnik zu arbeiten. Und das Wichtigste: Wenn sie die Bühne betrat, war das Erste, was sie tat, zu lächeln. Kein ängstliches, falsches Lächeln, sondern ein freundliches, offenes Lächeln.

Duchenne-Lächeln gegen Fake-Lächeln

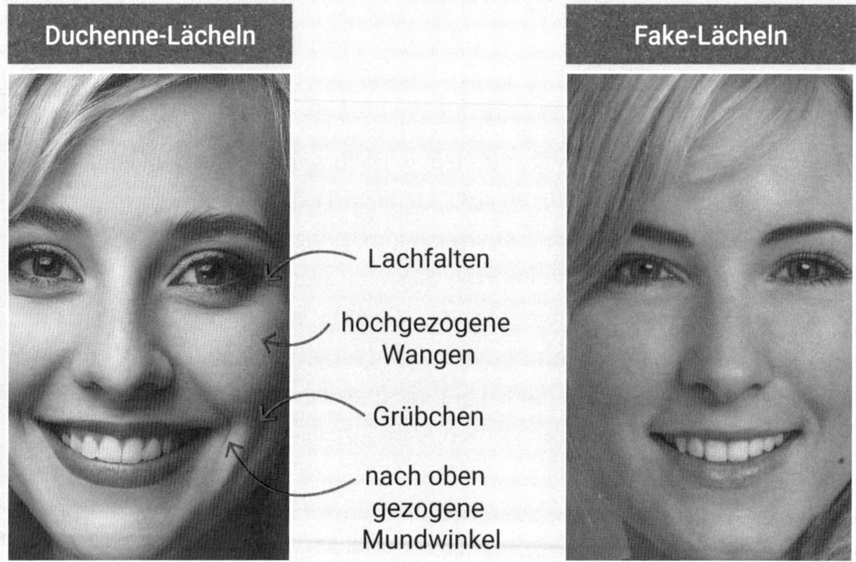

44 *Beim echten Lächeln lächeln die Augen mit, beim Fake-Lächeln dagegen lächelt nur der Mund.*

Dieses Lächeln ändert alles. Es stellt die erste Verbindung zum Publikum her. Es wirkt wie ein Versprechen, dass wir uns während der Präsentation gut fühlen werden. Von dort aus geht es weiter: Stellen Sie Blickkontakt mit einzelnen Personen her. Und schließlich ein Einstieg, der Neugier weckt und das Publikum überzeugt, dass der Vortrag die Aufmerksamkeit wert ist. Doch all das darf nicht einstudiert, geschauspielert wirken, sondern es braucht Natürlichkeit.

Auf einer Konferenz hatte ich vor einigen Jahren das Vergnügen, einen Vortrag der Künstlerin Yoko Ono zu hören. Sie sprach über eines ihrer großen Themen: das Lächeln. Und sie zeigte uns an Beispielen den Unterschied zwischen einem Lächeln, das erzwungen wirkt, und einem echten Lächeln. Einmal lächeln nur die Lippen, das andere Mal lächeln die Augen mit. Dieses authentische Lächeln, auch Duchenne-Lächeln genannt, hat Diana aufgesetzt, wenn sie die Bühne betrat. Es stand für Freude und Glück. Es dauerte 2 bis 4 Sekunden und ließ sich am Zusammenkneifen der Augen erkennen.

Das Angstlächeln ist dagegen durch ein zu breites Grinsen gekennzeichnet. Wir sehen es auf Achterbahnfahrten, doch ebenso als posiertes, soziales Lächeln in Situationen, in denen jemand eingeschüchtert ist und doch sympathisch erscheinen möchte – wie auf einer Bühne.

Nur ein authentisches Lächeln erzeugt ein authentisches Lächeln. Denn dieses Lächeln strahlt Zuversicht aus – nicht nur nach außen, sondern auch nach innen. Es hat die Kraft, in beide Richtungen die Stimmung zu heben. Doch was tun wir, wenn wir in den Minuten vor dem Auftritt Vortragsangst haben? Lieber gar nicht lächeln? Oder versuchen, vor dem Spiegel ein Duchenne-Lächeln zu trainieren? Yoko Ono erzählte uns, dass sie nach der Ermordung ihres Ehemanns John Lennon lange getrauert hatte, bis sie schließlich entschied, dieses traurige Gesicht abzulegen, es nicht gegen ein Fake-Lächeln einzutauschen, sondern gegen ein echtes, das sie erst wieder trainieren musste.

Wie können Sie vorgehen? Vor dem Spiegel stehen und an etwas Schönes denken, etwas, das Sie glücklich gemacht hat oder auf das Sie sich freuen: ein schönes Essen mit Freunden, eine Reise, was auch immer für Sie Glück bedeuten mag. Das Lächeln, das im Spiegel zu sehen ist, erzeugt tiefe Krähenfüße. Von dort tragen Sie dieses Lächeln in die Welt und üben, es in für Sie herausfordernden Situationen einzusetzen. Nicht aus Zynismus, sondern weil Sie wissen, dass Sie damit sowohl Ihr Gegenüber als auch Sie selbst in eine positivere und entspanntere Stimmung versetzen, die Sie durch herausfordernde Situationen wie Präsentationen trägt.

Take-away

Wenn Sie die Bühne betreten, sollten Sie lächeln. Sie müssen gar nichts sagen, einfach nur lächeln. So hat es zum Beispiel Lady Diana gemacht, die sich lange Zeit vor öffentlichen Auftritten gefürchtet hatte. Sie musste dieses Lächeln, das ihr im Privatleben leichtfiel, für die Bühne erst lernen. Wir alle können dieses Lächeln trainieren. Es ist das Wichtigste, das Sie zu Beginn eines Vortrags tun können. Es animiert das Publikum dazu, ebenfalls zu lächeln und sich auf Sie und Ihren Vortrag zu freuen.

Wie Kinder, die etwas Stressiges erlebt haben

Nervosität entspannt wegatmen

Zu Beginn eine kleine Übung: Atmen Sie ein und sprechen Sie folgenden Satz, während Sie ausatmen: Ich lese das Buch »Talk!« Das war einfach, oder? Wir gehen einen Schritt weiter. Sagen Sie nun während des Ausatmens den Satz: Ich lese das Buch »Talk!« von Thomas Pyczak, weil ich gerne bessere Vorträge halten will. Auch kein Problem? Dann der nächste Schritt, der Satz wird etwas länger: Ich lese das Buch »Talk!« von Thomas Pyczak, weil ich gerne bessere Vorträge halten und nächstes Jahr bei TED aller Welt zeigen will, wie bedeutend mein Thema ist. Alles bestens? Oder wurde der Atem knapp?

Ich selbst kann den langen Satz sprechen, selbst wenn ich nur flach in den Brustkorb geatmet habe. Aber im letzten Teil des Satzes atme ich schon nicht mehr erkennbar aus. Will ich danach weitersprechen, ohne meine Atemtechnik zu ändern oder eine längere Pause zu machen, wird es bald eng. Mir geht die Luft aus. Genau das passierte häufig, als ich begann, vor größerem Publikum Vorträge oder Präsentationen zu halten, obwohl ich regelmäßig joggte und eine gute Kondition hatte. Es hatte damit gar nichts zu tun.

Das gleiche Phänomen konnte ich bei anderen Rednerinnen und Rednern beobachten, denen es an Bühnenerfahrung fehlte. Sie wirkten alle etwas knapp bei Atem. Wie Kinder, die etwas Stressiges erlebt haben, nach Hause kommen und der Mutter alles in einem Satz erzählen wollten, ohne zu stoppen. Nur dass eben keine Mutter neben uns auf der Bühne stand und riet: Hol mal Luft!

Früher redete ich mir ein: Das ist die Aufregung, da musst du durch. Nachdem ich die ersten 5 bis 10 Minuten überstanden hatte, war der Atem tatsächlich wieder normal. Nur der Weg dahin war etwas mühsam. Auch für das Publikum, das vermutlich dachte: Warum redet er so, als wären Furien hinter ihm her? Ja, warum? Ich konnte meinen Atem schlichtweg nicht kontrollieren. Er schien seine eigene Idee von einem Vortrag zu haben. Erst Yoga machte mich mit verschiedenen Atemtechniken vertraut und half mir, meinen Atem bei Vorträgen von Anfang an zu kontrollieren, auch indem ich meinen Körper entspannte und meine Haltung verbesserte.

Jetzt sprechen Sie die drei Sätze noch einmal, aber, falls Sie das noch nicht getan haben, atmen Sie zuvor tief ein. Das bedeutet, sich aufrecht hinzustellen, eine Hand auf den Bauch zu legen und die andere Hand auf den Brustkorb und erst den Bauch mit Luft zu füllen und dann den Brustkorb. Sie spüren das Einatmen in Ihren Händen: Erst wandert die untere Hand nach vorne, weil sich der Bauch nach vorne schiebt, und dann passiert das Gleiche mit der oberen Hand. Beim Ausatmen gehen Brust und Bauch wieder hinein. Achten Sie darauf, dass die Bewegung fließt und das Ausatmen länger dauert als das Einatmen.

Es bringt viel für die innere Ruhe, nicht nur auf der Bühne, wenn Sie das tiefe Atmen üben, das in Bauch und Brustkorb. Auch die Stimme wird druckvoller, stärker, ohne dass Sie sie pushen müssen wie bei flacher Atmung.

Vielleicht lässt sich das tiefe Atmen in Bauch und Brust auf der Bühne nicht durchgehend anwenden, doch zumindest in ruhigeren Momenten während des Vortrags. Und bevor es offiziell losgeht. Dann brauchen Sie einen ruhigen Moment für sich. Wenn es keinen Rückzugsraum gibt, dann vielleicht der Flur oder eine stille Ecke. Es geht darum, sich zu erden, indem Sie kontrolliert und fokussiert atmen. Zählen Sie bis 4, während Sie durch die Nase einatmen, halten Sie den Atem für 7 Sekunden und atmen Sie dann langsam durch den Mund wieder aus, während Sie bis 8 zählen. Mit dieser Art zu atmen ändern Sie die Chemie Ihres Gehirns, Sie reduzieren Stress und sorgen dafür, dass Sie sich gut fühlen. 2 Minuten reichen. Nehmen Sie vielleicht noch eine Power-Pose ein, sehen Sie sich ein Foto an, das Sie freundlich stimmt, was auch immer Sie brauchen. Und dann geht es los. Showtime!

Zu schnell gestartet? Anhalten, tief atmen, resetten

Ich kann mich an einen Vortrag erinnern, den ich schnell zwischen zwei Terminen halten wollte. Der Vortrag war intern, 30 Minuten zu einem Thema, das ich gut kannte. Nach einigen Minuten musste ich anhalten. Ich sprach viel zu schnell, begann zu schwitzen und meine Stimme wurde immer dünner. Ich ging zum Fenster und öffnete es, eine Kollegin brachte mir ein Glas Wasser. Ich trank einen Schluck und atmete einige Male tief ein und aus, um meinen Herzschlag zu beruhigen. Dann ging es mit normalem Tempo weiter.

Was war passiert? Die Aufregung war nicht übermäßig, dennoch war ich gestresst. Vielleicht habe ich den Vortrag zu leichtgenommen? Was ich auf jeden Fall daraus gelernt habe, ist, dass die Nerven eine Eigendynamik entwickeln können, die nach einer Pause ruft. Trink! Atme! Geh einen Moment in dich, auch wenn sich das vor Publikum seltsam anfühlt! Finde einen Moment der Stille! Fahre mit gedrosseltem Tempo fort!

Die Gespräche nach dem Vortrag zeigten, dass die meisten schon wieder vergessen hatten, was mir immer noch peinlich und daher besonders in Erinnerung geblieben war. *»Gute Idee, das Fenster zu öffnen«*, sagte einer. Man nickte. Allen war zu heiß gewesen. Am Ende war es wohl tatsächlich nur die Hitze, die mich aus dem Takt gebracht hatte. Wichtig war, rechtzeitig zu reagieren, anstatt mir zu sagen: Augen zu und durch, Thomas! Denn damit wäre niemandem geholfen gewesen.

Take-away

Stress lässt sich wegatmen. Das ist die gute Botschaft. Stress kann aber auch den Atem in ungünstiger Weise beeinflussen, was gerade im Rampenlicht häufig passiert. Man klingt plötzlich wie ein Kind, das etwas Bewegendes erlebt hat und der Mutter daheim alles in einem endlosen Satz ohne Punkt und Komma erzählen will. Irgendwann ist die Luft weg. Damit Ihnen das nicht passiert, helfen kleine Atemübungen vor dem Vortrag oder auch währenddessen.

Ich hatte ein ziemlich mieses Jahr

Spontan einen Übergang kreieren

Wir sind in der Welt der TV-Serie »Grey's Anatomy«. Callie, die Ärztin, schafft es nicht zur Konferenz, auf der sie einen Vortrag halten wollte. Ihre Kollegen organisieren ohne Callies Wissen eine Liveübertragung von der Klinik aus. Als sie in den Konferenzraum mit der Kamera geführt wird, will Callie am liebsten sofort flüchten. Mit sanftem Druck wird sie zum Stuhl geschoben. *»Sei einfach du selbst«*, sagt die Kollegin. Callie blickt in die Kamera:

»Hi, ich bin Dr. Callie Torres und [...]«

Sekundenlanges Schweigen. Dann legt sie die Karteikarten mit den Stichworten für ihre Rede beiseite und sagt:

> *»Ich hatte ein ziemlich schlechtes Jahr [...] Ich wurde bei einem Autounfall fast getötet. Ich hätte beinahe meine Frau bei einem Unfall verloren, bei dem auch mein bester Freund und der Vater meines Kindes ums Leben kamen, und [...] einige andere Dinge. Ich bin orthopädische Chirurgin und arbeite mit Knorpel. Also habe ich viel Zeit damit verbracht, darüber nachzudenken, was uns zusammenhält, wenn die Dinge auseinanderfallen.«*[2]

Diese kurze Szene ist deswegen so stark, weil sie die beiden Pole von Vorträgen und Präsentationen enthält: die Angst und den Widerwillen auf der einen Seite und dann die Ruhe und das Loslassen auf der anderen. Callie verabschiedet sich vom Skript und erzählt einfach von sich. Ihr Einstieg ist hart, aber ehrlich – und er führt direkt zu ihrem Fachthema: dem, was uns zusammenhält, betrachtet aus ärztlicher Perspektive. Man kann sicher sein, dass nach diesem Einstieg niemand mehr gelangweilt im Podium sitzt. Wir sind gefangen von der Offenheit und Menschlichkeit, mit der dieser Vortrag beginnt.

Es gibt viele Möglichkeiten, einen Übergang zum eigenen Vortrag zu bauen, der die Menschen hineinzieht. Callie beginnt bei sich selbst. Eine Alternative ist es, beim Publikum zu beginnen und bei dessen Erfahrungen. Sir Ken Robinsons, der den erfolgreichsten TED Talk aller Zeiten gehalten hat, sprach über die Erfahrung auf der Konferenz. Er begann so:

---

2 *https://www.youtube.com/watch?v=8O0iwlcPF3A*

»Es war großartig, nicht wahr? Die ganze Sache hier hat mich umgehauen. Also ich gehe jetzt [... Gelächter] Es gab drei Leitmotive, die sich durch die Konferenz zogen, die wichtig sind für das, worüber ich sprechen will. Das sind die überwältigenden Zeugnisse menschlicher Kreativität in allen Vorträgen, die wir gehört haben und in allen Menschen hier – allein ihre Vielfalt und ihre Bandbreite. Zweitens befinden wir uns an einem Punkt, an dem wir keine Ahnung haben, wie es in Zukunft weitergeht. Keine Ahnung, wie das enden wird. Ich interessiere mich für Bildung. Im Grunde finde ich, dass sich eigentlich jeder für Bildung interessiert. Finden Sie nicht auch?«[3]

Ein Einstieg, der mit einer Reihe von Fragen beginnt. Nach dem dritten Satz lacht das Publikum das erste Mal. Ist großartig hier, aber ich gehe jetzt: Das ist nicht nur lustig, sondern ebenso spannend. Man will wissen, warum er das sagt, während Robinson sich langsam vom großen Bild der Konferenz als solcher an sein Thema heranpirscht. Wie wir sehen, sind es auch hier nur wenige Sätze, die den Unterschied machen, Sätze, die ganz sicher nicht im Skript stehen, Sätze, die im Augenblick gefunden wurden. Sie stellen die Verbindung zum Publikum her und sind zugleich die Brücke in den jeweiligen Vortrag.

Noch eine dritte Möglichkeit, so einen Übergang zu bauen. Diesmal allerdings bei einer TV-Ansprache. Nach dem Tod von Prinzessin Diana wandte sich Queen Elizabeth an die trauernde Nation. Alle wissen, dass das Verhältnis der beiden Frauen nicht das beste war. Und doch sprach die Queen nach einer längeren Phase des Schweigens. Sie sagte:

»Seit der schrecklichen Nachricht vom vergangenen Sonntag haben wir in ganz Großbritannien und in der ganzen Welt eine überwältigende Trauer über Dianas Tod erlebt. Wir alle haben auf unterschiedliche Weise versucht, damit fertig zu werden. Es ist nicht leicht, das Gefühl des Verlustes in Worte zu fassen, zumal auf den anfänglichen Schock oft eine Mischung aus anderen Gefühlen folgt: Unglauben, Unverständnis, Wut und Sorge um die Hinterbliebenen. Wir alle haben diese Gefühle in den letzten Tagen gespürt. Was ich Ihnen jetzt als Ihre Königin und als Großmutter sage, sage ich von Herzen.«[4]

---

3 Sir Ken Robinsons: Ersticken Schulen die Kreativität? TED: Februar 2006, Montery. *https://www.ted.com/talks/sir_ken_robinson_do_schools_kill_creativity/transcript?language=de*

4 Queen Elizabeth: Ansprache zum Tod von Prinzessin Diana. London: 1997. *https://www.youtube.com/watch?v=CTpcuXbJMcM&t=3s*

Von Anfang an ist da ein Wir. Das erste Ich erscheint in der Sequenz Königin, Großmutter, Herz. Eine Sequenz, in der die Distanz fast vollständig aufgehoben ist. Hier spricht der Mensch Elizabeth und nicht die Würdenträgerin. Und das ist das Geheimnis, solche Brücken zu bauen: sich als Mensch zu zeigen und keine Show abzuziehen.

Take-away

Wie gelingt ein Übergang in die Welt des Vortrags, der idealerweise spontan ist und auf das reagiert, was das Publikum gerade erlebt hat? Sie erzählen von sich, von Ihrer Erfahrung – zum Beispiel auf der Konferenz, auf der Sie sprechen, oder in dem Meeting, in dem Sie nun an der Reihe sind zu präsentieren. Die Brücke mag nur angedeutet sein, wichtig ist, dass sie im Hier und Jetzt beginnt – um Sympathie zu wecken und zu zeigen: Ich mache die gleichen Erfahrungen wir ihr.

Ich fühlte mich wie ein College-Student

Die Kunst, Kontakt zum Publikum zu halten

Routinierte Sprecher wie Sahra Wagenknecht und Robert Habeck, Kamala Harris und Donald Trump, Marine Le Pen und Emmanuel Macron lassen ständig ihren Blick schweifen. Sie stehen am Rednerpult, blicken nach links, in die Mitte, nach rechts. Sie tun das nicht ruckartig, sondern sanft; manche drehen lediglich den Kopf und andere drehen den Oberkörper. So sprechen sie zu allen und behalten ihr Publikum im Blick.

Auch auf der TED-Bühne sind die Sprecher trainiert, zu allen zu sprechen. Sie stehen auf dem roten Punkt und drehen den Oberkörper von links nach rechts und wieder zurück. Die amerikanische Psychologin Amy Cuddy ist ein wunderbares Beispiel. Sie macht diese Drehung von Anfang an natürlich, als sei es das Normalste der Welt, diese fließende Drehbewegung automatisch zu machen, während weniger geübte Redner hart trainieren müssen, um nicht nur den Teil des Publikums auf ihrer Schokoladenseite anzusehen und den Kontakt zum Rest zu verlieren.

Auch Elon Musk, dessen Fähigkeiten als Redner ausbaufähig sind, macht diese Bewegung, diese Hinwendung, die mit einem ständigen Scannen des Publikums verknüpft ist. Bei der Präsentation des Tesla Model 3 hielt Musk nicht nur Blickkontakt zum Publikum, er bewies ein gutes Gespür für die Stimmung im Publikum, unterbrach sich selbst in seinem Vortrag und fragte spontan:

»Übrigens, hat einer von euch zufällig das Model S oder X gekauft?«[5]

Jubel. Dann bedankte sich der Tesla-CEO bei den Käufern und sagte, dass es ohne sie kein Model 3 geben würde.

In einer Rede vor Studenten erzählte Barack Obama, der gerade zum Präsidenten der USA gewählt worden war, eine kleine Story und knüpfte direkt einen Faden zum Auditorium. Als er morgens früh aufstehen sollte, habe er sich wie ein College-Student gefühlt:

»Ich habe das Gefühl, dass ich bis spät in die Nacht aufgeblieben bin und wer weiß was getan habe.«[6]

Jubel. Macht er das spontan oder steht das im Skript, das ihm die Teleprompter präsentieren? Es wirkt spontan und es berührt die Leute, das ist entscheidend. Bis zu einem gewissen Grad müssen herausragende Redner wie Barack Obama auch Schauspieler sein.

Bei beiden, Musk und Obama, ist der Kontakt zum Publikum selbst im Video deutlich zu spüren. So unterschiedlich ihre Qualitäten als Redner sind, so gut beherrschen beide die Kunst, zum Publikum zu sprechen, statt über dessen Köpfe hinweg.

Je kleiner das Publikum, desto leichter ist es, die Stimmung im Blick zu behalten. Lächeln und Nicken – alles gut. Spitze Lippen, gerunzelte Stirn, hochgezogene Augenbrauen – vielleicht wurde etwas nicht verstanden oder man ist anderer Meinung? In einem kleineren Rahmen macht es Sinn, die Leute direkt anzusprechen:

»Anne, du blickst etwas irritiert. Hast du eine Frage?«

Ein Laptop wird geöffnet, ein Handy aus der Tasche gezogen. Es kann schon helfen, sich in der Nähe dieser Leute zu bewegen, um die Aufmerksamkeit zurückzu-

---

5 Elon Musk: Vorstellung des Tesla Model 3. Hawthorne: 2016. *https://www.youtube.com/watch?v=Q4VGQPk2Dl8&t=471s*

6 Barack Obama: Fired up, ready to go. Maryland: 2009. *https://www.youtube.com/watch?v=B29Nw6mjZzk*

holen. Es fühlt sich unkomfortabel an, wenn der Sprecher hinter mir steht und alle Augen auf mich gerichtet sind, während ich in mein Laptop starre.

Auf einem Podium macht es ebenfalls Sinn, das Publikum spontan anzusprechen:

»Wie sind Ihre Erfahrungen mit diesem Thema? Positiv? Bitte Handzeichen. Negativ?«

Bemerken Sie Unruhe in einem größeren Auditorium kann es helfen, einfach eine Pause zu machen, etwas zu trinken, ins Publikum zu blicken. Manchmal verfliegen Ablenkung und Unruhe genau so schnell wie sie gekommen sind. Alternativ verlassen Sie die Bühne und gehen ins Publikum. Sprechen Sie Menschen direkt an, geben Sie ihnen das Mikrofon. Nach einigen Minuten kehrt meist die Aufmerksamkeit zurück.

Wie trainieren Sie all das? Sie könnten in kleinem Kreis beginnen, in Gesprächen mit mehr als zwei Teilnehmern. Wie häufig kommt es vor, dass Sie nur zu einer Person reden und andere aus dem Blick verlieren? Nicht zu wissen, was diese Personen gerade fühlen, keine Signale von ihnen zu registrieren – auf die Art scheitern bereits einfache Tischgespräche. Es ist der gleiche Mechanismus. Was Sie hier üben können, ist exakt das, was Sie auf der Bühne benötigen. Und wenn Sie etwas wahrnehmen, das Ihnen bedeutsam erscheint, gehen Sie darauf ein, mit einer Frage zum Beispiel wie Elon Musk. Oder Sie stellen ein Wir her wie Barack Obama.

Abschließend noch ein Tipp zu dieser Drehbewegung auf der Bühne. Wie in der Runde der Freunde, in der wir sprechen, fliegen unsere Augen nicht nur über das Publikum hinweg, sondern sie verharren bei Menschen, die wir einen Moment ansehen, die wir gerne ansehen, weil sie uns sympathisch sind. Dann drehen wir uns weiter und finden wieder eine Person, der wir ein Lächeln schenken, und weiter. Diese Blicke geben Ihnen nicht nur ein gutes Gefühl für das, was im Publikum geschieht. Sie geben Ihnen auch ein angenehmes Gefühl. Die Menschen dagegen, die Sie gelangweilt, kritisch oder gar feindselig anblicken, empfehle ich entweder zu ignorieren (nur wenige, großes Publikum) oder direkt anzusprechen (kleine Runde). In einem Auditorium nehmen Sie ihr Missfallen zur Kenntnis, doch schenken Sie ihnen nicht Ihre besondere Aufmerksamkeit. Denn das birgt die Gefahr, dass sie Sie verunsichern und den Erfolg Ihrer Präsentation vereiteln. Anders in einer kleineren Runde:

»Ich würde nichts lieber wissen als das, was Josef gerade denkt.«

Take-away

Während der Präsentation ist es wichtig, den Kontakt zum Publikum zu halten. Das passiert nicht, wenn es eine bevorzugte Blickrichtung gibt und entsprechend auch einen toten Winkel. Dagegen hilft eine kontinuierliche Drehbewegung, die sich leicht erlernen lässt. Spontane Reaktionen auf das, was wir sehen und fühlen – zum Beispiel eine Frage an das Publikum oder ein Dankeschön –, sorgen dafür, dass der Kontakt die ganze Zeit erhalten bleibt.

Es gibt keine falschen Töne

Wie ein Jazzmusiker spontan auf Änderungen reagieren

Wenn es ein Wort gibt, das Jazz in der Tiefe beschreibt, dann ist es Improvisation. Der Geist des Jazz ist die spontane Erfindung. Was können wir von diesem Geist für gelungene Vorträge und Präsentationen mitnehmen? Eine Menge.

Sie könnten sich etwa von der Idee lösen, dass Perfektion das höchste aller Ziele ist, weil Perfektion häufig bedeutet: ein Mangel an Frische, an Authentizität, ein Mangel an Mut, sich dem Moment anzuvertrauen. Ich habe an vielen Stellen von »Talk!« betont, dass nicht nur schlechte Vorbereitung gefährlich ist. Ist alles übertrainiert, überprobt, überprotokollgerecht, besteht die gleiche Gefahr des Scheiterns, weil das allzu Glatte das Publikum nicht anspricht. Das Ziel ist vielmehr, gut vorbereitet zu sein und doch offen dafür, dass Dinge anders laufen, als Sie es geplant haben, sich zu sagen: Mach das Beste daraus!

Der Jazzmusiker Miles Davis wurde einmal gefragt, ob er gar keine Angst habe, falsche Töne zu spielen. Er sagte:

»Es gibt im Jazz keine falschen Töne.«

Entscheidend sei, was man danach mache. Falsche oder schräge Töne sollten kein Grund sein, in Panik auszubrechen, sondern vielmehr als Chance gesehen werden. Improvisieren bedeutete für Davis die Herausforderung, etwas Wunderschönes daraus zu machen. Fehler werden erst durch unsere Einschätzung zu Fehlern. Auch beim Vortrag kennt das Publikum nicht Ihren Text, Ihre Dramaturgie. Wenn

Sie in der Aufregung von dem Abweichen, was Sie sich vorgenommen haben, lässt sich vom Jazz lernen, zu improvisieren, um wieder elegant zu Ihrem Skript zurückzufinden – oder vielleicht sogar einen ganz neuen Weg zu entdecken, die Inhalte zu vermitteln. Wichtig ist, im Flow zu bleiben.

Improvisation wird vor allem dann spannend, wenn Dinge passieren, die Sie nicht beeinflussen können: streikende Monitore, Vorredner, die überzogen haben, ein Vorstand, der Sie wegen eines dringenden Termins bittet, Ihre Präsentation doch bitte zu streichen und stattdessen mit zum Flughafen zu fahren, um auf dem Weg zu erklären, worum es geht.

Im Grunde läuft es immer auf dasselbe hinaus: sich nicht auf den perfekten Vortrag mit perfekten Folien im verabredeten Umfeld in der verabredeten Zeit zu fokussieren, sondern die Inhalte auch in anderer Form parat zu haben, als Vortrag ohne Folien, doch in voller Länge, als Kurzvortrag oder als ein Portfolio von entscheidenden Statements für eine Fragesession.

Mein langjähriger oberster Chef, der Verleger Hubert Burda, neigte dazu, spätestens nach 10 Minuten Präsentation (von einer geplanten Stunde), Fragen zu stellen. Es machte wenig Sinn, zu versuchen, zur Präsentation zurückzufinden. Es war auch viel angenehmer, im Gespräch zu sein, wenn man sich darauf einließ. Improvisation, das Unerwartete, Überraschende wertzuschätzen, darum geht es. Lächelnd den Ball zurückzuspielen, wo immer er gerade liegt. Jede gute Rede, jeder Vortrag, jede Präsentation braucht eine Spur Jazz, damit Sie authentisch wirken.

In Marathon-Vorstandsrunden habe ich versucht, mich der Situation anzupassen. Häufig passierte Folgendes: Die Zeit war knapp, die Präsentation vor meiner war vollkommen aus dem Ruder gelaufen. Mit dem Ergebnis war trotzdem niemand zufrieden. Brötchen wurden gebracht, der Lunch beim Italiener um die Ecke gestrichen. Die Stimmung im Vorstand war angespannt. Also Lächeln und ein Angebot machen, das die Situation auflockert. Was wäre, wenn ich nur 15 statt 60 Minuten präsentiere?

So habe ich es auch auf internen Konferenzen gemacht – allerdings von vornherein. Alle hatten 45 Minuten, mir reichten 15. Die Zeit ist an solchen Tagen ein kritischer Faktor – und häufig wird es sowohl vom Veranstalter als auch vom Publikum als wohltuend empfunden, wenn ein Vortrag zur Abwechslung kurz und knackig ist. Das ist zwar mehr Aufwand bei der Vorbereitung, aber allemal besser, als das Sprechtempo bis zur Unverständlichkeit zu erhöhen. So entstehen nur Hektik und ein negativer Gesamteindruck. Die Folien zur Kurzpräsentation können die gleichen sein, Sie überspringen einfach einige und zeigen nur eine Auswahl. Eleganter ist es natürlich, ein kompaktes Slide Deck dabei zu haben.

Funktioniert die Technik nicht, sollten Sie auf jeden Fall in der Leadership-Rolle bleiben. Sie sind verantwortlich für einen guten Vortrag und nicht die Techniker, die versuchen, das Problem zu fixen. Abhängig vom Rahmen erzähle ich in solcher Situation eine Anekdote von einer anderen Panne, die ich erlebt habe (und davon gab es ausreichend). Alternativ steige ich anders in das Thema ein, zum Beispiel mit Fragen. Auch diese Fragen lassen sich gut vorbereiten. Vielleicht gibt es ein Flipchart oder ein Whiteboard für improvisierte Grafiken? Am Ende sind diese Vorträge, die ein höheres Maß an Improvisation erfordern, diejenigen, die in Erinnerung bleiben, denn hier können nicht nur wir selbst, sondern alle zeigen, wie man gemeinsam das Beste daraus macht und trotz des vermeintlich falschen Tons ein einzigartiges Stück spielt.

Take-away

Jede gute Rede, jeder Vortrag, jede Präsentation braucht eine Spur Jazz, damit sie authentisch wirken. Läuft etwas aus dem Ruder, müssen Sie improvisieren. Die Zeit für die Präsentation ist von 45 auf 15 Minuten gekürzt? Kein guter Moment, in Panik auszubrechen. Doch wer sich wie ein Jazzmusiker vorbereitet, sagt sich: kein Problem. Sie proben einfach unterschiedliche Szenarien, ausgehend von der Annahme, dass das, was auf der Agenda steht, nicht zwingend eintreten muss.

Sie haben keine Ahnung, wovon Sie reden

Fragen, Kommentare und Q&A-Sessions meistern

Steve Jobs setzte sich auf einen Hocker, trank einen Schluck Wasser, schwieg. Die Frage, die ihm gerade auf der Worldwide Developer Conference gestellt wurde, war an der Grenze zur Beleidigung. Es ging um Technologie, es ging auch darum, dass der Fragende unterstellte, Jobs habe keine Ahnung, wovon er redet. Er begann seine Antwort mit der Andeutung eines Zitats des amerikanischen Präsidenten Abraham Lincoln:

> *»Sie können einige Menschen einige Zeit zufriedenstellen [..., Pause für einige Sekunden ...] Eines der schwierigsten Dinge, wenn man versucht, Veränderungen herbeizuführen, ist, dass Leute wie dieser Herr in einigen Bereichen recht haben.«*[7]

Dann nahm Jobs sich 4 Minuten, um mit großer Klarheit zu erklären, wofür Apple steht, welchen Weg Apple geht und was das für die Technologie bedeutet. Der Apple-CEO nutzte die Anfeindung als Vorlage, um seine Sicht der Dinge zu erläutern – nicht nur für den Fragenden, sondern für alle.

Ganz gleich, ob im kleinen Kreis oder in großen Rahmen, ob online oder offline – ich würde immer Q&A-Sessions einplanen. Die Leute sollen nach einer Präsentation nicht mit brennenden Fragen nach Hause gehen. Ich würde sogar so weit gehen, den Vortrag selbst als Hinführung zu so einer Session zu sehen. Eine Q&A-Session kann moderiert sein. Das macht es für Redner leichter, doch mit etwas Übung können Sie auch selbst die Moderation übernehmen. In einem größeren Raum brauchen Sie auf jeden Fall jemanden, der ein Mikro reicht. Online könnte jemand die Fragen im Chat sammeln und stellvertretend stellen. So kommen auch Personen zu Wort, die nicht gerne direkt Fragen stellen, vielleicht, weil sie fürchten, ihren Job zu verlieren oder mit massiven Änderungen konfrontiert zu werden, die aber noch nicht konkret benannt worden sind. Diese Fragen sollten bei guter Vorbereitung eigentlich Teil einer Präsentation sein. Falls sie es nicht sind, sollten sie unbedingt beantwortet werden.

Fragen, seien sie auch noch so kritisch und grenzwertig, sind Vorlagen. Es sind Vorlagen, die es ermöglichen, die Sache noch einmal zu erklären. Genau darum geht es in Q&A-Sessions. Die Fragen mögen Details berühren, doch geht es wirklich nur um das Detail? Was könnte die Frage hinter der Frage sein? Wie im Jobs-Beispiel. Auch wenn der Ausgangspunkt der Frage Technologie war, nutzte Jobs die Chance, um zu erklären, dass es im Kern nicht um Technologie geht, sondern zuerst einmal um die Erfahrung des Kunden. So erklärte er aus dem Stegreif anschaulich die Apple-Philosophie, nicht ohne anzuerkennen, dass der Frager aus einer bestimmten Perspektive recht hat. Was ebenfalls elementar ist: Frage und Fragende wertzuschätzen.

---

7 Steve Jobs: Worldwide Developer Conference. San Francisco: 1997. *https://www.youtube.com/watch?v=oeqPrUmVz-o*

Doch dazu braucht es eine Entspanntheit, die wir uns auf der Bühne oft nicht zugestehen. Wir meinen, diese Zeit nicht zu haben. Weder die Zeit, einen Moment nachzudenken, noch die Zeit, ausführlicher zu antworten. Wir wissen, was viele Studien belegen: Je länger wir mit unserer Antwort zögern, desto verdächtiger könnten wir uns machen. Das Publikum mag denken: Warum die Verzögerung? Kennt sie oder er die Antwort nicht? Wird da etwa gerade eine Ausrede vorbereitet? So geben wir vielleicht die zweitbeste Antwort, nur weil sie uns schneller in den Sinn kommt.

Bundeskanzler Helmut Schmidt ließ sich genau wie Steve Jobs nie drängen. Auch er nahm sich Zeit mit Antworten auf herausfordernde Fragen. Andrerseits antwortete er auch schnell und schlagfertig, wenn die Situation danach war. Und genau darum geht es, angemessen zu reagieren. Wichtig ist ebenfalls, bei der Antwort nicht allein die Person anzusehen, die gefragt hat, sondern möglichst alle. So speziell die Frage gewesen sein mag, die Antwort sollte für alle bedeutsam sein.

Wird Ihnen eine Frage gestellt, deren Antwort Sie nicht wissen, dann hat es keinen Sinn, um den heißen Brei herumzureden: Ich weiß es nicht, aber ich werde die Antwort recherchieren und an Sie alle schicken. Alternativ ist ja vielleicht eine Person im Raum aus Ihrem Team, die die Antwort kennt?

Wie beende ich eine Q&A-Session? Auf jeden Fall nicht abrupt. Das war's, danke. Abgang. Besser ist es, das Wesentliche des Vortrags noch einmal pointiert zu wiederholen und mit der Diskussion bzw. den Fragen zu verbinden. Es ist wichtig, dass der Vortrag ein starkes Ende hat. Aber auch die Fragesession sollte ein starkes Ende haben. Wie sieht die Welt aus, die wir vorgestellt haben, die Welt, wie sie sein soll? Was ist jetzt zu tun? Was haben die Fragen gezeigt? Erst jetzt: Herzlichen Dank. Abgang.

Frage an den Präsidenten: Warum hassen die Menschen Sie?

In einem Town Hall Meeting im Oktober 2010 fragte ein Junge namens Terrence Präsident Obama: *»Warum hassen Leute Sie? Sie sollen Sie eigentlich lieben …«* Die Art, wie Barack Obama in 2 Minuten auf diese direkte, für manche vielleicht allzu direkte Frage antwortete, ist beispielhaft. Er antwortete so einfach und klar, dass seine Antwort nicht nur den Jungen erreichte, sondern das gesamte Publikum. Das sind die Schritte:

1. **Persönliche Frage.** Er wollte etwas mehr über Terrence wissen, fragte ihn, in welchem Schuljahr er sei. Das half Obama auch, seine Antwort noch besser auf Terrence abzustimmen.
2. **Großes Bild.** Der nächste Schritt der Antwort rückte die Frage in ein angemesseneres Licht:
   »Zunächst einmal bin ich zum Präsidenten gewählt worden, also hasst mich nicht jeder. Ich habe eine ganze Menge Stimmen bekommen.«
3. **Was ist Politik?** Obama erklärte das, was Terrence als Hass erschien, aus dem Wesen der Politik: *»Wenn eine Partei gewinnt, dann hat die andere Partei das Gefühl, dass sie ein bisschen sticheln muss, um einen auf Trab zu halten. Man sollte es also nicht zu ernst nehmen.«*
4. **Wie sieht es in Amerika aus?** Obama wechselte die Perspektive und erläuterte das, was Terrence als Hass erschien, aus der Situation des Landes. Von dort aus zog er eine Linie zum Amt des Präsidenten:
   »Und manchmal machen sich die Leute einfach Sorgen um ihr eigenes Leben. Viele Menschen verlieren im Moment ihre Arbeit. Viele Menschen verlieren ihre Gesundheitsversorgung oder haben ihr Haus durch Zwangsvollstreckung verloren. Und sie sind frustriert. Und wenn man Präsident der Vereinigten Staaten ist, dann muss man sich mit all dem auseinandersetzen. Das ist genau richtig. Und, weißt du, ich bekomme einen Teil des Lobes, wenn die Dinge gut laufen. Und wenn die Dinge schlecht laufen, dann bekomme ich einen Teil der Schuld. Das ist Teil der Aufgabe.«
5. **Wie gehe ich damit um, wie gehst du damit um?** Der letzte Schritt drehte die Antwort zurück, erst zu Obama, dann zu Terrence selbst. Jetzt sind wir beim entscheidenden Punkt, der Terrence die Bedeutung von Haltung im Leben erklärte:
   »Aber, weißt du, ich bin ein ziemlich harter Kerl. Bist du ein harter Kerl? Du siehst aus, als wärst du ziemlich hart. Du musst einfach weitermachen, auch wenn die Leute dich kritisieren. Denn solange du weißt, dass du es für andere Menschen tust, ist das in Ordnung. Danke, du bist ein guter junger Mann.«

Spielerisch Publikumsfragen zu einem Vortrag mit KI generieren

Einen spielerischen Weg, Anschlussfragen an einen Vortrag vorwegzunehmen, die mit hoher Wahrscheinlichkeit vom Publikum gestellt werden, bietet die Nutzung von generativer künstlicher Intelligenz. Im ersten Teil von »Talk!« habe ich gezeigt, wie KI hilft, Themen zu entwickeln. Dazu habe ich ChatGPT (*https://chatgpt.com*) als Universaltool genutzt.

Das würde in diesem Fall ebenfalls funktionieren. Sie bitten den Chatbot, mögliche Fragen zu generieren, und finden mit dessen Hilfe auch die Antworten. Oder Sie sprechen direkt mit ihm. Ohne um Fragen zu bitten, habe ich im Dialogmodus einfach von meinem Thema erzählt, so wie ich mit einem Freund darüber sprechen würde, und ChatGPT gebeten, mir eine Reihe von Fragen zum Thema zu stellen, die wir im Dialog vertieft haben. Das ist der eine Weg.

Den anderen Weg finden Sie mit dem Präsentations- und Konversationstrainer Yoodli (*https://yoodli.ai*), von dem Sie sehr spezifische Fragen direkt zu Ihrem eigenen Vortrag erhalten. Bislang gibt es den Service leider nur auf Englisch – doch auch das ist ja durchaus ein spannendes Zusatztraining, den zuvor zum Beispiel mit DeepL (*https://www.deepl.com/de/translator*) übersetzten Vortrag in einer Fremdsprache zu halten. Dazu ist Folgendes zu tun: Halten Sie den eigenen Vortrag und zeichnen Sie ihn auf (unter »Presentation«). Yoodli generiert automatisch in der Rubrik »Coaching« Follow-up-Fragen, die auf den Punkt treffen. Sie waren bei meinen Experimenten sogar so gut, dass ich mir bei jeder der Fragen überlegt habe, ob ich die Antwort nicht vielleicht direkt in den Vortrag einbauen soll. Auf jeden Fall führt dieses Verfahren zu naheliegenden Fragen, die wir – vielleicht weil wir zu sehr im Thema sind – oft nicht sehen. Anstatt sich von ihnen überraschen zu lassen, hilft Ihnen die KI dabei, sich perfekt auf die Q&A-Session vorzubereiten.

Take-away

Q&A-Sessions nach einem Vortrag sind eine eigene Herausforderung, vor allem, wenn das Publikum Sie nicht mit Samthandschuhen anpackt. Die Logik einer guten Vorbereitung auf Fragen besteht nicht nur darin, sich möglichst gut sachlich auszukennen, sondern auch emotional ausgeglichen zu bleiben, indem Sie jede Frage als Chance sehen, Ihre Sache noch einmal zu verdeutlichen, und zwar nicht nur für die eine Person, die gefragt hat, sondern für alle.

Bekommen wir eigentlich die Folien?

One Pager, Handouts oder bunte Poster verschicken

Nach einem Vortrag wird häufig nach den Folien gefragt. Doch gut gemachte Slides, solche, wie in Teil 2 von »Talk!« beschrieben, sind ohne Tonspur wertlos. Es macht keinen Sinn, sie zu verschicken. Weder nachher noch vorher. Das Verschicken eines Dokuments zum Vortrag macht allerdings durchaus Sinn. Nur sollte es anders aufgebaut sein und zum Rahmen des Vortrags oder der Präsentation passen. Drei Beispiele: One Pager, Handout und Graphic Recording.

Ein Vortrag ähnlich einem TED Talk gewinnt durch einen One Pager. Damit meine ich ein einfach zugängliches Dokument, auf das Wesentliche fokussiert und in infografischer Form präsentiert. Der Aufwand, einen One Pager zu erstellen, ist wegen der Informationsdichte höher als auf den ersten Blick vermutet, doch er lohnt sich. Sie verstärken damit noch einmal die Wirkung des Gesagten. So ein Einseiter sollte in 1 Minute zu erfassen sein. Darin liegt der Charme: keine Überfrachtung, sondern eine Auffrischung der Grundidee und der wichtigsten Elemente des Vortrags, verschickt als PDF.

Für einen Vortrag über die Wirkung, den Einsatz und das Entwickeln von starken Metaphern im Storytelling habe ich so einen One Pager gebaut. Er findet sich in der Abbildung. Die Idee war, dem Publikum in verdichteter Form alles Wichtige zur Metapher zu geben, mit dem Ziel, dass alle, die Interesse daran haben, sich mit ihrem Team Schritt für Schritt dem Thema nähern können. Im Vordergrund steht also der praktische Nutzen sowie die Inspiration anhand von Beispielen.

One Pager Metapher

Struktur:

X = Y ⟶ Julia ist die Sonne (»Romeo und Julia«, von William Shakespeare)

Wirkung:

1. Metaphern bleiben in der Erinnerung kleben
2. Metaphern öffnen die Wahrnehmung
3. Metaphern ermöglichen direktes Verständnis
4. Metaphern beeinflussen Entscheidungen
5. Metaphern verbinden Fakten mit Emotionen

In 7 Schritten zur Metapher für ein Thema/Projekt:

1	FINDEN	Jeder sucht für sich allein geeignete Metaphern.
2	SAMMELN	Metaphern in kleiner Gruppe sammeln
3	WÄHLEN	Die drei stärksten Metaphern auswählen
4	ÜBERSETZEN	Das Projekt schrittweise in die drei Metaphern übersetzen
5	LERNEN	Anderen die Metaphern vorstellen. Welche gefällt?
6	OPTIMIEREN	Das Projekt komplett in die stärkste Metapher übersetzen
7	PRÄSENTIEREN	Passende Fotos/Videos finden und das Projekt präsentieren

Beispiel Leadership	Beispiel Effizenz	Beispiel Change	Beispiel Kultur	Beispiel Zukunft
Das Leadership-Team als Jazzband	Das Unternehmen arbeitet wie ein Pinguin im Wasser	Wir sind künftig ein tanzender Elefant (IBM)	Wow zu leben und zu geben (Zappos)	Der Prozess der Digitalisierung wird eine Wildwasserfahrt

45 *Der wesentliche Inhalt des Vortrags auf einer Seite – Beispiel Metapher in Theorie und Praxis*

Handout

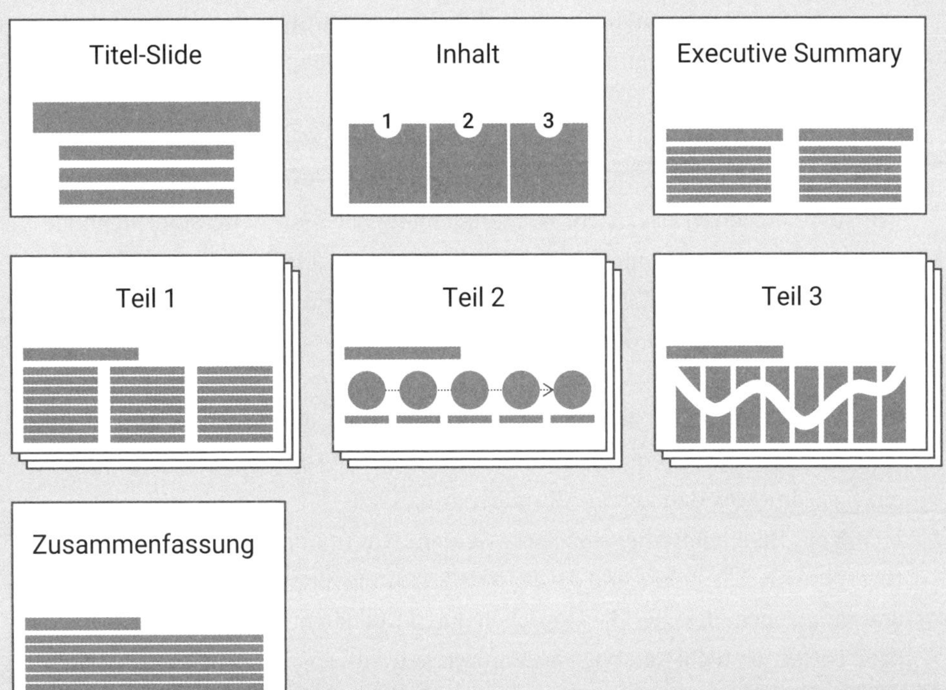

46 *Der Inhalt des Vortrags in einer Minipräsentation – Beispiel für eine Grundstruktur*

Ein typisches Handout ist etwas länger. Doch würde ich auch hier dazu raten, so schnell wie möglich auf den Punkt zu kommen. Das Handout stelle ich mir vor wie eine Zeitschrift, eine Mischung aus Text und Bild und Grafik. Der Einfachheit halber würde ich es ebenfalls in Chartform bauen. Die Struktur sollte so klar und einfach wie möglich sein: Deckblatt, Inhaltsübersicht, Executive Summary, Charts, die eine klaren Logik folgen, zum Beispiel Ausgangssituation, Komplikation, Auflösung, Fazit. Wichtig ist, dass wie bei den Folien für den Vortrag immer nur eine Idee pro Slide erscheint. Jedes Element des Handouts steht für sich. Die rigorosen Beschränkungen der Inhalte pro Vortrags-Slide gelten nicht mehr. Sie erstellen eine Präsentation zum Lesen mit richtigen Sätzen anstelle von Keywords. Der Hintergrund sollte nicht dunkel sein wie bei den Slides, sondern hell, um Tinte oder Toner zu sparen. Ein Buch, das nicht nur Gestaltungshinweise, sondern auch ausgezeichnete Vorlagen für Handouts liefert, ist »Data Story« von Nancy Duarte. Eine Fülle von gut gestalteten Vorlagen finden Sie ebenfalls in Canva (*https://www.canva.com*).

Ein Handout sollte von der Zielgruppe aus gedacht sein: Was brauchen die? Es gibt, insbesondere bei Unternehmensberatungen, die Tendenz, üppige Unterlagen zu produzieren. Das macht meiner Meinung nach nur dann Sinn, wenn die elementaren Aussagen und Daten auf wenigen Seiten Platz finden und der Rest als Backup gesehen wird. Insbesondere das C-Level wünscht sich, knapp und auf den Punkt informiert zu werden.

Handout und One Pager lassen sich auch kombinieren, zum Beispiel in einem Investoren-Pitch eines Start-ups. Der Einseiter stellt das Start-up vor. Er wird vorab geschickt. Dann ein mündlicher Pitch, vielleicht sogar ohne Folien. Danach ein ausgedrucktes Handout als Gesprächsgrundlage.

Soll das Handout vorher verschickt werden? Nur in Ausnahmefällen. Der Vortrag sollte für sich stehen und die zentrale Erfahrung für das Publikum sein. Würden wir glauben, dass wir die Menschen durch Dokumente überzeugen könnten, dann hätten wir nicht den Weg des Vortrags gewählt, sondern würden es machen wie Amazon-Gründer Jeff Bezos, der auf sechsseitige Memos schwört. Gehen wir bewusst den anderen Weg, dann machen Dokumente, die vorab oder womöglich während der Präsentation gelesen werden, keinen Sinn. Eine Ausnahme sind Meetings auf hoher Managementebene. Man will meist die Slides vorher haben. Anstelle der Folien wäre meiner Meinung nach ein Handout viel sinnvoller. Manchmal gibt es auch Standardvorlagen für ein Handout.

Graphic Recording

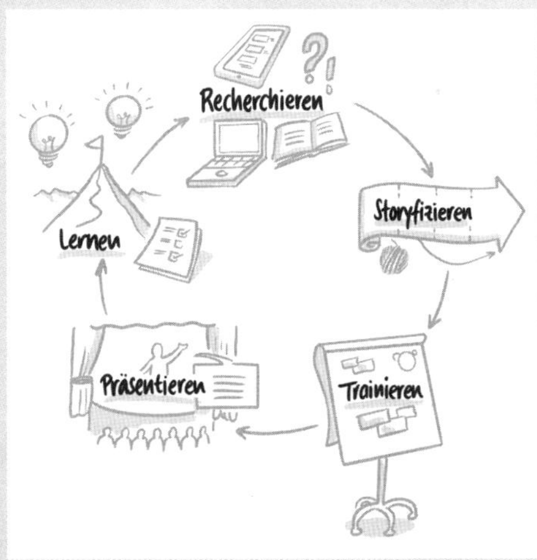

47 *Oben: Poster statt PowerPoint – ein ganzer Storytelling-Workshop als kompakte Bildergeschichte; Unten: Grafik statt Text – die Struktur von Talk!, umgesetzt à la Graphic Recording*

Eine weitere Möglichkeit ist ein Graphic Recording, das Erstellen einer exklusiven visuellen Dokumentation, live und in Echtzeit während des Vortrags. Bei einem Workshop in der School of Life Berlin vor einigen Jahren lernte ich Benjamin Felis kennen. Er ist ein Meister des visuellen Storytellings. Vorträge, Präsentationen, Workshops, Konferenzen – er zeichnet alles live mit, entweder auf Papier oder auf dem iPad. So hat er auch den Storytelling-Workshop von Katrin Frische und mir kreativ festgehalten. Die Teilnehmerinnen und Teilnehmer waren begeistert. Denn am Ende bleibt ein Bild, das lebendig ist und alles Wesentliche an Informationen enthält.

Benjamin sagte mir in einem Interview für dieses Buch:

»Die meisten schauen sich nach einer dreitägigen Konferenz eher ein schickes und buntes Poster an, als unzählige PDFs und PowerPoint-Folien durchzuarbeiten.«

Und da ist noch ein anderer Punkt: Graphic Recording unterstreicht das Einzigartige eines Vortrags, und zwar hier und heute, kein vorfabrizierter One Pager, kein Handout, sondern dieses eine Bild.

»Es enthält meine subjektive Perspektive«, erklärt Benjamin. Seine Guideline bei der anspruchsvollen Aufgabe ist zu entscheiden, was kommt ins Bild, was nicht:

»Welche Frage soll dieser Vortrag beantworten?«

Wie läuft die Zusammenarbeit mit einem Graphic Recorder? Das erklärt Ben auf seiner Website.[8] Auf seinem YouTube-Kanal spricht er auch über die Kosten.[9]

Take-away

Die Slides an das Publikum schicken? Keine gute Idee. Sie funktionieren nur in Verbindung mit dem Vortrag. Also nichts verschicken? Doch, unbedingt! Zum Beispiel einen One Pager, der verdichtet alle wesentlichen Informationen enthält, oder ein Handout, das etwas ausführlicher ist. Mehr Faszination erzeugt Graphic Recording: ein Bild, das live und in Echtzeit während eines Vortrags entsteht und kreativ aufbereitet dessen Essenz enthält.

8 *https://www.benjaminfelis.de*

9 *https://www.youtube.com/watch?v=FKQOpwC_zlU&t=631s*

Beantworten die gerade ihre E-Mails?
12 Tipps für spannende Onlinevorträge

Seit der Pandemie sind viele von uns routiniert in Onlinepräsentationen und -vorträgen. Wir haben das im Zeitraffer gelernt. Dennoch gibt es gravierende Unterschiede in der Art, wie präsentiert wird. Die größte Gefahr besteht meiner Meinung nach darin, Remote-Vorträge zu lässig zu nehmen, weil wir ja, anders als bei Präsenzvorträgen, das Publikum viel weniger spüren. Hier sind 12 Tipps für spannende, sympathische und überzeugende Präsentationen in Zoom, Teams oder Meet.

Tipp 1: Sympathisch begrüßen

Eine sympathische Geste zu Beginn des Vortrags besteht für mich darin, das Publikum entsprechend zu begrüßen. Wenn es sich in verschiedenen Zeitzonen aufhält, dann macht es Sinn mit *»good morning, good afternoon, good evening«* zu beginnen. Danach könnten Sie alle bitten, ihre Mikrofone einzuschalten, wenn die Software es erlaubt, und in ihrer Landessprache zu antworten. Das ist eine wunderbare Einstimmung auf den Vortrag. Sie können das auch in einem nationalen Vortrag machen, indem Sie das Publikum zu bitten, so zu grüßen, wie es in ihrer Region üblich ist. *»Moin. Guude. Servus.«* Schon entsteht eine positive Atmosphäre.

Tipp 2: Mit einer Check-in-Frage starten

Es ist Pause. Wir machen den Technikcheck. Alles läuft. Einige Leute sind schon zurück aus der Pause, wir sehen ihre Gesichter. Was sollen wir jetzt tun? Ruhig bleiben, bis die Anmoderation beginnt? Das wäre der übliche Weg. Wir könnten uns ebenso in einem Satz vorstellen und mit einer Check-in-Frage zum Thema beginnen. Ich bitte die Leute zum Beispiel manchmal, die Intensität, mit der sie Storytelling in ihrer täglichen Arbeit nutzen, auf einer Skala von 1–10 zu bewerten. Sie können sich direkt dazu äußern oder diese Zahl in den Chat schreiben. Von da aus kann ich direkt in den Vortrag oder Workshop einsteigen. Selbst wenn noch eine offizielle Anmoderation kommt, kann ich wieder Bezug auf diese kleine Umfrage nehmen, wenn der offizielle Vortrag beginnt. So ist das Publikum von Anfang an dabei.

Tipp 3: Die Kamera positionieren

Aus diesem Thema lässt sich eine Wissenschaft machen. Ich denke aber, wenn Sie einfachen Grundregeln folgen und den Rest nach Gefühl einstellen, können Sie nichts falsch machen. Ich betrachte drei Aspekte: horizontale Position der Kamera, vertikale Position und den Abstand zu mir.

In der Horizontalen ist darauf zu achten, dass Sie nicht exakt in der Mitte des Bildes positioniert sind, was wir oft intuitiv tun. Mehr Spannung entsteht, wenn Sie dem Goldenen Schnitt folgen, den Bildschirm vertikal dritteln und in Richtung einer der beiden Linien rücken, die das Bild teilen.

Für die Höhe der Kamera gilt die Grundregel: am besten auf Augenhöhe. Damit macht niemand etwas falsch. Spannender erscheint mir, die Kamera etwas höher oder niedriger aufzustellen. Ist die Kamera exakt auf Augenhöhe platziert, wirkt es für mich ähnlich steril wie eine Platzierung exakt in der Mitte. Kleine Abweichungen machen das Set-up natürlicher.

Den Abstand der Kamera zu mir bestimme ich nach einer einfachen Regel. Ich frage mich, wie viel Nähe ich zum Publikum haben möchte und wie präsent ich erscheinen will. Danach wähle ich den Bildausschnitt. Achtung bei den Extremen: Ist die Kamera zu nah, wirkt das bedrohlich, ist sie zu weit weg, mache ich mich irrelevant.

Tipp 4: Natürlichen Blickkontakt halten

Immer direkt in die Kamera blicken! Damit ist doch alles gesagt, oder? Ich halte diesen Klassiker unter den Ratschlägen für schwierig. Meiner Erfahrung nach sollte nicht ständig in die Kamera gestarrt werden, das wirkt etwas penetrant. Das zeigt sehr deutlich der YouTube-Kanal »The behavior panel«, in dem mich vier Personen immerzu anstarren. Man kommt sich vor wie bei einem Verhör.

Eine meiner zentralen Punkte in »Talk!« ist, dass eine gute Rede wie ein Gespräch unter Freunden sein sollte. Starren wir denen die ganze Zeit direkt in die Augen? Nein. Wir wenden immer wieder unseren Blick ab – nicht aus Desinteresse, sondern weil Starren anstrengend ist, für alle Beteiligten.

Während einer Rede in Präsenz, blickt die Rednerin ja auch nur ca. ein Drittel der Zeit in meine Richtung, weil der Blick wandert, um alle einzubeziehen: Mitte, links, rechts und zurück. Es ist eine dauernde Bewegung. Das ständige In-die-Kamera-Starren dagegen erinnert mich eher an das rote Auge des Computers HAL aus dem Film »2001. Odyssee im Weltall«. Es hat etwas Bedrohliches.

Die Empfehlung lautet: Die meiste Zeit in die Kamera blicken, doch zur Abwechslung auch den Blick senken und in den Bildschirm blicken. So als würden Sie ins Publikum schauen.

Tipp 5: Störungen in den Flow integrieren

Die Idee ist, alles zu kommentieren, was die anderen nicht sehen können. So kommt es nicht zu Verwirrung. Angenommen, die Kinder kommen gerade aus der Schule nach Hause und stürmen ins Zimmer, um mich zu begrüßen. Erschrockener Blick. Vielleicht drehe ich mich auch abrupt zur Seite. Das Publikum fragt sich: Was ist los? Anstatt Blick und Bewegung zu überspielen, würde ich sie kommentieren: *»Entschuldigen Sie, meine Kinder sind gerade aus der Schule gekommen.«* Warum nicht die Kinder kurz vor die Kamera holen und vorstellen? Das ist sympathisch und dauert nicht einmal 1 Minute. Danach setzen Sie den Vortrag fort. So bleibt alles im Flow. Ein Schild *»Bitte nicht stören«* macht auch Sinn, wird aber nicht immer respektiert.

Tipp 6: Ein freundliches Bild im Blick haben

Ist es besser, das Publikum als Galerie kleiner Bilder zu sehen oder nicht? Meine spontane Antwort wäre immer Ja gewesen. Doch die erste Konferenz, auf der ich remote gesprochen habe, hatte eine sehr einfache Software. Alle konnten mich und meine Präsentation sehen, ich aber konnte niemanden sehen. Das hat mich damals stark verunsichert, weil ich mich entkoppelt fühlte.

Mittlerweile habe ich mich daran gewöhnt, mein aktuelles Präsentationschart zu sehen und vielleicht ein kleines Videofenster von mir oder von wenigen Teilnehmern. Das Positive daran: Ich kann mich voll auf meinen Vortrag konzentrieren. Ein zweiter Bildschirm mit vielen Gesichtern würde mich nur ablenken.

Was ich allerdings angenehm finde, ist, ein Bild meiner lachenden Frau oder von ein paar Freunden hinter der Kamera aufzustellen. Ich spreche zu Menschen, die ich mag, die mir etwas bedeuten, über ein Thema, das mir etwas bedeutet. Diese Vorstellung bringt mich zum Lächeln und stimmt mich generell positiv.

Tipp 7: Die Zeit planen

Wenn keine Uhr vor mir liegt, besteht die Gefahr, dass mein Vortrag zu lang wird. Da ich Texte nicht auswendig lerne, sondern mich durch einen Gedächtnispalast bewege, verliere ich ohne Uhr die Zeit aus dem Blick. Daher befindet sich bei jedem Vortrag eine Stoppuhr auf dem Display meines iPads vor mir.

Ob die Zeit hoch- oder runterläuft, ist Geschmackssache. Ich mag es, wenn sie hochläuft. Angenommen, mein Vortrag dauert 45 Minuten, dann teile ich ihn in klare Zeiteinheiten ein, die ich überprüfen kann. 5 Minuten Einleitung, dann jeweils 12 Minuten für die Teile 1, 2 und 3. So bleiben noch 4 Minuten für Zusammenfassung und Call-to-Action.

Meist kürze ich die Zeit. Statt von 45 gehe ich von 40 Minuten aus, was oft auch realistisch ist wegen technischer Verzögerungen oder einer Anmoderation, die etwas länger gerät. Dann wäre meine Zeiteinteilung simpel: 5-10-10-10-5. Diese notiere ich mir auf einem Zettel, der bei dem iPad mit der Stoppuhr liegt. Die einzelnen Zahlen hake ich ab, wenn die Punkte erreicht sind.

Bin ich zu langsam oder zu schnell, kann ich das immer in kleinen Intervallen regulieren und nicht erst in den letzten Minuten.

Tipp 8: In die Tonqualität investieren

Gängige Laptops haben mittlerweile ordentliche Kameras und Mikrofone. Sind sie ausreichend für Vorträge? Meist nicht. Da unsere Handys starke Kameras haben, lässt sich die Bildqualität schnell optimieren, indem Sie das Handy als Webcam einsetzen. Mit ein oder besser zwei Ringlichtern, die Sie schräg von vorn anstrahlen, stimmt das Bild selbst dann, wenn das natürliche Umgebungslicht nicht ideal ist.

Viel kritischer ist die Tonqualität. Die Stimme ist das zentrale Instrument des Redners; sie braucht Deutlichkeit, Dynamik und Druck. Ein Vortrag wird schnell anstrengend, wenn sich die Vortragende schlecht verstehen lässt, wenn ihre Stimme dünn oder blechern klingt, wenn es rauscht oder womöglich Unterbrecher gibt. Daher würde ich in Audiotechnik investieren, in ein hochwertiges USB-Mikrofon, ein kabelloses Lavalier-Mikrofon oder ein Profi-Headset. Wichtig ist, dass die Stimme voll, klar und natürlich klingt.

Ich selbst nutze meist ein USB-Tischmikrofon oder hochwertige Bluetooth-Kopfhörer. Bevor ich mich für diese Lösungen entschieden habe, habe ich diverse Tests durchgeführt, um die für mich bestmögliche Lösung zu finden. Headsets im Callcenterstil finde ich klanglich auch gut, doch erzählen sie für mich die falsche Geschichte. Ich fühle mich mit ihnen nicht wohl.

Die Technik für Ton und Bild lässt sich beliebig aufrüsten, doch mit diesen technischen Basislösungen kommen Sie schon weit. Und Sie sind flexibel. Wer gerne in ein kleines Studio investieren möchte, möge nur eines bedenken: Am Ende kommen die Menschen wegen Ihnen und Ihren Inhalten.

Tipp 9: Am Schluss den Raum öffnen

Jeder Onlinevortrag braucht eine Q&A-Session. 15–30 Minuten sind ein guter Richtwert, obwohl die Zeit erfahrungsgemäß immer zu kurz ist, wenn der Vortrag das Publikum berührt hat. Online ist es leichter, auch diejenigen zu Wort kommen zu lassen, die sich in einem Auditorium nicht melden würden. Wir bitte die Leute, sich entweder zu melden oder in den Chat zu schreiben, was sie bewegt. Ideal ist es, wenn eine Person den Chat managt und die Fragen sortiert, auswählt, vorliest.

Tipp 10: Sitzen oder stehen?

Stehen ist bei einer Präsentation natürlicher, die einzige Gefahr liegt für mich darin, dass durch den engen Kameraausschnitt zu viel Unruhe entsteht, falls Sie dazu neigen, sich zu bewegen. Online ist es empfehlenswert, fest und ruhig zu stehen.

Mir fällt das nicht so leicht, daher entscheide ich mich manchmal auch dafür zu sitzen. Dabei achte ich auf eine aufrechte Haltung, setze mich auf die Stuhlkante und drücke beide Füße fest auf den Boden. Weiche Sessel oder Sofas sind nicht zu empfehlen, generell scheint mir sinnvoll, verschiedene Sitzgelegenheiten vor der Kamera auszuprobieren. So bekommen Sie ein Gefühl dafür, welcher Stuhl ideal ist. Ein Kissen im Rücken sorgt dafür, dass Sie eine aufrechte Haltung beibehalten und nicht nach und nach in sich zusammensacken. Aufrecht wirkt souveräner.

Eine Position zwischen Stehen und Sitzen halte ich ebenfalls für empfehlenswert. Dafür bieten sich einfache Sitz-/Stehstützen an oder ergonomische Stehhocker. Eine Alternative, die ich in Notsituationen nutze, ist der Fußboden in Verbindung mit einem Couchtisch. In dieser Sitzposition fühlen sich allerdings auch Hunde und Katzen angesprochen, sich an der Session zu beteiligen, was, je nach Verlauf komisch wirken oder zu Chaos führen kann.

Tipp 11: Technische Störungen beheben
Idealerweise gibt es eine zweite Person, die bei technischen Problemen hilft. Deren Telefonnummer sollten alle zu Beginn bekommen. Durch diese Form der Arbeitsteilung können wir uns auf den Vortrag konzentrieren. Sollte Sie selbst aus dem virtuellen Meeting-Raum fliegen – Ruhe bewahren. Das kann immer passieren. Wieder über den Link in das Meeting einsteigen. Vielleicht einen kleinen Scherz machen. *»So, da bin ich wieder.«* Und weiter geht es.

Tipp 12: Passende Hintergründe wählen
Die Hintergründe erzählen eine eigene Geschichte über die Rednerin oder den Redner. Ich würde sie daher nicht durch virtuelle Hintergründe ersetzen. Hintergründe geben uns zusätzliche Information. Sie zeigen die Realität. Virtuelle Hintergründe wirken dagegen oft unrealistisch, hinzu kommt häufig ein unschönes Flackern, wenn wir uns bewegen. Darunter leidet die Authentizität. Häufig höre ich, ein Bücherregal im Hintergrund sei tabu. Das finde ich gar nicht. Die Frage ist, wie ich es zeige. Ich selbst nutze es oft, allerdings mit einer schrägen Kameraperspektive und einer geringen Tiefenschärfe. Niemand wird versuchen, die Buchtitel zu dechiffrieren. Selbst wenn, dann ist auch das kein Drama. Die Bücher spiegeln eben meine Welt.

Wir bräuchten einen Adapter
10 Tipps zu Bühne, Raum und Technik

Trotz sorgfältiger Vorbereitung und Planung gibt es am Tag der Präsentation oder des Vortrags noch ausreichend Chancen, den Erfolg zu sabotieren. Diese 10 Tipps sind ein Leitfaden, um die Zeit vor Ort effizient zu nutzen, damit alles reibungslos läuft.

Tipp 1: Früh kommen, sich wie ein Gastgeber fühlen
Früh zu kommen macht aus verschiedenen Gründen Sinn. Wenn Sie aufgeregt oder unsicher sind, haben Sie ausreichend Zeit, sich zu akklimatisieren. Ihre Rolle

wechselt auf größeren Veranstaltungen, wenn Sie wollen. Sie sind nicht mehr eine Sprecherin oder ein Sprecher, sondern Sie sind Teil des Gastgeberteams. Sie stellen sich an den Eingang und sagen Hallo, nachdem Sie alles vorbereitet haben. Sie führen Gespräche, stellen erste Nähe her und haben von Anfang an den Eindruck, dass Sie diese kleinen Dialoge weiterführen, wenn Sie die Bühne betreten. Bei einer Präsentation vor Kollegen macht das ebenfalls Sinn. Sie zeigen so, dass Sie der Sache, die Sie präsentieren werden, Bedeutung zumessen. Und Sie drücken damit auch Ihre Wertschätzung gegenüber Kolleginnen und Kollegen aus.

Außerdem gibt es so genügend Zeit, alles vorzubereiten, um sich wohlzufühlen. Sie können die Technik vorbereiten, sich mit anderen abstimmen, all das in entspannter Atmosphäre und nicht hektisch wenige Minuten, bevor die Veranstaltung beginnt.

Auf einer Konferenz empfehle ich, an der gesamten Konferenz teilzunehmen, Teil der Community zu sein. Dann fühlt sich ein Vortrag viel organischer an, als wenn Sie kurz vor dem Vortrag kommen und kurz danach wieder gehen. Darüber hinaus können Sie Ihr Thema so mit vielen Menschen auch außerhalb des Vortrags teilen und diskutieren.

Tipp 2: Mit dem Moderationsteam und anderen Verantwortlichen abstimmen

Wer ist für den Ablauf verantwortlich? Wer für die Technik? Wer hat eingeladen? Wer moderiert? Treffen Sie diese Personen unbedingt sofort nach Ihrer Ankunft, denn sie tragen maßgeblich zum Gelingen Ihres Vortrags bei.

Mit dem Moderator oder der Moderatorin gehen Sie alles im Detail durch, von der Anmoderation bis zur Q&A-Session. Sich selbst vorzustellen, halte ich nicht für ideal. Es gibt immer einen Veranstalter oder eine Moderatorin, denen diese Rolle zufallen sollte. Wenn Sie wissen, was über Sie gesagt wird, können Sie von hier aus direkt überleiten in Ihre Präsentation. Findet sich niemand, der diese Anmoderation übernimmt, dann übernehmen Sie es selbst, so knapp wie möglich.

Zwei Beispiele:

»Hallo, ich bin Thomas. Storytelling ist mein Leben. Darüber, wie Storys Menschen mitnehmen und Dinge in Bewegung setzen, schreibe ich Bücher, halte Workshops und Vorträge. Und los geht es mit einer kleinen Geschichte!«

Alternativ ein Einstieg, der mich selbst minimal vorstellt, aber neugierig macht:

> *»Meine Mutter sagt, als Kind habe ich allen immer die gleiche Story erzählt. Sie hatte vier Buchstaben: N.E.I.N. Nein war mein erstes Wort und es war die Standardantwort auf alle Fragen. Die Verneinung spielt auch eine zentrale Rolle im Storytelling [...]«*

Merken Sie sich unbedingt alle Namen der Verantwortlichen und fragen Sie, wo sie sich während des Vortrags befinden werden. Vergessen Sie nicht, sich hinterher bei allen zu bedanken.

Tipp 3: Adapter und Kabel mitbringen

Ein befreundeter Redner hat für mich einmal seine Tasche mit Kabeln und Adaptern geöffnet, die er zusätzlich zu seinem Laptop zu jeder Veranstaltung mitnimmt. HDMI-Kabel, Klicker, Ersatzbatterien für Klicker, diverse Adapter, Netzkabel, Verlängerungskabel, Bluetooth-Lautsprecher, Headset, Handmikrofon. Er würde da grundsätzlich niemandem vertrauen, trotz noch so genauer Absprachen. So eine Tasche macht meiner Meinung nach absolut Sinn, sie gibt Ihnen die Sicherheit, dass Ihnen technische Herausforderungen wenig anhaben können.

Tipp 4: Probelauf für die Präsentation durchführen

In einem kleinen Rahmen verbinde ich immer zuerst meinen Laptop mit dem Bildschirm oder Beamer. Es ist erschreckend, wie viele Möglichkeiten existieren, die reibungslose Zusammenarbeit zu sabotieren. Damit genügend Zeit für die Behebung möglicher Probleme bleibt, würde ich damit beginnen. Wenn die Verbindung hergestellt ist, klicke ich die Folien einmal durch. Dazu verwende ich meinen eigenen Klicker. Deaktivieren Sie Bildschirmschoner und schließen Sie sämtliche anderen Programme, um das Eigenleben des Monitors zu unterbinden.

In einem größeren Rahmen spreche ich mit den Technikern und notiere mir deren Namen. Entweder wird mein Laptop verwendet oder das PDF meiner Präsentation, das ich auf einem USB-Stick dabeihabe, wird auf einen anderen Computer gespielt. Ich nutze keine Präsentationsprogramme, weil PDF das universellste Format ist, das niemals Schwierigkeiten bereitet.

Schließlich teste ich den Klicker – und zwar alle Tasten. Falls ich aus Versehen die falsche drücken sollte, weiß ich, wie ich wieder zurückkomme. Und falls ich während der Präsentation doch Hilfe benötigen sollte, stoppe ich, rufe den Namen des Technikers und bitte um Support. Den Klicker teste ich überall im

Raum, nicht nur auf der Bühne, weil es manchmal einfach Sinn macht, spontan zu Menschen im Publikum zu gehen.

Nach diesem Probelauf fühle ich mich sicher in Bezug auf den Klicker und die Präsentation. Zeit für den Soundcheck.

Tipp 5: Den perfekten Sound einstellen

In einer Hierarchie aller Elemente, die uns im Rahmen eines Vortrags oder einer Präsentation zur Verfügung stehen, ist die Stimme für mich das Wichtigste. Sie sollte so sicher und souverän klingen wie möglich.

In einem kleineren Konferenzraum ist kein Mikrofon nötig. Was aber, wenn eine Trennwand geöffnet wird und der Raum Platz für 30 bis 50 Menschen bietet? Da ich eher leise spreche, braucht meine Stimme in so einem Fall Verstärkung, wenn ich länger als 10 Minuten sprechen soll. Nicht nur das: Meine Stimme klingt gestresst, wenn ich laut spreche, und das beeinflusst die Wahrnehmung des Themas negativ. Ohne Mikrofon und Lautsprecher wird es für mich dann unangenehm, obwohl Kolleginnen und Kollegen mit stärkeren Stimmen damit noch kein Problem haben. Wichtig ist, diese persönliche Grenze zu kennen, sodass Sie auch für ein größeres Publikum eine intime Sprechweise wählen können.

Handmikro oder Headset? Auf Konferenzen würde ich ein Headset empfehlen. Es klingt vielleicht etwas schlechter, aber es hat zwei große Vorteile: Der Abstand zum Mund ist fixiert und Sie haben die Hände frei für den Klicker und die Karteikarten mit den Vortragsnotizen. Testen Sie das Headset nicht nur auf der Bühne, sondern überall im Raum. So hören Sie auch, wie das Publikum Ihre Stimme wahrnehmen wird, falls der Raum noch oder wegen einer Pause gerade leer ist. Lautstärke und Sound verändern sich: Wenn Sie einen Soundcheck in einem leeren Raum machen, dann justiert eine gute Tontechnik bei vollem Raum nach.

Tipp 6: Den besten Standort finden

Bei TED regiert der rote Punkt. Dort und nur dort stehen die Sprecherinnen und Sprecher. Generell besteht bei der Wahl des Standortes mehr Freiheit. Beginnen wir wieder im kleineren Umfeld! Wo stehe ich perfekt, um folgende Kriterien zu erfüllen: Ich werde von allen gesehen, ich kann den Bildschirm meines Laptops gut erkennen, verdecke meine Slides nicht und werde von keinem Beamer geblendet? Suchen Sie zwei Orte, einen rechts, einen links, um öfter die Seite wechseln und so zu allen eine Nähe aufbauen zu können.

In einem größeren Rahmen empfehle ich, das Gleiche zu tun. Nur, dass Sie statt Ihres Laptops meist einen Monitor am Bühnenrand haben, der die Slides anzeigt. Bei großen Bühnen macht es Sinn, die besten Standorte mit Kreuzen aus breitem Klebeband zu markieren, falls erlaubt. Alternativ entscheiden Sie sich gegen eine Dynamik und halten es mit TED. Markieren Sie genau einen oder maximal zwei Punkte, auf denen Sie stehen. Wechseln Sie diese wenn möglich nach dramaturgischen Kriterien. Grundsätzlich empfehlenswert: nach Kabeln, Steckdosen oder anderen Stolperfallen Ausschau zu halten und diese entweder zu umgehen oder sie aus dem zu Weg räumen.

Tipp 7: Das Licht einstellen

Mit dem Licht steuern Sie nicht nur die Stimmung im Raum, sondern Sie setzen klare Akzente. In kleineren Konferenzräumen besteht die Kunst darin, das Licht so einzustellen, dass einerseits Sie selbst gut zu sehen sind, andererseits die Präsentation nicht überstrahlt wird.

In größeren Räumen gibt es meist verschiedene Set-ups für das Licht. Sie sollten sie durchspielen und jedes Set-up aus der Perspektive des Sprechers und danach aus der Perspektive des Publikums beurteilen. Gegebenenfalls sollten Sie das Set-up feintunen. Auf Konferenzen fällt die Aussteuerung des Lichts in den Bereich der Technik. Trotzdem gibt es immer Möglichkeiten, die Beleuchtung den eigenen Bedürfnissen anzupassen. Blendung ist ein Thema, gute Sichtbarkeit ein anderes.

Das Licht so gut wie möglich zu justieren hat großen Einfluss auf das Befinden des Publikums: Kinoatmosphäre oder grelle Ausleuchtung? Auch im kleinen Raum ist das eine zentrale Frage – doch die lässt sich leicht mit allen klären, was ich unbedingt empfehlen würde. *»Ist das Licht für euch okay? Heller, dunkler?«* Wichtig nur, auch zu wissen, wie sich die Wünsche des Publikums sofort in die Praxis umsetzen lassen.

Tipp 8: Die Kamera nicht vergessen

Immer mehr Vorträge werden aufgezeichnet oder auch live übertragen – zum Beispiel an Kolleginnen und Kollegen, die an anderen Standorten arbeiten. Es ist wichtig, dass Sie die Kamera vielleicht nicht als einzige, doch als wichtige Repräsentation des Publikums betrachten. Auch wenn Sie lieber Menschen direkt anblicken, sollte die Kamera von Anfang an Ihre Freundin sein. Gibt es mehr

Kameras, empfehle ich, etwas Zeit einzuplanen, um die Logik dahinter zu verstehen und es dem Kamerateam so leicht wie möglich zu machen.

Tipp 9: Einen Ort als persönliche Ablage bestimmen

Wo steht eine Flasche oder ein Glas Wasser? Wo liegt mein vollständiges Vortragsmanuskript für den Notfall? Wo kann ich meine Karteikarten oder den Klicker ablegen, wenn nötig? In kleineren Räumen nutzen Sie einfach den Tisch, der in der Regel vor Ihnen steht. Auf einer Bühne findet sich bestimmt ein Tisch oder ein ungenutztes Rednerpult. Wichtig ist, dass Sie diesen Ort nicht nur als Ablagemöglichkeit sehen, sondern auch als einen Ort, an dem Sie zur Ruhe kommen können, wenn Sie es brauchen. Sie gehen dorthin, trinken einen Schluck Wasser, atmen einige Male tief ein und aus, bevor es weitergeht.

Tipp 10: Die Zeit im Blick behalten

Ich weiß, ich wiederhole mich in Bezug auf die Zeit. Das liegt daran, weil es so fundamental wichtig ist, im angekündigten Rahmen zu bleiben. Es geht darum, niemandem Zeit zu stehlen, weder dem Publikum noch anderen Sprecherinnen oder Sprechern. Ich sehe kein Problem darin, vor der Zeit fertig zu sein. Darüber wird sich kaum jemand beschweren. Überziehen dagegen ist in hohem Maße unhöflich. Um das zu vermeiden, würde ich in kleinen Räumen mein Handy mit eingeschalteter Stoppuhr auf den Tisch legen, in größeren Räumen findet sich vor der Bühne meist ein Monitor, auf dem ein Countdown läuft. Sie müssen beide, das Handy oder den Monitor, nur im Blick behalten. Zur Sicherheit tragen Sie eine Armbanduhr.

Wer sind die eigentlich?

12 Tipps, um jeden Vortrag garantiert zu ruinieren

»Talk!« zeigt viele Möglichkeiten, Präsentationen und Vorträge systematisch überzeugender zu machen. In diesem Kapitel drehen wir die Perspektive um und nutzen die Kopfstandmethode. Sie zeigt die schlimmsten Fehler, die wir machen können. Fehler, die garantiert verhindern, dass wir erfolgreich sind. Fehler, die wir alle kennen – weil wir sie bei anderen beobachtet haben oder bei uns selbst. Jeden dieser 12 Tipps – oder besser Antitipps – habe ich selbst schon berücksichtigt und bin dafür mit Desinteresse und Hohn sowie Taten und Entscheidungen, die meiner Empfehlung zuwiderliefen, belohnt worden. Bevor Sie ins Rampenlicht treten, vergewissern Sie sich, dass Sie über diese Empfehlungen nur lachen können.

Tipp 1: Es lebe die Vagheit!

Dieser Tipp lässt sich vielseitig anwenden. Da ist zunächst der Zeitpunkt! Wenn 30 Minuten angesetzt sind, Sie sich aber gerade warmgeredet haben und der Schluss des Vortrags noch in weiter Ferne ist: Seien Sie nicht kleinlich, nehmen Sie sich die Zeit. Dafür wird man wohl gerade noch Verständnis aufbringen, und die Redner nach Ihnen holen die Zeit schon wieder rein.

Der Zeitpunkt hängt eng am inhaltlichen Punkt. Ein Vortrag hat schließlich auch einen Performance-Aspekt, ein wenig Abschweifen und Ausholen und Umkreisen des Themas ist doch das Salz in der Suppe und regt das Publikum zum aktiven Mitdenken an. Und genau darum geht es doch! Auch am Ende lieber ein inspirierender Blitz oder eine wolkige Vagheit als eine plumpe Aufforderung.

Tipp 2: Halte die Distanz!

Wer sind die eigentlich? Wenn Sie kurz vor Ihrem Auftritt ins Publikum blicken, sich diese Frage stellen und keine Antwort darauf haben, dann sind Sie bestens präpariert. Vor Fremden spricht es sich erstens ungenierter und viel wichtiger ist zweitens wohl, dass alle wissen, wer Sie sind. Denn wessen Name steht in der Ankündigung? Ihrer!

Ein großartiger Vortragender macht jedes Thema für alle interessant. Denn, mal ehrlich, wer kommt denn schon wegen eines Themas? Im Grunde wie im Kino: Warum gehen die Leute in »Mission Impossible«? Natürlich wegen Tom Cruise. Das Thema eines Vortrags, der Inhalt, die Message, all das zerkrümelt doch im Zeitraffer. Nach einer Woche weiß niemand mehr, worüber gesprochen wurde. Aber die Lässigkeit der Person im Rampenlicht, die bleibt.

Schließlich: Dass sich ein Vortrag nicht vom Publikum aus ersinnen lässt, ergibt sich schon aus einer zwingenden Logik: Da sitzen 200 Leute und jeder hat andere Erwartungen. Fängt man also erst einmal an, über deren Interessen nachzudenken, ist die Büchse der Pandora offen und man weiß ja, wie diese Geschichte endet.

Tipp 3: Mach dich ein bisschen lustig!

Das Publikum lacht gerne, am liebsten über sich selbst. Am besten, man gibt ihnen gleich zu Beginn eines Vortrags die Chance dazu. Legendär der Unternehmer, der auf die Bühne trat und erklärte, dass er im Flugzeug durch eine Fehlbuchung nicht wie gewohnt auf Platz 1a saß, sondern auf 11a. In der Economy-Class! Die Menschen beschrieb er wie Alice, die ins Wunderland gebucht wurde. Was für seltsame Wesen in den hinteren Reihen! Da lacht das Publikum herzlich mit, für das ja 11a schon weit vorne ist, wenn es denn überhaupt fliegt. Ja, wir sind schon seltsam, gut dass uns das dieser Sprecher erklärt. Man vergisst es so leicht und wird am Ende noch ignorant gegenüber der Business Class. Schnell schleicht sich ein falsches Selbstbild ein, wenn der Kontakt zu der Klasse fehlt, die vorne sitzt.

Jedenfalls: Nach so einem fröhlichen Einstieg, in dem man rhetorisch zeigt, dass man an diesem Tag ganz besonders dazugehört, frisst einem das Publikum aus der Hand. Was auch immer der Anlass ist. Die wählen einen wieder. Die folgen der Empfehlung. Und die eigenen Angestellten im Publikum, die werden die Kunde verbreiten vom jovialen Chef, den man einfach mögen muss. Win-win-win.

Tipp 4: Lies sauber vom Blatt ab!

Wenn man sich die Mühe macht, einen Vortrag Wort für Wort zu formulieren, dann ist es doch das Beste, den Vortrag auch Wort für Wort vorzulesen. Wegen der guten Formulierungen. Wenn Angela Merkel in Harvard spricht, dann liest sie ja auch ab. Wenn Joe Biden oder Donald Trump vereidigt werden, dann lesen sie ebenfalls ab. Ablesen ist hohe Schule! Natürlich muss man ein wenig üben, die Pausen und die Betonungen richtig zu setzen. Aber das macht doch viel mehr Sinn, als frei zu sprechen, ohne das Manuskript. Im Grunde ist das sowieso eine Lüge, weil der Text gar nicht frei ist, sondern vorher zurechtgelegt und auswendig gelernt wurde. Die Leute merken das natürlich und fragen sich: Warum liest er oder sie nicht gleich ab? Das ist doch ehrlicher, authentischer als dieses Theater der Spontaneität. Barack Obama macht es – nur eben etwas eleganter mit Teleprompter – und, Blick nach China, Xi Jinping, ebenfalls ein großer Vorleser. Kurzum: Macht liest vor.

Tipp 5: Avanti, avanti, avanti!

Effizienz ist eins der großen Themen unserer Zeit. Wer kann sich schon noch erlauben zu trödeln? Einer der effizientesten Sprecher ist Tony Robbins. Ein Weltklassecoach, der Menschen von der Bühne aus mitreißt. 240 Worte pro Minute misst man bei ihm im Durchschnitt – das Publikum muss sich anschnallen. Es fühlt sich an, als würde es im Ferrari über die Autobahn rasen. Avanti, avanti. Lichthupe, Blinker links und vorbei. Wer viel zu sagen hat, der muss eben schneller reden, weil die Leute ja heute keine Zeit mehr haben. Natürlich verschluckt Tony schon mal eine Silbe, ein Wort, einen Satzteil, einen Gedanken – aber das ist ja gerade das Besondere. Die Zuhörerinnen und Zuhörer extrapolieren das schon.

Viel wichtiger ist doch die Message hinter der Message: Das Leben ist ein Rennen. Und wenn das Leben ein Rennen ist, dann ist auch jeder Vortrag eins. Und genau das ist ja der Trick, den man immer wieder hört: Show, don't tell. Also Vollgas. Und wenn man mal aus der Kurve fliegt, fängt man sich bei einer Rede schnell wieder, das ist dann am Ende noch besser als im wahren Leben. Und das zu erleben, das macht ein Publikum ganz besonders dankbar.

Tipp 6: Lass ein Rednerpult auf die Bühne bringen!

Ein Pult gibt eine eigene Würde. Man kennt es aus dem Bundestag und überhaupt von den Großen dieser Welt. Wenn sie reden, dann stehen sie hinter einem Pult. Zugleich drückt es Bescheidenheit aus. Man verbirgt viel von sich, will sich nicht so wichtig machen. Genau diese Verbindung zwischen Größe und Bescheidenheit, dafür steht das Rednerpult. Darüber hinaus kann man sich wunderbar an ihm festhalten und das Redemanuskript darauf ablegen oder ein Laptop. Am Rednerpult befindet sich in der Regel auch ein Mikrofon. Das spart ein Headset oder ein Handmikrofon.

So ein Pult steht auch für Gelehrsamkeit, es findet sich in den Hörsälen dieser Welt. Es fixiert unseren Körper auf angenehme Weise, wir gehen dem Publikum nicht auf die Nerven, indem wir mal hier, mal dort stehen, uns womöglich ins Publikum hinunterwagen. Hinter dem Pult steht es sich dagegen statusvoll.

Tipp 7: Lerne das ABC der Verstellung!

Natürlichkeit ist das Letzte, was eine gute Präsentation oder ein überzeugender Vortrag braucht. Stell dir das Publikum vor wie einen riesigen Lügendetektor. Sie alle sind auf der Suche nach den Widersprüchen zwischen dem, was gesagt wird, und den verräterischen Gesten. Sie haben die Bücher über Körpersprache von Ex-FBI-Agenten gelesen und bilden sich durch die Videos dieses Viererkleeblatts im *»Behavior panel«* weiter. Jede Geste, jede Bewegung einer Augenbraue, jeder Blick, jede kleine Drehung, jedes Zupfen am Hemdkragen, jedes Lächeln wird dort interpretiert, und wenn man einmal verstanden hat, wie der Hase läuft, dann wird jede Rednerin und jeder Redner gnadenlos überführt.

Was bleibt einem da anderes übrig, als proaktiv ein paar Gesten einzuüben, um sich keine Blöße zu geben? Wie Angela Merkel, die ihre Handpyramide nicht nur als Machtgeste nutzte, sondern natürlich auch, um sich nicht in einem Moment der Unachtsamkeit dabei ertappen zu lassen, mit einer irritierenden Bewegung der Hände die Wirkung all dessen, was sie vorher mühsam erreicht hat, zu riskieren. Das ABC der Verstellung ist gar nicht so kompliziert, wir lernen es in den gleichen Büchern und YouTube-Kanälen, aus denen das Publikum lernt, uns zu enttarnen.

Tipp 8: Fakten, Fakten, Fakten!

Dieser von Focus-Gründer Helmut Markwort in die Welt gebrachte Dreiklang ist exakt die Maxime für geglückte Vorträge. In der Antike gab es diese Idee des Dreiklangs von Person, Emotion und Logik, um zu überzeugen. Da waren die Fakten allerdings auch noch nicht erfunden. Da waren Daten noch nicht das wahre Gold. Das sieht an der Schwelle zur Ära der künstlichen Intelligenz doch ganz anders aus. Ein Vortrag ist heute viel mehr als jemals zuvor eine Faktenabladestation. Emotionen sind allenfalls das Öl, das dafür sorgt, dass die Fakten schneller rutschen.

Wo wir gerade über Fakten sprechen: Das Private hat in einem gediegenen Vortrag nichts zu suchen. Auch wenn immer mehr Leute damit anbiedern wollen, dass sie in ihrer Jugend Joints geraucht haben oder ihre Eltern arm wie Kirchenmäuse waren – wer will das denn wissen? Jede Minute, die eine Sprecherin oder ein Sprecher irgendetwas Privates verbreitet, ist eine doppelt verlorene Minute. Erstens trägt es nicht zum Erkenntnisgewinn bei und zweitens nervt es das Publikum.

Tipp 9: Hoch lebe die Manipulation!

Na gut, es wird nicht offen ausgesprochen, aber, unter uns: Was ist ein Vortrag denn anderes als ein eleganter Manipulationsversuch? Das steht schließlich schon bei Platon und bei Cicero. Die haben genau verstanden, was Phase ist. Wer die Rhetorik beherrscht, der beeinflusst das Volk. Man weiß halt, wie es geht. Die Weltgeschichte, ein einziger Beweis dafür, wir wollen die Namen der Personen gar nicht in den Mund nehmen. Wie heißt es so schön in Harry Potter? You know who – du weißt schon, wer.

All denjenigen, die behaupten, dass Vorträge der Wahrheitsfindung dienen, neue Ideen verbreiten, Diskussionen anstoßen, inspirieren etc. mag man doch nur müde zulächeln: Träumt schön weiter! Vorträge sollen überzeugen? Ehrlich? Sollen sie nicht vielmehr bei deaktivierten Gehirnen des Publikums mitreißen? Ein wenig Schauspielerei, eine gute Show – davon lebt doch alles, was auf die Bühne gebracht wird, Theater, Oper etc. Am Ende funktioniert eine Rede wie gute Werbung: Die Menschen kaufen etwas, das sie weder brauchen noch wollen.

Tipp 10: Verliere keine Zeit damit zu üben!

Der Jazzmusiker Miles Davis hat seine Bandmitglieder dafür bezahlt, nicht zu üben. Wenn sie übten, dann würden sie ihre Frische verlieren. Exakt so ist es mit guten Präsentationen. Wer ist denn je durch Üben besser geworden? Es gibt halt gute Redner und nicht so gute. Naturgesetz. Damit muss man leben.

Daher folgen Topmanager seit Jahren dem Kodex, ihre Präsentationen erst in der Nacht vor dem Auftritt fertigzustellen. Denn so kommen sie gar nicht erst in Versuchung zu üben und die Frische zu verlieren, die Miles Davis so schätzte. Die Bewunderung hat man ohnehin, wenn man kurz andeutet, die letzte Nacht bis 3 Uhr morgens die Slider fertiggestellt zu haben. Ganz gleich, ob in einem Konferenzraum im obersten Stockwerk oder auf einer Bühne. Dafür haben die Leute nicht nur Verständnis, sondern Achtung, Hochachtung. So ganz nebenbei wird auch noch kommuniziert, dass unser Leben nicht aus Präsentationen besteht, sondern dass wir etwas Wichtigeres zu tun haben. Damit steigen wir in der Wertschätzung durch das Publikum, weil es versteht, welches Geschenk wir ihm machen, indem wir überhaupt da sind.

Tipp 11: Die Stimme vornehm dämpfen!

Leise ist edel, laut dagegen gibt den Eindruck von Baustelle. Um von Anfang an den richtigen Ton zu setzen, ist es wichtig, beim Reden die Stimme zu dämpfen. Ein früherer Chef von mir hatte die Angewohnheit, wenn es wichtig wurde, immer leiser zu sprechen. Das sorgte augenblicklich für Ruhe im Raum. Und für volle Aufmerksamkeit. Denn jeder versuchte, den edlen Hauch seiner Worte zu erfassen.

Was nicht durchweg gelang, aber so ist es nun einmal. Meist gab es verschiedene Wahrnehmungen und entsprechend voneinander abweichende Deutungen, nach denen man zu handeln versuchte. Den Chef selbst zu fragen, war natürlich tabu. Was konnte er denn dafür, wenn unser Hör- und Konzentrationsvermögen so dürftig war?

Wer diese Technik wählt, der geht als Redner den Weg der Erhabenheit. Es bleibt kein Zweifel daran, dass man selbst der Einzige ist, der klar sieht, während der Rest durch den Nebel irrt. Daher auch Vorsicht mit Mikrofonen und Verstärkern und all der Technik. Ihr einziger Effekt besteht doch darin, dem Publikum die Chance zu nehmen, zu lernen, sich nach den Inhalten zu strecken und stolz darauf zu sein, wenn diese Streckung erfolgreich war.

Tipp 12: Come as you are!

Der Nirwana-Hit bringt es auf den Punkt: Come as you are – komm wie du bist. In Medien- und Vortragstrainings gibt es ja immer wieder diese spießigen Hinweise zum Thema Garderobe. Kleiden Sie sich dem Anlass angemessen.

Klingt wie ein 50er-Jahre-Knigge. Da finden sich Tipps wie: Immer etwas besser gekleidet sein als das Publikum. Was für eine absurde Idee! Darauf fallen einem augenblicklich drei Entgegnungen ein:

Sind wir nicht, erstens, der Authentizität verpflichtet? Wozu also verkleiden, wenn wir uns in der alten Jeans viel wohler fühlen?

Leben wir nicht, zweitens, in einer Epoche, die das Lässige pflegt und müsste es daher nicht heißen: Immer etwas lässiger gekleidet sein als das Publikum?

Geht es nicht, drittens, bei Vorträgen und Präsentationen auch ein wenig um den Inhalt? Nur wer nichts zu sagen hat, putzt sich heraus, um die Leere zu verstecken.

LERNEN

Ergebnisse und Feedback auswerten

Präsentationen und Vorträge brauchen eine effiziente Nachbereitung. Dieser Abschnitt macht Sie mit der Analyse des Feedbacks und der Entwicklung individueller Lernpläne vertraut.

Ist alles so gelaufen wie erhofft? Ein Grund zum Feiern. Wenn nicht, sollten Sie auch feiern – Ihren Mut, sich auf das Abenteuer Bühne eingelassen zu haben. Dann heißt es reflektieren. Was lässt sich aus dieser Erfahrung lernen? Wie können Sie Ihre Fähigkeiten als Präsentatorin oder Redner verbessern?

Im letzten Teil von »Talk!« werten Sie systematisch Ihre Ergebnisse aus. Fragen sich: Wie oft wurde geklatscht, wie oft gelacht? Diese Werte vergleichen Sie mit Zahlen erfolgreicher Rednerinnen und Redner, um ein Gefühl dafür zu bekommen, wie viel Publikumsengagement zu erreichen ist. Gibt es Bewertungen, die das Publikum abgegeben hat? Auch wenn es nicht immer angenehm ist, Sie sollten sie sich näher ansehen und überprüfen, wieweit sie mit Ihrer eigenen Wahrnehmung übereinstimmen. Wie war die Resonanz auf Social Media? Bei Präsentationen im Unternehmen: Was wurde am Ende entschieden? War es das, wofür Sie plädiert haben? Gibt es ein Video, empfehle ich, es mit Freunden und Kolleginnen anzusehen und diesen Rollen zuzuteilen, um es zu analysieren. So lässt sich in kurzer Zeit viel über Ihre Performance lernen und so können Sie sich im Zeitraffer weiterentwickeln.

Die nächste Frage: Was ist Ihr langfristiger Trainingsplan für Vorträge? Auch dazu eine Reihe von Anregungen, wie Sie sich gegen Bühnenangst desensibilisieren und wie Sie Gespräche, die Sie führen, als Station auf Ihrer Lernreise nutzen können. Am Ende dieses Buchteils finden Sie im Kapitel »Yes, we can!« schließlich eine umfassende Tippstrecke zu allen Aspekten gelungener Vorträge. Es sind Tipps von großartigen Rednerinnen und Rednern, Praxis pur.

12-mal gelacht, 7-mal geklatscht

Den Erfolg Ihres Vortrags sinnvoll messen

Woher wissen Sie, ob Ihr Vortrag oder Ihre Präsentation erfolgreich waren? Manchmal gibt es Ergebnisse, die sich direkt messen lassen – Klicks, Ratings, Views. Bei einer Keynote auf einer Konferenz: Wie viele Leute haben mich auf Social Media zitiert? Wie viele Medien haben über mich geschrieben? Wie viele Blogger? So checken Sie die eigene Reichweite. Manchmal ist es nicht so einfach. Viele TED Talks zum Beispiel fordern zwar auf, etwas zu tun, doch niemand kann nachvollziehen, ob das Gewünschte auch wirklich getan wird. Es geht mehr um Inspiration und Anregungen, um unterhaltsame Aufklärung. Doch da ist eine deutliche Kennzahl, die zeigt, wie beliebt der Vortrag war: Wie oft wurde das Video auf der Website von TED oder auf YouTube angesehen? Auf Basis der Reichweite gibt es Hitlisten, zum Beispiel die der 25 populärsten Talks aller Zeiten, die wiederum die Reichweite verstärken und damit auch die potenzielle Wirkung der Vorträge.

Wenn objektive Zahlen dieser Art existieren, dann sollten Sie diese zusammentragen und mit Ihren Erwartungen vergleichen. Dazu zählen auch Abstimmungsergebnisse oder Entscheidungen, die auf Basis der im Vortrag oder in der Präsentation vermittelten Erkenntnisse gefällt wurden. Geht das Team in die vorgeschlagene Richtung? Bekommt die neue Technologie ein Experimentierfeld? Wird der Unternehmenskindergarten erweitert? Was auch immer das Thema ist. Geht es darum, die Dinge in eine bestimmte Richtung zu lenken, dann können Sie überprüfen, ob das auch geschehen ist. Häufig ist ein Vortrag ein Element der Kommunikation in einem größeren Set-up. Obwohl Sie nicht sagen können, dass dieser eine Vortrag alles gedreht hat, lässt sich seine Wirkung vor Ort beobachten. Wird über das Thema gesprochen? In welcher Weise? Wie viele Termine werden mit Ihnen vereinbart, um das Thema zu vertiefen?

Dann ist da noch das Publikum und dessen Reaktionen während des Vortrags. Gibt es Kameras, die nicht nur den Referenten, sondern auch das Publikum frontal filmen, dann können Sie dessen Verhalten exakt nachvollziehen. So ein Video ist für alle Vortragenden wertvoll, weil diese während der Präsentation nur selektiv wahrnehmen. Alternativ könnte ein Begleiter sich, wenn möglich, so platzieren, um das Publikum wahrzunehmen und bestimmte kollektive Reaktionen zu zählen, zum Beispiel Klatschen, Jubel, Lachen oder ein Nicken der relevanten Entscheider. Eine Strichliste reicht, um diese Reaktionen festzuhalten.

Reaktionen des Publikums messen

Redner/ Rednerin	Vortrag	Vortragslänge	Lachen	Applaus	erste Reaktion nach	Ø Reaktionen alle
J. K. Rowling	Nebeneffekte des Versagens, Harvard 2008	20 min.	𝍸 𝍸 𝍸 ||	𝍸	49 sek.	52 sek.
Barack Obama	Die Kühnheit der Hoffnung, DNC 2004	16 min.	|	𝍸 𝍸 𝍸 𝍸 𝍸 𝍸 𝍸	20 sek.	37 sek.
Steve Jobs	Einführung des iPhones, 2007	80 min.	𝍸 𝍸 𝍸 𝍸 𝍸 𝍸 𝍸 𝍸 𝍸 𝍸 𝍸 𝍸 𝍸 𝍸 𝍸 ||||	𝍸 𝍸 𝍸 𝍸 𝍸 𝍸 𝍸 𝍸 𝍸 𝍸 𝍸 𝍸 𝍸 𝍸 𝍸 𝍸 𝍸 𝍸 𝍸 |||	22 sek.	30 sek.
Ken Robinson	Ersticken Schulen Kreativität?, TED 2006	19 min.	𝍸 𝍸 𝍸 𝍸 𝍸 𝍸 𝍸	|||	10 sek.	32 sek.
Amy Cuddy	Ihre Körpersprache beeinflusst, wer Sie sind, TED 2012	21 min.	𝍸 |||	||	48 sek.	128 sek.
Tim Urban	Im Kopf eines Profi-Aufschiebers, TED 2016	14 min.	𝍸 𝍸 𝍸 |||	|	47 sek.	44 sek.
Brené Brown	Die Macht der Verletzlichkeit, TED Houston 2010	20 min.	𝍸 𝍸 𝍸 𝍸 𝍸 |||	|	40 sek.	41 sek.

48 *Wie oft wurde geklatscht, wie oft gelacht? Emotionale Reaktionen sind Indikatoren für Erfolg beim Publikum.*

So eine Strichliste für Lachen und Applaus habe ich für eine Handvoll Vorträge gemacht, um ein Gefühl dafür zu bekommen, wie häufig diese emotionalen Reaktionen wohl auftauchen können. Ich habe als Beispiele die vier erfolgreichsten TED Talks aller Zeiten gewählt, dazu die Harvard-Rede von J. K. Rowling, die Rede, mit der Barack Obama berühmt geworden ist, und die iPhone-Einführung von Steve Jobs. Unterhaltung, Wissenschaft, Literatur, Politik und digitale Welt, das sind die Themen.

Die Tabelle zeigt, dass alle Vortragenden in der ersten Minute eine emotionale Reaktion hervorrufen: Lachen oder Applaus/Jubel. Das ist für mich der zentrale Punkt der Tabelle. Was auch immer Sie tun, Sie sollten unbedingt versuchen, gleich zu Beginn die Menschen so zu bewegen, dass sie körperlich aktiv werden und Ihnen entweder Zustimmung oder Freude signalisieren. Damit schaffen Sie eine starke Basis für das Gelingen des Vortrags.

Was die Tabelle noch zeigt, ist der Wert, wie häufig im Durchschnitt eine Reaktion ausgelöst wird. Dieser Wert ist bei allen bis auf Amy Cuddy unter 1 Minute. Steve Jobs hat mit 30 Sekunden den niedrigsten Wert, zweimal pro Minute eine Reaktion des Publikums. Sogar J. K. Rowling bleibt mit 57 Sekunden knapp unter 1 Minute, obwohl der größte Teil ihres Vortrags die Menschen gebannt lauschen lässt. Nur zu Beginn und am Ende zielen ihre Worte auf Humor. Wenn die Kamera, egal bei wem, die Gesichter des Publikums zeigt, sehen Sie entspanntes Lächeln, ausgelassenes Lachen, Jubel und Begeisterung.

Die Frage ist: Wenn Sie eine weitere Zeile für Ihren Vortrag der Tabelle hinzufügen, was sind Ihre Werte?

Follow-up – Vorträge professionell nachbereiten

Nach dem Vortrag gibt es häufig Fragen, die zu beantworten sind. Vielleicht hat jemand sich nach einer konkreten Zahl erkundigt und Sie haben versprochen, sie nachzuliefern. Vielleicht ging es auch um eine Studie, zu der Sie einen Link verschicken wollen. Oder bei einer internen Präsentation ist noch ein Szenario zu rechnen. All das empfehle ich, keinesfalls auf die lange Bank zu schieben. Hier schnell zu reagieren, zeigt dem Publikum, wie ernst Sie Ihre Sache nehmen. Außerdem ist es eine Form der Wertschätzung.

Gibt es einen One Pager oder ein Handout, ist auch das zu verschicken – am besten im Rahmen einer Dankes-E-Mail, in der Sie noch einmal kurz zusammenfassen, was Ihnen wichtig ist, und natürlich für das Interesse danken. Vielleicht weisen Sie darin auf Möglichkeiten hin, mit Ihnen in Kontakt zu kommen über LinkedIn, weitere Veranstaltungen, die Möglichkeit, gemeinsam einen Kaffee zu trinken – in Präsenz oder virtuell.

Take-away

Klicks, Ratings, Views – wie viele Menschen haben auf Social Media den Vortrag zitiert? Wie viele haben das Video angesehen? Es gibt diverse Möglichkeiten, Erfolg zu messen. Eine Methode erscheint mir besonders aussagekräftig: Es geht darum, zu messen, wann und wie oft das Publikum gelacht und applaudiert hat. Diese Werte vermitteln ein Gefühl dafür, wie stark das Publikum mittendrin war. Referenzwerte starker Vorträge zeigen, wie wichtig Lachen und Klatschen sind.

Wieder einmal Zeugnistag

Aus Publikumsbewertungen lernen, ohne zu explodieren

Als ich begann, als Chefredakteur zu arbeiten, hat mich die ersten Jahre ein großartiger Marktforscher begleitet, um herauszufinden, welche Schlagzeilen für den Titel bei der Leserschaft gut ankommen. Die gesamte Redaktion hat aus dieser Routine viel gelernt, Monat für Monat mögliche Titelzeilen für die kommende Ausgabe zu formulieren und sie der Zielgruppe vorab zur Beurteilung vorzulegen. Es hat oft wehgetan, die eigenen Ideen abgestraft zu sehen, doch daraus ließ sich für den nächsten Monat lernen. Ebenso wichtig waren Copytests. Eine kleine Gruppe Leserinnen und Leser diskutierte ein bereits veröffentlichtes oder auch ein neu entwickeltes Magazin. Was waren die Stärken, wo sah man Schwächen?

Vorlage für Feedback des Publikums

Bewerte deine Zufriedenheit mit folgenden Aspekten des Vortrags

1 Wie hat dir der Vortrag gefallen?

	sehr unzufrieden	1	2	3	4	5	6	7	8	9	10	sehr zufrieden
Inhalt:												
Durchführung:												
Dauer:												
insgesamt:												

2 Welche drei Dinge haben dir besonders gut gefallen?

____

____

____

3 Welche drei Dinge kann ich verbessern?

____

____

____

4 Wie lautet dein Fazit?

____

____

____

49 *In 3 Minuten erledigt – Bewertung der Zufriedenheit entlang einfacher Kriterien entlang einer vertrauten Skala von 1–10*

Wir haben das Zeugnistage genannt, weil es sich wie in der Schule anfühlte. Was diese Art Zeugnis allerdings von Schulzeugnissen unterscheidet: Diejenigen, die Noten geben, sind keine Lehrer. Sie tun nur so. Was am Ende herauskommt, ist – verglichen mit der direkten Zählung des Applauses und des Lachens – alles andere als spontan und direkt. Die Bewertungen von Schlagzeilen oder Magazinen auf diese Art enthält Gedanken wie: Kann ich wirklich so eine gute oder schlechte Note geben? Ist der Beitrag zu lang oder hat mich bloß das Thema nicht so sehr interessiert? Wenn ich dieser Schlagzeile 7 Punkte gebe, dann kann ich jener nicht auch 7 geben, oder?

Die Publikumsbewertungen, die wir nach Vorträgen auf Konferenzen oder in Unternehmen erhalten, sind meist das Ergebnis ähnlicher Denkprozesse. Sie müssen nur sich selbst beobachten, wenn Sie eine Bewertung für ein Buch, einen Film, ein Hotel schreiben. Wenn Sie sich in die Expertenrolle versetzen und urteilen. Mir geht es so, dass ich häufig besser bewerte, als ich mir vorgenommen habe, zum Beispiel weil der Service im Hotel so sympathisch war. Andere mögen ein unterhaltsames Buch schlecht bewerten, weil sie es mit einem Klassiker der Weltliteratur vergleichen, der zufällig in derselben Region spielt.

Kurzum, Bewertungen des Publikums brauchen auch eine Bewertung. Sie sind ein spezielles Genre, und es fließen Dinge ein, die ungerecht und unangemessen sein mögen. Dennoch sollten wir uns mit ihnen beschäftigen, sie systematisch auswerten und daraus lernen. Mein Vorschlag für das Vorgehen: Bevor Sie die Bewertungen lesen, um die der Veranstalter das Publikum gebeten hat, führen Sie diese Bewertung selbst durch. Wo sehen Sie sich? Diese Einschätzung ist der Bezugspunkt, während Sie die Zeugnisse des Publikums lesen.

Nicht jedes Feedback und jeder Hinweis ist nützlich. Viele scheinen sich auch zu widersprechen und das Letzte, was man will, es allen recht machen. Das Ziel sollte sein, Ihre eigene Linie beizubehalten und dabei das Publikum so gut wie möglich zu erreichen. Über alles gilt es, besser zu werden, auch wenn die Konfrontation mit schlechten Noten und negativen Kommentaren wehtut.

Gibt es keine Aufforderung zur Bewertung, sollten Sie das selbst übernehmen – ganz gleich, ob der Vortrag oder die Präsentation online oder offline stattgefunden hat. Meine kleine Vorlage dazu lässt sich beliebig erweitern, mit dem Risiko allerdings, dass sie dann aus Zeitmangel vielleicht nicht mehr vollständig ausgefüllt wird.

Take-away

Bewertungen des Publikums sind vielleicht nicht die angenehmste Lektüre, aber sie helfen dabei, ein besseres Gefühl für die Wirkung einer Präsentation oder eines Vortrags zu bekommen. Wichtig ist dabei, dass Sie sich selbst in die Bewerterrolle versetzen. Wie bewerten Sie zum Beispiel ein Hotel oder ein Produkt? Gibt es etwas, das Ihre Erfahrung positiv oder negativ färbt? Wie würden Sie das ausdrücken in einem Bewertungsbogen? Wie bewerten Sie Ihren Vortrag?

Verdächtig, wie sich die Augenbrauen gehoben haben

Das Video mit Kolleginnen und Freunden analysieren

Greg ist Verhörspezialist, er hat mit der US-Army gearbeitet. Scott ist ein Topspezialist für Körpersprache. Chase ist Experte für menschliches Verhalten und Einflussnahme. Mark ist Experte für Körpersprache und menschliches Verhalten sowie Kommunikationstrainer. Die vier zusammen sind die Macher des YouTube-Kanals »The behavior panel«. Was sie tun: Sie sehen sich Videos an und analysieren diese mit dem Fokus auf versteckten Lügen, zum Beispiel das berühmte Interview, das Oprah Winfrey mit Meghan Markle und Prinz Harry durchgeführt hat. 2 Stunden lang kommentierten die Experten detailgenau jedes Wort und jede Regung der Interviewten. Sie sagten Dinge wie:

»Das ist unglaubwürdig. Die Handgeste widerspricht dem, was sie sagt. Sie wollen relaxt wirken, aber tatsächlich scheinen sie gestresst. Die Kleidung der beiden ist hochsymbolisch. Die Augenbrauen heben sich vor der Verleugnung – kein gutes Zeichen für Glaubwürdigkeit. Da ist ein Bruch irgendwo in dieser Beziehung, alle Zeichen deuten darauf hin. Habt ihr das übergeschlagene Bein

gesehen, wie es wippte? Je weiter ein Körperteil vom Kopf entfernt ist, desto schwerer ist es bewusst zu kontrollieren. Da ist Stress.«

Und so geht es weiter. Greg, Scott, Chase und Mark sind meiner Meinung nach eine fantastische Schule darin, Körpersprache zu lesen. Ganz gleich, ob sie sich Royals ansehen, Politiker, Popstars oder Menschen, die wegen eines Verbrechens angeklagt sind. Ihre Analysen sind brutal und sie zeigen uns einen Weg, das, was Menschen sagen, kritisch gegenüber ihrem Verhalten abzuwägen. Wäre es spannend, wenn die vier einen Ihrer Vorträge analysieren würden? Absolut. Nur stehen sie leider nicht zur Verfügung.

Sie könnten aber nach diesem Muster ein Panel aus Freunden und Kolleginnen generieren, das ähnlich kritisch auf Sie blickt. Sie könnten ihnen konkrete Aufgaben geben: Hände beobachten. Augen, Mund, Kopfhaltung. Stimme und Körperhaltung. Das wäre nur die Körpersprache. Dazu: Formulierungen beobachten. Struktur, Logik, Emotionen. All das ließe sich vor einem gemeinsamen Treffen erledigen. Die Ergebnisse lassen sich nach Minuten segmentieren. Was ist auffällig in Minute 1, 2, 3 etc.?

Dann gucken alle zusammen das Video vom Vortrag und drücken dabei jede Minute die Stopptaste. Alle kommentieren. Am Schluss geben alle ihren Gesamteindruck wieder und sprechen ihre Empfehlungen aus. So haben wir jede Menge Material, das zwar nicht von Weltklasse-Experten kommt, aber von Menschen, die genau hingesehen und hingehört haben. Das Ziel ist dabei nicht, Sie zu überführen, sondern Ihnen dabei zu helfen, ein Gefühl dafür zu bekommen, wie authentisch, glaubwürdig, inspirierend und bewegend Sie erscheinen. Kurz, mit ihrem Feedback geben sie Ihnen die Möglichkeit, zu wachsen.

Take-away

Inspiriert von dem YouTube-Kanal »The behavior panel« empfehle ich Ihnen, ein Panel aus Freundinnen und Kollegen zusammenzustellen, das das Video Ihres Vortrags kritisch ansieht. Alle achten auf unterschiedliche Aspekte: Blick, Körperhaltung, Stimme etc. Alle notieren Minute für Minute ihre Ergebnisse, sodass am Ende eine detaillierte Auswertung vorliegt. Danach wird der Vortrag gemeinsam angesehen und immer wieder die Pausentaste gedrückt, um Kommentare einzufügen.

Die Punkte verbinden

Den eigenen Fortschritt dokumentieren

Treten Sie einen Schritt zurück – wie ein Maler, der ein Bild betrachtet, das er gerade malt. Was sehen Sie? Und wenn Sie noch weiter zurückgehen und nicht nur auf den einen Vortrag blicken, den Sie gerade gehalten haben, sondern auf all Ihre Vorträge und Präsentationen? Welches Bild zeigt sich? Woraus setzt es sich zusammen: aus Videos, Feedbackbögen, Keynote-Dateien? Aus Selbstkritik oder -lob? Aus Klickzahlen, Teilnehmerlisten, Erinnerungen an federnde Bühnen, den Geruch von Konferenzräumen und den seltsamen Klang der eigenen Stimme in der Halle? Fühlen Sie die Nervosität vor den Auftritten und auch diese rätselhafte Mischung aus Glück und Tristesse danach? Oder öffnen Sie einfach nur ein Excel-Chart, auf dem Sie Ihre Performances in Fakten festhalten?

Woran auch immer Sie im Detail den eigenen Fortschritt bemessen, Sie sollten diese Werte dokumentieren, sodass Sie eine Lernkurve zeichnen können. Die Kernfrage lautet: Wie hat sich meine Fähigkeit, Vorträge zu halten und Präsentationen zu geben, über die Zeit entwickelt?

Sie könnten zum Beispiel zu Beginn jeder Recherche zwei kleine Videos von sich drehen, wie in dem Kapitel »3 Minuten Video reichen« beschrieben, und sich bewerten. So haben Sie das subjektive Bild und dazu alle Elemente von Feedback, die in diesem Teil von »Talk!« beschrieben werden. Doch ich würde noch einen Schritt weitergehen und den Aufwand dokumentieren, den Sie jeweils betrieben haben, um einen Vortrag zu realisieren, würde die Stunden festhalten, die Sie für das Recherchieren, Storyfizieren, Trainieren und auch für das Lernen aufgewendet haben. Sie könnten auch auf einer Skala von 1–10 festhalten, wie gut in Summe die jeweiligen Aspekte umgesetzt wurden und all das in einen Index für die Gesamtperformance umrechnen.

Was nützt Ihnen das? Um besser zu werden, können Sie sich die Aspekte heraussuchen, in denen Sie noch nicht gut waren, und auf diese fokussieren. Nicht alle auf einmal: ein Aspekt nach dem anderen. Sie könnten wie Profimusiker oder -sportler einer Logik wie dieser folgen:

1. ein ehrgeiziges Ziel definieren (zum Beispiel brillante Folien à la Apple)
2. auf dieses Ziel für ein gewissen Zeitraum fokussieren
3. substanzielles Feedback nutzen, gegebenenfalls von einem Coach

4. wiederholen und verfeinern, bis Sie dieses Ziel erreicht haben
5. nächstes ehrgeiziges Ziel definieren (zum Beispiel langsamer reden)

So könnten Sie einen Entwicklungsbereich nach dem anderen abgehen. Das braucht etwas Ausdauer und den Mut, immer wieder Vorträge zu halten. Und natürlich braucht es das zu Beginn von »Talk!« beschriebene Growth Mindset, das davon ausgeht, dass Fehler und Pannen unvermeidbar sind, wenn Sie etwas wirklich lernen wollen. Ihre Lernkurve hat Berge und Täler? Das ist normal, solange Ihre Tendenz in die richtige Richtung zeigt.

In diesem Zusammenhang wird gerne die 10.000-Stunden-Regel zitiert, die Malcolm Gladwell in seinem Buch »Überflieger« beschrieben hat. Die langen Nächte der Beatles in Hamburger Clubs, in denen sie jeden Aspekt von dem gelernt haben, was es bedeutet, eine großartige Band zu sein, und zwar bevor sie zu Weltstars wurden. Doch wer wendet heute schon 10.000 Stunden auf, um perfekte Vorträge zu halten? Wer hat die Zeit? Daher gibt es im Business auch kaum Beatles unter den Rednern, die einen Hit nach dem anderen landen, außer vielleicht Steve Jobs von Apple.

Ein anderer Aspekt scheint mir ebenfalls wichtig. Meiner Erfahrung nach sprechen wir über ein Set an Fähigkeiten, dass wir, einmal erworben, auch nicht so schnell wieder verlernen. Es ist wie beim Fahrradfahren, wir müssen nur einmal häufiger aufsteigen als hinunterfallen. Und genau diesen Prozess würde ich empfehlen so detailgenau wie möglich zu dokumentieren. So können Sie nach und nach das Set an Fähigkeiten optimieren, das Sie benötigen, um erfolgreiche Vorträge zu halten.

Wie Sie Ihre Lernkurve zeichnen, überlasse ich Ihnen. Verbinden Sie die Punkte, die für Ihre Entwicklung wichtig sind. Und vergessen Sie dabei einen Aspekt nicht: die Freude. Wie viel Spaß hat es gemacht, diesen Vortrag zu halten? Wie gut hat es sich angefühlt? Generell sollten Emotionen in der Bewertung keine Nebenrolle spielen. Ein ehrgeiziges Ziel könnte entsprechend sein: mehr Freude und weniger Stress auf der Bühne zu haben.

In den Spuren von Steve Jobs wandeln – kapieren, kopieren, kreieren

Nachdem Steve Jobs 2007 das iPhone präsentiert hatte, begannen plötzlich immer mehr Manager, seinen Präsentationsstil zu kopieren: minimalistische Charts, Leidenschaft in der Stimme, Lässigkeit und natürlich New

Balance Sneaker. Bei Präsentationen gab es zumindest in der Verlagsbranche nur noch ein Ideal: Apple. Machen wir es doch wie Steve Jobs! Natürlich habe auch ich das versucht, aber schnell eingesehen, dass es vom Typ nicht passte. Ich bin nicht wie Steve Jobs.
Etwas anderes war viel wichtiger: Zum ersten Mal hatten Präsentationen etwas mit Lifestyle zu tun. Apple sorgte mit seinen Keynotes dafür, dass der Präsentationsstil schlagartig besser wurde. Apple war der neue Maßstab. Die Lernkurven, die Manager wie ich zeichneten, orientierten sich nur an diesem einen Kriterium: Wie gut kopieren wir die Kalifornier? So ging es vielleicht zwei Jahre, dann war der Zauber wieder vorbei. Doch in dieser Zeit haben alle, die auf dieser Welle mitsurften, viel gelernt.
Wer auch immer Ihre Heldin oder Ihr Held ist, kopieren Sie. Kapieren, kopieren, kreieren – das ist der Dreischritt.

Take-away

Der effizienteste Weg, die eigene Performance zu erhöhen, besteht darin, alle Auswertungen zu einem individuellen Gesamtbild zusammenzufügen. Leitfragen: Worin bin ich gut? Wo sind meine Lernfelder? Bei den Lernfeldern empfehle ich, Bereich für Bereich ehrgeizige Ziele zu definieren und sich für einen gewissen Zeitraum nur auf ein Ziel zu fokussieren, bis es erreicht ist, zum Beispiel natürliche, inklusive Hangesten oder das Publikum stärker einbeziehen.

Das Hochseil existiert nur in deiner Fantasie

Nachhaltige Desensibilisierung gegen Bühnenangst

Angst ist ein verschlagener Feind. Sie lässt sich nicht vollständig besiegen, sondern wird immer wieder wach, wenn wir sie am wenigsten brauchen können. Zum

Beispiel dann, wenn wir einen Vortrag halten dürfen. Haben wir den Vortrag gerade hinter uns, fühlen wir uns wieder sicher. Doch anstatt darauf zu warten, wann der nächste Vortrag unumgänglich ist, empfehle ich allen, die sich unsicher und unwohl im Rampenlicht fühlen, mit der Vortragsangst Frieden zu schließen und eine Strategie der Desensibilisierung zu wählen.

Ich selbst habe großen Respekt vor hohen Gebäuden oder Türmen. Deswegen nutze ich die Chance, mich zu desensibilisieren, wann immer sich die Möglichkeit dazu ergibt: Treppe statt Fahrstuhl beim Eiffelturm, wacklige Hängebrücken, die gläsernen Balkone in der 103. Etage des Willis Towers in Chicago. So wird meine Angst gedämpft. In meinem Gehirn beschwichtigt der präfrontale Kortex den sensiblen Mandelkern, der bedrohliche Veränderungen in der Umwelt aufspürt und daraufhin Alarmsignale durch den Körper schickt: Wir fallen jeden Moment in die Tiefe, nichts wie weg!

Diesen Effekt nutze ich auch, wenn ich ins Rampenlicht trete. Für einige Sekunden habe ich das Gefühl, ich würde ein Hochseil betreten. Doch inzwischen habe ich Hunderte Reden, Vorträge und Präsentationen gehalten und dadurch gelernt, dass dieses Hochseil nur in meiner Fantasie existiert. Dass ich nicht sterben werde, wenn ich abstürze, indem ich den Vortrag vermassle. Diese Überschreibung der Panik funktioniert nicht immer, doch mit einer hohen Zuverlässigkeit.

Wie setzen Sie sich immer wieder einer erträglichen Dosis Vortrag aus? Zum Beispiel, indem Sie in Serien denken. Im Unternehmen könnten Sie etwa gemeinsam mit Kolleginnen und Kollegen den Rahmen einer Vortragsreihe skizzieren, halbstündige Talks während der Lunch Break im Konferenzraum. Sie bauen sich Ihre Bühne im übertragenen Sinne selbst und finden Ihr Publikum. Die Lernschleife integrieren Sie von Anfang an, indem alle, die kommen, auch zum Feedback verpflichtet werden.

Das Feedback sollte unbedingt eine Frage beinhalten: Schätzt auf einer Skala von 1–10, wie hoch die Aufregung war. Als Sprecherin oder Sprecher sollten Sie das Gleiche tun und die Einschätzungen übereinanderlegen. Häufig merken uns andere unsere Vortragsangst gar nicht so stark an, wie wir meinen. Außerdem sollten Sie dabei im Hinterkopf haben, dass Menschen, die ihre Ängste vollkommen überwunden zu haben scheinen, zwar existieren mögen, aber bevorzugt in Tibet leben.

Im Kern geht es darum, Wissen zu teilen und eine Bühne zu haben, die Sie jederzeit auch für sich selbst nutzen können. Der positive Effekt geht aber weit über das eigene Desensibilisieren hinaus, weil Sie so die Möglichkeit haben, nah an anderen Menschen zu sein, die vortragen. Sie können von und mit ihnen lernen.

Von hier lässt sich die Desensibilisierung noch einen Schritt weitertreiben, indem Sie sich auf einer Konferenz anmelden, um dort zu sprechen. Der Rahmen ist größer, die Aufregung wird mit Sicherheit ebenfalls größer sein, das Gefühl, ein Drahtseil zu betreten wird wieder stärker werden. Zu stark? Es muss nicht gleich die große Bühne sein, sondern vielleicht eine kleine Bühne für den Beginn. Schritt für Schritt. Maximale Desensibilisierung wäre ein TED Talk oder eine aufwendige Präsentation vor dem Vorstand.

Dieses Vorgehen ist weitaus sinnvoller, als dem gut gemeinten Rat zu folgen, doch einfach ins kalte Wasser zu springen – sich gleich bei TED anzumelden, ohne all die Zwischenstufen. Die Angst ist wie gesagt ein verschlagener Feind. Sie mag in Panik umschlagen und damit wäre weder Ihnen noch dem Publikum gedient.

Nützlich ist, wenn Sie sich ein Ziel setzen: Wohin will ich? Ist es TED, die Gemeindeversammlung, das Vorstands-Meeting? Wie können Sie sich Schritt für Schritt dafür desensibilisieren? Dafür brauchen Sie einen Plan und ein entsprechendes Mindset. Wie im ersten Teil von »Talk!« erwähnt, bringt Sie nur ein Growth Mindset voran, der Glaube daran, dass Sie Ihre Angst in Ausgeglichenheit oder sogar in Freude umwandeln können. Ein Fixed Mindset dagegen zwingt uns eher zum gegenteiligen Verhalten: Vorträgen auszuweichen. Anstelle von Chancen würden wir nur Möglichkeiten sehen, uns zu blamieren. Die Angst würde zunehmen. Auch wenn dieser eine Vortrag gelungen ist, würden wir uns sagen, war das Glück. Und selbst wenn es so gewesen sein sollte, ändert das nichts daran, dass sich Vortragskunst erlernen lässt und die Angst davor durch Übung und damit verbundene Desensibilisierung Schritt für Schritt abbauen lässt.

Take-away

Ganz ähnlich wie bei Höhen- oder Platzangst wirkt Desensibilisierung bei Vortragsangst Wunder. Die Idee ist, immer wieder Vorträge zu halten und Präsentationen zu geben, anstatt zu warten, bis der nächste unvermeidliche Schritt ins Rampenlicht bevorsteht, natürlich inklusive altvertrauter Angst.

Es geht vielmehr darum, sich freiwillig zu melden, wenn etwas zu präsentieren ist, ob groß oder klein. So wird Präsentieren nach und nach Normalität und der sensible Mandelkern beruhigt sich schnell wieder.

Tägliche Übung macht den Meister

Jedes Gespräch als Vortragstraining nutzen – auch das Selbstgespräch

Ein Gespräch können wir auch so interpretieren: Wir sind beides in einer Person, Redner und Publikum. So bietet jedes Gespräch viele Möglichkeiten zu lernen. Von der Zuhörerseite ist es ein gutes Training, um zu analysieren, wie mein Gegenüber mich überzeugen will. Von der Rednerseite her können wir üben, unser Gegenüber zu überzeugen oder, besser noch, zu einer Handlung zu bewegen.

Zuhören ist Voraussetzung, um eine starke Rednerin oder ein starker Redner zu werden. Jeder Dialog unter Freunden bietet dazu eine Gelegenheit. Das trainiert Sie ganz nebenbei auch für Talk-Runden. Der erste Schritt wäre, ein Thema zu wählen, bei dem nicht beide exakt der gleichen Meinung sind, ein Streitthema, zum Beispiel aus der Politik. Themen gibt es genug: die Nachhaltigkeit von Elektroautos, Migration, das Bildungssystem etc. Das Thema an sich ist gar nicht so wichtig. Jetzt analysieren Sie, wie Ihr Gegenüber seine Position aufbaut und verteidigt. Mit Logik, mit Storys, mit Emotionen, mit Empathie, mit Fakten, impulsiv oder gelassen? Was spricht Sie an, was überzeugt Sie, was bewegt Sie?

Für die eigene Darstellung der Position könnten Sie kleine Reden üben, Reden, die nur wenige Minuten dauern. Sie folgen dabei Strukturen, die ich im Buchteil »Storyfizieren« beschreibe, zum Beispiel der Logik Ich – Wir – Jetzt (Self – Us – Now) der Public Narrative oder der emotionalen Fieberkurve. Sie bauen empathische Brücken und verwenden starke Metaphern. Nur geht es darum, das genauso bewusst zu tun wie das Zuhören und dabei direkt zu registrieren, wie das wirkt, was Sie in Ihrem Kurzvortrag ausgebreitet haben.

Bei dieser Form des Sprachspiels geht es nicht nur darum, wer am Ende gewinnt. Es geht vielmehr darum, zu lernen, indem wir ganz bewusst Bausteine guter Vorträge in unseren beruflichen und privaten Alltag übernehmen. Okay, es gibt keinen Grund, sich nicht zu freuen, wenn Kollegen sich Ihrer Sichtweise anschließen und sich für die gleiche Sache einsetzen, im Gegenteil.

Ein großartiger Lehrmeister für kluge Gespräche dieser Art ist der griechische Philosoph Platon. All seine Werke sind Dialoge. Ein fundamentales Element ist die Frage, mit deren Hilfe tiefer in ein Thema eingetaucht wird. Sokrates, Platons Lehrer, ist dabei häufig die zentrale Figur. Sokrates nannte seine Methode Mäeutik – Geburtshilfe. Warum war eines seiner Lieblingswörter. Zwar lässt sich kein Vortrag allein aus Fragen aufbauen, doch sind sie ein starkes Mittel, um die Position des Gegenübers zu verstehen. Sie sorgen auch dafür, dass das Gegenüber sich selbst besser versteht und vielleicht die Schwächen der eigenen Position erkennt. Ein herausragender Platonischer Dialog ist der bereits zitierte »Gorgias«. Er handelt vom Nutzen und den Gefahren der Rhetorik selbst.

Quintilian, der große Rhetoriklehrer der römischen Antike, sagte, wir sollten täglich üben. Und wenn es keine Gesprächspartner oder Zuhörer gebe, dann sollten wir eben mit uns selbst reden und einen Dialog wie ein Puppenspiel in unserer Einbildung inszenieren.

»Auf jeden Fall aber sollten wir lieber allein reden als überhaupt nicht.«[1]

Hier achten wir sorgfältiger auf den Satzbau und die Struktur. Der Dialog dagegen fördert Aussprache, Stimme, Gestik, Mimik. Idealerweise üben Sie beides.

Die OREO-Methode – kompakte Statements abgeben

Wie gebe ich ein kompaktes und überzeugendes Statement zu einem Thema ab? Ganz einfach, ich folge der OREO-Methode: Opinion, Reasons, Example, Opinion – Meinung, Gründe, Beispiel, Meinung. Diese kleine Struktur, die sich leicht erinnern lässt, hilft dabei, sich auf das Wesentliche zu konzentrieren: die Inhalte.

Ich habe die OREO-Methode von meiner Spanischlehrerin gelernt. So fällt es mir in einer Sprache, die ich nicht so gut spreche wie Deutsch oder Englisch, trotzdem leicht, auf den Punkt zu kommen. Wie häufig werden wir gefragt, was ist deine Meinung zu dieser oder jener Sache? Anstatt ausla-

1 Quintilian: Lehrbuch der Redekunst. 10. Buch. Stuttgart: 1995. S. 188

dend zu antworten und uns vielleicht sogar in einem Dschungel aus Gründen zu verlieren, stellen wir uns den amerikanischen Keks vor, bevor wir zu reden beginnen, sortieren unsere Gedanken durch – und geben dem Gegenüber einen OREO. Hier ein Beispiel:

- **Opinion:** Was ist meine Meinung?
  Ich halte Elektroautos für ein wichtiges Element zukünftiger, nachhaltiger Mobilität.
- **Reason:** Welche Gründe gibt es dafür (maximal drei)?
  Dafür gibt es meiner Meinung nach drei zentrale Gründe: Sie erzeugen erstens wesentlich weniger CO_2 im Betrieb. Das wirkt sich positiv oder zumindest weniger negativ auf das Klima aus. Sie senken zweitens die Lautstärke des Verkehrs, insbesondere in den Städten. So werden diese zu besseren Orten. Sie sorgen drittens dafür, dass wir unsere Aufmerksamkeit auf ein wichtiges Thema lenken: das Wohlergehen unseres Planeten.
- **Example:** Welche Beispiele gibt es dafür?
  Ein Beispiel: Mein Freund Holger, ein Ingenieur, stieg vor einigen Jahren auf Tesla um – wegen des Fahrspaßes. Die Themen Nachhaltigkeit in der Energiewirtschaft und CO_2-Fußabdruck wurden durch das Auto immer präsenter in seinem Leben, weil er ständig darauf angesprochen wurde. Mittlerweile ist er nicht nur begeisterter Fahrer eines Elektroautos, sondern auch engagiertes Mitglied der Grünen, das sich in seiner Region für Umweltbelange engagiert.
- **Opinion:** Was ist meine Meinung (Wiederholung)?
  Und deshalb halte ich Elektroautos für ein zentrales Element zukünftiger, nachhaltiger Mobilität – die direkt bei uns anfängt.

Take-away

Ein pragmatischer Ansatz für ein Vortragstraining ist es, jedes Gespräch dafür zu nutzen. Indem Sie Ihrem Gegenüber gut zuhören und analysieren, wie versucht wird, Sie zu überzeugen, und indem Sie Ihre Fähigkeiten ausprobieren und sie wie in einer Podiumsdiskussion nutzen. Dabei geht es nicht nur darum, am Ende überzeugt zu haben, anstatt überzeugt zu werden, sondern auch um die Lernkurve in Bezug auf das Recherchieren, Storyfizieren und Vortragen.

Keine simple Reform – tatsächlich eine Revolution

Überzeugendes Reden von den Klassikern lernen

In einem Workshop für kreatives Schreiben bekam ich vor einigen Jahren den Tipp, durch Abschreiben zu lernen. Die Idee war, nicht ständig eigene Texte zu schreiben und zu redigieren, sondern mich an Klassikern zu orientieren, zumindest an Autorinnen und Autoren, die ich bewunderte. Vor dem Imitieren ihres Stils und weit vor dem Entwickeln eines eigenen Stils kam in den Augen des Workshopleiters das Übertragen von Texten großer Autoren in mein Notizbuch.

Auf diese Idee war ich bis dahin nicht gekommen. Kreativität hatte für mich dort begonnen, wo ich etwas hervorbrachte, das eine eigene Note hatte. Nein, müsse nicht sein, hieß es lapidar. Du und alle anderen schreiben – mit der Hand! – heute Abend eine Seite aus ihrem Lieblingsroman ab. Murren. So hatte sich keiner den Schreibworkshop vorgestellt. Gegenwehr: Sollte man nicht lieber eine Kurzgeschichte verfassen? Einwand abgelehnt.

Am nächsten Morgen ein Erfahrungsaustausch. Sei doch gar nicht so verkehrt gewesen, meinten einige. Man komme beim Abschreiben mit der Hand viel näher an den Text und dessen Eigenleben heran als beim bloßen Lesen. Ich konnte nicht umhin zuzustimmen. Der Lehrer schmunzelte.

In der Welt der Musik ist es völlig normal, Stücke nachzuspielen. Das »Real Book« im Jazz enthält die Vorlagen für Generationen von Musikern, die Stücke wie »Summertime« oder »Autumn leaves« einstudieren, variieren, eine bestimmte Interpretation imitieren, schließlich frei improvisieren und auf Basis dieser Erfahrungen neue Stücke komponieren. Das ist der übliche Weg.

Warum gehen wir diesen Weg nicht beim Halten von Vorträgen und Präsentationen? Warum orientieren wir uns für Reden und Vorträge nicht an den Lernreisen von Musikern oder auch Schauspielern? Warum üben wir nicht, eine Rede von Mahatma Gandhi, von Malala, von Hans Rosling, von Ruth Bader Ginsburg nachzusprechen, Wort für Wort, Satz für Satz, Absatz für Absatz? Vielleicht beginnen Sie mit nur einer kleinen Passage. Von dort aus lässt sich die Rede Stück für Stück verlängern. Dabei macht es meiner Meinung nach Sinn, nicht nur von denen zu lernen, die Sie verehren, sondern auch Rednerinnen und Redner in den Kanon aufzunehmen, die vielleicht nicht so ganz Ihrer natürlichen Art zu reden entsprechen. So erweitern Sie Ihren Kosmos.

Als Übungsbeispiele schlage ich drei recht unterschiedliche Klassiker vor. Es sind Reden bzw. Auszüge aus Reden, die auf ihre Art einen Change-Prozess, eine Wende in Gang setzen wollen. Jede Rede hat einen eigenen Stil, eine eigene Rhetorik, eine eigene Dauer, eine eigene Art, radikal zu sein. Da ist zunächst die Rede »Women of America« der Feministin und Journalistin Gloria Steinem (von der leider nur ein – brillantes – Fragment erhalten ist), gefolgt von einer legendären Motivationsrede aus Martin Scorceses Film »The Wolf of Wall Street«, gehalten von Leonardo di Caprio, und der historischen »Ruck-Rede«, die Bundespräsident Roman Herzog 1997 im Berliner Hotel Adlon gehalten hat.

Klare Position, klare Worte – Gloria Steinem:

»Dies ist keine einfache Reform. Es ist tatsächlich eine Revolution. Geschlecht und Rasse waren, weil sie einfache, sichtbare Unterschiede sind, die wichtigsten Mittel, um die Menschen in über- und untergeordnete Gruppen einzuteilen und in billige Arbeitskräfte, von denen dieses System immer noch abhängt. Wir sprechen von einer Gesellschaft, in der es keine anderen Rollen mehr gibt als die, die man sich ausgesucht oder verdient hat. Wir sprechen hier wirklich über Humanismus.«[2]

Agitation, Polarisierung, Zynismus – »Wolf of Wall Street«:

»Seht ihr diese kleinen schwarzen Kästen? Man nennt sie Telefone. Ich verrate euch jetzt ein kleines Geheimnis über diese Telefone. Die wählen nicht von selbst! Ohne dich sind sie nur ein wertloser Plastikklumpen. Wie eine geladene M16 ohne einen ausgebildeten Marine, der den Abzug betätigt. Und im Falle des Telefons liegt es an jedem einzelnen von euch, meinen hochtrainierten Strattoniten, meinen Killern. Meinen Killern, die ein Nein als Antwort nicht akzeptieren! Meinen verdammten Kriegern, die den Hörer nicht auflegen, bis ihr Kunde entweder kauft oder stirbt!

Ich sage euch mal was. Es gibt keinen Adel in der Armut. Ich war ein reicher Mann, und ich war ein armer Mann. Und ich habe mich jedes Mal für reich entschieden. Denn wenn ich mich als reicher Mann meinen Problemen stellen muss, fahre ich in einer Limousine vor und trage einen 2.000-Dollar-Anzug und eine verdammte 40.000-Dollar-Golduhr!

---

2 Gloria Steinem: Women of America. Rede vom 10.07.1971 in Washington D. C. *https://en.wikipedia.org/wiki/Address_to_the_Women_of_America*

Wenn hier jemand denkt, ich sei oberflächlich oder materialistisch. Sucht euch einen Job bei McDonald's, denn da gehört ihr verdammt noch mal hin!«[3]

Ein Hallo-wach an die Nation – Roman Herzog:

»Durch Deutschland muss ein Ruck gehen. Wir müssen Abschied nehmen von liebgewordenen Besitzständen. Alle sind angesprochen, alle müssen Opfer bringen, alle müssen mitmachen:

die Arbeitgeber, indem sie Kosten nicht nur durch Entlassungen senken,

die Arbeitnehmer, indem sie Arbeitszeit und -löhne mit der Lage ihrer Betriebe in Einklang bringen,

die Gewerkschaften, indem sie betriebsnahe Tarifabschlüsse und flexiblere Arbeitsbeziehungen ermöglichen,

Bundestag und Bundesrat, indem sie die großen Reformprojekte jetzt rasch voranbringen,

die Interessengruppen in unserem Land, indem sie nicht zu Lasten des Gemeininteresses wirken.

Die Bürger erwarten, dass jetzt gehandelt wird. Wenn alle die vor uns liegenden Aufgaben als große, gemeinschaftliche Herausforderung begreifen, werden wir es schaffen. Am Ende profitieren wir alle davon.

Gewiss: Vor uns liegen einige schwere Jahre. Aber wir haben auch gewaltige Chancen: Wir haben mit die beste Infrastruktur in der Welt, wir haben gut ausgebildete Menschen. Wir haben Knowhow, wir haben Kapital, wir haben einen großen Markt. Wir haben im weltweiten Vergleich immer noch ein nahezu einmaliges Maß an sozialer Sicherheit, an Freiheit und Gerechtigkeit. Unsere Rechtsordnung, unsere soziale Marktwirtschaft haben sich andere Länder als ›Modell Deutschland‹ zum Vorbild genommen. Und vor allem: Überall in der Welt – nur nicht bei uns selbst – ist man überzeugt, dass ›die Deutschen‹ es schaffen werden […]

Wir müssen jetzt an die Arbeit gehen. Ich rufe auf zu mehr Selbstverantwortung. Ich setze auf erneuerten Mut. Und ich vertraue auf unsere Gestaltungskraft. Glauben wir wieder an uns selber. Die besten Jahre liegen noch vor uns.«[4]

Das wirkt ein wenig wie Schauspieltraining? In der Tat. Es gibt uns ein Gefühl dafür, mit den Worten von Menschen zu sprechen, die wir nicht sind, deren

---

3 »Wolf of Wall Street«: Inspirationsrede. *https://www.youtube.com/watch?v=PQleT6BtCbE*

4 Roman Herzog: Ruck-Rede. Berlin: 1997. *https://www.youtube.com/watch?v=kn336KbzJc8*

Ansichten wir möglicherweise nicht teilen, deren Redeweise uns fremd ist. Es geht um spielerisches Aneignen von Stilen – auch und vor allem, um ein Gefühl dafür zu bekommen, was denn unser eigener Stil sein könnte oder ist.

Eine Möglichkeit, direkt Feedback zu dieser Art von Lernreise zu bekommen, besteht darin, generative künstliche Intelligenz als Sparringspartner einzusetzen. Präsentationstrainer Yoodli (*https://yoodli.ai*) wertet jeden Versuch aus und gibt Anhaltspunkte für Verbesserungen – lustigerweise auch inhaltlich. Das klingt dann so: Roman Herzog beginnt zu viele Sätze mit dem Wort wir, Leonardo di Caprios Sprache ist nicht inklusiv, dafür aber emotional. Analysiert werden Sprechtempo, Blickkontakt, Pausen etc. Das Video, das Yoodli von uns filmt, können wir mit Freunden teilen und diese um Feedback bitten. Einziger Wermutstropfen: Noch funktioniert der Service nur in englischer Sprache. Positiv gewendet: Wir trainieren unsere Sprachkenntnisse gleich mit.

Take-away

Reden von Klassikern zu halten, ist ein starkes Element in der Lernreise zu überzeugenden Präsentationen und Vorträgen. Diese Reden inspirieren nicht nur inhaltlich, sie machen uns vertraut mit neuen Gedanken, mit Worten, die wir vielleicht nie verwenden werden, mit Ansichten, die wir nicht teilen mögen. So erweitern sie unser Spektrum. Wer mag, nutzt KI, um sich für die Klassiker-Reden coachen zu lassen; das Feedback von Freunden lässt sich ebenfalls einbinden.

Mal schnell die Trends der Branche

Trainieren, aus dem Stegreif zu reden

Wie bereite ich mich in kürzester Zeit auf eine Rede vor? In meiner Rolle als Chefredakteur musste ich häufig spontane Reden halten. Eine Delegation aus China war gerade mit den Sales-Kollegen im Gespräch – kannst du nicht kurz Hallo sagen? Ein Fireside-Chat mit Trainees, bei dem kurzfristig ein Chefredakteur des

Hauses einen anderen vertreten musste. Der Marktforschung, die gerade zu Gast war, aus dem Stegreif einen Vortrag über die Trends der Branche skizzieren. Natürlich hätte ich häufig Nein sagen können oder eine Vertretung schicken, aber ich habe diese Art von Stegreifreden als Teil meiner Aufgabe gesehen und mir eine Technik zurechtgelegt, mich für 5–15 Minuten zurückzuziehen und den Inhalt stichwortartig auf einer Karteikarte im Postkartenformat zu skizzieren. Dafür habe ich immer einen Kreis verwendet und die Hauptpunkte entlang des Zirkels aufgetragen, etwa so:

1. Wer bin ich? Kurzvorstellung in wenigen Sätzen
2. Warum rede ich jetzt? Relevanz, Bedeutung und Verknüpfung des Themas mit mir
3. Was ist meine Idee bzw. meine Sicht der Dinge?
4. Was ist jetzt zu tun? Meine Empfehlung für das Publikum

Mein Ziel war es, nie länger als 10 Minuten zu sprechen und etwa die gleiche Zeit für Fragen zur Verfügung zu stehen. Ich habe fast ausschließlich frei gesprochen, inspiriert von Hubert Burda, dem Besitzer des Verlags, einem Meister der Stegreifrede. Je diverser die Themen und das Publikum, desto besser. Oft ergeben sich auch im Privatleben Gelegenheiten, auf Geburtstagen oder auf Hochzeiten zum Beispiel.

Die Herausforderung besteht bei Stegreifreden darin, häufig nicht viel über das Publikum zu wissen und keine Zeit für die Recherche zu haben. Bleibt nur Ihre Intuition. Sie müssen, ob Sie wollen oder nicht, viel stärker von sich selbst ausgehen. Und wenn Sie Annahmen über die Ziele und Werte des Publikums einfließen lassen, dann sollten Sie diese nennen. *»Ich nehme an, […]«* oder *»Ich gehe davon aus, […]«* So ist klar, dass Sie es nicht genau wissen. An den Reaktionen werden Sie erkennen, wie stark oder schwach Ihre Annahmen waren.

Unterm Strich ist eine Stegreifrede nicht trivial. Für den römischen Rhetoriklehrer Quintilian war die Stegreifrede *»der größte Gewinn des Studiums und gleichsam der volle Ertrag der langen Mühe«.*[5] Seiner Ansicht nach lässt uns erst diese Form der Rede voll am bürgerlichen Leben teilnehmen, denn *»es ergeben sich doch ganz plötzlich unzählige Situationen, die ein unverzügliches Auftreten, sei es vor den*

5 Quintilian: Lehrbuch der Redekunst. 10. Buch. Stuttgart: 1995. S. 115

Behörden, sei es bei unvorhergesehenen Gerichtsverhandlungen erfordern«.[6] Wenn sich so eine Gelegenheit ergibt, sollten Sie nach einer rhetorischen Ausbildung in der Lage sein, anstatt in der Ecke zu stehen und Stille zu fordern, um sich Ihre Worte mühsam zurechtzulegen, aus dem Stand gut und überzeugend zu reden. Dazu brauchen Sie eine klare Struktur und eine Wortwahl, die an vielen klassischen Reden geschult ist. Quintilian ging so weit zu fordern, *»dass die durchdachte Rede nicht unbedingt besser ist als die unvorbereitete, sondern nur sicherer«.*[7] Allerdings betonte er, dass wir niemals einfach drauflosreden sollten, sondern uns einige Minuten der Sammlung gönnen und die Rede durchdenken sollten.

Für die gelungene Stegreifrede gibt es eine Reihe von Stilmitteln, die dafür sorgen, dass sie trotz der Kürze der Vorbereitungszeit so geschliffen wirkt wie eine Rede, die von langer Hand geplant war. Drei Beispiele:

- **Dringlichkeit.** Wir kreieren eine Kombination aus drei Wörtern, die stark wirkt. Beispiele: Veni, vidi, vici – ich kam, sah und siegte. Liberté, Égalité, Fraternité – Freiheit, Gleichheit, Brüderlichkeit. Stop! Look! Listen!
- **Leidenschaft.** Wir konstruieren eine Folge von Aussagen, die zeigt, wie emotional wir bei diesem Thema sind. Beispiel: In einer seiner legendären Reden sagte Winston Churchill, der britische Premierminister: *»Wir werden an den Stränden kämpfen, wir werden auf den Landeplätzen kämpfen, wir werden auf den Feldern und in den Straßen kämpfen, wir werden in den Bergen kämpfen.«*[8]
- **Balance.** Eine Sache und ihr Gegenteil werden miteinander verbunden, um zu verdeutlichen, wofür man steht. Beispiel: US-Präsident Joe Biden sagte: *»Wir werden Hoffnung über Angst, Fakten über Fiktion, Fairness über Privilegien stellen [...]«*[9]

Solche stilistischen Mittel schaffen starke Momente in jeder Rede. In einer Stegreifrede wirken sie besonders stark, weil niemand solche kunstvollen Sätze erwartet. Wie kommen wir so schnell auf diese Formulierungen? Der einfachste Weg sind Variationen bereits bestehender Sätze. Es beginnt mit dem Studium von Reden und dem Auswendiglernen – mit dem Ziel der Variation im eigenen Kontext.

---

6 Ebd.

7 Ebd. S. 125

8 Winston Churchill: Rede vom 4. Juni 1940. *https://en.wikipedia.org/wiki/We_shall_fight_on_the_beaches*

9 Joe Biden: Rede vom 21. August 2020. *https://edition.cnn.com/2020/08/20/politics/biden-dnc-speech-transcript/index.html*

Take-away

Stegreifreden sind ein fantastisches Training. Keine oder kaum Zeit zur Vorbereitung, das ist die hohe Schule. Zugleich sind die Zuhörerinnen und Zuhörer in der Regel mildtätig gestimmt, weil es eben eine Rede ist, die im Moment entsteht. Quintilian schrieb, dass alles Rhetoriktraining genau darauf abziele: aus dem Stegreif zu reden. Hier zeige sich der wahre Meister. Wer die Chancen nutzt, wo auch immer aus dem Stegreif zu reden, ob 3, 5 oder 10 Minuten, trainiert auf höchstem Niveau.

Yes, we can!
99 Quick-Tipps von großartigen Rednerinnen und Rednern

Ich würde mich gerne mit einer Reihe von Tipps und Tricks, von Ratschlägen und Einsichten von Ihnen verabschieden, für die ich in den anderen Kapiteln keinen Platz gefunden habe. Dieses Kapitel ist so etwas wie das Buch im Kurzformat, aufgesplittet in 99 Fragmente. Viele Figuren aus »Talk!« werden Ihnen wieder begegnen: Rhetoriker wie Cicero und Quintilian, Politikerinnen wie Jacinda Ardern und Angela Merkel. Dazu neue Gesichter von Rihanna und Taylor Swift, zwei Popikonen, die auch inspirierende Rednerinnen sind. Viel Vergnügen beim Stöbern in den Quick-Tipps!

1. **Achtsamkeit.** Wir sollen ganz im Hier und Jetzt sein, hören wir in jeder Yogastunde. Tatsächlich sollten wir die Macht der Vergangenheit nicht unterschätzen. Starke Präsentationen wissen diese Macht zu nutzen, wie die von Werber Don Draper etwa in der Serie »Mad Men«, als er den Kodak-Diaprojektor als Zeitmaschine beschreibt, als ein Karussell, das uns durch die Vergangenheit reisen lässt.[10]

---

10 Mad Men: Kodak pitch. *https://www.youtube.com/watch?v=rq3n2sJ43Hg*

2. **Das Publikum mit einbeziehen.** Im erfolgreichsten TED Talk aller Zeiten über Schulen und Kreativität[11] fragte Sir Ken Robinson immer wieder: Finden Sie nicht auch? Was denken Sie? Kein Dozieren, er sieht den Vortrag als Gespräch.
3. **Ein Bild malen.** Wenn das Publikum während einer Rede gelangweilt ist, dann vielleicht, weil viele Adjektive verwendet werden anstelle eines Bildes. Michelle Obama begann ihre Rede auf der Versammlung der Demokraten 2016 nicht so: *»Am ersten Schultag meiner Tochter, nachdem wir ins Weiße Haus umgezogen waren, war ich nervös und ängstlich.«* Sie sagte stattdessen: *»Ich werde diesen Wintermorgen nie vergessen, als ich unsere Mädchen, gerade 7 und 10 Jahre alt, in diese schwarzen SUVs mit all den bewaffneten Männern steigen sah. Und ich sah ihre kleinen Gesichter gegen das Fenster gepresst, und das Einzige, was ich denken konnte, war: Was haben wir getan?«*[12] Wir sind mittendrin und sehen gebannt einer Szene aus ihrem Leben zu.
4. **Spannung von Anfang an.** Jacinda Ardern, die ehemalige neuseeländische Ministerpräsidentin, hielt eine Rede, in der sie in 2 Minuten vermitteln wollte, was ihre Regierung in zwei Jahren erreicht hat: Sie raste lächelnd durch die Fakten, begann jeden Satz mit dem Wort Wir und ließ uns ihre Leidenschaft spüren. Eine Ansprache mit Sogeffekt.[13]
5. **Formeln finden.** Einfache Formeln wirken stark, weil wir sie uns hervorragend merken können. Das ist die Voraussetzung dafür, danach zu handeln und sie weiterzuerzählen. Patagonias griffige Formel lautet: reduce, repair, reuse, recyle – reduziere, repariere, verwende es wieder, recycel. Kein Wunder, dass sie ein millionenfaches Echo findet.
6. **Beweisen ist nicht genug.** Cicero schrieb, dass ein vollkommener Redner auf dem Forum und vor Gericht so spreche, dass er beweise (probare), unterhalte (delectare) und den Willen der Zuhörer beherrsche (flectere). Die Beweise bewirkten, dass diese die Sache für gut hielten, die Gefühlsregungen aber sorgten dafür, dass sie das Vorgeschlagene auch wollten. Spürten sie Zorn oder Mitleid, sähen sie die Dinge so, als ginge es um ihre eigene Sache.

---

11 Sir Ken Robinson: Do schools kill creativity? TED: Februar 2006, Monterey. *https://www.ted.com/talks/sir_ken_robinson_do_schools_kill_creativity*

12 Michelle Obama: DNC 2016. *https://www.youtube.com/watch?v=4ZNWYqDU948*

13 Jacinda Ardern: 2 Jahre in 2 Minuten. *https://youtu.be/7f_4B5Ko4fM*

7. **Ja und nein.** Steve Jobs, der Apple-Gründer, sagte in einer Entwicklerkonferenz[14]: Das Schwerste, wenn wir uns fokussierten, sei es, Ja zu sagen, dächten wir. Doch es sei ganz im Gegenteil so: Fokussieren bedeute, Nein zu sagen. So ist es auch bei Präsentationen und Reden: Wenn wir diese fokussieren, sagen wir zu 1.000 Ideen Nein.
8. **Die Anmoderation aufnehmen.** In seiner BDI-Rede von 2022 sagte Vizekanzler Robert Habeck: *»Vielen Dank für die charmante Ankündigung. Wenn ich an Braunkohle denke, dann denke ich an Habeck. Das habe ich mir auch anders vorgestellt. Aber ich komme darauf zurück.«*[15] Sofort ist klar, Habeck sucht den Dialog. Er ist schlagfertig. Und er ist ehrlich. Wo immer es möglich ist, die Anmoderation aufzunehmen, sollten Sie es tun.
9. **Zwei Arten des Humors.** Cicero unterschied eine allgemeine Launigkeit des Tonfalls einer Rede von den komischen Pointen. Ich muss an Harald Schmidt denken. Sein Tonfall ist immer launig, wir können nicht umhin zu schmunzeln, wenn er redet. Dann kommt eine dieser Pointen und wir lachen laut. Wie zum Beispiel in der bereits zitierten Rede für Helmut Schmidt.[16]
10. **Ein Drama entwickeln.** Blogger und Buchautor Tim Urban entwickelte in seinem TED Talk[17] ein Schauspiel vor unseren Augen. Er ist kein Berichterstatter, sondern er spielt sämtliche Rollen. Damit schaffte er meines Erachtens ein Ideal für einen unterhaltsamen TED Talk, der mit einem rein wissenschaftlichen Zugang dröge wäre. Doch bei Urban wird Aufschieberitis etwas, das wir alle kennen, über das wir aber, dank ihm, lachen können. Das gesamte Publikum ist Teil des Dramas. Es gibt wahrscheinlich keinen TED Talk, bei dem mehr gelacht wurde.
11. **U-Turn.** Das Gesagte wird im gleichen Satz umgedreht. Wir fahren gleichsam eine 180-Grad-Wende. Drei Beispiele aus der amerikanischen Politik: *»Wer daran scheitert, zu planen, der plant zu scheitern«* (Benjamin Franklin). *»Frag nicht, was dein Land für dich tun kann, sondern frag, was du für dein Land tun kannst«* (John F. Kennedy). *»Ihr seid für Amerika aufgestanden, nun muss Amerika für euch aufstehen«* (Barack Obama).

---

14 *https://www.youtube.com/watch?v=oeqPrUmVz-o*

15 Robert Habeck: BDI-Rede. *https://youtu.be/3cE7LYGJoF8*

16 Harald Schmidt: Laudatio zu Helmut Schmidts 90. Geburtstag. *https://www.zeit.de/video/2013-06/2511288555001/helmut-schmidt-harald-schmidts-laudatio-zu-helmut-schmidts-90-geburtstag*

17 Tim Urban: Inside the mind of a master procrastinator. TED: Februar 2016, Vancouver. *https://www.ted.com/talks/tim_urban_inside_the_mind_of_a_master_procrastinator?language=de*

12. **Sich Zeit nehmen.** Als Popikone Rihanna in Harvard eine Rede hielt, vergingen endlose 30 Sekunden, bevor sie ein Wort sagte. Sie flirtete auf ihre Art mit dem Publikum – Blicke, Gesten, Lächeln. Dann zitierte sie aus dem Film »Natürlich blond«, und alle jubelten.[18]
13. **Mit den Fehlern beginnen.** Ein Besuch bei Sequoia Capital im Silicon Valley begann mit einer Präsentation. Einer der Partner der erfolgreichen Risikokapital-Beteiligungsgesellschaft präsentierte uns 20 Minuten lang *»Unsere größten Fehler«*. Nach diesem Einstieg hatten wir eine sehr aufschlussreiche Fragerunde. Die Idee, sich gerade nicht auf Hochglanz zu polieren, sondern mit den Fehlern und dem daraus Gelernten zu beginnen, erzählte eine starke Geschichte über das Mindset von Sequoia Capital.
14. **Die Wirkung der Selbstanklage.** Antike und moderne Rhetorik sind sich in einem einig: Die Nennung gegnerischer Argumente oder die Selbstanklage am Anfang einer Rede sind für sie die wirksamste Immunisierung gegen deren späteren Einfluss. Insbesondere bei politischen Reden wird das deutlich.
15. **Ellipsen geben Drive.** Der römische Rhetoriklehrer Quintilian sagte, Ellipsen gewännen ihren Reiz vor allem durch ihre Kürze. Beispiel: (Ist das) Ende gut, (ist) alles gut. Und, würde ich hinzufügen, Sie überzeugen durch ihre Natürlichkeit. Denn so sprechen wir, während wir uns in der geschriebenen Sprache oft vor Ellipsen scheuen.
16. **Lampenfieber akzeptieren.** Oscar-Gewinnerin Octavia Spencer sagte in einem Interview: *»Ich bin eigentlich nicht die Beste, wenn ich vor Publikum stehe. Ich habe großes Lampenfieber. Also musste ich mich dem stellen. Und wenn ich in der Öffentlichkeit spreche, werde ich vor jeder Rede, die ich halten muss, extrem nervös, und das hat sich überhaupt nicht gelegt. Ich musste mich also mit der Tatsache abfinden, dass ich wahrscheinlich immer Lampenfieber haben werde […] ich habe auf jeden Fall meinen Frieden damit gemacht.«*[19] Die Kunst bestehe darin, das Lampenfieber zu akzeptieren. Es unterdrücken zu wollen, gehe meist schief.
17. **Understatement.** Das rhetorische Stilmittel der Unterbietung entspricht dem hanseatischen Stil – man sagt die Dinge mit ironischem Unterton. Anstelle von *»riesig«* könnten wir sagen *»nicht klein«*. Understatement statt Overstatement.

---

18 Rihanna: Harvard speech. Februar 2017. *https://www.youtube.com/watch?v=CF7a76CnzHE*

19 Octavia Spencer: I always, always fight. Interview in NPR. *https://www.kcur.org/2020-03-20/i-always-always-fight-octavia-spencer-on-demanding-more-from-hollywood*

18. **Claims übernehmen.** Ein berühmtes Beispiel für einen Claim, der durch drei Sprachen und zwei Kontinente gewandert ist, wurde von César Chávez, einem Mitbegründer der United Farm Workers, geprägt: *»Sí se puede.«* Daraus wurde bei Barack Obama *»Yes, we can!«* und später bei Angela Merkel *»Wir schaffen das«*.
19. **Die Fakten vereinfachen.** In der Präsentation des Tesla Model 3[20] erklärte Elon Musk den *»Master Plan«* entlang von nur zwei Größen: Stückzahl und Preis. Beide könnten hoch oder niedrig sein. Dank dieser Vereinfachung verstand jeder die Strategie von Tesla in ihren Grundzügen.
20. **Durch Zuhören lernen.** Durch nichts lernen wir reden besser als durch genaues Zuhören – in Gesprächen mit Freunden und Kolleginnen oder bei Präsentationen im kleinen und großen Rahmen. So erkennen wir beides: die immer wiederkehrenden Muster und das Individuelle.
21. **Ein- oder vielstimmig?** Ich habe immer versucht, nach dem Muster der Apple Keynotes Experten aus dem Team an einer umfangreichen Präsentation zu beteiligen. Die fachliche Tiefe darf allerdings nicht verwirren, sondern sie sollte die Kompetenz unterstreichen.
22. **Von 100 Folien auf eine Folie.** Welche Etappen hat der Prozess des Kürzens? Striktes Zeitlimit setzen, damit möglichst viel Raum für den Dialog mit dem Publikum bleibt. Auf 10 Charts kürzen. Bei jedem Slide, jeder Grafik, jedem Wort fragen: Was nützt es meiner Storyline? Bei 10 Folien angekommen, stellen Sie wieder die Frage: Wie kürze ich um 90 %? Das eine Chart, das übrig bleibt, hat exakt eine Funktion: die Story so anzureißen, dass jeder versteht, warum hier und jetzt über dieses Thema geredet werden muss. Ein Chart der Geschäftsentwicklung, ein Konkurrenzvergleich, ein Zitat aus einer Studie, die neue Märkte zeigt. Es gibt viele Absprungpunkte in Ihr Thema.
23. **Die Grenzen der Sorgfalt.** Der römische Rhetoriklehrer Quintilian schrieb folgenden treffenden Kommentar: *»Manche haben kein Selbstvertrauen und sind ihrer eigenen Begabung gar nicht wert; sie halten es für Sorgfalt, sich selbst Schwierigkeiten beim Schreiben zu machen.«*[21] Wie oft erleben wir, dass das Streben nach Perfektion ein sicherer Weg ist, um uns von der Bühne fernzuhalten. Auch die Sorgfalt sollte Grenzen haben.

---

20 Elon Musk: Vorstellung des Tesla Model 3. Hawthorne: 2016. *https://www.youtube.com/watch?v=Q4VG-QPk2Dl8&t=471s*

21 Quintilian: Lehrbuch der Redekunst. 10. Buch. Stuttgart: 1995. S. 87

24. **Präsentationen im Team erstellen.** Es führt nicht notwendig zu guten Ergebnissen. Meiner Erfahrung nach gleicht das Resultat häufig einem Flickenteppich. Das Mindeste ist eine Person, die nur dafür verantwortlich ist, die Storyline zu finden und nicht zu verlieren, sodass das Resultat stimmig ist.
25. **Was wir nicht sagen.** Eine glänzende Rede, um das Weglassen von Informationen zu studieren, ist die Gettysburg-Ansprache[22] des US-Präsidenten Abraham Lincoln. Keine Details, keine Namen, keine Zahlen. Amerika steht am Scheidweg – wohin will es gehen? Diese eine Frage steht im Zentrum.
26. **Verschweigen.** Die Harvard-Rede von Kanzlerin Angela Merkel aus dem Jahr 2019[23] schien dem US-Präsidenten Donald Trump zu verstehen zu geben: Sie sind mir nicht wichtig genug, um Sie in diesem Rahmen zu erwähnen, zumindest nicht namentlich. Großartig. Merkel forderte indirekt dazu auf, die USA und die Welt nicht den Trumps zu überlassen, sondern mit Offenheit, Vernunft und Augenmaß zu regieren, die Wahrheit zu ehren und die großen Aufgaben unserer Zeit nicht zu ignorieren, sondern mutig anzugehen.
27. **Zu früh fertig.** Selten werden Sie in Schwierigkeiten kommen, wenn Sie eine Rede oder eine Präsentation zu früh beenden. Das Einzige, was Sie sich vielleicht für diesen Fall überlegen sollten, wäre, wie Sie die freie Zeit nutzen. Fragen des Publikums zu beantworten ist die Lösung der Wahl.
28. **Schnelle (Vor-)Urteile.** Studien zeigen, wie schnell Menschen Eindrücke von uns gewinnen, und zwar nur auf Basis unseres nonverbalen Verhaltens. Ein Thema, so wichtig, dass ich es hier gerne noch einmal wiederholen möchte. Lächeln, lachen, nicken – es ist immens wichtig, die ersten Sekunden auf einer Bühne positive Signale zu senden.
29. **Einfach zu lesen.** Ganz gleich, ob eine Präsentation oder ein Handout: Beide sollten einfach zu lesen sein. Der Psychologe Daniel Kahneman hat festgestellt, dass die meisten Menschen Dinge ablehnen, die komplex erscheinen – einfach nur aufgrund ihrer Darstellung.
30. **Gut zuhören!** Die wichtigste Regel in Q&A-Sessions heißt: Höre aufmerksam der Frage zu! Selbstverständlich? Nicht unbedingt. Manchmal geraten wir in Versuchung, vorschnell zu antworten, weil wir bereits zu wissen glauben, worauf die Frage zielt. Machen Sie das bloß nicht. Dazu eine Übung: Ein

---

22 Abraham Lincoln: Gettysburg Address. *https://www.loc.gov/resource/rbpe.24404500/?st=text#*
23 Angela Merkels Rede in Harvard. *https://www.youtube.com/watch?v=9ofED6BInFs*

Kreis von Freunden oder Kolleginnen, jeder beginnt seinen Satz mit dem letzten Wort des Satzes davor. Das führt zu Fokus bis zum letzten Wort.

31. **Selbstvertrauen und Nervosität balancieren.** Diese Mischung ist entscheidend. Als ich Marathon gelaufen bin, war ich wie die meisten Teilnehmerinnen und Teilnehmer in den Minuten vor dem Startschuss nervös und unruhig. Doch ich hatte immer die Zuversicht, dass ich am Ziel ankommen würde. Ganz ähnlich ist es vor Vorträgen: Wir brauchen beides – Selbstvertrauen und Nervosität, aber balanciert.
32. **Eine Rhetorik wählen, die zusammenführt, anstatt zu spalten.** In seiner Antrittsrede als Staatspräsident der Republik Südafrika von 1994 sagte Nelson Mandela: »*Wir schließen einen Pakt, dass wir eine Gesellschaft aufbauen werden, in der alle Südafrikaner, Schwarze wie Weiße, aufrecht gehen können, ohne Angst im Herzen, in der Gewissheit, dass sie ein unveräußerliches Recht auf Menschenwürde haben – eine Regenbogennation, die mit sich und der Welt in Frieden lebt.*«[24] Hier gibt es kein Sie und wir, sondern die Metapher einer friedlichen Regenbogennation. Spalten ist keine Kunst, Menschen zusammenzubringen dagegen schon. Und es ist wichtiger denn je.
33. **Eine klare Gliederung.** Die magische Zahl für Aufteilungen und Aufzählungen ist die Drei. Steve Jobs nutzte sie zum Beispiel in seiner Stanford-Rede. Niemand wusste, worauf er hinauswollte, als er sagte: »*Heute will ich Ihnen drei Geschichten aus meinem Leben erzählen.*«[25] Doch jeder weiß genau, welcher Logik die Rede folgt. Diese Gliederung zu Beginn zu nennen, ist nicht zwingend, doch es erleichtert das Zuhören.
34. **Woran erkenne ich eine gute Rede?** Als Zuhörerin oder Zuhörer daran, dass man, auch wenn die Rede längst vorüber ist, noch erinnert, worum es ging und wozu aufgefordert wurde. Als Rednerin oder Redner fühlen wir, dass das Publikum auf der gleichen Welle ist wie wir.
35. **Zentrale Metaphern wirken stark.** In seiner ergreifenden Rede für den bei einem Polizeieinsatz getöteten Afroamerikaner George Floyd sagte Pastor und Bürgerrechtler Al Sharpton, dieser Fall stehe sinnbildlich für die jahrhundertelange Unterdrückung von Schwarzen in den USA. Weiße Amerikaner hätten immer schon ihr Knie auf »*unseren Nacken*« gedrückt, sagte Sharpton. Nun sei es an der Zeit, dass alle in Georges Namen aufstehen und

---

24 Nelson Mandela: Antrittsrede. *https://youtu.be/pJiXu4q_VU*
25 Steve Jobs: Stanford-Rede. *https://youtu.be/D1R-jKKp3NA*

sagen: *»Nehmt eure Knie aus unseren Nacken.«*[26] In jeder Hinsicht brillant – so traurig der Anlass.

36. **Dankbarkeit zeigen.** Popikone Taylor Swift begann ihre Rede anlässlich der Verleihung ihrer Ehrendoktorwürde der NYU mit einer Erinnerung daran, wie sehr unser Erfolg nicht zuletzt anderen zu verdanken ist: *»Keiner von uns, die wir heute hier sind, hat es allein geschafft. Jeder von uns ist ein Mosaik aus Menschen, die uns geliebt haben, die an unsere Zukunft geglaubt haben, die uns Mitgefühl und Freundlichkeit entgegenbrachten oder uns die Wahrheit sagten, auch wenn sie nicht leicht zu ertragen war.«*[27] Das ist ein starker Einstieg bei einer Gelegenheit, die scheinbar auf Ego fixiert ist.
37. **Gleichnisse verwenden.** Zum Beispiel Buddhas Gleichnis vom Floß. Es erzählt vom Loslassen im richtigen Moment. Es ist eine einfache kleine Geschichte, die niemals alt wird, weil sie jeden etwas über sich selbst lehrt, jeden einzelnen Menschen, aber auch jede Institution, jedes Unternehmen. Gleichnisse wirken stark, auch und gerade, weil sie unzeitgemäß sind.
38. **Sach- und Personenebene unterscheiden.** Werde ich in einer Q&A-Session auf der Sachebene angegriffen oder auf der persönlichen? Das zu unterscheiden ist fundamental. Die Entgegnung sollte auf der entsprechenden Ebene stattfinden. Entwaffnende Argumente oder ein kühles Lächeln? Alles zur passenden Gelegenheit.
39. **Ein Vortrag ist wie ein Musikstück.** Es kommt nicht immerzu etwas Neues, sondern es wird zum Beispiel eine Melodie etabliert, um diese dann zu variieren und zu wiederholen. Genauso läuft es bei Vorträgen: Wir geben ihnen Zusammenhalt, indem wir zum Beispiel Sätze wiederholen. *»Ich habe einen Traum.«* Es einmal zu sagen, bedeutet wenig. Erst mit der Wiederholung entsteht die Magie.
40. **Dingen eine Seele geben.** In ihrem TED Talk über nachhaltige Mode erzählte Josephine Philips von der Jeans ihrer Schwester. Sie ist Malerin und ihre Lieblingsjeans hat Farbflecken.[28] Diese Flecken sorgen nicht dafür, dass sie die Jeans wegwirft, im Gegenteil, die Schwester liebt diese nur umso mehr. Wir alle haben Lieblingsjeans und wissen genau, was sie meint. Es geht

---

26 Reverend Al Sharpton: Eulogy for George Floyd. *https://youtu.be/giIS5f_yF9k*

27 Taylor Swift: NYU commencement speech 2022. *https://www.youtube.com/watch?v=OBG50aoUwlI*

28 Josephine Philips: The simple solution to fast fashion. TED Countdown Summit: Juli 2023, Detroit. *https://www.ted.com/talks/josephine_philips_the_simple_solution_to_fast_fashion/transcript?hasSummary=true*

darum, sich aus der Wegwerfgesellschaft zu verabschieden und alle Kleidungsstücke wie Lieblingsjeans zu behandeln.

41. **Die Bilder in den Köpfen der Zuhörer kennen.** In seinem TED Talk über Viren sprach Bill Gates die Hollywood-Realität von Virenbekämpfung an, das Publikum lachte, weil es sich in dieser Realität wiedererkannte. *»In den Filmen ist das ganz anders. Da gibt es eine Gruppe gut aussehender Epidemiologen, die sofort loslegen, anrücken und den Tag retten, aber das ist reines Hollywood.«*[29] Von hier aus folgt ihm jeder gern ins echte Leben.
42. **Das gesprochene Wort.** Barack Obama weist häufig darauf hin, dass man sich beim Verfassen von Reden daran erinnern soll, dass Worte gesprochen werden, dass sie einen Klang und ein Gefühl haben. Es gehe um Sprache und nicht um Schrift – das müssen wir uns immer wieder klarmachen, wenn wir Vorträge und Präsentationen aufschreiben. Wir müssen sie sprechen, um sie zum Leben zu erwecken. Die Schrift ist nur eine Brücke. Wenn wir einen Vortrag notieren, dann sollten wir schreiben, wie wir sprechen.
43. **Die Bedeutung der Drei.** Drei ist eine zentrale Zahl bei Präsentationen und Vorträgen. Wir teilen sie nach dem Muster klassischer Dramen in drei Teile: Anfang, Mitte, Ende oder Ausgangssituation, Komplikation, Auflösung. Und wenn wir innerhalb der Präsentation aufzählen, wählen wir wieder bevorzugt die Drei. Ich erzähle euch drei Geschichten aus meinem Leben, sagte Steve Jobs in seiner legendären Stanford-Rede.
44. **Vorsicht beim Nachahmen.** Quintilian schrieb: *»Dem aber kann niemand gleichkommen, in dessen Spuren er unbedingt wandeln zu müssen glaubt: der Folgende bleibt nämlich notwendigerweise immer hinten.«*[30] Absolut. Imitation sollte nur eine Phase der Lernreise sein. Die nächste Phase heißt: Mein eigener Stil.
45. **Die Löschtaste großzügig gebrauchen.** Spannung und Einfachheit stehen am Ende eines Filterprozesses. Der Bestsellerautor Dan Brown sagte einmal: *»Pro Seite, die der Leser jetzt in Sakrileg lesen kann, gab es einmal 10 Seiten, die allesamt im elektronischen Papierkorb gelandet sind […] Ich versuche immer nur die Informationen zu geben, die unbedingt nötig sind, um die Handlung voranzu-*

29 Bill Gates: The next outbreak? We're not ready. TED: März 2015, Vancouver. *https://www.youtube.com/watch?v=6Af6b_wyiwI&t=357s*

30 Quintilian: Lehrbuch der Redekunst. 10. Buch. Stuttgart: 1995. S. 73

treiben.«[31] So sollte es auch in einer guten Präsentation sein: Alles, was den Fluss bremst, gehört in den Anhang – oder in den Papierkorb.

46. **Eine Rede wie ein Netz.** Prediger und Bürgerrechtler Al Sharpton verwebt in der Eulogie für George Floyd das, was er selbst erlebt hat, mit dem, was man ihm erzählt hat und dem, was es bedeutet. Immer wieder Nähe, Ferne, Action, Deutung, Begegnungen, Schlussfolgerungen. Es geht nicht um einen Einzelfall, sondern an diesem zeigt sich das eigentliche Thema: die Unterdrückung des schwarzen Teils der Bevölkerung durch die Weißen. In einer Netzstruktur offenbart sich virtuose Rhetorik.
47. **Die Macht der Frage.** Einer der größten Redner der Antike, Sokrates, ersetzte die Rede durch den Dialog. Nicht lehren, sondern fragen, das war seine Devise. Die Frage lässt sich auch als Ausgangspunkt für eine Rede wählen und die Rede selbst wird so zu einem Dialog mit sich selbst und dem Publikum. Hubert Burda, mein oberster Chef für viele Jahre des Berufslebens, hat häufig nach diesem Schema faszinierende Reden gehalten.
48. **In der antiken Rhetorik gab es drei Stilarten.** Der pragmatische Stil überzeugt durch Tatsachen. Der pathetische Stil erregt Affekte. Der ethische Stil will unterhalten und erfreuen. Heute werden diese Stile vermischt, um Menschen zu bewegen. Dabei wird der pathetische Stil zurückhaltend verwendet. Länger anhaltend erscheint er doch etwas künstlich und weckt gerade in Deutschland Assoziationen an eine dunkle Ära, in der Redekunst nichts anderes war als menschenverachtende Manipulation im großen Stil.
49. **Präzise Vision.** Wenn eine Rede eine Vision enthält, dann sollte diese nicht wolkig, sondern so konkret wie möglich sein. Ein herausragendes Bespiel für diese Präzision gibt John F. Kennedy, der als Präsident der USA 1962 in seiner Moon Speech[32], so exakt wie nur möglich Chancen und Risiken beschrieb. Die Passage dauert nur 1 Minute, danach ist eine gesamte Nation im Bilde. Alle Visionäre sollten diese Rede studieren.
50. **Kritische Kundenstimmen aufgreifen.** In der Präsentation des Tesla Model 3 griff Elon Musk das, was die Kunden sagen, auf, um zu zeigen, was Tesla daraus macht, zum Beispiel *»Der Tesla-Roadster ist doch nur ein Spielzeug.«*[33]

---

31 Dan Brown, zitiert nach Strategisches Storytelling. *https://www.strategisches-storytelling.de/einfacher-ist-besser-5-storytelling-tipps-von-dan-brown/*

32 Meine Analyse der Rede und das Video finden Sie hier: *https://www.strategisches-storytelling.de/praezise-vision-so-gehts-1-minute-john-f-kennedy/*

33 Elon Musk: Vorstellung des Tesla Model 3. Hawthorne: 2016. *https://www.youtube.com/watch?v=Q4VG-QPk2Dl8&t=471s*

51. **Kein überladenes Ende.** Die Harvard-Rede von Kanzlerin Merkel enthält zum Ende sechs Aufforderungen an die Abschlussklasse. Das sind fünf zu viel. Ihr zentraler Call-to-Action hätte völlig ausgereicht: *»Reißen Sie Mauern der Ignoranz und Engstirnigkeit ein, denn nichts muss so bleiben, wie es ist.«*[34] Alle zusätzlichen Gedanken über gemeinsames Handeln, Freiheit und Möglichkeit verwischen die Klarheit der Botschaft.
52. **Ein einziges Dokument zum Präsentieren und Lesen.** Das geht selten gut aus, weil es keinen guten Mittelweg gibt. Es ist ein wenig wie der Vergleich zwischen einem Film und einem Buch. Die Story mag die gleiche sein, doch die Umsetzung ist komplett anders.
53. **Die Gedächtniskunst.** In Zeiten ohne Teleprompter, ausgedruckte Vortragsmanuskripte oder Karteikarten spielte das Gedächtnis eine herausragende Rolle. Die Gedächtniskunst zu trainieren war ein wichtiges Element des Rhetorik-Unterrichts. Auch heute, so meine Meinung, sollten wir uns die zentralen Teile eines Vortrags auswendig merken können, zum Beispiel mithilfe des Gedächtnispalasts, um souverän und frei zu sprechen.
54. **Vorteile für ...** Wenn wir am Ende einer Präsentation von den Vorteilen unserer Idee sprechen, dann sollten wir drei Ebenen von Vorteilen unterscheiden. Vorteile für das Publikum. Vorteile für deren Sphäre. Vorteile für die Welt. Ein großartiges Ende verbindet alle drei Ebenen – zum Beispiel die Zuhörerinnen und Zuhörer, deren Peers und nachhaltiges Wirtschaften.
55. **Über Familienmitglieder sprechen.** Der Jurist und Bürgerrechtler Bryan Stevenson erzählte in seinem TED Talk ca. zwei Drittel der Zeit Geschichten.[35] Man solle nicht mit etwas beginnen, das von der Erfahrung der Leute zu weit weg sei, riet er. Man solle stattdessen lieber in der Familie beginnen – Familiengeschichten helfen, das Thema einer Rede zu verstehen.
56. **Leidenschaft.** Menschen, die eine echte Leidenschaft für ihr Thema haben, sind bessere Redner, davon ist Virgin-Gründer Richard Branson überzeugt. Denn leidenschaftliche Menschen begeistern das Publikum allein schon mit ihrer Energie.

34 Angela Merkels Rede in Harvard. *https://www.youtube.com/watch?v=9ofED6BInFs*

35 Bryan Stevenson: We need to talk about an injustice. TED: März 2012, Long Beach. *https://www.ted.com/talks/bryan_stevenson_we_need_to_talk_about_an_injustice/transcript?language=en*

57. **Die Musikalität der Anapher.** Der Bürgerrechtler Martin Luther King verwendete häufig die Anapher, so bekamen seine Reden einen eigenen Rhythmus. Zwei Beispiele: *»Ich weiß, wie viele von euch gelitten haben, und ich weiß, wie viele von euch sich geopfert haben […]«* Und: *»Es hat zu viele Hymnen der Hoffnung gegeben, zu viele Hymnen der Erwartung, zu viele Tode, zu viele dunkle Tage […]«* Dieses Element der Wiederholung macht seine Reden so eingängig.
58. **Niedrige Schwellen.** *»Alles, was ihr tun müsst, ist, einem Menschen zu helfen und nicht zu erwarten, etwas dafür zurückzubekommen«*[36], sagte Rihanna in ihrer Harvard-Rede. Mehr ist es nicht. So zeige ich mich als Menschenfreund. Die Kunst besteht darin, am Ende eines Vortrags den Menschen etwas mitzugeben, was sie tatsächlich tun können, idealerweise sofort. Darin liegt die Kunst, Menschen nicht nur zu berühren, sondern sie auch zu bewegen.
59. **Angemessenheit als Kriterium.** Antike Rhetoriker sprachen von der inneren und äußeren Angemessenheit (*aptum*). Erstere betrifft das Verhältnis aller Bausteine einer Rede untereinander. Letztere bezieht sich auf die Gegebenheiten: den Ort der Rede, ihren Zeitpunkt, die Person des Redners, das Publikum sowie den Gegenstand der Rede. So überzeugend die Fakten an sich sein mögen – nur die angemessene Rede wirkt, das ist die Idee.
60. **Die Fakten in neuem Licht zeigen.** Eine der spektakulärsten Filmreden hält Felicity Jones in ihrer Rolle als Ruth Bader Ginsburg. »Die Berufung« heißt der Film. In ihrem Kampf für Gleichberechtigung der Geschlechter bringt sie einen Fall vor den Obersten Gerichtshof, den sie zu verlieren droht. Erst im Schlussplädoyer gelingt es ihr, die Fakten in neuem Licht zu zeigen und das, was sie fordert, in wenigen einfachen Worten zusammenzufassen. Sie sagt: *»Wir fordern Sie nicht auf, das Land zu verändern. Das ist bereits geschehen, ohne dass ein Gericht dies genehmigt hat. Wir bitten Sie, das Recht des Landes auf Veränderung zu schützen.«*
61. **Worte wiederholen, um sie zu bekräftigen.** Neuseelands ehemalige Premierministerin Jacinda Ardern sagte: *»Was ist das Wichtigste der Welt? Es sind die Menschen, die Menschen, die Menschen.«*[37] Sparsam eingesetzt, sind solche direkten Wortwiederholungen überaus wirksam.

---

36 Rihanna: Harvard speech. Februar 2017. *https://www.youtube.com/watch?v=CF7a76CnzHE*

37 Jacinda Ardern: Commonweath Toast at Buckingham Palace. *https://www.youtube.com/watch?v=V4zKRfaCQjc*

62. **Eindrucksvoller Call-to-Action.** In seiner Stanford-Rede sagte Steve Jobs nur vier Worte als Aufforderung an seine Zuhörerinnen und Zuhörer, doch er wiederholte sie viermal: *»Stay hungry. Stay foolish [bleibt hungrig, bleibt töricht].«*[38] Sie brennen sich in das Gedächtnis ein und finden ein millionenfaches Echo.
63. **Für alle reden.** Barack Obama hat einmal gesagt, er würde sich bei seinen Reden vorstellen, dass auch Zwölfjährige sie gut verstehen können. Genau darum geht es immer: Komplexität meiden. Fachjargon wertet eine Rede nicht auf, sondern ab – es sei denn, die Rede findet vor Fachpublikum statt. Doch selbst in dieser Umgebung ist einfache, verständliche Sprache kein Makel. Keine Fachausdrücke, kein Jargon, keine vertrackte Logik, das gilt mit Ausrufezeichen für Politik, Wissenschaft, Business. Mira Murati und Sam Altman von OpenAI reden klar und allgemeinverständlich – die hochkomplexen Produkte, die sie auf Basis von KI entwickeln, sollen für alle sein.
64. **Kleine Worte, große Wirkung.** Der Wahlkampfclaim von Barack Obama lautete: *»Yes, we can!«* Brauchen wir das Yes zu Beginn? Allerdings, denn es setzt ein positives Wort an den Beginn der Phrase und ist damit auch eindeutig gegen alle Zweifler gerichtet, die eben denken: Nein, wir schaffen es nicht.
65. **Im Duo präsentieren.** Ich habe zweimal im Duo auf großer Bühne präsentiert. Auf der einen Konferenz waren wir die Helden, auf der anderen lief es nicht so gut. Was habe ich daraus gelernt? Sobald die Präsentation einstudiert wirkt, ist es vorbei. Das Publikum meint, einem schlechten Schauspiel beizuwohnen und ist von Anfang an negativ gestimmt. Wenn aber ein natürlich klingender Dialog gelingt, einer, bei dem die Präsentierenden Spaß haben, überträgt sich dieser auf das Publikum.
66. **Selbst gezeichnet.** Davon würde ich eher abraten, wenn wir nicht zufällig gut im Zeichnen sind. Tim Urban zeigt in seinem TED Talk, dass man aus dürftigen Zeichnungen eine Kunst machen kann. Die drei Hauptfiguren seines Talks, den *»rationalen Entscheider«*, den *»Affen, der sofort belohnt werden will«* und das *»Panikmonster«*, erweckt er gerade durch seinen eigenwilligen Zeichenstil zum Leben.[39] Sein Talk wird zum genialen Comic.

---

38 Steve Jobs: Stanford Rede. *https://youtu.be/D1R-jKKp3NA*

39 Tim Urban: Inside the mind of a master procrastinator. TED: Februar 2016, Vancouver. *https://www.ted.com/talks/tim_urban_inside_the_mind_of_a_master_procrastinator?language=de*

67. **Cliffhanger?** In Serien sorgen Cliffhanger für Spannung. Es gibt zwei Parallelhandlungen und genau an der entscheidenden Stelle wird geschnitten. Das Resultat: Wir fiebern immer dem nächsten Schnitt, der nächsten Auflösung entgegen, die aber ebenfalls einen Cliffhanger hat. Macht dieses Verfahren in Präsentationen Sinn? Ja und nein. Grundsätzlich würde ich darauf verzichten, weil hier durchaus Potenzial besteht, ein Publikum zu verwirren. Zwei spezielle Formen des Cliffhangers wirken allerdings stark: Wir beginnen mit dem Rätsel und erzählen statt der Auflösung den Weg dorthin. Oder wir beginnen mit der Auflösung und entfalten im Vortrag das Rätsel.
68. **Nummer sicher.** Das Riskanteste bei einem Vortrag ist es, auf Nummer sicher zu gehen. Wort für Wort auswendig zu lernen etwa und keinen Freiraum für spontane Ideen zu lassen, die sich aus der Situation ergeben. Es ist der sichere Weg, um das Publikum kaltzulassen.
69. **Worte und Schweigen.** Am Ende seiner Eulogie für George Floyd[40] forderte der Redner Al Sharpton alle Teilnehmer und Teilnehmerinnen der Zeremonie auf, 8 Minuten und 46 Sekunden zu schweigen – exakt so lange hatte der weiße Polizist Derek Chauvin sein Knie in Floyds Nacken gedrückt, obwohl Floyd wiederholt klagte, er bekomme keine Luft mehr. Schweigen wirkt.
70. **Beide Seiten.** Helmut Schmidt sagte in seiner Dankesrede für den Millennial Bambi 2011: *»Wir haben Grund zur Dankbarkeit. Als bevölkerungsreichste Nation in der Europäischen Union und als ökonomisch stärkstes Land im Euroraum haben wir zugleich die Pflicht, uns der empfangenen Solidarität würdig zu erweisen, indem wir solidarisch sind mit unseren Nachbarn und mit unseren Partnern.«*[41] Der Dankbarkeit wird sogleich die Pflicht gegenübergestellt, denn sie allein reicht politisch nicht aus. Ein starkes Prinzip.
71. **Die Ordnung der Beweise.** Antike Rhetoriker empfehlen, die Beweise in einer Rede folgendermaßen zu ordnen: der stärkste Beweis steht zu Beginn, weitere starke Beweise stehen am Ende, in der Mitte finden sich in geringerem Maße zwingende, aber auch nicht unwichtige Beweise.
72. **Einfach du selbst sein.** Rihanna, die in Harvard als Menschenfreundin ausgezeichnet wurde, zeigte sich in ihrer Rede zwischen Kind und Popstar und bezauberte so das Publikum. Sie kicherte und bewegte sich wie eine Tänzerin,

---

40 Reverend Al Sharpton: Eulogy for George Floyd. *https://youtu.be/giIS5f_yF9k*

41 Helmut Schmidt: Dankesrede Millennial Bambi. *https://www.helmut-schmidt.de/fileadmin/Aktuelles/Aktuelles_OdW/2018_11_16_BKHS_OdW_42_Helmut_Schmidt_Rede_Bambi-Verleihung_10.11.2011.pdf*

versuchte gar nicht erst, wie jemand zu sprechen, der in Harvard studiert hat. Diese Rede ist unique, amüsant und zugleich eindringlich.

73. **Deutlich statt dunkel.** In der antiken Rhetorik fällt dem Redner die Aufgabe zu, selbst komplexe Sachverhalte so einleuchtend zu formulieren, dass ein bunt zusammengewürfeltes Publikum mit ganz unterschiedlichem Wissensstand gut folgen kann. Schulgerechte und schöne Form sollten verbunden werden, sagte der Dichter Friedrich Schiller.
74. **Zahlen sichtbar machen.** Josephine Philips nannte in ihrem TED Talk über nachhaltige Mode keine Zahl, ohne diese sichtbar zu machen. Sie sagte zum Beispiel, dass die Menge der Modeabfälle 92 Millionen Tonnen erreicht hat. Und dann fügte sie hinzu: *»Um das in die richtige Perspektive zu rücken, denn manchmal sind große Zahlen wirklich schwer zu begreifen: Wenn man jeden einzelnen Menschen, der in Europa lebt, also Hunderte von Millionen Menschen, auf eine riesige Waage stellen würde, wäre das immer noch nicht so schwer wie die Menge an Kleidungsabfällen, die wir jährlich produzieren. Und die wächst, und sie ist nicht nachhaltig.«*[42] Jetzt ist die große Zahl bei uns angekommen.
75. **Fußball und Strategie.** Viele Manager lieben Fußball und finden immer wieder originelle Anknüpfungspunkte für ihr Business, zum Beispiel: Wir haben in den letzten Jahren die goldene Regel vernachlässigt – Augen auf den Ball. Daher unsere neue Strategie. Sie hat 11 Punkte, die alle auf dem Rücken von Fußballshirts notiert sind. Das Managementteam verwandelt sich in ein Fußballteam, das sich bereit macht, den Pokal zu holen.
76. **Gegensätze vereinen.** In der Rhetorik ist die Antithese ein starkes Stilmittel. *»Untertanenstaat und freies Wort verhalten sich zueinander wie Feuer und Wasser«*[43], schrieb Rhetorikprofessor Walter Jens. Eine Extremform dieser Entgegensetzung ist das Oxymoron, das zwei Begriffe, die sich ausschließen, zusammenfügt, zum Beispiel die schwarze Milch in Paul Celans berühmten Gedicht.
77. **Ich – einfach unwiderstehlich.** Studien zeigen, dass Menschen ca. 60 % der Zeit über sich selbst sprechen. Auf Social Media ist die Zahl höher. Das bedeutet: Wenn wir präsentieren, dann müssen wir ihre Welt betreten, um erfolgreich zu sein.

---

42 Josephine Philips: The simple solution to fast fashion. TED Countdown Summit: Juli 2023, Detroit. *https://www.ted.com/talks/josephine_philips_the_simple_solution_to_fast_fashion/transcript?hasSummary=true*

43 Walter Jens, zitiert nach: *https://www.deutschlandfunk.de/rhetor-der-republik-100.html*

78. **Inhalt an erster Stelle.** Jon Favreau, langjähriger Redenschreiber für Barack Obama, hat folgende Devise: Der Inhalt ist wichtiger als die Worte. Es hat keinen Sinn, an Worten zu feilen, bevor der Zweck eines Vortrags nicht glasklar formuliert ist. Dann widmen wir uns der Struktur und dem Inhalt der Rede. Und jetzt erst den Worten.
79. **Die drei Fragen bei Zahlen.** Die Schlüsselfragen bei Zahlen sind: Ist die Zahl hoch oder niedrig? Steigt sie, bleibt sie gleich oder sinkt sie? Ist diese Zahl eine, über die ich mir Sorgen machen muss? Das sind die Punkte, die in einer Präsentation zu verbinden sind, wenn es darum geht, Zahlen mit dem Publikum zu verbinden.
80. **Negatives Framing.** Wenn ich sage: Ihr habt ein Problem, dann werden die Angesprochenen vermutlich eher in einen Verteidigungsmodus gehen. Es wird schwer, eine produktive Diskussion mit ihnen zu führen. Es ist klüger, das Positive herauszustellen, das, was wir gewinnen. Wir müssen nur unser eigenes Verhalten beobachten, um diese einfache Lektion zu verstehen.
81. **Pen and Paper.** Wer schreibt noch mit der Hand? In vielen Kontexten macht das keinen Sinn mehr. Bei der Entwicklung von Vorträgen oder Präsentationen aber schon. Wir sind schneller und flexibler am Flipchart, Whiteboard oder im Umgang mit Post-its. Und wir haben jederzeit den Überblick, was digital nicht immer möglich ist.
82. **Wer bekommt Beifall?** Bei Cicero findet sich eine Passage, die deutlich macht, womit wir glänzen und womit nicht. Er schrieb: *»Niemand hat einen Redner je dafür bewundert, dass er korrekt sprach […] Niemand hat einen dann gerühmt, wenn er so sprach, dass die Anwesenden verstanden, was er meinte […] Wen blicken sie als Redner starr vor Staunen an? Es sind diejenigen, die ausgewogen, klar, wortreich, mit wirkungsvoller Stilisierung des Inhalts und der Formulierung reden und beim Vortrag selbst gewissermaßen eine Art von Takt und Rhythmus finden. Das ist es, was ich glanzvoll nenne.«*[44]
83. **Achtung, Ego-Falle.** Alle, die es lieben, im Mittelpunkt zu stehen, lassen ihr Ego gerne aufscheinen, meist, ohne es zu merken. Etwa durch Name Dropping oder Aufzählen von Erfolgen. Nicht nur auf der Bühne schafft dieses Verhalten Distanz. Es sei denn, wir nutzen Humor. TED-Gründer Chris Anderson erzählte eine Anekdote des britischen Politikers Tony Blair. Ein

44 Cicero: Über den Redner. Ditzingen: 1976. S. 479

Besuch in den Niederlanden, ein Dinner. »*Und was machen Sie?*«, fragt die Frau neben ihm. »*Ich bin Chef der britischen Labour Party. Und Sie?*« »*Ich bin die Königin.*«[45]

84. **Was für ein trostloses Publikum!** Jeder Sprecher, der von der Bühne kommt und diesen Satz sagt, gibt indirekt zu, dass er selbst etwas trostlos war. Wir alle kopieren das Verhalten anderer. Wenn wir zuversichtlich und gut drauf sind, dann steckt das ebenso an wie eine trostlose Verfassung.
85. **Andere Posten, andere Metaphern.** Der Gründer einer Firma mag über diese als eine Person sprechen. Wenn wir Dinge lieben, dann greifen wir häufig zu dieser Metapher. Die HR-Abteilung nutzt vielleicht eine andere Metapher. Sie sieht die Firma als eine Maschine – eine Maschine ist leicht zu kontrollieren. Sales nutzt wieder eine andere Metapher. Da draußen ist Krieg – und wir müssen ihn für euch gewinnen. In einem Vortrag ist es wichtig, diese Unterschiede bei der Wahl der Metaphern zu reflektieren.
86. **Die große Idee.** Wenn Sie Ihre Inhalte für eine Präsentation zusammenfügen, stellt sich die Frage: Kommt meine große Idee an den Anfang oder ans Ende? Es kommt darauf an, wie glaubwürdig Sie dem Publikum erscheinen und wie wahrscheinlich es ist, dass sie das, was Sie vorschlagen werden, akzeptieren. Sind diese Werte hoch, dann ist es effizienter, mit der großen Idee zu beginnen, damit sich schneller produktive Gespräche ergeben.
87. **Wie Menschen entscheiden.** Bei Cicero findet sich ein Absatz, der manche von uns vielleicht erschreckt. Dort heißt es, dass Menschen viel mehr aus Hass oder Liebe, Begierde, Freude oder Furcht entschieden als auf der Basis von Wahrheit, Vorschriften oder Gesetzen. Das schrieb er vor mehr als 2.000 Jahren. Und heute? Sind wir viel stärker auf Fakten fixiert als die Menschen in der Antike, wie es scheint, aber Vortragende sollten auf keinen Fall die Emotionen vergessen, um Menschen zu bewegen.
88. **Makellose Präsentation.** Die perfekte Präsentation existiert nur im Kopf. Sobald wir sie in Folien umsetzen, kommt der Makel. Der erste Entwurf tauge nichts, sagte der Autor Ernest Hemingway. Wir bewegen uns durch eine Kette von Entwürfen, die Schritt für Schritt wieder in Richtung makellose Präsentation optimiert werden – das ist der Weg.

45 Chris Anderson: TED Talks. Die Kunst der öffentlichen Rede. Frankfurt am Main: 2017. S. 74

89. Das Publikum hinter dem Publikum. Wer entscheidet darüber, ob ein Vortrag oder eine Präsentation erfolgreich war? Die Personen im Raum, die an den Bildschirmen oder ...? Im Falle von oder brauchen die im Raum und an den Bildschirmen selbst eine überzeugende Version ihrer Inhalte, um diese weiterzuerzählen. Genau diese Story müssen wir ihnen geben. In griffigen Formulierungen, mit starken Bildern und zwingender Logik.

90. Schokostückchen. Ein Kollege gab mir den Tipp, in meine Präsentationen Schokostückchen einzustreuen, wie in leckere Kekse. Damit meinte er starke Vergleiche, Überraschungen, Storys etc. – Elemente, die dafür sorgen, dass sich das Publikum wohlfühlt.

91. Rauschen vermeiden. Je mehr wir sagen, desto weniger wird das Publikum erinnern. Fakten und Storys im Überfluss schwächen das, worum es uns im Kern geht. So sehr wir uns in manche Ideen verlieben – wenn diese nichts dazu beitragen, unsere Sache voranzubringen, sollten wir auf sie verzichten. *»Kill your darlings«*, heißt es in der Welt der Autoren. Trennt euch von Dingen, die euch ans Herz gewachsen sind, wenn sie der Story nicht nützen.

92. Gedächtnistrick. Die Psychologie Julia Shaw schrieb, dass Versuchspersonen in Bezug auf das Abrufen von Erinnerungen beträchtlich besser abschneiden, wenn sie beim Abrufen einen ähnlichen Zustand erleben wie beim Lernen. Wenn wir beim Lernen immer Tee trinken, dann auch während der Präsentation.[46]

93. Wie fantastisch! Steve Jobs war ein Meister darin, kurze Sätze zu formulieren, die seine Begeisterung ausdrückten. Ist das nicht unglaublich? Boom! Diese Fragmente wiederholte er häufig, so wirkten sie ansteckend für das Publikum.

94. C-Level. Je höher die Position des Publikums, desto strukturierter und pointierter sollten eine Präsentation oder ein Vortrag sein. Außerdem sollten Sie sich auf rigorose Fragen und Unterbrechungen einstellen.

95. Danke. Vergessen Sie nicht, sich am Ende einer Präsentation zu bedanken: dem Publikum für die Aufmerksamkeit, den Kolleginnen und Kollegen für die Unterstützung bei der Umsetzung. Danken Sie lieber einer Person zu viel als einer Person zu wenig. Social Media verleitet zum Ichichich, dabei wäre ein Wirwirwir häufig angemessener.

---

46 Julia Shaw: Das trügerische Gedächtnis. Wie unser Gehirn Erinnerungen fälscht. München: 2016. S. 60

96. **Gegenüberstellung.** Ein Meister der Gegenüberstellung ist Tim Urban in seinem TED Talk über das Prokrastinieren.[47] Sein Einstieg zog genau daraus seinen Witz und den Charme. Wie ich es mir vorgestellt hatte – wie es dann tatsächlich gelaufen ist. Großartige Technik, insbesondere wenn wir wie Urban Selbstironie nutzen.
97. **Die Intuition kultivieren.** Steve Jobs hat einmal gesagt, er wolle immer dort sein, wo der Puck landet.[48] Dafür müssen wir unserer Intuition Raum geben – auch während eines Vortrags. In seiner berühmten Rede »I have a dream«[49] legte Martin Luther King irgendwann das Vortragsmanuskript beiseite, sprach frei und entwickelte mit beschwörenden Worten seine Vision.
98. **Wir sind gut.** Sie sind schlecht. Wir sagen die Wahrheit. Sie erzählen Lügen. Wir glauben an Gerechtigkeit. Sie betrügen. Vorträge sind eine großartige Möglichkeit, Menschen zusammenzubringen, aber auch sie zu spalten. »Talk!« geht davon aus, dass Sie Menschen miteinander verbinden wollen.
99. **Warum Vorträge?** Weil wir mit ihrer Hilfe mehr Selbstvertrauen entwickeln. Weil wir so im Beruf vorankommen. Weil sie ein Weg sind, Menschen zu überzeugen und zu bewegen. Wir mögen die besten Ideen und Lösungen haben, doch wenn wir nicht in der Lage sind, diese so zu kommunizieren, dass andere sich aufgefordert fühlen, den Weg mit uns zu gehen, dann sind sie nutzlos. Mein Appell an Sie am Ende dieses Buches in einem Wort: Talk!

---

47 Tim Urban: Inside the mind of a master procrastinator. TED: Februar 2016, Vancouver. *https://www.ted.com/talks/tim_urban_inside_the_mind_of_a_master_procrastinator?language=de*

48 Steve Jobs: MacWorld keynote in 2007 (iPhone). *https://www.youtube.com/watch?v=VQKMoT-6XSg&t=17s*

49 Martin Luther King: I have a dream (volle Länge). *https://www.youtube.com/watch?v=smEqnnklfYs*

ANHANG

Canvases

Canvas Storyline Ausfüllhilfe

Inhalt

Fassen Sie den Inhalt Ihres Vortrags bzw. Ihrer Präsentation in einem Satz zusammen. Mein Vortrag handelt von ...

Konflikt

Worin besteht der zentrale Konflikt in Ihrem Vortrag bwz. Ihrer Präsentation? Die Gegenüberstellung lässt sich auch in einem Satz formulieren. Der zentrale Konflikt sollte so formuliert sein, dass er möglichst viele Menschen betrifft, die im Publikum sitzen.

Call-to-Action

Was erwarten Sie von Ihrem Publikum am Ende des Vortrags? Wozu rufen Sie am Ende Ihres Vortrags bzw. Ihrer Präsentation auf?

Erfolgsmetrik

Wie lässt sich der Erfolg Ihres Vortrags bzw. Ihrer Präsentation messen? Geht es um den Applaus? Die Anzahl der Fragen? Die Begeisterung, mit der nächste Schritte in Angriff genommen werden? Was auch immer Sie für wichtig halten: Schreiben Sie es auf und sorgen Sie dafür, dass es gemessen wird.

Dauer

Wie lange soll Ihr Vortrag bzw. Ihre Präsentation dauern? Das hat nichts mit der Zeit zu tun, die Ihnen gegeben wurde oder die Sie sich nehmen können, sondern mit Ihrem Ziel. Erreichen Sie es besser in 5, 10, 20 oder 40 Minuten?

Humor

Nutzen Sie Humor, um das Publikum für Ihr Thema zu gewinnen? Wenn ja, in welcher Form, an welchen Stellen? Wenn Humor eine Rolle spielt, dann sollte er idealerweise gleich in den ersten Minuten auftauchen, damit das Publikum weiß, wie Sie ticken.

Metapher

Nutzen Sie Metaphern oder Vergleiche in Ihrem Vortrag bzw. Ihrer Präsentation? Wenn ja, dann sollten diese gleich zu Beginn eingeführt werden. Eine zentrale Metapher ist ausreichend. Sie macht das Thema anschaulich.

Requisit

Nutzen Sie Requisiten, um Ihren Vortrag bzw. Ihre Präsentation lebendiger zu gestalten. Sie dürfen ruhig von Anfang an sichtbar sein, damit das Publikum sich fragt, was es damit auf sich hat, und neugierig ist.

Wow

WOW-Momente sind unvergesslich. Wenn es Ihnen gelingt, so einen Moment in Ihren Vortrag bzw. Ihre Präsentation einzubauen, wird das seine Wirkung massiv steigern. Nutzen Sie dafür den zweiten Akt.

Publikum

Zuhörerinnen und Zuhörer flixen

	Was sie ...	vorher	Fakten: Schreiben Sie eine Liste mit Schlüsselfaktoren	Storys: Skizzieren Sie ein Beispiel oder eine Anekdote	nachher
1.					
2.					
3.					
4.					
5.					

Storyline

Eine emotionale Fieberkurve zeichnen

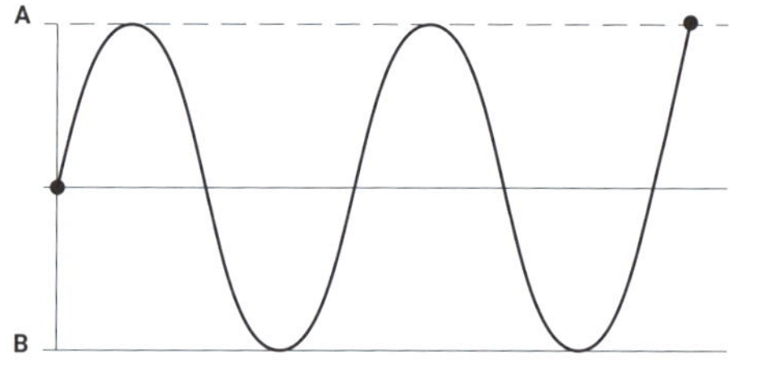

Akt 1

Berühren, 15%

Die Storyline Ihres Vortrags bzw. Ihrer Präsentation ist in drei Akte aufgeteilt. Akt 1: Es geht darum, mit dem Publikum auf gemeinsamem Grund zu stehen. Dafür eignet sich am besten eine persönliche Springboard Story.

Akt 2

Überzeugen, 70%

Akt 2 enthält den Spannungsbogen. Es geht darum, zwischen zwei Polen hin- und her zu pendeln. So entsteht Dramtik. Das Publikum liebt solche Kontraste. Man erkennt daran auch, wie weit Sie Ihr Thema durchdacht haben.

Akt 3

Bewegen, 15%

Akt 3 erläutert, was zu tun ist. Es geht um den Call-to-Action. Aus psychologischer Perspektive ist der dritte Akt besonders wichtig, weil das, was zuletzt gesagt wurde, am besten erinnert wird. Der Call-to-Action sollte möglichst konkret sein.

Titel: ______________________ Datum: ______________________

Autor: ______________________ Variante Nr: ______________________

Canvas Storyline, Beispiel Tim Urban

Inhalt

Das Thema von Tim Urbans Vortrag ist: einzutauchen in die Welt der Aufschieberitis, damit wir uns fragen, was wir nicht aufschieben sollten, bevor es zu spät ist.

Konflikt

Tim Urbans Vortrag zeigt uns den Menschen als Wesen, das pendelt zwischen rationalem und zielgerichtetem Tun und Aufschieberitis, die dafür sorgt, dass wir kurzfristigen Belohnungen nachjagen.

Call-to-Action

»Wir alle sollten einen langen, intensiven Blick auf den Lebenskalender werfen. Wir müssen überlegen, was wir wirklich aufschieben, weil jeder in seinem Leben irgendetwas aufschiebt.«

Erfolgsmetrik

Der Applaus – und natürlich die Klickzahlen des Videos, die mit 70 Millionen Views enorm sind.

Dauer

Tim Urbans Vortrag dauert 14 Minuten.

Humor

Humor bestimmt die Grundarchitektur des Vortrags von Tim Urban. Er löst alles humorvoll auf, meist nutzt er Selbstironie, weil er weiß, dass sein Thema so mehr Menschen erreicht als mit Fingerpointing.

Metapher

Tim Urban nutzt einen klassischen dramatischen Konflikt, um zu zeigen, wie das Gehirn arbeitet. Seine Metapher ist das Theater, das er wie einen Comic darstellt. Am Ende nutzt er die Metapher des Lebenskalenders.

Requisit

Tim Urban nutzt keine Requisiten.

Wow

Tim Urbans Vortrag hat insgesamt 3 WOW-Momente:

- als die Universität ihn anruft
- als er seine »Gehirnscans« vorstellt
- als er zeigt, dass alle Wochen unseres Lebens auf eine einzige Folie passen

Publikum

	Was sie ...	vorher	→	nachher
1.	wissen	unklare Vorstellung von Aufschieberitis	eigene Erfahrung, storifiziertes Gehirnmodell	genaues Bild von Aufschieberitis
2.	hoffen	Ich bin nicht betroffen.	Mails von Leser*innen des Blogs (Wait but Why)	Ich kann es kontrollieren.
3.	tun	etwas in ihrem Leben mehr oder weniger aufschieben	Illustration für Lebenszeit	weniger Dinge aufschieben, mehr tatsächlich tun
4.				
5.				

Storyline

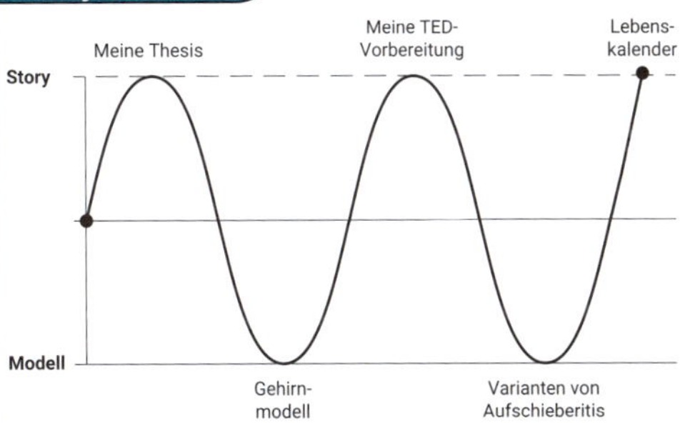

Akt 1

Im ersten Akt erzählt Tim Urban eine persönliche Story über seine Aufschieberitis während des Studiums. Er endet mit der Pointe, dass er die beste Arbeit geschrieben hat: »Der Typ ist großartig!« Dazu zählt auch die ironische Auflösung.

Akt 2

Im zweiten Akt erzählt Tim Urban von seinem Blog und stellt sein Modell vor, wie das Gehirn von Prokrastinatoren arbeitet. Er inszeniert es wie ein Theaterstück, begleitet von Gelächter. Er endet schließlich bei den Menschen, die viel dramatischer darunter leiden als er selbst.

Akt 3

Im dritten Akt geht Tim Urban auf »eine letzte Sache« ein. Es ist die Illustration unserer Lebenszeit. Er verbindet sie mit der Erkenntnis, dass alle Menschen in irgendeinem Bereich Aufschieber sind. Er motiviert uns, genau zu überlegen, was wir in der Zeit, die uns bleibt, tun oder nicht tun.

Titel: __________ Datum: __________

Autor: __________ Variante Nr: __________

Index

A

B

C

D

E

F

G

H

I

J

K

L

M

N

O

P

Q

R

S

T

U

V

W

Y

Z

Texte und Präsentationen mit großer Wirkung

Gute Texte sind Schatzinseln in einem Meer aus mittelmäßigem Content. Statt werblicher Botschaften müssen Sie mit hilfreichen Inhalten punkten. Lernen Sie, wie gutes Texten mit Charakter und persönlicher Note gelingt.

461 Seiten, gebunden, 39,90 Euro
ISBN 978-3-8362-9311-2
www.rheinwerk-verlag.de/5635

Überzeugen Sie – visuell und kommunikativ! In diesem Buch lernen Sie, wie Sie mit einer ansprechenden Präsentation und klarer Kommunikation Ihr Publikum begeistern, auch in digitalen Meetings.

494 Seiten, gebunden, 34,90 Euro
ISBN 978-3-8362-9291-7
www.rheinwerk-verlag.de/5625